“十三五”高等职业教育规划教材

U0819828

市场营销策划

（第 2 版）

李文义　赵品华　赵秀芳　编著

中国财经出版传媒集团
中国财经经济出版社

图书在版编目（CIP）数据

市场营销策划／李文义，赵品华，赵秀芳编著．--2版．--北京：中国财政经济出版社，2019.12（2022.1重印）

ISBN 978-7-5095-9342-4

Ⅰ.①市… Ⅱ.①李… ②赵… ③赵… Ⅲ.①市场营销-营销策划-高等职业教育-教材 Ⅳ.①F713.50

中国版本图书馆CIP数据核字（2019）第239705号

责任编辑：康 苗　　　　责任校对：徐艳丽

封面设计：华乐功

中国财政经济出版社出版

URL：http：//www.cfeph.cn

E-mail：cfeph@cfeph.cn

社址：北京市海淀区阜成路甲28号　邮政编码：100142

营销中心电话：010-88191537

北京时捷印刷有限公司印刷　各地新华书店经销

787×1092毫米　16开　17.75印张　423 000字

2020年1月第2版　2022年1月北京第2次印刷

定价：42.00元

ISBN 978-7-5095-9342-4

（图书出现印装问题，本社负责调换）

本社质量投诉电话：010-88190744

打击盗版举报热线：010-88191661　QQ：2242791300

前言

我们认为学习有以下四个境界：第一，知道是什么；第二，知道怎么去运用；第三，能够系统综合地运用知识去实践；第四，在原有知识基础上创新知识并能用于实践。如果说“市场营销学”主要学习营销的基本理论和方法，强调知道是什么的话，那么“市场营销策划”就偏重于如何操作、如何创新。所以，市场营销策划是建立在市场营销学理论基础之上，但绝不是市场营销学的翻版。市场营销策划突出的特点是着眼于目前最新的营销策划潮流，立足于实践，强调学以致用，强调操作性与创新性，这也是本书重新修订编写的一个核心宗旨。

本书的作者目前都是市场营销专业的任课教师，常年从事理论研究和教学工作，同时又具有丰富的企业营销工作经验。三位作者都有过企业工作经验：有的曾经在企业一线做过推销员和业务经理、总经理；有的长期服务企业，担任企业顾问多年，常年为企业进行营销策划服务；有的为企业进行过多次调研服务，指导学生在全国创业类比赛中获得多次国家级大奖。截至书稿完成时三人已经给 170 多家企业提供了专业的营销策划服务，在业界广受好评。作者亲历的这些案例为本书的写作提供了良好的素材，也激发了作者梳理策划的思路。读者可以在本书的阅读、思考和练习中，体会到作者的这种实际经验和理论总结的结合。

本书于 2012 年出版后被多次重印。根据市场需要和营销策划发展趋势，我们联合了学有专长的同仁，在原书基础上重新编写，新增加了微营销策划和新兴专题领域的营销策划等内容。每个项目下设计了若干个任务，每个任务中设计了“案例导入”“课堂思考”“同步案例”“同步案例策划”“同步实训”等栏目，希望读者能从实际出发进行思考和回答。每个项目之后安排的项目小结和项目考核，这对于学习体会该项目的整体内容和策划思路有总结概括和创新提升的效果。本书适合市场营销专业和其他管理类专业高年级学生使用，也适合正在从事营销策划工作的从业人员使用。

本书分为十一个项目，李文义确定全书的写作框架，并编写项目一、项目二至八及项目十一的基本内容；赵品华编写项目九并对全书进行了进一步的梳理校对和资料补充；赵秀芳编写项目十并对全书提出编写建议和进行校对。

由于作者水平有限，尽管我们努力收集整理资料并认真校阅，但书中难免有疏漏之处。如果发现问题，敬请读者朋友和我们联系，以便我们及时修订完善，邮箱是80687916@163.com。若读者希望和作者进行进一步的交流，也可通过以上邮箱和我们取得联系，我们表示欢迎和感谢。

作　者

2019年10月

目　录

项目一
营销策划概述

◇ 了解主要概念：市场营销；营销策划；营销战略规划；营销战术策划；营销策划书；提案；OCP 法则。

◇ 掌握基本理论：营销策划的发展阶段；营销策划的内容；营销策划思维过程和原则；营销策划书撰写的理论；提案的 BAFEV 原则。

◇ 培养综合能力：对营销策划有一个总体的了解；把握新营销策划的原则；形成营销策划的思维；能够独立撰写营销策划书；能够独立进行营销策划的提案。

案例导入

“得益乳业”因何“得意”

山东得益乳业有限公司（以下简称“得益乳业”）是山东乳业界首次获得中国名牌称号的企业，这个成绩的取得与得益乳业早先委托北京利翔美智管理咨询中心进行的一次营销策划密不可分，这次营销策划基本奠定了得益乳业转型发展的基础。作者负责这次营销策划的一系列具体工作，并对整个过程进行了详细记录。下面是这次策划的一些基本内容。

一、市场调研，内外兼顾

调研是策划的基础，经过详实的调研，策划人员掌握了大量而详实的资料。

从得益乳业自身来说，它地处淄博市张店区，其产品主要有鲜奶、酸奶、AD 钙奶、蛋奶、活性乳等，基本全是袋装和塑装奶，产品质量不稳定，包装没有新意；原料供应不足，与养殖户关系紧张；营销方面，缺乏大营销观念，人员观念落后，市场部职能不清，团队中缺乏竞争机制。

从外部环境来说，在淄博本地有淄博绿源乳制品厂、淄博馨牛食品有限公司等竞争企业。这几家企业虽然从规模上还不如得益乳业，但在具体的市场操作上都带给得益乳业较大的压力。在得益乳业的周边地区有济南佳宝乳业有限公司（当时是山东规模产值最大的乳业公司）、青岛雀巢牛奶有限公司济南分公司、东营市的广北农场乳品厂等。其中，济南佳宝乳业是得益乳业的最大竞争对手。当时的佳宝乳业无论从规模、实力还是影响力来看都是得益乳业无法相比的。淄博北边的滨州市场和东营市场相对竞争对手较弱，市场空白区域较大。淄博东边的潍坊市场竞争对手也缺乏实力，市场空白区域也较大。

通过调查发现，得益乳业在淄博本地市场占有率已经较高，企业要想有进一步的突破，只能借助于周边市场或是开发新产品。

二、战略规划，先易后难

1. 市场目标战略

从长远目标看，应着眼于创建名牌企业、名牌产品。

从近期目标看，应关注利润指标，确立“先生存后发展”的理念，明确一定的销售额及市场规范，注重具体的营销策略。

2. 市场扩展战略

本地市场，加强渗透；北伐南纵，东进西取。具体为：“北伐”是指直接出击东营市场及滨州市场，因为这两个市场竞争对手较弱；“南纵”是指南部市场顺其自然发展；“东进”是指跨越青州，直击潍坊，迅速占领后作为以后进军青岛的根据地；“西取”是指进军济南。

三、产品设计，紧盯市场

通过借鉴光明乳业的有关产品线，分析佳宝乳业的产品规划，公司决定在山东市场率先推出屋型包装奶和学童奶。屋型奶用复合软包装，保质期较长，适宜长线操作。学童奶针对青少年儿童设计，目标市场明确，随公司其他产品走密集分销渠道。

通过对屋型包装奶和学童奶的直接消费群体的详细分析，公司推出屋型包装奶品种：一是纯牛奶，二级品牌名称为“草原牧歌”；二是乳酸菌饮料，二级品牌名称为“都市风情”。根据当时的市场消费趋势，建议主打都市风情奶，以走酒店餐饮为主要渠道。

四、市场开发，步步为营

前期的市场开发，得益乳业发起的两大战役较有代表性：一是东营市场开发；二是济南市场屋型奶推广。得益乳业这两大成功的战役为将来的市场开发积累了经验，但是市场不可能只开发不防护，只启动不渗透，攻城略地后如何稳定市场也是得益乳业必须要考虑的问题。

五、市场渗透，服务制胜

得益乳业在开发新市场的同时，其老根据地淄博市场为什么能一直保持一个较高的市场份额？在淄博，公司推出服务客户24条措施，强化物流及投诉系统的流程再造，针对每一个环节制定行为规范，提出“客户的事再小也是大事”的服务理念，不断强化针对客户服务的行为监督机制。平时注重公共关系活动，处理好与社区的关系，在节假日进行专门的节假日公关促销宣传，并根据不同的社会事件推出专题公关活动，不失时机地宣传“德义合一”的理念。

六、策划效果，市场开花

经过企业和策划人员的共同努力，得益乳业取得了很好的市场效果，不仅巩固了淄博市场，还顺利进军潍坊、济南等周边市场，销售额有了大幅提升，获得巨大效益。

近年来，营销策划备受企业青睐，它让许多困境中的企业重新焕发生机，也让很多发展中的企业更上一个台阶。得益乳业之所以可以得意，关键在于转型发展的巨大成功，而转型成功的关键得益于上述卓有成效的营销策划。第一步，得益乳业进行了全面的市场调研，对企业的外部环境、内部营销状况、产品结构和竞争对手状况进行了分析；第二步，得益乳业进行了市场战略的规划，经过对调研资料的分析之后，得益乳业制订了近期和长期的市场目标，对市场进行了整体布局，确定了“北伐南纵，东进西取”的战略；第三步，得益乳业对营销战术要素特别是产品设计做了策划，包括产品的命名、包装等；第四步，战略和战术策划完成后，进行了具体的市场开发和渗透。

总之，得益乳业的策划充分体现了营销策划的目标——解决问题，实现发展；涵盖了营销策划的主要内容——战略规划和战术策划；展现了营销策划的思维过程：营销现状调研→明确营销目标→SWOT 分析和战略规划→市场定位和目标市场选择→战术营销组合策划（产品、价格、渠道和促销）。当然，营销策划并不是万能的。企业不应该完全迷恋和依赖于营销策划而忽视自身管理水平的提升（如严把产品质量关，降低生产成本，建立更有激励性的薪酬体系等）。

任务一　营销与营销策划

一、营销与营销策划

关于营销：营，指生产、经营；销，指出售、销售；营、销两个字连起来就是：生产产品并销售出去。通常需要组织以满足消费者需求和欲望为依据，生产产品或服务，并同他人进行交换以获得所需的东西。

关于策划：策，是指计策、谋略；划，是指计划、安排；策、划两个字连起来就是：有计划地实施谋略。通常需组织者因时、因地制宜，集天时、地利、人和，整合各种资源而进行的一种安排周密的活动。好的策划，能环环相扣、前后呼应，策划可大可小，时间可长可短，但它们都有一个共同的特点，即以实现目标或解决问题为核心。

简而言之，营销策划就是以实现特定营销目标或解决特定营销问题为中心，系统地、创造性地设计和整合各种营销要素（比如价格、产品、广告、现场活动等），有计划地实施谋略，将产品或服务销售出去的过程。营销策划通过环境与策略分析，激发创意，创造性地利用企业资源和社会资源，制定可行的营销活动方案，从而改变企业现状，达到理想目标。

二、营销策划的发展阶段

营销策划经历了以下三个发展阶段。

（一）产品策划阶段

顾客需要物美价廉的商品，企业就要生产物美价廉的产品，所以此阶段营销策划工作主要是集中力量改进产品，加强对产品的策划和对企业组织结构的策划，从而提高组织效率，生产出适应市场需求的产品。

由于只关注产品，而不注重顾客的需求和愿望，并忽略了分销、促销等方面的营销工作，从而使营销策划工作成为短期有效的竞争利器。但是，一旦新技术和替代品出现，企业的产品就会很快出现滞销的情况，给企业带来巨大损失。

（二）促销策划阶段

这是一个广告为王、公关为王的阶段。大众化时代，商品更加丰富，企业希望通过促销来打败竞争对手，所以此阶段营销策划工作的重点是进行促销的策划，尤以广告和公关为甚。促销策划，在特定时期确实对企业的产品销售起到了重要作用。

由于过分关注于促销活动，而不考虑消费者的喜欢和满意程度，使营销过程成为一种短期的交易活动，企业只关注短期销售额的增长，而忽视与消费者建立长期的可获利的关系。因而，促销策划不是企业长远发展的出路。

（三）系统营销策划阶段

经济不断发展，消费者需求不断变化，企业要想赢得市场就必须更加深入地了解市场。所以此阶段营销策划工作的重点是不断分析消费者心理和行为特征，并进行市场细分，通过设计产品、定价、分销和促销等一系列系统手段来满足目标消费者的需求和欲望。

当企业通过系统的营销策划，掌握了市场信息，了解了消费者购买行为特点，制定了恰当的战略，实现了产品、价格、渠道、促销的平衡发展，那么企业的营销工作也就无懈可击了。

当前市场条件下，系统营销策划将成为主导的策划思想，企业已经进入系统营销策划阶段。案例导入中的得益乳业的策划，从市场调研到战略规划再到产品的战术策划都已经证明了这一点，企业将不断加大对战略和战术要素的系统策划，达到系统发力的效果。

三、营销策划的内容

开篇导入的案例中，得益乳业对市场调研、战略规划、产品设计、市场开发和渗透等方面进行了策划，基本上确定了营销策划的主要内容。更确切地说，在系统营销策划阶段，营销策划的主要内容可以归纳为营销战略规划与营销战术策划两大方面。

（一）营销战略规划

营销战略规划，是针对企业长远发展战略的一种整体规划，主要是对战略发展方向、战略发展目标、战略重点与核心竞争能力的宏观策划。随着经济的发展和市场竞争的加剧，越来越多的企业开始重视营销战略的规划，以谋求长远的发展。

营销战略策划的内容包括以下四个方面：

1. 市场调研的规划

掌握全面而准确的信息是营销策划的基础，这些信息主要来源于市场调研工作。市场调研所获得的信息资料将同时服务于战略规划和战术策划。在案例导入中，营销策划人员在接手得益乳业的项目以后，开展了大规模的内外部的市场调研，掌握了大量而详实的调研资料，在此基础上进行了此次策划活动。

市场调研主要涉及营销环境现状、消费群体特点、市场竞争状况和企业自身状况等方面，这就是营销策划工作的重点。

2. 营销战略目标的规划

在确定战略目标之前，企业要对市场调研所收集的信息资料进行分析，主要方法就是

SWOT 分析。企业经过 SWOT 分析，将机会与威胁同内部优劣势加以综合权衡，利用优势，把握机会，消除劣势，避免威胁，从而制定企业的营销战略目标。

这些目标主要包括：企业在同行业中的地位、销售额、品牌知名度与影响力、产品的市场占有率、完成战略目标的时间期限等。当然，企业还可以根据自身情况制定更加具体的战略目标。例如，案例导入中得益乳业的战略目标是近期注重利润目标，长远着眼于创建名牌企业、名牌产品，为此公司的目标就是争取尽量多的市场份额，先抢占市场。

3. 营销战略重点的规划

任何事情都有轻重缓急。营销战略的重点就应该是企业短期内需要加强的方面，这些方面可能对企业营销目标的实现产生决定性的影响。案例导入中的得益乳业，通过市场调研的分析，策划组对公司下的结论：得益乳业要想进一步发展，当务之急就是开发新产品，冲出淄博地区，开发新的市场。这就是得益乳业的营销战略重点，公司在整个营销策划中抓住了两点：新产品设计、包装开发和市场的扩展、渗透。

所以，企业要根据已确定的市场营销战略目标，结合企业的优势，如品牌优势、成本优势、销售网络优势、技术优势、质量优势等，确定企业的营销战略重点，并通过不懈的努力，打造企业的核心竞争力。

4. 营销战略实施的规划

企业营销战略策划的重点，关键在于如何实施。通过企业的战略目标来看，得益乳业将战略实施划分为近期和长期两个阶段：近期以围绕利润来制订和实施战略；长期则以发展名牌产品，建立名牌企业为核心展开。通常情况下，企业习惯于将战略实施规划分为三个层级，即分阶段实施短期战略规划、中期战略规划及长期战略规划。

短期营销战略规划的主要目的就是明确最先确定的市场定位、最先主攻的目标市场等。策划要点包括：保证企业不被挤出现有市场，同时进入潜在的目标市场。

中期营销战略规划的主要目的就是在牢牢把握现有销售市场的基础之上，巩固和维护好新进入的目标市场。策划要点包括：开发新产品，改善产品结构，以适应新市场；消除现有和潜在的竞争威胁；扩大和巩固新市场，时刻准备开辟未来市场。

长期营销战略规划的主要目的就是寻求企业的长远发展。策划要点包括：利用新兴技术，开发全新产品，引领市场需求，创造全新市场；面向社会发展和时代需求，调整企业的产业结构和市场构成，保持企业长久发展活力。

（二）营销战术策划

营销战术策划是指对能够实现企业营销战略目标的营销组合策略和措施的策划。在企业的营销战略确定后，必须制定营销策略和战术，以贯彻实施市场营销战略，实现战略目标。

对于营销战术策划的内容，在得益乳业的案例中，我们没有一一列举，只给出了公司在产品方面的战术策划，其实公司的整个营销战术策划还包括：市场定位策划、品牌策划、价格策划、分销渠道策划、促销活动策划、公关传播策划和广告策划等。所有这些战术要素，都是企业应该考虑的。当然，由于企业的营销战略目标、战略重点不同，在具体的营销策划中，企业可以对以上要素有选择性地进行策划。

课堂思考

回想一下过去学过的市场营销知识，是不是这些内容？查阅相关内容，尽量在脑中形成营销策划的整体内容框架。

任务二　营销策划的过程和原则

企业应该摸索一条本企业特有的思考问题和营销策划的思路，形成一种顺畅的思维方式。当然，不管各个企业有多不同，思维方式有多特殊，我们仍然可以找到一些共性的东西，这就是下面我们将要探讨的每个企业应该具有的基本的营销策划的思维方式。

一、营销策划的思维过程

菲利普·科特勒曾经公开说过，营销并不仅仅是一种商业职能，它还是一种思维方式，一种思考如何创造、沟通和传递价值给目标客户群体，并使企业最终获利的强有效的思维方式。

营销策划则聚集于营销思维的谋划和思考。具体地说，营销策划是基于现实状况对企业发展目标与实现途径以及未来发展的思考。因此，营销策划的思维路径应该是以下一系列问题的推演：①现在和将来的营销环境或行业状况怎样？②企业自身现在的真实状况以及将来的状况如何？③企业希望在短期和长期分别达到怎样的目标？④为了实现目标，企业应该制定怎样的战略？⑤为了实现这些战略目标，企业应该实行怎样的战术策略？⑥通过这些战略和战术策略，最终结果如何？

与这些问题相对应，营销策划的思维过程应该是：营销现状调研→明确营销目标→SWOT分析和战略规划→战术营销组合策划（产品、价格、渠道和促销）→营销执行控制和营销效果评估。如果我们的营销策划方案执行后达到了预定目标，那么这就是一个成功的营销策划。

（一）市场营销调研

市场营销调研是营销策划的基础。市场调研所收集的信息资料将成为企业进行战略规划和战术策划的依据，也是开展所有营销活动的依据。

营销现状调研的内容主要包括以下四个方面：首先，市场或行业状况调查，主要包括现状调查和趋势调查。其次，企业自身状况调查，主要包括企业战略调查和营销状况调查。再次，消费者调查，主要包括基本信息调查和消费特点调查。最后，竞争状况调查，主要包括竞争对象调查和竞争状况调查。

（二）营销目标规划

确立营销目标是明确营销努力方向和营销策划方向的重要环节，通过市场调研，企业已经掌握了大量的信息资料。在分析资料的基础上，企业应该对行业总体市场规模与市场结构的重大变化作出分析预测，并对企业的营销目标做出规划和决策。

企业的营销目标规划需要明确营销前进的方向与里程、营销目标的数值与增幅、达到营销目标的时间和进度。主要关键指标必须包括销售规模（数量和金额）、市场份额（数值与排名）、品牌状况（增长数值和幅度）和利润收益（数值与增长幅度）四大方面。

企业营销目标规划需要在企业营销策划部门和企业高层领导之间反复讨论研究才能确定下来，有时可能还需要借助外部专家参与分析、研究和规划。

（三）SWOT 分析和 STP 战略规划

企业营销目标一经确定，紧接着就是要进行 SWOT 分析，然后进行企业的战略规划以实现企业的营销目标。

1. SWOT 分析

SWOT 分析，即对企业内外部环境进行分析，主要是为接下来的战略规划和战术策划提供支持。分析的主要内容包括：①S 分析：企业的优势是什么？②W 分析：企业的劣势是什么？③O 分析：市场的机会是什么？④T 分析：市场的威胁是什么？⑤SO 分析：企业如何借助优势抓住市场机会实现快速发展？⑥WO 分析：企业如何借助市场机会弥补自身劣势实现逆势而上？⑦ST 分析：企业如何利用优势化解市场危机、解除市场威胁？⑧WT 分析：企业能否克服自身劣势和市场威胁实现成功突围？

2. STP 战略规划

通过 SWOT 分析后，企业对于自身的优劣势和所面临的机会和威胁有了大致的了解，在此基础上，企业要制定自己的营销战略，即我们经常所说的 STP 战略。

（1）进行市场细分。所谓市场细分是指把市场细分为具有不同需要、特点或行为的购买者群体，并针对每个购买者群体采取单独的产品或市场营销组合战略[①]。市场细分能发现新的市场机会，更好地满足消费者的需求。

在导入案例中，得益乳业通过市场细分，推出了学童奶。学童奶针对青少年儿童设计，突出均衡营养的功效，是山东首家针对学生量身定做的营养奶。这就很好地把握了学童这一细分市场。

（2）选择目标市场。进行市场细分之后，企业要选择进入的目标市场。目标市场是指在市场细分、市场定位的基础上，企业要进入的最佳细分市场。

企业选择目标市场应该坚持根据产品、市场和技术之间的关系，遵循企业既定的发展方向，发挥企业的竞争优势的原则。通常情况下，企业目标市场选择的策略主要有无差异营销策略、差异化营销策略和集中性营销策略。

（3）进行市场定位。市场定位的实质是使本企业与其他企业在目标顾客心中严格区分开来，使顾客明显感觉和认识到这种差别，从而在顾客心目中占有特殊的位置。市场定位主要包括产品定位、品牌定位、企业定位。

（四）战术营销组合策划

在进行战略规划后，要进行具体的战术营销组合的策划，这是实现营销目标的关键，也是整个营销策划工作能否取得预期效果的决定因素。战术营销组合策划主要包括：产品策划、品牌策划、价格策划、渠道策划、促销策划、公关传播策划和广告策划。

---

① 加里·阿姆斯特朗，菲利普·科特勒．科特勒市场营销教程［M］．余利军译．北京：华夏出版社，2004：357－358．

（五）营销执行控制和效果评估

进行战术营销组合策划后，整个营销策划方案就基本形成，通过专家讨论后即可作为企业的营销决策方案坚定不移地贯彻执行。

在营销策划方案执行过程中，营销策划人员要深入营销一线，进行营销策划方案解读与培训，并在执行过程中纠正不恰当的行为，并研究执行中出现的新情况、新问题，及时对营销策划方案进行补充和修正。

执行完营销策划方案之后，企业和营销策划人员要对照营销目标，对营销效果进行评估，及时总结经验教训。对于正确有效的措施要坚持下来并形成自己的营销特色和竞争优势；对于存在的不足要认真分析原因，找到症结，提出改进措施，防止下次再犯同样的错误。

【同步案例1-1】

百雀羚的品牌复兴之路

2017年，百雀羚全年销售额为159亿元，并至今依然保持了高速增长。一个80多年的老牌子，曾经几乎要消失的国产护肤品牌，怎么就一下子这么火了呢？话且从头说起，看看这个国产老字号，如何一反传统思维从中老年群体扩张到年轻群体，完成品牌复兴的。

一、市场环境分析

百雀羚的品牌重建从严格意义上来说是从2008年开始的。在此之前，它的日子相当不好过：刚刚改制成民营企业不久，依然受限于先前国营体制的束缚；被无数外资品牌和2000年前后成立的国产护肤品牌围追堵截，在产品、品牌和渠道上都毫无竞争力可言。

当年，百雀羚首先发现了一个巨大的渠道机会。一直以来，商超的入场费都非常高，加上商超渠道容易给品牌带来廉价负面的印象，所以在当时除了相宜本草外，本土护肤品牌基本都不会选择商超，而是以专营店作为主要销售渠道。看似激烈的竞争，在超市基本属于空白。百雀羚选择抓住这个机会，并快速覆盖。当年，仅武汉一个城市的百雀羚的销量就翻了10倍，从全年的70万元增长到700多万元。到2013年，百雀羚在全国的代理商就达到近400家，进入商超网点约3000家。

二、问题

商超的机会决定了首先需要关注的，也是首先能贡献销量的因素——消费者群体特征。他们既不是重度依赖网络的年轻群体，也不是品牌敏感、价格不敏感的中产消费者，而是愿意在逛超市的时候选择护肤品品牌的用户群。他们整体年龄偏大，相比较品牌，他们对价格更加在意。

那么，面对这样一群消费者，接下来品牌定位和传播的难点则在于：如何快速提升商超渠道的购买转化率，尽快恢复百雀羚的市场占有率；同时又能让品牌不仅限于与商超的妈妈级消费者关联，在未来有机会能获取更多更年轻的学生、白领甚至有更强经济实力的中产群体。

三、战略

（一）STP战略

先对妈妈们建立弱印象，产生消费。2008年百雀羚发布了全新的草本精萃系列作为产品支撑，2010 年正式落地其全新定位——草本护肤，天然不刺激。这个定位几乎贯穿了之后发布的全部产品线，成为百雀羚的品牌定位，而非单一产品线定位。

这个定位的好处一目了然：汉方草本是中国独有的特色功能点，容易与外资品牌建立差异化；“草本安全护肤”是一个纯功能点定位，包容性比较好，适用于全年龄段消费者，也能涵盖所有护肤功能点：保湿、祛痘、抗衰老……

（二）传达定位

定位之后，百雀羚做了两件事情：第一件事：2010 年，百雀羚邀请了莫文蔚做品牌代言人，拍摄了几支非常中规中矩的 TVC，并投放到央视和一线省级电台的一线全民级的综艺节目，包括《中国好声音》《快乐女生》《快乐大本营》《非诚勿扰》等。第二件事：2013 年 3 月，百雀羚作为国礼之一送给坦桑尼亚妇女与发展基金会。这一时掀起了巨大讨论，在全民范围内提升了品牌的好感度，也让百雀羚在认知上进一步被贴上了国货第一品牌的标签。

2015 年，也就是第一次拿到了天猫双十一美妆类销售冠军的那一年，也是最后一次投放《中国好声音》的那一年，百雀羚又做了另外三件事：推出针对年轻消费者的三生花系列，并发力专卖店渠道；开始进入微商渠道；全国高校地推。百雀羚开始完善针对年轻群体的购买渠道。

（三）经营口碑

接下来再对年轻人建立强印象，产生口碑。

进入 2016 年，百雀羚通过一系列非常“不百雀羚”的传播狠狠地博了一把整个营销界的眼球。从一镜到底的广告《1931》，到 3 分钟剧情 7 次反转的《三生花》，再到鬼畜古典风广告剧《四美不开心》以及各种针对不同系列产品主要阐述核心功能的病毒视频，质量相比较同类产品广告都属于极好。

所有这些传播并没有脱离最早的“草本护肤”定位，只是在传播渠道和内容上极力迎合年轻群体。以这些颇具创意、画风清奇、脑洞大开的创意营销和神作广告，塑造年轻人喜欢的品牌调性，来获取顾客，与 80 多岁老字号的固有印象形成反差。

如果说，五年前百雀羚从渠道机会切入，通过建立全民品牌知名度策略获取了中老年用户。那么最近两年，则是建立了一个极其鲜活的而与众不同的品牌调性，作为自己获取年轻群体的武器。同时，建立两条分明的产品线、认知和购买路径，区分两部分用户。

四、效果

从产品品牌到有价值观品牌，建立长期壁垒。

2017 年，百雀羚开始尝试一些脱离了产品功能定位，只是纯粹的品牌价值观的打造。

并非几次尝试都大获成功，但明显可以看出百雀羚在一步步尝试寻找自己坚持了很多年，包括所有国产护肤品牌也讲了很多年的东西——东方美本质与人的关系。

在原有更偏重产品功能的品牌定位中，融入一个理念、精神、价值观，试图建立与消费者之间更深层次的共鸣，赢得更长期的喜爱。产品同质化竞争时，持续的口碑从这里来。而不像百雀羚早几年的一次性传播，完全没有品牌壁垒。一旦传播停止，消费者将很快迁移。

品牌重建自然没有完成一说，但从定位到传播，百雀羚每一步都走得恰到好处又坚定不已，也非常符合快消品在产品同质化竞争的情况下，从知名度的竞争逐步走向调性，乃至品牌精神的竞争。

（资料来源：易赏网，https：//www.1shang.com/Index/show/catid/8/id/155.html）

问题：

1. 百雀羚品牌重建的节点是发现了什么机会？

2. 百雀羚是如何通过战术安排实现战略目标的？

分析提示：

营销是一种思维方式，品牌营销是以对存在问题的思考为起点的，发现了问题，就开启了发现机会的大门，可以说，百雀羚在渠道上的突破为品牌重建注入了强劲的动力。战略为战术提供方向，战术是实现战略的手段，百雀羚在对环境进行充分分析之后，制定了明确的STP战略，在此指导之下，发布了全新的草本精萃系列，与早年就开始发力的针对年轻群体的销售渠道配合，打通了专营店和微商渠道，最终实现了品牌的复兴。

课堂思考

对照前面所讲的营销策划的思维过程，对以上案例进行讨论、评价。如果你觉得百雀羚的营销方案中还有不足，或还有可以做得更好的方面，请将你的建议写下来，与大家一起讨论！

二、营销策划的原则

营销策划有其自身的规律，在实践中必须把握其客观规律，依据一定的法则进行。营销策划应遵循以下原则：

（一）目标：效益主导性

赚钱是企业的第一目标，因而，得益乳业设定的近期目标就是利润指标。企业所做的一切就是获得收益，所谓的企业长远发展也只是企业期望能长期获利的美好愿望。

因而，效益性成为营销策划工作的主导性原则。营销策划必须以最小的投入使企业获得最大的收益。没有了经济效益，就违背了开展营销策划的初衷，就是失败的营销策划。

（二）眼界：系统全局性

做营销策划，眼界一定要开阔，一切都要从系统的概念出发，把握全局。全局性原则要求对系统中各个部分的策略做统筹安排，确定最优目标，要在营销战略规划和营销战术策划等各环节都要策划到位。

今天的市场，无论是生产、销售，还是传播，都是系统的工程，为使系统最优化，必须对系统中各组成要素全盘考虑，并且要与外部环境协调起来，进行资源整合。另外，要协调好产品、价格、渠道、促销等环节，实现系统组合最佳原则。

从得益乳业的营销策划看：在市场启动阶段，公司对市场潜力、产品适应性、消费者的特点、竞争优势、代理商的合作等主要问题进行了思考和策划；在每个市场点上，公司提出了广告传播、促销手段、沟通方式、市场难易等方面的问题；在市场渗透阶段，公司又对情报获取、政府公关、与经销商的沟通、市场运作模式等方面进行了思考。整个策划过程，有点有面，有攻有守，有战略也有战术，形成一个庞大的系统，完全体现了系统全局性的思想。

（三）思维：发散创新性

做营销策划，思维一定要发散，要有创新性。创新性是指营销策划必须动用创新思维，提出解决市场问题并实现营销目标的新创意、新方法。通过创新，创造与顾客的个性化需求相适应的产品特色和服务特色，甚至创造新的生活方式和消费观念，唤起消费者的购买欲望，把潜在消费者转化为现实消费者。

得益乳业率先推出的屋型包装奶和学童奶，无疑是一次伟大的创新。屋型包装奶从产品包装方面进行了创新，其独特的创新包装顺利地吸引了一大批消费者；学童奶从目标市场角度进行了创新，成为山东首家针对学生量身定做的营养奶，很好地把握住了学生市场。这就是创新策划的效用。

（四）方案：具体可行性

做营销策划，策划方案一定要具体，要有可行性。可行性首先是指营销策划方案能够操作实施，无法在实践中操作执行的策划方案，其创意再新奇也毫无价值可言；其次是指营销策划方案必须易于操作实施，不易于操作必然要耗费大量的人、财、物，管理复杂并且效果不明显。

可行性要求策划者根据企业营销的战略目标和营销环境状况，对企业在未来的营销活动中应该做什么、什么时候做、在哪做、由谁来做、如何做的问题进行周密的部署、详细的阐述和具体的安排。也就是说，营销方案应该是一组具体的、明确的、相互联系的行动指令，一旦命令发出并付诸实施，企业的每一个部门、每一个员工都能明确自己的目标、任务、责任以及完成任务的途径和方法，并能够与其他部门或员工相互协作，共同完成任务目标。

另外，应该尽可能地利用各方面的专家或者是委托专业咨询机构进行营销策划，从而使经营者能集智广益，能对各种不同的营销策划方案进行评估和选择，以保证营销策划质量的最优化。

（五）实施：灵活机变性

营销策划的实施一定要灵活，要有机变性。机变性是指在进行营销策划时，应尽量对各种可能的意外情况和风险因素进行预测分析，制定相应的对策，以增加营销策划的灵活性和应变性。

灵活机变性要求策划者在制定策划方案时要有一定的弹性，留有应变的空间。同时，在策划方案的执行过程中，执行者要根据市场环境的变化对策划方案的细节进行不断的调整，并且随时应对可能出现的意外情况。

由于市场环境瞬息万变，市场调研过程中所收集的信息资料的准确性大打折扣，加上意外事件的频繁发生，使营销策划的灵活机变性变得更加重要。

任务三　营销策划书的撰写和提案

营销策划的最终成果就是要形成切实可行的营销策划书，通过对营销策划书的实施与控制，最终解决相关问题，实现营销目标。营销策划书是策划团队思想的展现。一份清晰可行的策划书，有助于问题的解决和方案的实施。而出色的提案有助于赢得客户或领导的认同和支持，使策划方案得到顺利的实施。营销策划书多是 Word 或 WPS 格式，提案时多采用 PPT 格式。

一、营销策划书的内容与格式

事实上，营销策划书并没有一个统一的标准的内容和格式。根据所要策划的对象与要求的不同，营销策划书的内容和格式是不一样的。但通常情况下，一份完整的营销策划书应该包括：封面、概要、目录、前言、正文、结束语和附录，见表 1－1。

表 1－1　营销策划书格式

主要构成		发挥的作用
封面		策划书名片
概要		方案精髓
目录		构成框架
前言		背景与过程
正文	界定问题	策划任务
	环境分析	策划依据
	SWOT 分析	提出问题
	营销目标	明确营销目标
	营销战略	总体布局
	营销组合策略	具体对策
	行动方案	执行蓝本
	财务分析	可行性分析，投入产出分析和效果预测
	控制方案	保障成功
结束语		方案关键点总结和预期效果展望
附录		提高可信度

（一）封面

封面设计的原则是醒目、整洁，不要太花哨，至于字体、字号、颜色则应根据视觉效果具体考虑。

封面构成的要素主要有以下几个：策划委托人，策划机构的名称或策划人的名称，策划负责人及其联系方式，策划完成日期及策划执行的时间段，编号等，图 1－1 是一个营销策划书的封面模板。

（二）概要

概要相当于一般书籍的内容简介，或者普通文章的内容摘要。它是对营销策划书主要内容的概括性陈述，其目的是使阅读者对营销策划方案内容有一个非常清晰的概念，便于阅读者理解策划人的意图和观点。

概要撰写的原则是，用最简短的言语把策划方案的内容全面地反映出来，即使阅读者没有太多的时间通读全文，也能通过概要对策划方案有一个比较准确的了解。

编号：______　　　　　　　　　密级：____

主题：

策划委托人：
策划公司名称：
策划负责人：
联系电话：

策划完成时间：
策划执行时间：

图 1－1　营销策划书的封面

（三）目录

目录是策划书各部分题目的清单，能够使阅读者很快地了解全书概貌和方便地查找相关内容。目录的编制要下一点工夫，既要让人读后了解策划书的全貌，又要引发人们的阅读兴趣。

（四）前言

前言主要是对策划项目的意义、目的、紧迫性、原由、起因、方法、过程、内容等背景性资料进行介绍。其作用在于，一方面使读者了解策划项目的背景情况，另一方面引起和激发读者的兴趣，特别是应该使读者看过前言后，对营销策划方案产生一种急于了解的强烈欲望和初步的价值判断。前言的文字一般不应太长，其内容集中在以下两个方面：一是接受委托的情况；二是策划的概况，即策划要达到的目的以及策划的主要过程。

（五）正文

正文是整个营销策划的核心内容，也是对前面各章内容的具体应用。其主要内容包括：营销问题的界定、环境分析、SWOT 分析、营销策划目标、战略规划、战术组合策划、行动方案、财务分析和控制方案等。

在这里，我们强调营销策划方案的实施，也就是说要制定出周密细致的行动方案，只有这样才可以保证方案的顺利实施。行动方案要利用 6W2H 分析法，进行周密安排，具体包括：做什么、何时做、何地做、何人做、怎么做、对谁做、为什么做、需要多长时间、需要多少人员及费用、达到什么程度等，见表 1－2。

表 1－2　　营销行动计划

活动名称	负责人	地点	开始时间		结束时间		费用		人员	备注
			计划	实际	计划	实际	预算	实际		

当然，作为对营销行动方案的补充，还应该明确对方案实施过程的管理与控制。通过监控与分析，及时修正策划方案，以适应新的情况。

（六）结束语

结束语一般是对整个策划的要点进行归纳总结，一方面突出策划要点，另一方面与前言相呼应。在撰写结束语时，策划者要回答这样一个重要问题：你的策划是如何解决你前面提出的营销问题的？预期的效果如何？如果不能很好地回答这一问题，那么整个策划逻辑就值得怀疑。

（七）附录

附录的作用有两点：一是对策划中所采用的调查与分析技术做一些必要的说明；二是提供策划客观性的证明。因此，凡是技术性较强、会影响人们阅读策划书兴趣的东西以及有助于阅读者对策划内容理解和信任的资料都可以列入附录中，比如问卷、分析模型、较为复杂的分析过程、座谈会原始照片、图像资料等。

二、营销策划文案的撰写要求

了解了策划书的基本内容之后，还应该把握其编制的基本要求，以提高策划书撰写的准确性与科学性。营销策划书从形式上要规范、鲜明、具体，具有形象性和可操作性。文案的篇幅要与策划内容的简繁相一致，形式要图文并茂，语言要简约、流畅、生动，结构要严谨、完善、层层递进、环环相扣。除此之外，营销策划文案的撰写要坚持以下原则：

（一）针对性原则

通常情况下，营销策划都是为了解决某一具体问题而进行的。因此，营销策划方案要具有针对性，针对某一具体问题，提出改进的措施，而不能泛泛而谈。

（二）逻辑思维原则

策划的目的在于解决企业营销中的问题，因而必须按照逻辑性思维来编制策划书。首先是设定情况，交代策划背景，分析产品市场现状，再把策划中心目的全盘托出；其次是详细阐述具体策划内容；最后是明确提出解决问题的对策，这是策划的核心。

（三）可操作原则

营销策划文案注重实际效果，抓住企业营销中所要解决的核心问题，深入分析，提出可行性的相应对策。文章的针对性要强，必须具有实际操作的指导意义。不能操作的方案，其创意再好也无任何价值。不易于操作的文章必然要耗费大量的人、财、物，成本高但收益较小。

（四）创意新颖原则

营销策划重在务实，在此基础之上还必须要有新意，给人以全新的感受。新颖的创意是策划书的核心内容，这也是企业愿意接受的。

三、营销策划书的提案

所谓提案，就是把你的营销策划书推介给客户或你的领导，使他们乐意接受你的观点和方案。如果把营销策划书看作是你的产品，那么提案就是把你的产品销售出去的过程。如果你需要向客户进行提案，推介你的营销策划书，那么提案的质量决定了客户是否会乐意付钱购买你的创意和策划；如果你需要向你的上级领导进行提案，推介你的营销策划书，那么提案的质量决定了领导是否会接受你的方案并执行。这里，为了叙述的方便，无论是商业客户还是上级领导，统一称为客户。总之，糟糕的提案会使你前期的所有投入和付出都变得毫无价值。提案的质量主要体现在以下三个问题上：①提什么；②谁来提；③怎么提。提案中遇到的问题主要有：①不知道提案的重点是什么；②只是一厢情愿的谈话，单调、无聊；③只是认真地读资料而已。

课堂思考

在正式提案之前，应当首先营造一种什么样的气氛？提案人是否有必要精心准备，并穿着正式服装？应当以什么样的语气、语调进行沟通？

四、提案遵循 BAFEV 的原则

BAFEV 指的是策划人员在提案时要遵循利益（Benefit）、优点（Advantage）、特性（Feature）、证明（Evidence）、价值（Value）这样一个原则，即先讲利益，再讲优点、特性，最后是证明和价值。策划人员先讲营销策划能给客户带来的利益，其目的是促使客户对营销方案的期待。提案过程的前 90 秒具有决定性意义。进入你的主题，让大家清楚地知道要谈的是什么，能够给他们带来什么，这很重要。在开始的 90 秒里，客户会不知不觉对你有一个大体的印象，并且可能会草率地决定他们自己是否对你将要说的话感兴趣。

B 客户利益点，指产品给客户或利益主体带来的好处。潜台词是“你如果……，你就会……”。比如，实施此方案后，可以使公司的销售业绩提升 20%。

A 优势，它源于比较，要么与过去比，要么与竞争产品比。潜台词是“与……相比……”。其结论会因比较物的不同而不同。比如，与同行业其他品牌相比，我们更加重视终端的工作。

F 特性，指有关产品和服务的客观事实，它不会因评判者的改变而变化。比如，我们计划通过特许经营的方式新开设 5 个专卖店。

E 证明，指你要向客户证明有能力使方案得到有效的执行。比如，我们有充足的资金和熟络的媒体渠道，这将使本方案得到有效的执行。

V 价值，指执行营销策划书的投入和产出比是否有吸引力。比如，我们只需投入 100 万元资金，1 年就可以实现销售收入增加一倍。

【同步案例 1－2】

Invo 果汁营销策划案（概况）

——回归最纯净的本真滋味

一、项目背景

（一）企业简介

企业名称：熙可集团

集团总部位于上海，分部遍及美洲、欧洲、大洋洲、亚洲和东南亚，是一家以食品、农业、全供应链整合管理为主营业务的跨国集团公司。熙可食品是我国最大的酸性水果出口加工商，生产的柑橘占美国 45% 的市场份额。

（二）品牌简介

项目名称：熙可鲜饮

旗下品牌：invo

主营产品：invo（椰子水、果汁、混合蔬菜汁）；熙可食品（糖水草莓、苹果、洋梨、黄桃、葡萄、大樱桃等水果罐头和果冻等）

技术优势：全球领先低温鲜榨、超高压杀菌技术

（三）立项背景

1. 消费者偏好的变化：越来越偏好健康、有机又有益的生活方式和健康饮品。

2. 中国消费者消费观及消费能力的变化：随着中国消费者的逐步成熟，除去对于生活必需品的消费外，逐步加大对于个人身心健康类产品的需求，从基本消费逐步向轻奢消费过渡，更多关注于自身需求的满足与生活质量的提升。

3. 主力消费人群的成长：就invo系列产品的主要消费人群80、90后来看，这类人群的消费能力在逐步提升并趋于稳定。

（四）产品简介

Fruit果的：以熙可集团为背景，为目标消费者提供：

1. 先进技术 & 原味配方：原汁原味100%冷压鲜榨果汁（最大限度地保留食物的营养成分，安全新鲜）。

2. 严格质量把控：甄选原材料、高压杀菌、科学营养配方。

3. 快速、及时到家服务：全程冷链配送。

二、关于企业品牌内核及企业精神延伸

（一）品牌内核及价值观

1. 国际化视角、可持续发展战略、全方位国内市场、人本精神；

2. 客户首选的中国品牌；

3. 客户可信赖的中国品牌；

4. 行业领先者及领导者。

（二）外化企业精神及主旨

1. 使命：持续努力为股东、合作伙伴及客户创造并提高短期 & 长期经济附加价值；将熙可品牌推向国际舞台和国内市场（营销 & 推广 & 管理）；使熙可成为客户首选的中国领先信赖品牌（品牌 & 口碑 & 影响力）。

2. 管理理念：发展特色企业文化，创造优质企业环境，使员工在知识和业务能力方面不断提高，热情专业地实现企业目标。

三、关于产品组合及策略

（一）产品组合

INVO Fruit果的说系列包括：

1. 基础果汁 basic juice 7种口味（富士苹果、蓝莓苹果、树莓苹果、芒果苹果、羽衣甘蓝混合、甜菜根混合、西芹西瓜混合）；单品价格：149.8元/箱（300ml×8）；果汁混合系列：158元/箱（300ml×8）；小果汁：98元/箱（150ml×8）；彩虹装：149.8元/箱（300ml×8）。

2. vegetable juice 蔬果汁5种口味（羽西甘蓝组合、小麦草组合、菠萝组合、红甜椒

组合、西芹组合)，定价：210 元/箱（350ml×6）。

3. INVO 系列天然泰国进口椰子水（仅供上海市场），定价：130.8 元/箱（300ml×6）。

（二）覆盖市场区域及运营

涵盖配送市场：椰子水、蔬果汁特供上海市场；其他基础果汁系列冷链运输城市包括北京、上海、浙江、江苏、广州、深圳。

（三）消费者人群结构及运营

1. 消费者划分及人群画像：年龄：80、90 后及新生代人群；地域：北上广一线消费城市、浙江 & 江苏 & 深圳小资聚集区域；

2. 消费特点：有足够的消费能力；关注生活品位及生活质量；崇尚自然、健康、生态、环保，有着主流的价值观和消费观；人群量级够大，喜好进行分享及传播，喜欢接受新鲜事物及新的理念。

四、市场营销策略及组合执行策略

（一）市场营销推广 & 销售渠道

1. 电商类平台合作（第三方）：如本来生活网、春播网。

2. 自主电商平台（企业方）：如淘宝、果的官网。

（二）品牌 & 产品外化及价值观内化渠道

消费者（B&C&P）品牌价值观念建立；消费者（B&C&P）品牌价值观念传播 & 内化及产品传播。

（三）企业价值：软文及硬广的结合

1. 软文。

（1）渠道：全国性品牌类网站、主要产品辐射区域媒体性网站、新闻类网站、新媒体类网站、大中型加盟类网站、消费观念引领性网站、白领聚集的论坛 & 圈子、大 V（微信公众号、微博、博客、贴吧等）、主流 APP、PPC 联盟、优质外链联盟。

（2）内容：企业活动信息、企业合作信息、企业产品类相关信息、品牌故事、消费者故事。

（3）效果评估值：企业媒体曝光度、美誉度、知名度，价值观传播 & 建立。

2. 硬广。

（1）渠道：全国性主流媒体、招商加盟类网站、主流 APP、自主搜索（SEO 关键词优化）、付费搜索导流（SEM 的 CPC + CPS 组合）、各大主流搜索网站的品牌专区、PPC 联盟、优质外链联盟。

（2）内容：企业核心价值观、合作加盟信息。

效果评估值：核心价值观传播 & 建立、合作建立、曝光度 & 传播值。

（四）产品价值：主体性软文

1. 渠道：消费观念引领性网站、白领聚集的论坛 & 圈子、大 V（微信公众号、微博、博客、贴吧等）、新媒体类网站、主流 APP、PPC 联盟、优质外链联盟。

2. 内容：产品价值内核、产品介绍、产品活动、消费模式介绍、产品故事。

效果评估值：忠诚度、美誉度、口碑、影响力、粘性、转化率。

（五）线上线下配合及组合执行

五、其他

关于具体的执行人员、分段执行周期、推广详细内容及渠道、效果预测＆评估、排期详表此处省略。

（资料来源：“康康看世界”微信公众号，2017年5月20日）

问题：

Invo果汁营销策划方案是如何体现BAFEV原则的？

分析提示：

Invo果汁相对于同类产品具备明显的技术优势，更加可贵的是，这种优势能够转化为对顾客的特点及利益，所以此品牌注重果汁产品的本质属性，展示自然、健康、生态、环保的形象，并能通过丰富可行的方式进行传播，整体上塑造了独特的品牌形象，向顾客传递了最大价值。

任务四 营销策划的误区防范

营销工作的实践性非常强，没有现成固定的营销模式供我们选取和套用，更没有一方包治百病的灵丹妙药。在营销实战中，各种主客体要素始终不断变化着，并且夹杂着许多社会的、心理的和情感的人文因素，即使在同一市场条件下，营销方案也可以有多个，不像自然科学的正确答案往往是唯一的。

营销工作的“深奥”和“神奇”之处也就在这里。正因为如此，在营销策划的行为和观念中存在一些隐性的误区，常常困扰着营销人员。下面我们就一些常见的营销误区作辨析，望能起到警诫明示的作用，以提高营销实战者的鉴别能力。

一、新办法能够更好地解决问题

面对复杂激烈的市场竞争环境，有的营销人员把过多的精力放在试图寻找能解决所有问题的灵丹妙药，营销的过程几乎变成寻求新的营销手段的过程，误认为只有新办法才能解决问题。

在这种错误认识的驱使下，营销人员不再专心致志地做那些已经被无数事实证明了的、的确是行之有效的经典的营销方法，他们像赌博似的把赌注压在每一个新创意的方法上，在工作中表现得非常浮躁，基础工作不扎实、不到位，连4P都没弄懂，只会滥用炒作。

近几年，我们时常对国外大品牌在中国市场的运作深有感触，他们稳扎稳打，绝无虚张声势，一旦立住脚，国内品牌就难以撼动其市场地位。为什么？因为人家是在营销！而我们的一些企业是在炒作，是在吆喝（打广告），然后销售。营销是一个全面的、管理的过程。而我们有的企业，只知道使用一些很表象的营销工具，比如广告、促销，不注重基本营销工具的组合、营销队伍的建设管理和营销制度的完善。

当今市场竞争已经不仅仅是产品的竞争、广告的竞争、炒作的竞争，而是企业全方位的竞争，哪样都不能差。企业经营者要经常检查企业各方面的工作。各方面的工作就像一块块木板围成的木桶，企业整体水平的高低取决于最短的那块木板的高度，长的再长也没有用。创新性的市场运作方法，只有在基础扎实的企业中才能发挥出应有的作用。

科学的、经得起时间考验的理论和方法总是最少的，也是最有用的。

二、策划是包治百病的良方

随着市场竞争的白热化，企业在经营与管理中遇到的问题也越来越多，许多管理者就把解决问题的希望几乎完全寄托在某些策划者的策划上，这是极其错误的。首先，企业应该努力提高自己的综合素质和领导者的综合素质，加强企业的市场应变能力、核心竞争能力，这些才是决定企业成败的关键因素。其次，在提高自身能力的前提下，适时地学习他人的经验和智慧成果，达到内外结合，融入升华。任何一个企业离开了管理者自身管理能力的修炼和营销水平的提高，都无法取得市场竞争的胜利。

三、策划只要有实践经验就行

有些人认为只要有实践经验就可以做好策划，这种认识也是一种误解。只有实践经验，而没有专业知识和工具的指导，做出的策划往往是盲目的、表面的、零碎的，不能从根本上和全局上系统地解决营销问题。因此，策划人不仅要有实践经验，还要具有丰富的专业知识。因此，只有实践经验并不能成为优秀的策划者。

四、策划只是专业性文章

有些人认为有专业知识就能做好策划。有一部分人自认为有了一定的经济理论知识、营销理论、策划理论的培训经历，就能做策划，就能做好策划，结果就把策划写成精美但没有实际意义的文案。这也是一种莫大的误解。这牵涉策划的效果问题。策划的效果要由实施策划方案后所产生的营销效果来决定，营销效益好，当然就可以说策划方案好；反之，则相反。

五、组织机构不健全，设置不合理

许多企业都没有专门的策划部或企划部，甚至没有专门的人员去做这项工作，大多都是由销售部来制定和实施的。营销策划是一门专业性极强的学科，许多销售员对营销策划的知识一知半解或没有正确的认识，所以基本上谈不上制订科学的、合理的策划方案，有的甚至把销售过程中简单的让利促销或“送东西”等同于企划。许多企业的企划部门往往与其他部门相互独立，甚至是处于从属地位。因此，在实施营销策划方案的时候，往往很难得到其他部门的有效配合。

六、无监控过程

好的策划方案只有在正确的执行以后才能体现其作用，但是许多企业尽管设计好了营销策划方案，但缺少监控，在实施过程中要么敷衍了事，要么干脆就没人去实施，从而成为一种典型的“形象工程”。

【项目小结】

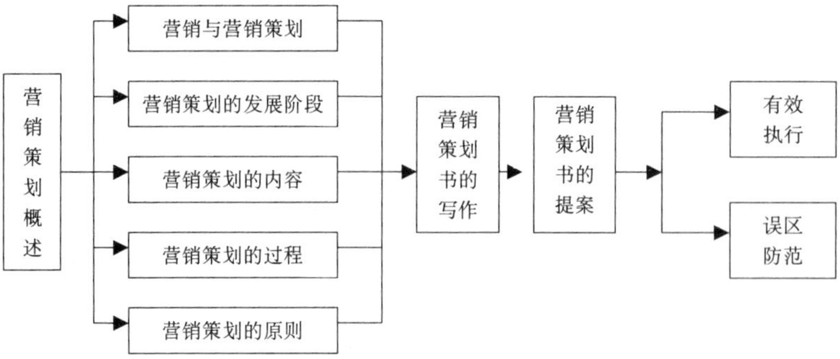

【项目考核】

1. 简答题

（1）简述市场营销策划的发展阶段。

（2）市场营销策划的内容主要包括哪两个方面？具体内容是什么？

（3）简析市场营销策划中存在的主要误区。

（4）简述一份完整营销策划书的主要内容。

（5）简述提案中的BAFEV原则。

2. 案例分析题

“秘密武器”为何不能长盛不衰
——更新市场观念

库尔斯公司是美国一家啤酒酿造公司，地处科罗拉多的山沟里。1960年阿道夫·库尔斯这个44岁的啤酒王国的老板，外出遇难后，公司由其儿子比尔和乔兄弟俩经营。库尔斯公司生产的啤酒是用纯净的落基山泉水酿制，公司只生产一种品质啤酒，且只有一家酿造厂生产这种啤酒，啤酒只在西部11个州销售，其中多数州是美国人烟稀少的地区。它没有设立分厂，22年没有扩大过规模，同时，每一桶酒都要销往900英里以外的地方。啤酒质量很好，除了一些名演员像保罗· 纽曼和伊斯特伍德外，从福特总统到亨利·基辛格，无不对库尔斯啤酒称道叫好。每年大约有30万库尔斯的崇拜者来啤酒厂游玩，人们一直称库尔斯有“秘密武器”。

到1970年，由比尔和乔经营的一个小规模地区性啤酒厂却异常繁荣，1969年比1968年产量增长19%，在全国啤酒行业中名列第四。在西部11个州市，库尔斯市场占有率达30%，在加利福利亚州，到1973年为止，它占有了41%的市场，比啤酒行业产量最大的安休斯—布希的18%还多。这与来自那些知名的和不知名的人士对库尔斯产品的狂热追求与爱好，与啤酒厂环境清洁的形象及味道清淡适口的啤酒形象是分不开的。到20世纪70年代中叶，啤酒的消费趋势发生了很大变化，啤酒行业最热门的产品是凉爽型啤酒或低热量啤酒和高级名牌啤酒，这种啤酒的销售量几乎占到啤酒总销量的10%，而其中全国发展最快的米勒公司啤酒占到30%，并且这个比例还在上升，其他有发展的啤酒是高级名牌啤酒。安休斯—布希的米歇洛布牌啤酒竞争力很强，每年虽然只以3%的速度增长，但几乎所有的增长均来自两种产品：凉爽或低热量啤酒和高级名牌啤酒，而这些库尔斯一种也不生产，只是一味地依赖于它的那一种啤酒，因循守旧。此外，研究表明，每10个饮用凉爽啤酒的新消费者中有4个是从库尔斯那里来的。西部市场也不再只属于库尔斯了，那里满是实力雄厚、根基牢靠的竞争对手。比尔不得不承认："酿造我们能酿造的最好啤酒已经不够了。"1978年库尔斯的利润下降到5.48亿美元，比利润最高的1976年减少近29%，就是退到1975年，利润也比这个数字高。

问题就在于对一个变化不定的和更有扩张性的市场，库尔斯一味采取长期观望的态度，而无所领悟，保守主义政策根深蒂固，错误地认为一种啤酒及一种形象的魅力会长盛不衰，从而否定任何大胆进取的甚至于惯常的市场营销努力的必要性，最终使库尔斯这个历史悠久、令人肃然起敬的啤酒商不回头地走到这样一个历史时刻。

（资料来源：曹刚等．国内外市场营销案例集［M］．武汉：武汉大学出版社，2003）

思考题：

（1）你认为库尔斯的"秘密武器"来自何处？到20世纪70年代以后，为什么"秘密武器"失灵了？

（2）库尔斯公司是以什么为导向？怎样才能使产品长盛不衰？

3. 业务模拟训练题

（1）案例实务操作

训练目标：

整体上把握营销策划的内容，形成营销策划的正确思维。

训练内容：

SWOT分析；战略规划；战术策划。

训练操作：

参照本章开篇导入的案例，通过阅读书籍、杂志或上网搜索，找一个完整的营销策划的案例，根据本项目所讲的内容进行案例分析。

成果要求：

分析案例中企业是如何进行营销策划的；指出该企业在营销策划中存在的不足；提出企业进一步完善营销策划的方案。

（2）营销策划书的撰写与提案实务操作

训练目标：

熟练掌握营销策划书的构成要素，能够进行策划书的提案。

训练内容：

营销策划书的撰写；营销策划的提案。

训练操作：

自选校内和附近的一家企业，就他们遇到的营销问题或目标，为他们做一份营销策划书，并说服他们接受你的策划方案，并愿意向你支付一定的报酬。看看谁收到的报酬多。学完整个课程后，再进行一次。看看两次之间的差距和进步在哪里。

成果要求：

提交完整的策划方案；通过完成训练题的实践，提交关于营销策划书的撰写与提案的思考和体会。

项目二
进行市场调研

◇了解主要概念：市场调研；消费者行为；定量预测；定性预测；EPSTEL分析法。

◇掌握基本理论：宏观环境EPSTEL分析法；竞争对手分析模型。

◇培养综合能力：掌握市场调研策划的步骤；能够进行营销环境调研的策划；能够进行竞争调研的策划。

案例导入

德棉营销策划项目综合调查方案

为进一步把握市场营销环境，认识自身状况，德棉集团制定了当年公司的市场调查工作方案，希望通过调查可以获得有用的信息资料，为其营销策划工作提供支持。调查方案如下：

一、纺织行业及纺织品市场调查

1. 调查目的

（1）全面了解纺织行业及纺织品市场的现状及发展趋势，以适应市场竞争需求，跟上发展潮流，制订企业长远的发展战略。

（2）了解国际纺织品市场的发展方向、消费需求变化及新技术发展情况。

（3）了解纺织品细分市场的竞争状况、市场容量及发展趋势，为进入终端产品市场做准备。

2. 调查内容

（1）行业的宏观经济环境及现状，包括市场容量、市场成长性及发展趋势等。

（2）加入WTO对中国纺织行业发展产生的影响。

（3）行业竞争格局、竞争特点、竞争趋势，主要包括工业品类各细分市场的状况。

（4）纺织品市场各细分市场的行业现状、发展趋势。

（5）纺织品各细分市场的消费者需求特点及流行变化趋势等。

3. 调查方法

（1）实地访问法。到国家行业有关主管理部门、协会、科研机构直接收集信息，邀请业内专家讲课等；对经销商、下游厂家进行调查，了解市场变化信息。

（2）文案调查法。有关报纸、杂志、网站发布的各类信息；行业有关主管理部门、协会、科研机构、大专院校的各类分析资料；国家及地方的市场研究机构、市场调查机构的调查报告及相关信息。

二、德棉集团内部环境的调查

略。

三、主要竞争对手的调查

1. 调查目的

对主要竞争对手进行调查分析，知己知彼，以确定有利的竞争策略。

2. 调查内容

（1）竞争对手的产品线构成及发展方向。

（2）竞争对手的生产能力、设备、技术、规模、机构设置、人力资源等企业的基本情况。

（3）营销行为如销售策略、价格政策、渠道网络、广告促销、销售体制及销售现状。

（4）竞争对手的优劣势分析。

（5）竞争对手的发展方向。

3. 调查对象

（1）主要竞争对手：魏棉、南山、河北常山、依棉、安徽华茂、无锡庆丰、南京金双强等。

（2）潜在竞争对手：三枪、宜而爽、恒源祥、AB 等。

4. 调查方法

（1）实地访问法。以社会机构的名义对各公司进行直接调查；通过共同的经销商、供应商及下游厂家进行调查了解。

（2）文案调查法。通过查找相关资料对竞争对手进行调查了解；通过行业协会、纺织行业高校等中间机构对竞争对手进行分析调查。

四、营销策略调查

1. 新产品调查

（1）“德棉·A 米”新产品调查内容。①市场上现有抗菌产品的销售状况、新产品下一步的发展情况。②消费者对抗菌纺织品的认知、接受情况。③消费者对“德棉·A 米”品牌的理解、联想情况。④消费者对功能性服饰的需求情况及下一步服饰的发展趋势。⑤下游生产厂、销售商（含目标客户）对“德棉·A 米”、Amicor 纤维的认识及对“德棉·A 米”新产品的品种、政策价格的意见和建议。

（2）调查范围。①消费者：有一定经济收入、消费意识超前的消费者。范围：上海、南京、杭州、宁波、广州、深圳、重庆、青岛、济南、北京等城市的大商场及超市。②目标客户以及特殊领域的客户。③专业市场：如浙江绍兴、温州、上海、广东、重庆等地的专业市场。④商场（超市）、经销商。

2. 品牌建设调查

（1）品牌建设调查内容。①消费者对纺织行业主要品牌及所属企业的了解情况。

②消费者对主要品牌的知名度、信任度、偏爱度、忠诚度及联想情况。③其他企业的品牌建设、传播策略。④其他厂家、销售商、消费者对“德棉”品牌的认识、理解、联想情况，品牌建设的分析、调查。

（2）调查范围。①消费者：与新产品的推广同时调查，范围相同。②经销商：产品的经销商、下游厂家等。

（3）调查方法。问卷法和现场测试法等。

五、德棉新、老客户及潜在客户的调查

略。

案例中，德棉集团的营销调研策划方案非常值得学习和借鉴。第一步，德棉集团从宏观上确定了市场调查的几大内容；第二步，具体设计每项调查的计划方案。企业在进行市场调研策划时，也应该遵循这样的步骤，如此一来，既有宏观的模块内容，又有微观的调查计划，整个调查方案就算比较合理了。

当然，德棉集团的调研方案并不是包含了所有的营销调研的内容，企业要根据自己的需要选择想要调研的模块内容。一般来说，企业要进行营销调研策划，需要调研以下内容：营销环境调研策划、市场需求调研策划、市场竞争调研策划和营销绩效调研策划；同时，企业在每项调研策划中，又要制定具体的市场调研计划，主要内容应该包括调研目的、调查内容、调查对象、调查方法、调查开展的时间和地点、人员安排、预算、问卷设计等。至于具体的策划方法，我们将在接下来的内容中具体讲解。

任务一　市场调研策划分析

一、市场调研策划的定义

市场调研是市场营销策划的基础和起点，是企业了解营销环境、自身状况、竞争状况的重要途径。市场调研策划是对市场调研工作的规划，即对收集和分析收据或资料而选择研究方法和研究内容的决策过程的策划，其目的是及时准确地收集信息资料，为企业营销策划提供信息的支持，为企业决策提供依据。

关于市场调研策划的内容，在开篇导入的德棉集团的案例中已经有所体现：公司对纺织行业及纺织品市场，内部环境，主要竞争对手，市场营销策略，新、老客户及潜在客户等方面进行了调查。这些基本包含了企业市场调研的内容。

为了更好地指导企业进行调研策划，我们把营销调研策划的内容划分为四大部分，主要包括：营销环境调研策划、市场需求调研策划、市场竞争调研策划和营销绩效调研策划。

二、市场调研策划程序

市场调研策划是由一系列判断与选择组成的过程。为了解决一些特殊问题，它需要按照市场调研的程序，一步一步地对收集和分析资料的方法加以选择和限定，其大致程序如下：

（一）为什么要调研

企业在进行市场调研之前，首先要明确为什么要进行调研的问题。这就要求企业要事先确定调研主题，明确调研目的，即企业要通过此次调研获得哪些方面的资料，通过这些资料的分析要解决怎样的问题。只有明确了市场调研的目的，接下来的调研计划设计和实际调查工作才有重点可循。

在导入案例中，开篇即给出了德棉集团进行市场调研的目的：为进一步把握市场营销环境，认识自身状况，为新产品上市和集团的营销工作提供支持。目的简洁明确，就是要通过内外部的调研，为新产品开发和上市提供决策依据，并为接下来的营销工作提供支持。明确目的之后，接下来的调研策划工作就有了方向和依据。

（二）应该怎样调研

明确调查目的后，围绕这一重点，企业要编制市场调研的计划书，制定具体的工作方案。

市场调研计划是市场调研策划的一个阶段性成果，要以书面的形式提供给有关人员。具体调研实施的前期工作是市场调研计划，但只是相对的。在实际中，调研人员需要先做试探性和方向性的初步调研，然后再进行更为细致和全面的调研设计。

市场营销调研计划的主要内容包括：调研目的、调查内容、调查对象、调查方法、调查开展的时间和地点、人员安排、预算、问卷设计等。德棉集团具体的市场调查计划书如下：

德棉集团市场调查计划

一、调研目的

为新产品上市策划寻求市场支持；为德棉品牌重新定位寻求市场支持。

二、调查内容

消费者对螨虫的认识；消费者对抑菌防螨类纺织产品的认识；消费者对德棉品牌的认识。

三、调查地点

山东省济南市、青岛市城区

1. 主要商业街（繁华路段）。

济南：贵和、大观园、大润发附近、三联附近、银座附近、市华联附近。

2. 重点大商场、餐饮娱乐场所。

济南：银座商城、购物广场、大观园、人民商场、市华联、大润发、肯德基、麦当劳。

3. 服装、床上用品商店或市场。

四、调查时间

1 月 20 日（周末能保证足够的人流，调查员也容易找）。

五、样本数量

每个城市 200 人。

六、样本选取

1. 年龄要求：18 岁以上的成年人，60 岁以内；

2. 收入要求：主要以中高档收入家庭为主；

3. 性别要求：以女性为主，男女比率为2:3。

七、调查方法

问卷调查。

八、调查员选取

1. 人员：交院、山财或山大学生（最好以女生为主，家来自农村或贫困生为佳）。

2. 人数：10人，每人20份/天，每份2元钱（每人每天20元交通及伙食补助）。

九、被调查人员礼品

每人赠送价值1元以内的小礼品（圆珠笔或其他）。

十、费用预算

1. 学生调查：1200元（调查员调查费：800元；礼品费用：400份）。

2. 公司员工调查：600元（调查补贴：200元；礼品费用：400元）。

十一、问卷设计（略）

课堂思考

通过互联网或其他途径，再查阅几个公司的市场调查计划书，然后请你也来拟定一份针对某种产品的市场调查计划书，做一个关于“某产品在所在学校或单位的消费情况”的调查。

（三）如何实施调研计划

按照市场营销调研的计划开展调研工作，进行资料的收集。资料的收集有两种方法：实地调研和文案收集。实地调研主要是通过观察、问卷、访谈和试验等进行的调查；文案收集主要是收集现有的发表在书籍、报纸或网络上的信息资料。选择好调研方法后，根据人员安排，即可在预定的时间、地点对相关对象进行调查。

在调查之前，由于企业往往缺乏有经验的调研人员，所以，可以先对调查人员进行简单的培训，目的是使他们对调研方案、调研技术、调研目标及与此项调研有关的经济、法律等知识有明确的了解，以提高工作效率和准确度。

在调研过程中，要对调查工作进行监督和控制，及时解决可能出现的问题。首先收集的是文案资料，对这些资料的收集方法比较容易，而且花费也较少。其次是通过实地调查来收集第一手资料，这时就应根据调研方案中已确定的调查对象，选择适合的调研方法和调查方式。这类调研活动与前一种调研活动相比，花费虽然较大，但是调研所得的资料更准确、更实用。

在调研后，要对调研的工作进行总结，以便以后更好地开展工作。

在此，我们要特别强调：策划人员一定要亲自参与到调研中去，尤其是对于关键的、核心的信息搜集，因为策划人员只有亲自参与，才能对市场信息有最准确的理解和把握，从而才能使策划建立在扎实的情报基础之上。

（四）怎样进行信息处理

实施调研计划后，要对收集的信息资料进行整理、统计和分析。首先，要筛选有用的资料，剔除无用的或不符合要求的资料；其次，将有用的资料进行分类统计；最后，要进行数据的比较和表格制作，使信息资料更加直观明了。

通常情况下，企业在进行市场调查资料分析时，可以使用五种基本方法：使用百分率、指数、对比价值、选择比较年份、平均数。

（五）最终结论是什么

通过资料的统计与分析，根据市场调研的目的，撰写市场调研报告。在报告中，要对调研分析的结果进行客观的汇报，同时提出调研过程中发现的问题，并提出相关的市场建议。

三、市场调研报告的写作

市场调研的最终结果要通过市场调研报告来展现，一份好的调研报告可以清晰地向我们展现企业所处的环境、营销现状，指明所面临的营销问题。

市场调查报告的格式一般由标题、目录、概述、正文、结论与建议、附件六部分组成。

（一）标题

标题和报告日期、委托方、调查方，一般应打印在扉页上。

（二）目录

如果调查报告的内容较多，为了方便读者阅读，应当使用目录形式列出报告所分的主要章节和附录，并注明标题、有关章节号码及页码，目录的篇幅不宜超过一页。

（三）概述

概述主要阐述市场调研的基本情况，主要包括三个方面内容：第一，此次调查的目的，即简要地说明调查的背景和委托调查的原因；第二，介绍调查对象和调查内容，包括调查时间、地点、对象、范围、调查要点等；第三，简要介绍调查研究的方法和过程。

（四）正文

正文是市场调研报告的核心部分。这部分主要是通过对问卷的统计，对调研所得的数据进行分类分析和评论，为决策者进行独立思考提供全部调查结果和必要的市场信息。

（五）结论与建议

结论与建议是撰写综合分析报告的主要目的。这部分主要是对正文部分数据分析的总结，指明数据反映的主要问题，提出有效解决某一具体问题的方案与建议。结论和建议与正文部分的论述要紧密对应，不可以妄下结论。

（六）附件

附件是指调查报告正文包含不了或没有提及，但与正文有关必须附加说明的部分。它是对正文报告的补充或更详尽的说明，包括数据汇总表及原始资料背景材料等。

通常调研报告要提交企业领导审阅讨论，因而，在编写市场调查报告时，要力求条理清楚、言简意赅、易读好懂。

【同步案例2-1】

2016格力新产品开发调研（湖南省）

一、调研背景

格力空调成立于1991年，是目前全球最大的集研发、生产、销售、服务于一体的专业化空调企业。格力空调在全球拥有珠海、重庆、合肥、巴西、巴基斯坦、越南6大生产基地，4万多名员工，至今已开发出包括家用空调、商用空调在内的20大类、400个系列、7000多品种规格的产品，能充分满足不同消费者的多种需求；拥有技术专利近1500项，一系列高端产品填补了国内空白，打破了美日制冷巨头的技术垄断，成为从“中国制造”到“中国创造”的典范。

二、调研目的

1. 根据湖南地区消费者需求，来研发本企业的新产品，为开发新产品提供依据。

2. 为了更有效地扩大本公司在湖南市场的市场占有率，提升本公司的竞争力。

3. 满足消费的需求，为消费者的生活提供便捷与实惠。

4. 研发新产品作为地区差异化的主打销售产品，提升企业形象和竞争力。

三、调研项目

为了更有效地研发出适合湖南市场的新产品，有必要对湖南市场进行一次市场调研，了解消费者对空调的需求，根据消费者的需求来研发我们的新产品。

四、调研对象

因为主要使用空调的地方是公司企业、学校、行政机构和家庭，所以我们针对这些地方进行调研。调研对象包括行人和住宅区的居民。

五、调研方法

采用问卷调查法。

1. 抽样方法：简单随机抽样法。

2. 调研范围：湖南省一、二线城市。

3. 抽样框设计思路：行人具有很多不确定性，虽然缺少针对性，但是有很强的广泛性和随机性。然而居民也同样是空调的主要消费者，他们是我们主要的研究对象。

4. 抽样框：行人7000人；住宅居民3000人。

六、问卷设计

（略）。

七、调研经费

经费明细	金　额
策划费	1800元
材料费	30000元
公关费	10000元
人员劳务费	15000元
统计分析汇报费	200元
交通费	10000元
合计	67000元

八、人员组织安排

为了更好更快地完成此项调研任务，我们将配置人员具体如下：

总督导：1 名

总督导助理：1 名

地区督导：10 名

调研人员：100 名

复核员：10 名

复核员可以由地区督导兼任也可以招兼职。因为调查地域比较广阔，所以需要较多的调研人员来完成此项调研任务，同时也需要各个督导时时控制管理，总督导负责统筹，全程负责监控。必须人人认真负责、全心全力地完成此次任务。

九、时间安排

策划方案，设计问卷：	3 个工作日
方案、问卷的修改、确定：	2 个工作日
项目准备阶段（人员培训安排）：	4 个工作日
实地调查阶段：	10 个工作日
数据统计分析阶段：	3 个工作日
调查报告撰写阶段：	3 个工作日
论证阶段：	3 个工作日

（资料来源：百度文库，《2016 格力空调市场调研方案》）

问题：

1. 策划调研的目的往往是解决问题，案例中格力的调研目的是什么？
2. 调研中的抽样对象决定了调研的效果，怎样的抽样才是科学的？

分析提示：

企业必须不断创新，不断为本企业的产品注入新鲜血液，才能在市场竞争中获得不败的地位。然而所有的创新都应当是契合市场的。从需求角度讲，格力应了解新产品是否更加符合市场需求，提供更多价值；从竞争角度讲，格力应分析新产品是否更具竞争力，这是本次调研的基本目的。

调研的抽样应当集中在产品的目标顾客群，顾客群的分布决定了抽样的方式及特点。一般情形下，等概率的抽样比非等概率抽样更具代表性，得到的调研数据也更具说服力。

任务二　营销环境调研策划

所谓的市场营销环境，是指一切影响、制约企业市场和营销活动以至于生存和发展的内部和外部因素的汇总。营销环境调研是企业营销调研的重要前提。企业要想在市场营销环境中生存，就要随时掌握营销环境的最新动态。

开篇导入案例中，德棉集团首先就对市场的环境调研做了策划，即关于纺织行业及纺织品市场的调查。

这一调查中，既包含了宏观环境的内容，如宏观经济环境、WTO对纺织行业的影响等，又包含了微观环境的内容，如细分市场状况、消费者需求特点、竞争状况等。

当然，在企业环境调研策划中，除了对宏观和微观环境的策划，还应该包括渠道调研和传播媒介的调研。虽然德棉集团没有进行这方面的调查，但在其他时候可能会遇到，也应该引起重视。

一、宏观环境调研策划

企业外部环境是复杂多样的，在当今时代，又是变化莫测的。对环境的调研可以从宏观和微观两个方面来加以说明，如图2－1所示。

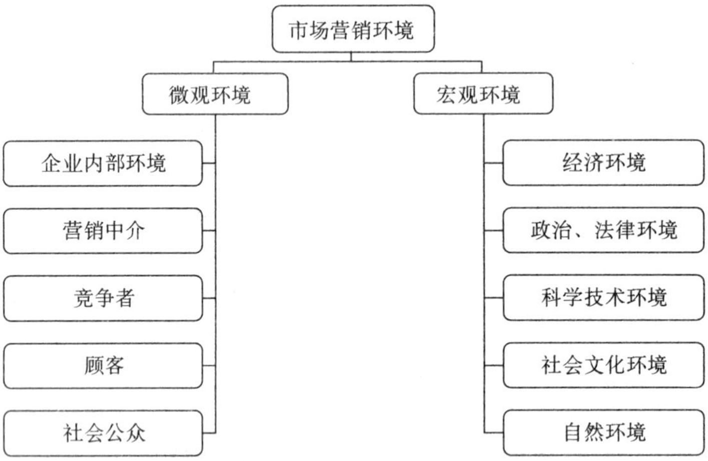

图2－1　市场环境划分

宏观环境指影响企业营销活动的外部社会力量和因素，是企业不控制的因素，主要包括人口、经济、政治法律、科学技术、社会文化及自然生态等因素。对企业的宏观环境进行分析的通用方法是EPSTEL分析法，如图2－2所示。

（一）经济环境

经济环境是指企业经营过程中所面临的各种经济条件、经济特征、经济联系等客观因素。企业要考虑消费者的可支配收入、消费支出模式、居民的消费倾向、就业状况、宏观经济的变化发展周期规律等。

（二）政治、法律环境

政治环境是指企业市场营销活动的外部政治形势和状况，主要是国家的方针和政策。企业对政治环境的分析，就要分析政治环境的变化给企业的市场营销活动带来的影响。例如，“五一”黄金周的取消、短假的增加，对于习惯于靠长假期吃饭的旅行社来说，是一种威胁，这就迫使旅行社不得不改变经营策略。

影响企业战略的政治、法律因素主要有以下几种：政治体制与市场体制、政治稳定性、法制体系的建立与完善、国内法、国际法、国际惯例以及通行准则、行业法律法规等。

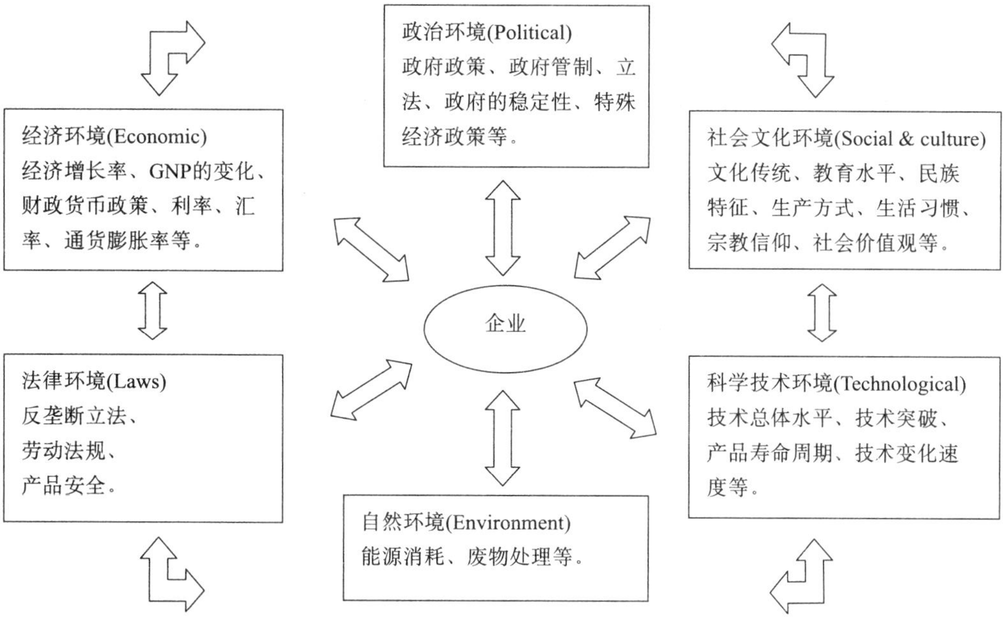

图 2－2　EPSTEL 分析法

（三）社会文化环境

社会文化环境因素主要包括社会阶层、风俗习惯、宗教信仰、家庭结构、价值观念、消费习俗等。人们的价值观念和信念会影响消费者的消费态度、兴趣爱好，从而最终影响购买决策和行为。所以，企业在开展市场营销活动时，必须全面了解、认真分析所处的社会文化环境，以准确把握消费者的需要、欲望和购买行为，制定切实可行的营销行动计划和方案。

（四）科学技术环境

科学技术环境是指一个国家或地区的技术水平、技术政策、新产品开发能力以及及时发展的动向等。科技是第一生产力，它不仅直接影响着企业内部的生产和经营，还与其他环境因素相互作用，既给企业的市场营销创造了机会，又带来了威胁。

（五）自然环境

当前，自然资源日益短缺，能源成本不断提高，政府对自然资源的管理和干预不断加强，这将给企业营销活动带来不利的影响。因此，企业必须积极寻求新的资源或替代品。同时，企业在生产经营活动中要有高度的环保责任感，善于抓住市场机会，推出绿色产品，开展绿色营销，以适应世界环保潮流。

课堂思考

上面我们具体讲了宏观环境的调研策划，而在实际的工作中，企业少不了也要对微观环境进行了解。根据上面的内容，想一想对微观环境的调研应如何策划？

二、渠道调研策划

流通渠道是为促使商品从生产领域向消费领域转移，而由商品生产者、流通者、消费者等流通机构构成的一系列相互依存的组织，包括商品流通的途径、环节、形式。

（一）流通渠道系统调研

传统渠道与新型渠道在组织结构、运行方式等方面有着明显不同，如图2-3所示。

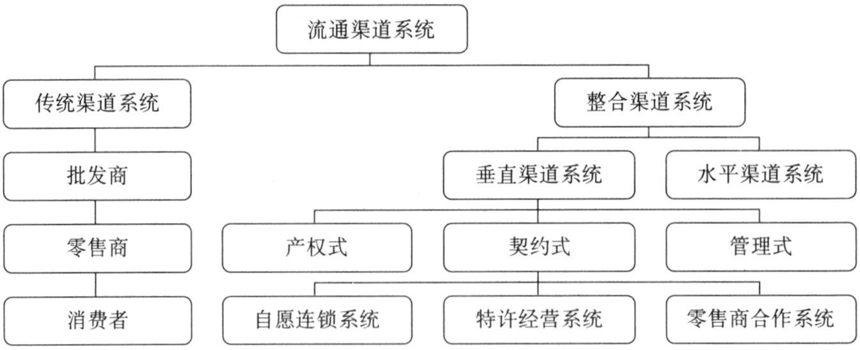

图2-3 流通渠道系统

传统渠道是一种比较松散的渠道模式，渠道上的各个成员之间彼此独立，购销交易是建立在自身利益、讨价还价、相互竞争基础上的，交易关系很不稳定，容易发生渠道冲突。传统渠道虽然保持了各企业的独立性，但由于缺乏共同目标，因而影响了局部与整体运行效率。

新型渠道是一种比较集中的渠道模式，渠道上的各个成员之间采取了不同程度的联合经营的方式，从而形成了规模效益，提高了整体运行效率和经营效益，有效地增强了环境适应力和市场竞争力，为现在大多数企业所采用。

流通渠道系统是由许多类型的渠道策略组成，这些渠道策略可分为以下几类：①直接渠道或间接渠道的营销策略；②长渠道或短渠道的营销策略；③宽渠道或窄渠道的营销策略；④单一营销渠道或多营销渠道策略；⑤传统渠道或垂直渠道的营销策略。

（二）流通渠道参与者调研

流通渠道参与者如图2-4所示。

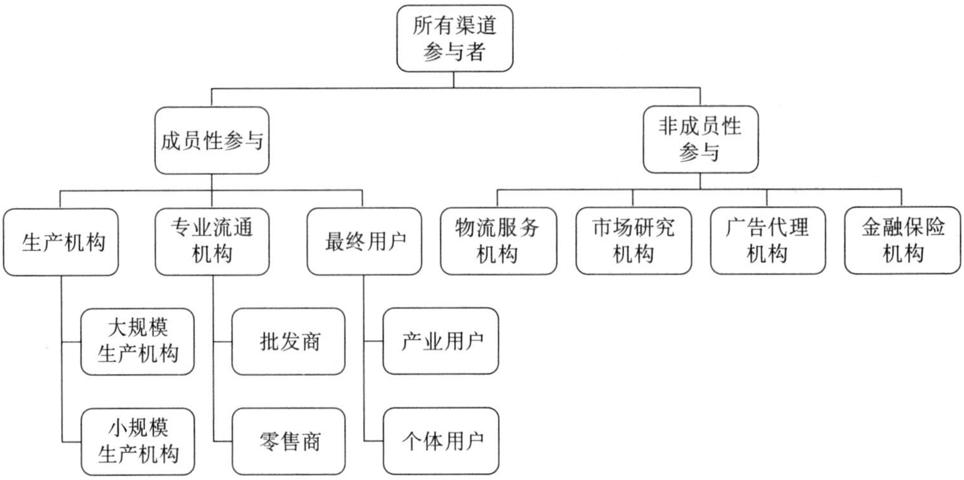

图2-4 流通渠道参与者

（三）渠道的发展趋势调研

1. 渠道运作：以终端市场建设为中心

销售工作从销售网络的开发到经销商开发、从铺货到促销，内容繁多，但归结起来，销售工作要解决的问题只有两个：一是如何把产品放到消费者的面前，让消费者见得到；二是如何把产品放进消费者的心中，让消费者买得高兴。

厂家一方面通过对代理商、经销商、零售商等各环节的服务与监控，使得自身的产品能够及时、准确而迅速地通过各渠道环节到达零售终端，使消费者买得到；另一方面，在终端市场进行各种促销活动，激发消费者的购买欲，使消费者乐意购买。

2. 渠道建设：由交易型转向伙伴型

传统的渠道的每一个渠道成员都是独立的，以追求个体利益最大化为目标，甚至不惜牺牲渠道和厂商的整体利益。在新型销售渠道中，厂家与经销商的交易关系变为友好合作的伙伴关系，使分散的经销商形成一个整体，渠道成员为实现自己或大家的目标共同努力，追求双赢。

3. 渠道格局：由单一化转向多元化

单个渠道成员通常很关心自己的短期利益，通常为了自己短期的最佳目标采取单独行动，导致了渠道冲突。现在许多企业开始采取了多元化渠道，即混合渠道。混合渠道方式为面临复杂大市场的企业提供许多有利的条件，企业通过每一条新渠道扩大销量和市场覆盖范围，并获得使产品适合各类顾客细分市场特殊需要的机会。但是这种渠道很难控制，更容易发生冲突。

4. 渠道结构扁平化

传统的销售渠道呈金字塔式的体制，因其广大的辐射能力，为厂家产品占领市场发挥出了巨大的作用。但是，传统的渠道存在着许多不可克服的缺点：一是厂家难以有效地控制销售渠道，销售政策不能得到有效的执行落实；二是多层结构不利于信息传播与反馈，有碍效率的提高。因而，许多企业正将销售渠道改为扁平化的结构，即销售渠道越来越短、销售网点越来越多。销售渠道短，则增加了企业对渠道的控制力；销售网点多，则增加了产品的销售量。

三、传播媒体调研策划

媒体间的功能差别很大，在传播中的表现也各不相同。广告媒体整合传播就是基于合理、高效地利用媒体资源这一目的。企业在进行媒体调研时，主要是对传播媒体形式的调研、媒体受众定位的调研和媒体传播范围的调研。

（一）传播媒体的形式调研

报纸、杂志、广播、电视被人们称为广告传播的“四大媒体”，互联网络被人们称为第五大媒体，另外还有户外广告。这些主要的媒体就是企业媒介调研的主要对象。

1. 报纸

报纸是以文字和图片形态为传播手段，刊载新闻为主的广告借用媒体。

2. 杂志

杂志是刊登某一方面或某一门类的知识性或娱乐性文章、图片等供读者研究或消遣的出版物。

3. 广播

广播是利用电波把广告信息变成各种声音的纯听觉媒体。

4. 电视

电视是最具实力的传播媒体，但在实际广告活动中电视的性价比并不是很高。

5. 网络

与传统媒体对应的是以互联网为代表的新媒体，它在人们尤其是年轻人获取信息方面发挥着越来越大的作用，也越来越受到企业重视。

6. 小众传媒

小众传媒一般是指户外广告、售点广告、电梯广告、接触式广告等多种形式的小范围传播媒体。

课堂思考

以上媒体都是企业常用的传播媒介，也是消费者最容易接触到的信息载体。想一想：这些媒体各自有什么特点？相比较而言，它们各自有何优势和劣势？

在此，需要强调的是，在不同的市场区域，存在的媒体形式是不一样的，不同的媒体形式的重要性也是不一样的，这种区别尤以大城市和小城镇为典型，在调研时要注意到这些区别。

（二）媒体受众定位调研

受众定位调研的目的就是要明确企业所选媒介的受众定位是否与企业的产品定位和目标消费群体相一致。通过媒介受众定位与目标消费群体的比较，企业要选择最优的媒介组合。

电视、广播、互联网和一般性报纸为大众媒体，它们针对一般性消费者，其受众特别广，没有明显的年龄、性别、职业、文化及消费层次的区分；专业性报纸、杂志为中众媒体，它们对受众是有一定要求的，有年龄、性别、爱好和职业等分别，比如，青年报针对年轻人，体育报针对体育爱好者，女刊针对女性消费者等；户外广告等为小众媒体，只针对个别有需求的人群。

（三）媒体传播范围调研

媒体传播范围调研的目的就是要明确企业所选的媒介的传播范围是否覆盖到了所有的目标市场。通过对传播范围和目标市场的比较，及时调整企业的媒体策略。

在常用的媒体中，传播范围最广的媒体是电视和互联网，只要有电视和网络的地方就有信息的传播。其次是广播、杂志和报纸，层级越高，其覆盖面就会越广。传播范围最小的是户外广告，它有明显的区域性。

任务三　市场需求调研策划

市场需求的调研主要从三个方面入手：市场现状调研、市场趋势预测、消费者心理与消费者行为。

一、市场现状调研

（一）市场供应分析

从一般角度看，市场商品供应分析的内容主要包括市场商品现实供应者和潜在供应者，市场商品供应总量和结构分析，具体商品的供应量分析，可供商品的质量、规格、花色、价格的分析，供应弹性分析等。

在实际应用过程中，不同的项目要求掌握的市场商品供应分析的要求、范围不同。在德棉集团的调研方案中，涉及市场供应方面的调研内容有：纺织品市场各细分市场的行业现状、集团的生产情况、竞争对手的生产能力、市场上现有抗菌产品的销售状况等。

（二）市场需求分析

从一般角度看，市场商品需求分析主要包括市场商品总量和结构分析、具体商品的需求和结构分析、需求弹性等方面。这些内容在德棉集团的调研方案中也有体现，如纺织品各细分市场的市场容量、消费者需求特点、消费者对抗菌纺织品的认知和接受情况、潜在用户的需求情况等。

（三）供给关系分析

供给关系分析包括供求总量关系和结构关系分析①。在分析总供应量和总需求量之间关系的同时，要注意分析不同商品的供求状况，还要分析供求的动态变化状况。一般而言，供求的总量格局与具体商品的供求格局并不是同步的。在总体上供大于求，也有可能存在某些或某种商品的供不应求的状况。

（四）特殊供求现象的分析

特殊供求现象的分析，主要包括替代品的供求分析，连带商品的供求分析，商品供求的逆反现象分析。

市场现状调研是在其他各种调研的基础上进行的总结性分析，只有把环境调研做好了，才能把握好市场的现状，才能更好地预测市场的发展趋势。

二、市场趋势预测

市场趋势预测是依据市场的历史和现状，凭经验并应用一定的预测技术，对市场发展的未来趋势进行测算和判断的逻辑过程。市场预测按其性质可分为定性预测和定量预测两种。

（一）定性预测

定性预测是指通过对预测对象内在发展规律的分析，判断其未来发展变化趋势的一种预测方法②。它通常是凭借个人经验、知识，或者集体的智慧和直观的材料，对事物的性质和规律进行预测，而不是依靠复杂的数学工具进行的预测。

定性预测是一种常用的方法，它可以充分地考虑到各种影响因素对未来发展趋势的影响，简便易行。其不足之处是难以对未来作出精确的说明，对各项预测目标之间相互影响

---

① 陈启杰．市场调研与预测［M］．上海：上海财经大学出版社，2004：382.

② 陈启杰．市场调研与预测［M］．上海：上海财经大学出版社，2004：10.

程度难以做出量的说明，预测结果所产生的误差难以估计。

（二）定量预测

定量预测是根据历史数据，利用数学模型和工具，对预测对象未来发展趋势进行量的分析和描述的方法[①]。它通常在原始数据比较充足或数据来源多且稳定的情况下加以采用。市场本身是质和量的统一，对市场的全面认识需要定量预测和定性预测的结合。

定量预测注重数据的应用，以数学模型作为分析手段，不易受人为因素的影响，有利于保证预测的科学性与客观性。但是，定量预测对预测人员的要求特别严格，对数据资料的要求也比较高，而且其时间的限制性较强。

三、消费者心理与消费者行为

（一）分析消费者的意义

消费者行为是指人们在购买自己需要或爱好的产品或服务时所表现出的各种行为。消费者的购买行为受到多种因素的影响，具有很大的差异性。所以，企业只有认真研究和分析了消费者，才能有效地开展营销活动，真正把握住企业的目标顾客群体，顺利实现同顾客之间的交换。

分析消费者对企业整体市场发展战略具有重要的指导意义，主要表现在：①企业产品研发、包装设计等离不开对消费者心理和行为的准确把握；②对产品定位、细分市场具有关键意义；③对销售促进、广告宣传等具有启发作用；④对价格体系的制定与维护有监控指导的作用。

所以，正确地分析消费者，是现代企业必须重视的生存手段。消费者的需求就是销售者的市场，怎样把握这个市场，就成为各行企业长期探究的问题。一个企业要使自己生产的产品达到好的销售水平，提高自己产品的市场占有率，扩大销售额，就要对消费者需求进行分析。

因而，在导入案例中，德棉集团从不同的方面对消费者进行了调查，包括纺织品各细分市场的消费者需求特点及流行变化趋势，消费者对功能性服饰的需求情况，消费者对抗菌纺织品的认知、接受情况，消费者对“德棉·A米”品牌的理解、联想情况，消费者对德棉主要品牌的知名度、信任度、偏爱度、忠诚度及联想情况等。这些调研获得的关于消费者的信息，不管是对德棉新产品的上市决策还是已有产品的销售提升，都会有巨大的指导作用。

（二）消费者购买的特征

1. 购买的差异性

中国消费市场广大，人数众多。不同的民族、地区存在着差异，同一民族、地区又因为性别、年龄、职业、知识层面、性格等不同，导致消费者购买差异性大。

2. 消费的可诱导性

绝大多数消费者缺乏相关的专业知识、价格知识和市场知识。尤其是对某些技术性较强、操作比较复杂的商品，更显得知识缺乏。正是由于这个原因，使消费者需求存在可诱导性。

---

① 陈启杰．市场调研与预测［M］．上海：上海财经大学出版社，2004：10.

3. 消费者多而分散

消费购买涉及每个人和每个家庭，购买者多而分散。为此，消费者市场是一个人数众多的市场。由于消费者所处的地理位置各不相同，闲暇时间不一致，造成购买地点和购买时间的分散性。

4. 购买的层次性

依据马斯洛五层次需求理论，随着经济发展和生活水平的提高，人们的需求行为从低级需求向高级需求发展。在不同的层次，对需求的要求也各不相同。同时，我们要注意到，中国幅员辽阔，地区间发展并不平衡，不同地区和收入水平的消费者的需求具有明显的层次性。

【同步实训 2-1】

针对某类产品进行消费者购买行为调研

[**实训目标**]

(1) 了解消费者购买行为对营销的意义。

(2) 研究消费者购买某类产品时所表现出的购买行为、特征。

[**实训内容**]

调查研究消费者购买某类产品时所表现出的购买行为、特征，包括消费者购买时的差异性、可诱导性、分散性、层次性等。

[**实训操作**]

(1) 首先让学生复习调研的基本流程。

(2) 将全班学生分为五组，并选出小组负责人。

(3) 每个小组选择一个品类来进行调研。

(4) 每组同学派代表向全班解释各自的研究内容。

(5) 老师对各种经营模式进行总结。

[**成果要求**]

(1) 每个小组成员通过调研总结各自品类的购买行为特点，并与其他小组的调研结果进行对比，思考其差异性及造成差异性的主要原因。

(2) 每个小组选派代表在班里汇报调研结果。

(3) 老师对每组调研情况进行总结。每组同学对整个实训过程做出总结，课后上交。

(4) 老师为每个小组打分。

（三）影响购买行为的主要因素

影响消费者购买行为的内在因素很多，经济收入水平是影响消费者购买行为的基本因素。不同收入水平的人的购买行为会有很大的差异。

研究发现，影响消费者的购买行为的非经济因素主要有内外两个方面。从外部来看，主要有消费者所处的文化环境、消费者所在的社会阶层、消费者所接触的各种社会团体以及消费者在这些社会团体中的角色和地位等。内部因素则是指消费者的个人因素和心理因素，如图 2-5 所示。

文化因素	社会因素	个人因素	心理因素	
文化、 亚文化、 社会阶层	参照群体 家庭 角色地位	年龄、性别、 职业、教育、 经济收入、 生活方式	动机、认知、 学习、态度、 信念	购买者

图 2－5 影响消费者购买行为的因素

（四）购买决策过程

消费者的购买决策是一个极为复杂的动态过程，存在众多的可变因素和随机因素，只有进行全面分析才有可能把握其中的规律。消费者的购买决策过程可分为五个阶段，即确认需要、收集信息、比较评价、决定购买、购后评价。

课堂思考

同样作为消费者的你，一定做过不止一次的购买决策。回想一下最近的一次购买经历，你是如何完成整个购买过程的？大家相互交流一下。

【同步案例 2－2】

舌戏自煮火锅——
“不开火，不插电，一杯冷水吃火锅”

“舌戏”是舌战商贸成都有限责任公司旗下的自煮火锅品牌，创立于 2016 年 8 月，商标注册完成于 2017 年 10 月 21 日。这种可以随身携带的火锅，是把传统餐饮小吃零食化，满足了消费者随时随地吃火锅的需求。舌戏的愿景是打造潮流自热食品品牌；它的使命是网罗天下美食，追求美食品质，将美食以最方便快捷的方式带到消费者面前。

为了了解消费者对自煮火锅的心理认知以及真正有效地做到吸引消费者、突出自煮火锅的优势特征的包装设计，市场需求调研是不可或缺的。舌戏的设计团队通过对调研问卷的研究分析，以使用—食用的贯穿体验为主要诉求，分析每一环节消费者所在意的细节体验以及产品使用中的每一个痛点。设计师以解决消费者体验痛点为目的，针对以下 6 个问题，为自煮火锅设置产品打造系统的解决方案，为其走向市场成为爆款奠定了基础：①包材结构过于简单，如何增加产品品质感与同类产品产生差异化？②盒盖的材质过软，缺少质感，并且是外扣盖，如何开启和闭合操作方便？③食材盒与加热层注水顺序不够明确，如何说明更加清晰？④前期操作时间过长，步骤过于繁复，如何简化操作流程，缩短等待时间？⑤加热包反应过后，水的温度过高，盒子很烫手，如何解决方便挪动，消除安全隐患？⑥食用时开盖后会有大量的冷凝水和水蒸气，如何解决用户用餐体验？

为了解决消费者在使用中的种种问题，让消费者快速感知自煮火锅与其他产品的差异化之处，凸显产品的优势特征，设计者就消费者调研而呈现出的问题进行了针对性的产品设计创新；以最直观简单的方式展现料包的使用顺序可以让消费者快速感受到产品的人性化设计体验。在结构上，改良改进包装，解决不方便不合理之处，提升用餐体验；最高效率地利用加热包和水反应所产生的热能，尽可能增快加热速度，缩短加热时间，缩短消费者等餐的时间，提升用餐体验；在外包装上使用更佳有质感，具有隔热、耐热性，性价比高的材质；内盒材质则选用高导热性、耐热性高、性能稳定的无害材质，通过“结构+材质”的综合设计方案增快加热速度，缩短加热时间，缩短消费者等餐的时间，增强用餐体验。

（资料来源：百度百科，《舌戏》；洛客案例《海底捞自煮火锅包装设计》）

问题：

1. 自煮火锅是近年来出现的新速食形式，它的诞生说明契合了消费者的什么需求？
2. 你认为案例中舌戏火锅的调研能够解决什么问题？

分析提示：

火锅作为一种适合多种消费层次的餐饮形式，取材多样、吃法灵活、粗细相宜、价位适中，可适应各类消费者的不同需求，有足够的消费群体。根据民政部之前的数据统计，中国单身成年人口数量早已超过2亿，有超过7700万人独居，这就造成了“一人食”成为典型的饮食场景。单身经济所带来的巨大商机，使自煮火锅的走红并非偶然。同时，由于自煮火锅的设计创新，让吃火锅变得更加简单，满足了部分消费者的怕麻烦、寻求简单方便的懒人心理。所以说，在这个大的市场需求背景中，自煮火锅的出现也是必然。

舌戏火锅的调研，一方面将使自身产品更加符合消费者需求，拉开与竞争对手的距离，另一方面，能够有效预测未来的需求趋势，为后续发展指明方向。

任务四　市场竞争格局调研策划

当今企业处在一个激烈竞争的环境中，企业营销策划的效果依赖于对竞争对手的状况和反应。因此，对市场竞争进行调研就显得尤其重要。

一、竞争对手的界定

（一）谁是竞争对手

竞争对手是指消费者在考察企业产品时所想到的其他产品的制造企业或经销商。竞争对手对企业的发展会造成各种各样的威胁，有时也是把市场共同做大的同盟。明确谁是企业的竞争对手，对竞争对手进行研究，是我们制定企业发展战略、应对市场竞争的第一步。

（二）竞争圈

竞争圈指的是在目前的竞争态势下，企业依据竞争强度的大小来确定竞争对手的位置，从而确定应对方式的竞争对手划分方法。在竞争圈中，我们可以直观明确地得到竞争对手在竞争活动中所处的位置，从而确定本企业的竞争状态。在此，对竞争圈中的竞争对手划分作出一些解释：

1. 核心竞争对手

核心竞争对手是企业研究的主要竞争对象，它指的是在市场竞争中与本企业直接发生竞争关系的企业。在所有的竞争对手中，这些企业与本企业相比，有相同的经营范围、同样的客户群体，向顾客提供的是相同的服务和产品，有同等的地位，一般处在相同的区域，有同等的实力和比较相近的规模。对于核心竞争对手的研究，关系到企业的生死存亡，值得我们花最大的精力对它进行研究。

2. 中间竞争对手

中间竞争对手在战略分析中处于核心竞争对手和外围竞争对手的夹层中，它们也有着和本企业相似的产品和服务，或者是处于同一个地区，或是相同规模的同类公司，但是由于这些企业的发展目标和战略与本企业的目标战略没有发生直接的冲突，所以就没有直接的、持续的和经常的竞争。

3. 外围竞争对手

外围竞争对手指的是在产品和服务上与本企业有相似的地方，有可能影响到本企业发展的企业，它们也是以产品和服务上的某些相似作为基础的。

4. 潜在竞争对手

这样的企业一般与本企业生产不同的产品，提供相异的服务，只是由于经济上的某种联系才产生竞争。这个类型的竞争对手一般情况下不是直接可以识别的，需要通过产业经济分析才能意识到。这种竞争的产生，有的是因为产业的协同效应，有的是因为有着相似的客户群体，也有的是由于政策的因素。总之，很多原因都会导致潜在的竞争对手产生。

二、分析竞争对手

（一）竞争对手分析的内容

分析竞争对手的实力是企业竞争对手研究的重要内容。面对一大堆的财务数据、市场信息以及其他各种信息，如何理顺和筛选这些信息，如何对竞争对手进行分析是摆在企业的情报工作者面前的一个重要课题。

我们先看一下导入案例中，德棉集团是从五个方面进行竞争对手分析的，基本上包含了有关竞争对手分析的所有内容。为了更好地把握竞争对手分析的内容，我们将分为以下四个方面进行分析：

（1）竞争对手的历史及现状：竞争对手经营历史和发展目标；竞争对手基本现状；竞争对手在全球发展状况及其在国内的战略地位。

（2）竞争对手的生产经营情况：竞争对手在产品研发、生产、组合以及品牌规划、价格体系、分销体系、促销活动、推广策略等方面的表现。

（3）竞争对手财务状况分析：财务政策；资产负债表、损益表、现金流量表；财务状况变动表及其他附表；财务情况说明书。

（4）竞争对手综合实力评价：经营力、盈利能力；行销力和企业形象力；研发创新能力等。盈利能力通常采用的指标是利润率，比较竞争对手与本企业的利润率指标，并与行业的平均利润率比较，判断本企业的盈利水平处在什么样的位置上，同时要对利润率的构成进行分析。

（二）竞争对手分析的方法

了解了竞争对手分析的内容之后，企业应该怎样对内容进行具体的分析呢？下面我们将介绍一种常用的竞争对手分析的方法——竞争对手分析的模型。

竞争对手分析的模型是从企业的现行战略、未来目标、竞争实力和自我假设四个方面分析竞争对手的行为和反应模式，如图 2－6 所示。

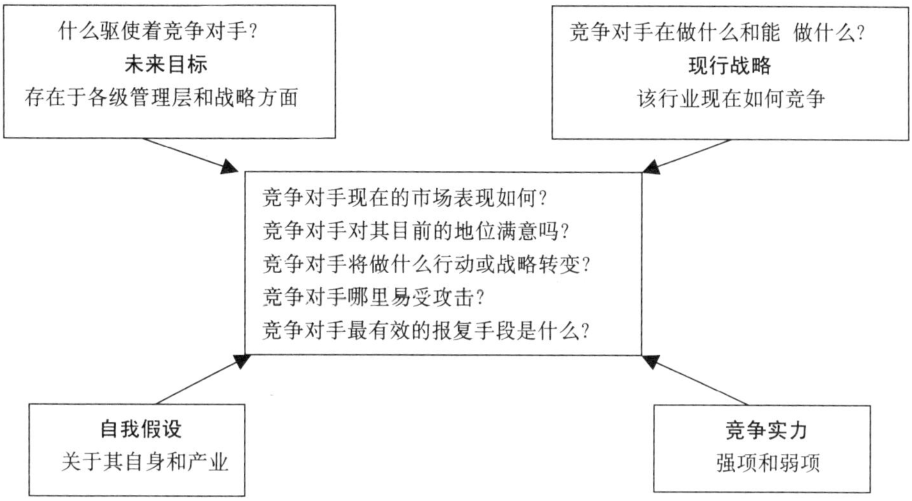

图 2－6 竞争对手分析的模型

【同步案例 2－3】

主打“植物护肤”的一叶子面膜的竞争调研

2015 年，伴随着《蒙面歌王》《为她而战》等热门综艺的开播，其中以“新鲜”为主题的一叶子面膜进入广大年轻人的视野。同时，一叶子面膜作为新一代植物护肤品牌，向人们传递“将新鲜植物营养与创新专利科技结合，重新发现植物护肤的新价值”的理念，并凭借植物护肤的纯天然理念迅速打开市场，在屈臣氏仅上市八个月，月平均销售额已经达到近 3000 万元。上美集团一叶子面膜的喜人理念的提出以及其产品的成功是在对市场环境正确判断后作出的选择。

1. 竞争者

2015 年，面膜市场正经历大洗牌。被欧莱雅收购后的美即依旧占据市场大头，业绩却步入下坡路。一批本土品牌，如膜法世家、百雀羚开始崛起，淘品牌御泥坊成为线上第一，海外面膜品牌可莱丝、丽得姿也频频出现在各大线上销售榜单之中。整个面膜市场规模超过百亿元，竞争激烈。然而上美集团却认为这是一个好时机，他们的总经理严晓晨说“我们向来只做红海市场”。正是在这样一个竞争异常激烈的市场中，一叶子面膜凭借对自身的正确定位以及战略优势在红海市场中做到了快速崛起。

2. 竞争优势

（1）准确的市场定位＋大众化的价格。通过对竞争者的调研发现，大部分的护肤品覆盖很多年龄段，男性女性产品都会涉及。一叶子面膜不同于其他面膜品牌，将自己定位在 18—35 岁的怀揣着青春、冒险、尝鲜精神的时尚年轻女性，她们与一叶子保持共同的新鲜主张：始终保持新鲜好奇的眼光看待世界，不因环境的腐朽、生命的倦怠而消极，用积极、阳光和正能量的心态来创造新鲜世界。同时，每一片面膜的定价在6－8元，符合年轻人的购买力。

（2）大量的广告营销（紧紧锁定年轻人的娱乐和文化导向）。一叶子面膜邀请当红年轻艺人鹿晗、刘浩然等明星快速地打造知名度，同时进一步打开市场。其次，在热播剧例如《择天记》中进行大量的植入，并且冠名了《天天向上》《我想和你唱》《我是大美人》《蒙面歌王》等热门综艺，从而名声大振。

（资料来源：来自天下网商，《从红海市场杀出来的一叶子》；微博文章，《一叶子营销环境分析》）

问题：

一叶子面膜是如何通过调研来确定其市场宣传及其营销策略的？

分析提示：

通过对竞争者的调研发现，大部分的护肤品覆盖很多年龄段，男性女性产品都会涉及，所以一叶子面膜决定不做全部年龄段的护肤品，要做就做年轻女性专业护肤品。因此，一叶子面膜将自己定位在18—35岁追求时尚、年轻、温和不刺激护肤品的年轻女性，打造出了“植物护肤”理念的新品牌一叶子。同时，通过竞争调研，制定了经济型价格策略及高投入广告策略。

任务五　营销绩效调研策划

一、绩效的含义

绩效，从管理学的角度看，是组织期望的结果，是组织为实现其目标而展现在不同层面上的有效输出，它包括个人绩效和组织绩效两个方面。个人绩效是组织绩效实现的基础，但个人绩效的实现并不一定能保证组织绩效的实现。如果把组织绩效按一定的逻辑关系层层分解到每一个工作岗位以及每一个人的时候，只要每一个人达成了组织的要求，组织绩效就实现了。

二、营销绩效评估的意义

通过绩效评估，企业可以分析企业面对的情况，发现企业内部和外部所存在的问题，给企业的管理高层提供大量的信息资料来做出经营决策，进而能提出更好的经营管理方面的解决方案。面对瞬息万变的市场，营销作为企业经营管理中的重要一环，同样需要进行细致而专业的绩效评估，以更好地把握方向。相反，缺乏绩效评估过程，营销将陷入一片模糊之中，管理者就很容易做出错误的判断，实施错误的决策，给企业带来巨大的损失。

三、营销绩效调研的主要方面

对于营销绩效的调研，我们主要可以从产品销售的测试、客户满意度以及品牌形象三个方面着手。

（一）产品销售的测试

产品销售的测试可以从售前、售中、售后三个方面进行测试。

在整个服务链中，销售的各环节是紧密联系的。企业应该系统地看待客户服务，不应该把售前、售中和售后服务生硬地分割开来对待。并且，售后服务并非是销售的终点，而是企业与客户建立长久关系的起点。因此，任何售后服务都是下一笔交易的售前营销。

（二）客户满意度

1. 客户满意度定义

客户满意度指顾客接受产品和服务的实际感受与其期望值比较的程度。这个定义既体现了顾客满意的程度，也反映出企业提供的产品或服务满足顾客需求的成效。

2. 客户满意度的调查

企业要想了解客户对自己的满意度，就要对其进行调研。关于调研的内容，我们可以参考导入案例中德棉集团对客户的调研内容：①新、老客户与德棉集团合作的缘由、合作历史，历史进货情况；②新、老客户对德棉的产品、价格政策、服务及企业的评价；③新、老客户对德棉品牌的认知情况，主要客户对德棉的满意度；④新、老客户的资信情况调查；⑤新、老客户的地域分布情况；⑥新、老客户与其他企业的合作情况；⑦潜在用户的基本情况、发展动向、需求情况；⑧潜在用户与其他企业的合作情况。

这些基本上包含了所有的内容，其中有些内容并不是直接体现客户的满意度，而是为分析客户满意度提供信息支持。在实际的调研中，企业可以根据自己需要的方面有选择地进行调查，从而掌握客户满意情况。

3. 客户满意度的影响因素

客户满意度的影响因素很多，总体来说，主要包括服务质量、产品质量、产品价格以及环境因素和个人因素。

4. 客户满意度的提高

（1）尊重客户、关怀客户。客户应该得到充分的尊重。营销人员必须持续不断地重视关心每一个客户，特别是有上进心的客户，并且采取一些行之有效的方法了解客户的心态以便对症下药。营销人员要善于用感情的关怀和实际的行动来感动客户。

（2）提高服务质量。在提高服务质量的过程中，要有科学的标准，如服务窗口的设计与排队等待的限度等；要使无形服务有形化，通过对服务设施的改善、对服务人员的培训与规范等措施来实现；服务过程要透明，当在某方面出现客户对服务不满意时，应迅速查找原因以实施补救。快速的补救措施不仅提高了顾客满意度，还提升了企业的形象。

满意的客户往往乐于把自己的感受告诉别人，起到更有效的、不需要成本的广告宣传。只有提高客户满意度，才能提高客户忠诚度，才会推动满意的客户向忠诚的客户转化，才会给企业带来效益，实现企业长期利益。

（三）品牌形象

1. 什么是品牌形象

品牌是企业提供给消费者的一种形象。它是一种特定的名称、术语、符号或设计，或是它们的组合运用，其目的是借以辨认某个销售或某群消费者的产品或服务，并使之同竞争对手的产品或服务区分开来。

品牌形象是人们对品牌名称所引起的所有感情与美感的特征，是指消费者基于能接触到的品牌信息，经过自己的选择与加工，在大脑中形成的有关品牌的印象总和。

2. 品牌形象的调研

企业要想了解企业或产品在消费者和客户心中的形象，就要进行市场调研。同样，我们也可以参照德棉的策划方案。

3. 品牌形象的塑造

品牌形象是企业的品牌在市场、社会公众中所表现出的个性特征，体现了社会公众及消费者对此品牌的认知与评价，反映着它的知名度和美誉度。

打造品牌就是运用营销手段来塑造品牌形象。首先我们要明白，品牌形象不是孤立存在的，它是由许多营销中的其他形象罗织起来的，如产品的形象、价格的形象等，它们都关系到品牌形象的建设。至少有七条有关的形象在创建品牌时需要共同来打造，它们是品质形象、价格形象、通路形象、广告形象、促销形象、顾客形象和企业形象。

4. 品牌形象的判定

我们可以从以下方面对品牌形象进行判定：品牌知名度 、品牌美誉度 、品牌认知度、品牌忠诚度。品牌形象的评判常采用市场调研的方法实现，依据上述指标进行综合评价。

品牌形象的塑造需要公司的各个阶层共同的努力，所以品牌形象也可以作为评估营销绩效的参照。

任务六　营销调研策划的误区防范

市场调研策划是一项基础的、重要的、细致的、繁琐的工作，任何的疏漏都有可能导致市场调研进入某个误区，从而影响调研质量。许多营销问题是通过精确的市场调研发现的，由此可见市场调研的基础性和重要性。所以，企业在做市场调研时要力求获得所需的、准确的数据和结果。但是由于种种原因，市场调研策划中除了不可避免的误差外，还有许多误区会导致市场调研策划的失败。

一、调研不是万能的

有些企业把市场调研想象成无所不能的工作，认为产品策略、广告创意、活动方案、竞争对手情报等都可以通过市场调研来解决。这种看法是错误的。

企业通过市场调研可以获得相关信息，这仅仅是为决策者提供信息依据，辅助决策，使决策更有把握，增加胜算的机会。过分依赖调研数据，会导致企业失去自主性，使企业过分依赖于对竞争对手的策略分析，从而迷失方向。

这就要求企业正确对待市场调研，正确使用调研数据，在调研的基础上，充分发挥企业的自主性，创造性地做出决策，赢得竞争优势。

二、调研问题界定失误

不同的企业在市场中所处的境况都不一样，同一个企业在不同阶段也会遇到不同的营销问题。在界定营销问题时，企业往往会出现失误：要么将营销问题界定得过于宽泛，要么将营销问题界定得过于狭窄。

如果问题界定得过于宽泛，那么结果将是企业得到许多不需要的信息，而实际需要的信息却可能得不到。如果问题界定得过于狭窄，那么结果是调研的成果不全面，从而造成整个营销策划工作的片面性。

因此，企业在初步界定调研问题后，还应将调研问题继续深化。企业应该根据自身的需要，确定从什么地方、以什么方式从调研对象中获取最有效的信息。切勿采用不当的调研设计，获得不必要的信息，而错漏真正需要的有价值信息。

三、调研程序僵化

由于部分企业缺乏专业的调研人才，所以调研工作相对简单，主要是营销人员根据理论的内容，照搬调研程序，机械化地实施调研，导致调研程序僵化。最终结果就是调研成本越来越高，调研可信度越来越低。

每次调研的内容不同，调研对象有所差异，这就要求企业培养专业的调研人才，打破调研程式，积极探索适合企业的调研方式。例如，对空调普及率的调查，程式化的调研就要求企业入户调研，这就增加了难度。其实，通过室外观察也能得出结论。

四、调研造假

调研造假是一个非常恶劣的问题，因为数据是一切营销策划工作的基础，根基不牢，后期的工作都是白搭，错误的信息会给企业带来巨大的灾难。

调研造假可能有这么几种情况：部分市场调研人员诚信缺失，责任心不强；个别调研公司偷工减料，欺骗企业；为了掩饰问题，将调研数据进行特别处理，虚报结论。

这就要求企业在做市场调研时要以积极的态度对待，敢于发现问题，解决问题；加强市场调研人员的监管，加强调研过程的监测；如果企业选择调研公司帮助调研，要选择可靠的公司。

【项目小结】

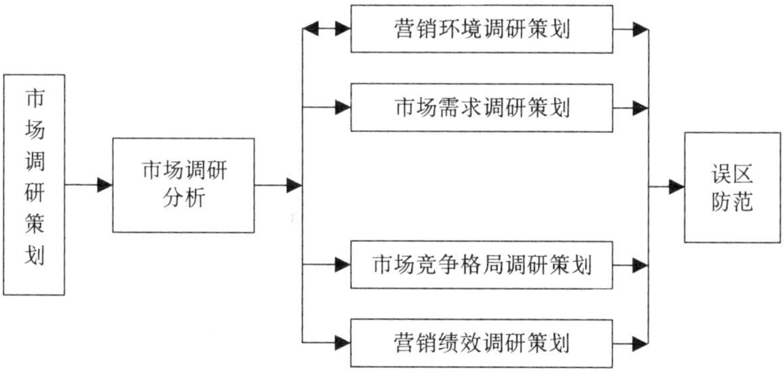

【项目考核】

1. 简答题

(1) 什么是市场调研？市场调研的程序是什么？

(2) 简述EPSTEL分析法的具体内容。

(3) 请简单描述一下消费者购买决策的过程。

2. 案例分析题

消费者为什么出尔反尔、言行不一？

20世纪80年代，可口可乐公司决定开发新型可乐，于是对顾客口味作了随机测试，发现顾客喜欢百事可乐的甜味，而不是可口可乐的干爽味。其实，这个结论最早是由百事可乐做的，可口可乐后来的测试证实了这个结论。此后，可口可乐找到一种含甜味的新配方，从1982—1985年，历时3年，对近20万消费者进行的测试表明，55%的消费者倾向于新可乐的口味，53%的消费者倾向于新可乐的商品名称。1985年4月，新可口可乐正式面市，公司决定停止生产老可口可乐。

消息传开，可口可乐总部每天都收到消费者上千个抗议电话及雪片般的抗议信，甚至成立"美国老可口可乐饮用者"组织来威胁可口可乐公司，如果不按老配方生产，就要提出控告，并组织召开抑制新可乐的集会。

在3个月的抗议风潮中，可口可乐公司又重新做了公众调查，6月份还有49%的人喜欢新可乐，到了7月初，只有30%的人喜欢。于是，7月11日，公司决定重新生产老可乐。

可口可乐风波中，消费者的言行不一，源于"言"（调研）与"行"（购买）环境的差异以及环境差异带来的购买决策标准（理性与感性）的变化。

消费者调研通常隐含着一个重要前提：消费者能够清晰表达自己的需求。其实，这个前提是不存在的。消费者也许能够清晰地表达显在的需求，却基本无法表达潜在的需求。正像每个人在恋爱时都有自己的标准，但这种标准总也说不出来，或者不能完整地说出来，就像一句诗说道："不能说，不能说，一说就错。"直到有一天，遇到自己的意中人，会情不自禁地说："就是他（她）！"

宗庆后是中国本土企业家中很另类的人物，他不相信专家，不相信传统市场调研。正是凭着每年200多天在市场的摸爬滚打，凭着自己的市场体验，跟着感觉走，一步一步走向成功。宗庆后的感觉，实际上就是无法用语言描述的市场感受。连宗庆后都无法表达，普通消费者可以吗？

（资料来源：曹刚等. 国内外市场营销案例集［M］. 武汉：武汉大学出版社，2003：104）

思考题：

(1) 消费者为什么会言行不一？你认为还有什么原因未分析出来？

(2) 我们应该怎样进行市场研究才能避免本案中的调查陷阱？

3. 业务模拟训练题

市场调研实务操作

训练目标：

明确市场调研策划的内容；熟练掌握市场调研的方法和流程。

训练内容：

营销环境调研；市场需求调研；市场竞争格局调研。

训练操作：

选择自己熟悉的企业和产品，编写与之相关的市场调研方案（方案应该包括产品、品牌、价格、渠道、促销等内容），根据调研目标设计市场调研问卷，然后进行实地调研。

成果要求：

提交市场调研方案一份（附调研问卷）；提交市场调研报告一份（此次调研结果在接下来的训练中会用到，注意资料保存）。

项目三
规划营销战略

◇了解主要概念：SWOT分析；市场细分；产品定位。

◇掌握基本理论：SWOT分析理论；产品和品牌定位的理论；企业定位的理论；竞争战略的理论；发展战略的理论。

◇培养综合能力：能够灵活运用SWOT分析方法；能够进行市场细分并选择目标市场；能够给企业、产品、品牌进行准确定位；能够选择正确的竞争战略和发展战略。

案例导入

北京全聚德集团的营销发展战略

一、辉煌的历史

中华著名老字号“全聚德”，创建于1864年（清朝同治三年），以北京烤鸭最为著名。百余年里，全聚德菜品经过不断创新发展，形成了以独具特色的全聚德烤鸭为龙头，集“全鸭席”和400多道特色菜品于一体的全聚德菜系，备受各国元首、政府官员、社会各界人士及国内外游客喜爱。2017年3月4日，全聚德集团获得中国连锁经营协会的商业特许经营体系首批4A级评定。

二、机遇与挑战

在21世纪，全聚德品牌的发展同中国整体餐饮业乃至中国商业服务业一样，面临着严峻的挑战和良好的机遇。

挑战是：餐饮业持续发展，即使是仅指经营烤鸭类食品的餐饮业（单就北京市目前就有以“北京烤鸭”命名的烤鸭餐饮大小餐厅400多家，各餐厅、饭店兼营北京烤鸭这道菜更是数以千计），竞争也是更加激烈；知识经济，信息产业的发展，要求全聚德集团所属的国内外直营、连锁企业，其生产制作、经营、管理和服务的文化、科技含量必须大幅度增加，存在“前三脚好踢，持续发展不易”的难度。

机遇是：中国经济和国际接轨，知识经济和信息网络的发展，使全聚德更便于学习和引进发达国家发展餐饮业的先进经营、管理、服务、生产的理论、方法和经验；国际交往更加频繁，国内外旅游业进一步发展，全聚德潜在顾客群体将会不断扩大；随着市场经济的发展和人们消费水平的提高，名牌效应日益明显，使用名牌、享受名牌将逐步成为一种社会时尚，久负盛名的全聚德将进一步得到社会与消费者的推崇与青睐。

三、拟定“三大发展战略”

面对新时期的机遇与挑战，确定进一步的发展目标，是全聚德必须认真思考和冷静对待的战略问题。为此，集团决策层进行了反复的讨论，邀请了30多位专家学者对全聚德集团的整体经营状况进行调研、咨询和诊断，对全聚德的未来发展进行系统的研究和论证。

首先，专家学者对全聚德品牌给予了充分的肯定和评价，大家一致认为，以全聚德品牌烤鸭为代表的全聚德品牌，独具个性特征，具体表现在：①特色鲜明：全聚德品牌具有中国特色、京味儿特色；②雅俗共赏：上至国家首脑、社会名流，下至平民百姓一致推崇，这是其他品牌难以做到的；③驰名商标：全聚德品牌已经在国内外进行了商标注册，并以“中国驰名商标”的身份，享有更大范围的知识产权法律保护，使这一品牌具有不可仿冒、不可侵犯性。

根据对全聚德品牌内涵结构及其特征的认识，专家认为全聚德集团发展的战略目标应该是：以全聚德烤鸭为龙头、以精品餐饮为基业，通过有效的资本运营，积极审慎地向相关产业领域延伸，创造具有中国文化底蕴、享誉全球的餐饮业世界级名牌。

为了实现上述目标，专家认为全聚德应该选择全面的事业发展战略——“正餐精品战略”“快餐战略”和“食品加工业战略”。在三大事业发展战略中，“正餐精品战略”是全聚德集团产业发展战略的中心环节，采取各种必要对策，使全聚德烤鸭能在北京烤鸭中独树一帜，形成产业优势、经营服务特色和文化壁垒是全聚德人面临的最紧迫的任务。实施“快餐战略”是全聚德扩大产业规模和市场占有率的必由之路，具有可能性和广阔的市场前景。“食品加工业战略”可以使集团的事业领域由单纯的餐饮业扩展到食品加工业。小包装熟食品可以直接进入家庭消费，中国有12亿人口，家庭熟食品是一个巨大的市场。

三大发展战略的思路一出台，各路专家便一致认同了“精品正餐战略”和“食品加工战略”，但对于“快餐发展战略”意见不一，并且争论异常激烈。

三大产业发展战略具体如图3-1所示。

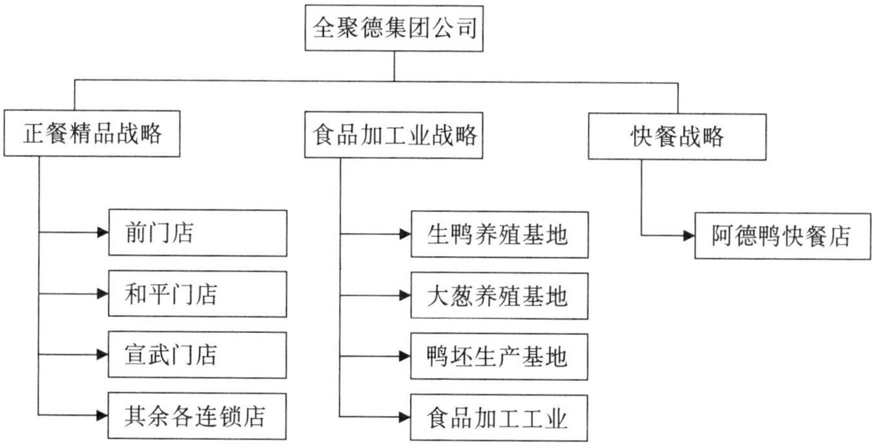

图3-1　三大产业发展战略

在充分地听取了各派专家意见的基础上，全聚德企业集团的决策层经过反复研讨、分析与调查，决定综合两派专家的意见，采取下述行动：

1. 巩固发展“精品正餐战略”。集团下力度进一步在产品质量、服务质量、营销质量等方面做出努力，在全体员工之中牢固树立“精品”意识，从“弘扬中国传统饮食文化、促进全聚德发展”的战略高度认识“正餐精品战略”的意义。

2. 发展食品加工业，走集约化、规模化之路。具体为采用“一体化”发展战略，分别建立生鸭养殖基地、大葱养殖基地，建立食品加工企业。

3. 在北京以试验性质开办一家快餐店用以投石问路。

（资料来源：张海青．胜鉴．北京：机械工业出版社，2006）

企业经过市场调研之后，收集了大量的信息资料，接下来就是要对企业进行营销战略要素的规划，这些要素包括制定战略目标、确定目标市场、制定市场目标、选择竞争战略和发展战略等。当然，在进行战略规划之前，企业要对调研资料进行分析处理，这就必须要用到SWOT分析的方法。

SWOT分析是战略规划的前提。战略规划是对整个营销活动方向的规划，为战术策划指明方向，方向不容出错。

任务一　SWOT环境分析和制定营销目标

一、SWOT分析的定义

SWOT分析法是战略分析中最常用的方法之一，是一种能够较客观而准确地分析和研究一个企业现实情况的方法。它是制定市场营销战略的基本手段，也可以称为态势分析，就是将与研究对象密切相关的四种因素，即优势（Strength）、劣势（Weakness）、机会（Opportunity）及威胁（Threat）通过调查列举出来，并按矩阵形式将其排列起来，系统地思考之后得出相应的结论，这种结论往往具有一定的决策权。

二、SWOT分析的内容

SWOT分析，即对企业内外部环境进行分析，主要是为接下来的战略规划和战术策划提供支持。企业常用的SWOT分析内容主要是：

（1）S分析：企业的优势是什么？

（2）W分析：企业的劣势是什么？

（3）O分析：市场的机会是什么？

（4）T分析：市场的威胁是什么？

其中，优势和劣势的分析是对企业内部环境的分析，机会和威胁的分析是对企业所处外部环境的分析。

利用这四个方面的分析，企业可以从中找出对自己有利的、值得发扬的因素以及对自己不利的、要避开的因素，发现存在的问题，找出解决办法，并明确以后的发展方向。

另外，SWOT分析还可以进行深入的组合分析。这些虽然不常用，但我们应该知道，同时，对于它所延伸出的四种组合战略也要清楚。

（1）SO分析：企业如何借助优势，抓住市场机会，实现快速发展？

（2）WO分析：企业如何借助市场机会，弥补自身劣势，实现逆势而上？

（3）ST分析：企业如何利用优势化解市场危机，解除市场威胁？

（4）WT分析：企业如何避开劣势，摆脱威胁，实现成功突围？

根据分析的方法，延伸出四种不同的组合模式：优势与机会（SO战略），劣势与机会（WO战略），优势与威胁（ST战略），劣势与威胁（WT战略）。如图3－2所示。

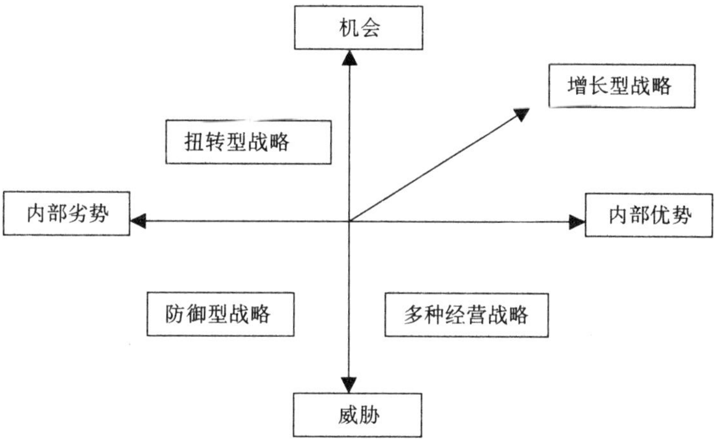

图3－2 四种战略SWOT分析图

（一）SO战略分析

SO战略，就是利用企业内部资源的优势与外部机会的一种理想型战略。当企业具有某种竞争优势同时又有外部机会的提供时，企业就可以采用这种战略模式。

（二）WO战略分析

WO战略，是指合理地利用外部机会弥补企业内部的不足，使劣势改优势，增强企业的竞争能力。也就是说，当存在外部机会时，而企业内部有很多缺点阻碍这种机会的发展时，我们可以采取这种扭转战略，克服公司内部的弱点以充分发挥机会，以给公司带来利益。

（三）ST战略分析

ST战略，就是利用企业内部的竞争优势回避或减轻外部威胁带给公司的不利影响。例如比亚迪FO汽车，自面世以来，依据竞争品牌及环境因素，品牌定位为“just cool”，即面向都市白领，其外观设计时尚、灵巧，符合都市人的消费心理，做工扎实，动力系统与其他微型车相比有明显优势，空间舒适性、性价比都较高。王老吉凉茶若定位在饮料上，那么其在饮料市场上就有可口可乐、百事可乐等强大的竞争对手，若定位在“药茶”上，人们则以牛黄解毒片来消炎止痛，于是王老吉利用其悠久的品牌名和淡淡的中药味可以去火成功定位，成功地转危机于优势。

（四）WT 战略分析

WT 战略，是一种旨在减少内部弱点，回避外部环境威胁的防御性技术。当企业存在内忧外患时，往往面临生存危机，降低成本也许成为改变劣势的主要措施；当企业成本状况恶化，且设备老化，使企业在成本方面难以有大作为，这时将迫使企业采取目标聚集战略或差异化战略，以回避成本方面的劣势，并回避成本原因带来的威胁。

课堂思考

SWOT 分析涵盖了四个维度的内容，请查阅一些企业的环境分析案例，并思考他们是否是按照这个思路展开环境分析的？

三、SWOT 分析的操作步骤

（一）分析环境因素

公司的环境因素一般分为内部环境因素和外部环境因素。

外部环境因素包括机会因素和威胁因素，它们一般直接影响着企业的发展，属于客观因素，一般包含经济、政治、文化、社会等因素。

内部环境因素包括优势因素和劣势因素，它们是公司内部自身的积极与消极因素，属于主观因素，一般归类为企业自身、组织、战略、财务、营销等方面。在分析这些因素的时候，不仅要注重公司过去的和现在的状况，更要着眼于公司未来的发展状况。

（二）构造 SWOT 矩阵

经过调查研究，将影响企业的所有内外部因素按事情的轻重缓急、影响程度、短暂与长远、主要与次要等顺序排列起来构造 SWOT 矩阵。

我们根据 SWOT 分析可以列出一个矩阵，然后根据市场调查出来的结果填充矩阵，以便我们很快并准确无误地做出市场决策，达到领先对手、占领市场的目的。

（三）制订行动计划

根据上述 SWOT 矩阵的分析，制定出符合公司发展的战略。总的思路就是，充分利用优势，克服弱点，抓住机会，躲避威胁。基于上面的思路，公司立足于长远的考虑，制定出切实可行的行动计划。由于具体情况所包含的各种因素及其分析结果所形成的对策都与时间有着直接的关系，所以在进行 SWOT 分析时，可以先划分一定的时间段分别进行 SWOT 分析，然后对各个阶段的分析结果进行综合汇总，最后进行整个时间段的 SWOT 矩阵分析。这样，分析的结果会更加精确。

【同步案例 3-1】

比亚迪的 SWOT 分析

比亚迪股份有限公司（以下简称“比亚迪”）是一家汽车制造企业，创立于 1995 年，总部位于深圳。比亚迪经过 24 年的高速发展，已由成立之初的 20 人壮大到今天的 24 万人，并在全球设立 30 多个工业园，实现全球六大洲的战略布局。在国内，比亚迪拥有长沙、西安等多个生产基地。

我们通过对比亚迪内、外部环境关键因素，得出比亚迪 SWOT 矩阵分析图，并分别制定了SO、WO、ST和WT战略，具体见表3-1。

表3-1　　比亚迪的SWOT分析

内部能力 外部因素	S优势 1. 先进的设备与技术 2. 良好的顾客关系 3. 广泛的业务范围 4. 品牌与专利等无形资产竞争力 5. 良好的融资形式 6. 稳定的成本控制能力 7. 雄厚的人力资源 8. 财务资源充足	W劣势 1. 规模与世界大型制造企业有差距 2. 对不确定性因素的定位能力差 3. 营销网络不齐全 4. 生产工艺不完善 5. 自身状况不稳定
O机会 1. 国际市场的排放标准不断增加 2. 政府政策支持 3. 法律支持 4. 国内外需求强 5. 国内外汽车产业发展的能源、生态环境约束 6. 国内钢铁市场比较完善 7. 社会消费环境带来的机会	SO战略 1. 加快国内发展 2. 寻求海外销售市场 3. 投资建厂，扩大生产规模，增加产能 4. 开发新产品 5. 加快对国际市场的进军速度 6. 向上游不断渗透 7. 调整产品结构	WO战略 1. 发展经济规模 2. 增加销售网点 3. 放缓产业链条速度，保证企业资金链平稳 4. 学习利用先进资源，完善生产工艺 5. 强化企业文化
T威胁 1. 汽车消费市场的管理制度有待完善 2. 国内对新能源汽车的安全标准较高 3. 受到消费条件与消费环境制约 4. 国内外激烈的市场竞争 5. 国内其他自主品牌企业如奇瑞、吉利也开始设计并制造新能源汽车 6. 国内外宏观经济及融资环境的不确定性 7. 知识产权的风险	ST战略 1. 以中高端产品开拓海外市场 2. 巩固国内市场，降低外国企业对国内市场造成的冲击 3. 发挥成本优势，降低替代品和同类行业的威胁 4. 提高生产技术，降低竞争者带来的压力 5. 发挥人海战术的优势 6. 采取合法有效的措施保护各类知识产权	WT战略 1. 主要精力放在国内市场 2. 加强对成本的控制 3. 提高产品质量，增加消费者的信心 4. 发挥自身核心竞争力，提升在同行内的竞争力 5. 加强自主研发 6. 整合汽车、IT业务群的优势

（资料来源：https：//wenku. baidu. com/view/e0b228830242a8956aece41c. html，《比亚迪股份有限公司的SWOT分析以及对策的研究》）

问题：

通过SWOT分析，比亚迪汽车发现了自身存在的一系列劣势，针对这些劣势比亚迪是如何进行后续决策的？

分析提示：

企业应当依据宏观和微观环境，结合自身资源与战略，综合客观地看待自己的劣势，弥补劣势。比如，比亚迪认识到在渠道上的劣势会严重阻碍品牌的进一步发展，于是借助自身优势、外在政策环境，将推广新能源汽车，弥补短板，增强竞争优势。

四、制定营销目标

企业的营销目标是指在计划期内所要达到的目标，是营销策划中的核心部分，对营销策略和行动方案的拟定具有指导作用。在分析营销现状并预测未来的机会和威胁的前提下，在避免威胁、把握机会、消除劣势、用好优势的基础上，营销策划人员要制定出企业合理的营销目标。这些目标主要包括：企业在同行业中的地位、利润额、销售额、品牌知名度与影响力、产品的市场占有率、完成战略目标的时间期限等。当然，企业还可以根据自身情况制定更加具体的战略目标。例如，3 年内把品牌知名度提高到 80%；销售额实现每年 20% 的增长；3 年后销售额达到 1 亿元等，这些都是清晰明确的营销目标。下面所有的策划都是围绕如何实现这些营销目标而展开的。

任务二　确定竞争战略

竞争战略为企业计划在一段较长的时期内采用的主要竞争手段，最为著名的是美国战略专家迈克尔·波特的竞争战略。

一、低成本竞争战略

低成本竞争战略是指企业以低成本作为主要竞争手段，企图使自己在成本方面比同行的其他企业占有优势地位。

实现低成本战略的关键是发挥规模经济的作用，使生产规模扩大、产量增加，使单位产品固定成本下降。在扩大生产规模过程中，争取做到：

（1）以较低的价格取得生产所需的原材料和劳动力；

（2）使用先进的机器设备，增加产量，提高设备利用率、劳动效率和产品合格率；

（3）加强成本与管理费用的控制等。

实现低成本战略，可以以低于竞争者的价格销售产品，提高市场占有率，也可以与竞争者同价销售产品，取得较高利润。

【同步案例 3－2】

春秋航空低成本竞争战略

低成本航空业于 20 世纪 70 年代诞生于美国，自诞生以来，以其低廉的票价、便捷的服务迅速占领航空市场，并逐渐成为国际航空市场上一股不可忽视的竞争力量。春秋航空是我国首家民营资本独资经营的低成本航空公司，也是我国首个上市的低成本航空公司，主要从事国内外航空客货运输业务及相关的服务。

在春秋航空成立之前，我国大部分航空公司市场定位相对模糊，缺乏明确的企业竞争战略。春秋航空成立之初就以“让所有人都坐得起飞机”为经营理念，将目标市场放在低端客户群。上海工商业发达，是我国的经济、金融、航运中心，将总部设在上海具有得天独厚的地域优势。上海虹桥机场与上海浦东机场每年的旅客吞吐量都居于业内上游水平，有利的机场环境为春秋航空提供了有利的业务环境。依托春秋航空公司的母公司上海春秋国际旅行社在全国的代理销售网络以及旅游服务优势，拓展业务，提供满足不同层次顾客需求的各种价位的机票或“机票＋酒店”的旅游套票服务，降低销售成本。同时，要完善公司管理机制，培养自身优秀的企业文化以提高整体管理效率，最终降低运营成本。作为国内第一家低成本航空公司，在空白的行业背景下，春秋航空所面临的市场环境具有巨大的发展潜力。

2016 年，中国民航运输总周转量为 962.51 亿吨千米，同比增长 13%；2017 年，中国民航运输总周转量突破千亿吨千米，达到了 1083.08 亿吨千米，同比增长 12.6%；2018 年 1－4 月，共完成运输总周转量 385.8 亿吨千米，同比增长 13.4%。可以说，这是一个缓慢发展的行业，航空公司发展靠的必然是打好内功，提高运行效率，外在影响因素非常大，低成本模式拥有更好成功的概率。在不可控成本比例很高以及自身融资能力较弱的内部劣势限制下，春秋航空公司通过采用“两单、两高、两低”策略，引进单一机型和单一舱位，重置机舱座位以加大容量，实现高客座率和高飞机利用率，同时简化地面和客舱服务，压低营销费用和通用管理费用。为了细分市场和满足巨大的低端市场需求量，春秋航空公司与整体民航市场的传统航空公司始终保持相对的价格优势差异以撬动商务市场，维持稳定的市场占有率和庞大的顾客群。

如今，春秋航空已形成了独特的低成本文化，低成本战略不仅仅是公司的战略目标，它已然成为每一位员工的工作理念，这将影响员工工作的自觉性与积极性，这是其他廉价航空公司无法复制的。截至 2016 年 8 月，春秋航空的市值已达到近 400 亿元，公司业绩良好，整体呈现出高速发展态势。

（资料来源：中国报告网，《2016—2022 年中国航空运输业行业发展现状与十三五投资动向研究报告》；中国知网，《春秋航空低成本战略分析》；凤凰新媒体，《从世界航空公司发展看中国春秋航空》）

问题：

1. 低成本竞争战略的优势是什么？
2. 低成本竞争一定意味着低品质吗？

分析提示：

在竞争中，总成本低，意味着定价的自由度大，在获取利润的同时，更容易打击竞争对手。但低价不一定意味着绝对的低品质，低成本竞争战略只是将顾客不看重的、对顾客价值影响不大的产品和服务在顾客的可接受范围内减少，以获取竞争优势。

二、差异优势竞争战略

企业以表现某些方面的独到之处为竞争主要手段，希望在与竞争对手的差异比较中占有优势地位，以便形成差异化优势战略。

这里的差异包括：产品的性能、质量、款式、商标、型号、档次、产地，生产产品所采用的技术、工艺、原材料以及售前、售后服务，销售网点等方面的差异。

差异优势竞争战略是在各个企业大批量生产同一无差异产品并出现销售困难时提出来的一种战略。因为在上述情况下，解决问题的出路是使企业在技术、实力、创新能力、原材料、经营经验等方面的优势，成功地转化为产品、服务、宣传、网点等方面独具特色的差异优势，减少与竞争对手的正面冲突，并在某一领域取得竞争的优势地位。

在行业内，顾客对具有特色的产品可能并不计较价格或无法进行价格比较，从而可以高于竞争者的价格销售产品，以取得更多利润；在行业外，具有特色的产品可以阻碍替代者和潜在加入者进入和提高与购买者、供应商讨价还价的能力。

但实施这一战略可能要付出较高的成本代价；当较多的顾客没有能力或不愿高价购买特色产品时，提高市场占有率较困难。

三、集中优势竞争战略

集中优势竞争战略要求企业致力于为某一个或少数几个消费者群体提供服务，力争在局部市场中取得竞争优势。

所谓集中，就是企业并不面向整体市场的所有消费者推出产品和服务，而是专门为一部分消费者群体（局部市场）提供服务。

集中精力于局部市场，仅需少量投资，这对中型企业特别是小企业来说，正是一个在激烈竞争中能够生存与发展的空间。同时这一战略既能满足某些消费者群体的特殊需要，具有与差异战略相同的优势；又能在较窄的领域里以较低的成本进行经营，兼有低成本战略相同的优势。

但它也有一定的风险，当所面对的局部市场的供求、价格、竞争等因素发生变化时，就可能使企业遭受重大损失。

营销策划人员要根据企业的内外部环境分析和企业营销目标，选择合适的竞争战略。

任务三　选择目标市场

一、分析市场机会

分析市场机会主要包括市场结构分析、消费者行为分析、竞争对手分析、企业自身能力分析、营销环境的研究等方面。这部分的内容，在SWOT分析中基本已经涉及了。

（一）市场结构分析

根据市场结构划分标准，可以将市场结构划分为四种类型：完全竞争市场、垄断竞争市场、寡头垄断市场和完全垄断市场。

（二）竞争对手分析

对竞争对手的分析，有利于帮助企业了解竞争对手当前的经营状况和动态，合理调整自己的战略决策，对于企业内部问题的诊断具有参考价值。对竞争对手的分析，首先要明确谁是主要的竞争对手。主要竞争者是指那些对企业现有市场地位构成直接威胁或对企业目标市场地位构成主要挑战的竞争者①。此外，还要对竞争情报进行收集、整理、加工、

① 张明玉，张文松．企业战略理论与实践［M］．北京：科学出版社，2005：156－158.

储存、分析、研究和管理等，这对于企业分析竞争环境的变化、了解对手的动向和支持企业战略决策具有重要意义。

（三）消费者行为分析

在企业与消费者的交易过程中，企业可以通过主动措施来影响消费者的决策，反过来，消费者的购买行为也影响着企业的行为。毫不夸张地说，消费者决定着企业的命运。

影响消费者行为的因素主要有文化因素、社会因素、个人因素、心理因素。只有对消费者从以上几个方面进行分析，总结消费者的购买行为，制订战略计划，才能使企业获得消费者的认可，占据市场的份额。

二、市场细分

市场细分是指把市场细分为具有不同需要、特点或行为的购买者群体，并针对每个购买者群体采取单独的产品或市场营销组合战略①。那么一般企业应该如何进行市场细分呢？

（一）市场细分的步骤

市场是由购买者组成的，而不同的购买者组成的市场是千差万别的。市场细分包含以下三个步骤：一是确定产品市场的最大范围；二是确定市场进一步细分的依据；三是衡量细分市场的规模。

（二）市场细分的标准

市场细分的标准又称市场细分变数，通常包括地理细分、人口细分、心理和行为细分等。下面，我们结合快餐巨头麦当劳的市场细分来看一下细分的标准。

1. 地理细分

按照地理环境的不同，把市场细分成不同的地理单位，例如国家、地区、城市、气候带等。然后，再根据地理位置不同的消费者的喜好、习惯制定相应的竞争战略。

麦当劳有美国国内和国际两个市场，他们有各自不同的饮食习惯和文化背景。麦当劳进行地理细分，主要是分析各区域的差异。例如，麦当劳发现中国人爱吃鸡肉而不是牛肉，与其他洋快餐相比，鸡肉产品更符合中国人的口味。针对这一情况，它推出了鸡肉产品。在全世界从来只卖牛肉产品的麦当劳也开始卖鸡肉了。这正是针对地理要素所做的改变，加快了麦当劳在中国市场的发展步伐。

2. 人口细分

通常人口细分市场主要根据年龄、性别、家庭人口、收入、职业、教育、宗教、种族、国籍等相关变量。麦当劳对人口细分主要根据年龄及生命周期阶段，其中，将不到开车年龄的划为少年市场，将20—40岁的人划为青年市场，还划定了老年市场。

3. 心理和行为细分

行为细分是指按照消费者购买时机、追求的利益、进入市场的程度、使用率和对品牌的忠诚度，把购买者细分成不同的群体。根据消费者的购买行为，可以将其分为冲动型、

---

① 加里·阿姆斯特朗，菲利普·科特勒．科特勒市场营销教程［M］．第6版．余利军译．北京：华夏出版社，2004：357－358.

理智型、习惯型、选价型、复杂型和认牌型；根据消费者的数量，可以将其分为大客户和小客户。

根据人们生活行为划分，麦当劳将快餐业分为两个细分市场：方便型和休闲型。针对方便型市场，麦当劳提出59秒快速服务，即从顾客开始点餐到拿着食品离开柜台的标准时间为59秒，不得超过一分钟；针对休闲型市场，麦当劳对餐厅店堂布置非常讲究，尽量让顾客觉得舒适自由，以吸引休闲型市场的消费者群。

课堂思考

肯德基与麦当劳两大快餐巨头，各有各的优势，随时都在进行着竞争。上面我们分析了麦当劳的市场细分方法，想一想：与麦当劳相比，肯德基在市场细分方面有何独到之处呢？

三、选择目标市场

对市场机会的分析、评估之后，企业进行市场细分，市场细分能发现新的市场机会，然后，企业决定进入某个市场或是市场中的某个部分，就要研究和选择目标市场。

企业在选择目标市场时应该注意以下内容：

（一）确定目标市场的原则

根据产品、市场和技术之间的关系；遵循企业既定的发展方向；发挥企业的竞争优势。

（二）目标市场选择的策略

1. 无差异营销策略

无差异营销策略又称大众营销策略，是一种市场覆盖策略，不考虑细分市场的差异性，对整个市场只提供一种产品。

这种营销策略的优点是有利于实行标准化和大规模生产，获得较好的规模效率，节省了产品生产、储存、运输、广告宣传等费用；但它不能满足消费者需求的多样性，不能适应多变的市场形势，容易让竞争对手找到突破口，有一定的营销风险。

2. 差异化营销策略

企业根据细分市场制定不同的营销方案称为差异化营销。这种方案可以满足消费者不同的需求，使企业适应激烈的市场竞争，有利于获取市场占有率，扩大企业的销售额，能降低营销风险；但这必然使得销售费用和各种营销成本较高，受企业资源和经济实力限制较大。

3. 集中性营销策略

企业放弃一个大市场的小份额而去争取一个或几个亚市场的大份额。这样有利于企业了解目标市场的消费者需求，使产品适销对路，有助于企业集中资源，节约成本和各费用，取得良好的经济效益，但是这种营销策略风险很大，最容易受到竞争冲击。

任务四　进行市场定位

一、市场定位概述

市场定位是在20世纪70年代由美国营销学家艾·里斯和杰克·特劳特提出的，他们认为："定位要从一个产品开始，那产品可能是一种商品、一种服务、一个机构甚至是一个人，也许就是你自己，企业根据竞争者现有产品在市场上所处的位置，针对顾客对该类产品某些特征或属性的重视程度，为本企业产品塑造与众不同的、给人印象鲜明的形象，并将这种形象生动地传递给顾客，从而使该产品在市场上确定适当的位置[①]。"

随着社会的发展，人们的认识不断进步，现代企业的市场定位不仅仅是关于产品的，并不是你对一件产品本身做些什么，而是你在潜在消费者的心目中做些什么，定位应该是关于整个大环境的。市场定位的实质是使本企业与其他企业严格区分开来，使顾客明显感觉和认识到这种差别，从而在顾客心目中占有特殊的位置。

具体说来，人们对市场定位的认识包括以下几个方面的内容：

（一）产品定位

产品定位是指通过对产品的塑造，突出产品的鲜明特点，使其符合消费者心理需求，从而确立产品在市场竞争中的位置，促使消费者树立选购该商品的稳固印象的策略。

产品定位侧重于产品实体定位，包括质量、成本、特征、性能、可靠性、使用性、款式等。根据企业的产品结构、系列产品的不同功能、价格及与竞争产品的差异，给消费者不同于其他产品的印象，确定适当的位置，定位在被细分的目标市场上。定位能否成功，取决于企业对目标市场消费客户的细分及品质承诺化为现实的真实程度。产品定位是定位策划的基础，是定位的源头。

（二）品牌定位

品牌定位是指以满足经过市场细分选定的目标顾客群的独特心理需求为主要目的，通过对品牌整体设计宣传整合，形成总体形象，并在同类品牌中建立具有比较优势的品牌策略。

品牌定位的目的在于将产品转化成品牌，品牌定位以产品定位为基础，定位的焦点是消费者的心智，用来满足消费者的需求并形成具有鲜明特征的代表。

在市场定位中，品牌定位和产品定位关系最为密切，关联度最高。品牌不是空的，品牌旗下必须有产品[②]。品牌定位与产品定位之间的关系主要体现在以下几个方面：

（1）产品定位的消费群体比较宽，品牌定位比产品定位相对要窄，但市场更专业。品牌定位要求消费需求个性化，是经过个性化细分后的准确定位。

（2）品牌定位较之产品定位，不具有市场生命周期的特征。产品定位需要随着产品

---

① 艾·里斯，杰克·特劳特．定位［M］．北京：中国财政经济出版社，2003：2－5.

② 朱华锋．营销策划理论与实践［M］．安徽：中国科学技术大学出版社，2008：90.

寿命周期变化而作出必要调整。

（3）品牌比产品更重要，要用品牌推动产品。品牌定位要和细分消费市场研究紧密联系在一起。

（4）品牌定位必须以产品定位为基础，通过产品定位来实现。品牌定位虽然主要是通过占据消费者的心理位置来占据市场份额，但也不是能够完全与产品定位无关的。一旦品牌定位成功，品牌作为一项无形资产能与产品脱离而单独显示其价值。

（三）企业定位

企业定位是指企业树立其在社会公众及消费者心中美好的以及特定的形象，为企业的未来发展起到促进作用并带来好的影响和效益。企业通过定位其产品及其品牌，将企业独特的个性、文化和良好形象，塑造于消费者心目中。

企业定位的成功与否直接影响着该企业的产品和品牌在人们心目中的地位。对于企业整体而言，企业定位是宏观层面的问题，而产品定位和品牌定位则相对属于微观层面。三者其实是统一的，只不过定位的对象不同，它们同样面临一个竞争的市场，面对的是消费者，目标是要使自己的产品和品牌在市场中占据一定的位置，具有较持久的竞争优势，实现企业价值。

二、产品和品牌定位策划

没有哪个品牌可以同时被所有的人群所青睐，即在不同年龄、不同收入、不同信仰和不同职业经历的消费者中广受欢迎，所以，我们有必要细分人群。同样，产品功效和消费者价值感也存在细分的必要，在主张个性化的时代，不断细分产品功效和给予消费者价值感将十分重要。

那么，在通常情况下，企业应该如何进行品牌定位呢？在这里，我们将给大家介绍一种新的定位方式，以产品品类、品牌核心价值和目标人群三大指标来全方位定义品牌，也就是所谓的“三角定位法”（如图3－3所示）。这种定位方法将为品牌获得“稳定感”，使品牌定位在实际操作中平衡发展，各营销工具各显其能、相得益彰。

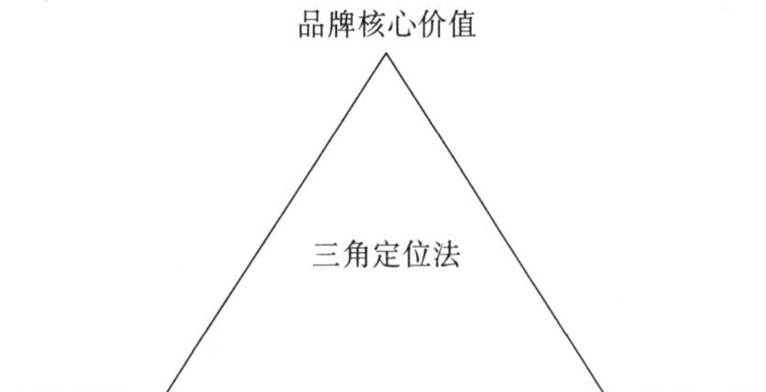

图3－3　三角定位法

（一）了解自己的产品

你真的了解自己的产品吗？一个显而易见的事实是，企业对产品的熟知并不等于消费者对这个产品的熟知，企业对产品的看法并不能替代消费者对产品的看法。消费者的认同更具有决定性的意义。

众所周知，“人头马”之类的洋酒在国内市场上一直是比较畅销的，许多人将其作为送礼佳品。为什么？你可能会列出一大堆的理由，比如历史、文化、味道、广告等，但其中一个重要原因是这些洋酒的酒瓶都很漂亮，做工考究。许多人把它买回家就是要摆在酒柜里作为一个不错的装饰品，至于洋酒的味道对于喝惯了本土酒的人而言实在是不具吸引力。

所以，认识产品的出发点是消费者的需求。消费者的需要将引导和贯穿产品的设计、生产、改进以及销售的整个过程。对产品的认识与市场需求联系起来考虑，尽力避免单纯就产品而分析产品。

（二）产品定位的步骤

1. 分析目标市场的现状，确认本企业潜在的竞争优势

这一步骤的中心任务是要回答以下三个问题：一是竞争对手产品定位如何；二是目标市场上顾客欲望的满足程度如何以及还需要什么；三是针对竞争者的市场定位和潜在顾客的真正需要的利益要求，企业应该以及能够做什么。

要回答这三个问题，企业市场营销人员必须通过一切调研手段，系统地设计、搜索、分析并报告有关上述问题的资料和研究结果。通过回答上述三个问题，企业就可以从中把握和确定自己的潜在竞争优势。

2. 准确选择竞争优势，对目标市场初步定位

竞争优势表明企业能够胜过竞争对手的能力。这种能力既可以是现有的，也可以是潜在的。选择竞争优势实际上就是一个企业与竞争者各方面实力相比较的过程。比较的指标应是一个完整的体系，只有这样才能准确地选择相对竞争优势。通常的方法是分析、比较企业与竞争者在经营管理、技术开发、采购、生产、市场营销、财务和产品等七个方面究竟哪些是强项、哪些是弱项，借此选出最适合本企业的优势项目，以初步确定企业在目标市场上所处的位置。关键是这种优势一定是顾客在乎的。在王老吉凉茶的定位中，“怕上火”就是大家在乎的。

3. 显示和放大独特的竞争优势

这一步骤的主要任务是企业要通过一系列的宣传促销活动，将其独特的竞争优势准确传播给潜在顾客，并在顾客心目中留下深刻印象。

为此，企业首先应使目标顾客了解、知道、熟悉、认同、喜欢和偏爱本企业的市场定位，在顾客心目中建立与该定位相一致的形象。其次，企业通过各种努力强化企业在目标顾客心中的形象、保持目标顾客的了解、稳定目标顾客的态度和加深目标顾客的感情来巩固企业形象。最后，企业应注意目标顾客对其市场定位理解出现的偏差或由于企业市场定位宣传上的失误而造成的目标顾客对企业的模糊印象、混乱和误会，及时纠正与市场定位不一致的形象。

4. 必要的时候重新定位

企业的产品在市场上定位即使很恰当，但在下列情况下，还应考虑重新定位：

（1）竞争者推出的新产品定位与本企业产品相似，侵占了本企业产品的部分市场，使本企业产品的市场占有率下降；

（2）消费者的需求或偏好发生了变化，使本企业产品销售量骤减。

重新定位是指企业为已在某市场销售的产品重新确定某种形象，以改变消费者原有的

认识，争取有利的市场地位的活动。如某日化厂生产婴儿洗发剂，以强调该洗发剂不刺激眼睛为诉求点，定位与众不同，起到了很好的促进销售的效果。

（三）定位产品品类

通过清晰地界定品牌的产品属性，了解“我的产品”“我的服务”究竟是什么。例如在青岛啤酒的品牌家族中，“青岛”代表的是产品——啤酒，“欢动”代表的是啤酒中的淡啤，这是两种不同类的产品，不是同类产品的不同价格级别。

菲利浦·科特勒在《市场营销》一书中指出，产品属性是品牌的基本内容，界定品牌的产品属性是品牌运作的基本。一个清晰的产品品类界定就是一个品牌发展的良好开端。例如，在目前众多品牌的感冒药中，创新性提出“白天吃白片，黑夜吃黑片”的白加黑感冒药，依靠其独特的“分时感冒药”概念（在业内可视为细分的新感冒药品类），成为形象与销售俱佳的感冒药品牌代表。

（四）定位品牌核心价值

这里的核心价值既是品牌自身产品所能带给消费者的利益、价值，又是品牌相对于竞争者在产品功能和价值上具有的相对优势。在产品同质化程度越来越高的今天，定位的精髓就在于舍弃普通、平常的东西而凸现更富个性、特色的东西，所以竞争特质直接影响品牌的后续发展能力。

星巴克不仅是一个成功的世界级品牌，而且是一个依靠销售咖啡体验而非咖啡的独特推广方式成功的品牌。在很多专业人士的笔下，星巴克依靠的是公关而非广告成就了伟业，阿尔·里斯更是将其作为《公关第一，广告第二》的主要案例依据。那么，什么使星巴克的公关变得容易而且高效呢？是它的独特品牌定位。

曾任星巴克首席推广官的斯科特·贝德伯里在《品牌新世界》一书中写道：“星巴克的核心识别与其说是生产一杯伟大的咖啡，不如说是提供一次伟大的咖啡体验。”而事实上，在这个品牌定位之前，星巴克也曾因为品牌定位上的平庸而停滞不前，直到有一天，公司品牌专员杰罗姆·康伦将消费者和竞争品牌的调查报告呈送给首席执行官霍华德·舒尔茨时，情况才发生了巨大改变。

康伦的调查显示，经常喝咖啡的人在重视口味的同时，更在乎消费的体验，在乎咖啡的形态、周围的环境、服务和自己在这里即将得到的美好回忆。在星巴克和其他竞争者的比较测试中，在那些自称是“严肃”地喝咖啡的人或咖啡鉴赏家的人中间，星巴克被认为是一个新兴的、受人尊重的、高质量的品牌。而同时有人认为连锁咖啡馆将影响品牌的形象。

看来，星巴克不能单纯地将高质量作为自己的优势，而应该确定一种不受连锁、不受经营者变化影响的新优势。500年咖啡馆历史沉淀下来的文化，显然是一个良好的备选新优势，星巴克可以从营造“让顾客玩味这种充满感情的饮料”的周围环境开始，为顾客提供独特的咖啡体验。从“选择高质量咖啡豆，按正确的方法研墨，用最纯净的水、适当的温度、准确的时间来煮”，从“关注卷边的纸杯和中间带小孔的亮白色塑料杯”到“开发高档的咖啡甜酒品牌”，所有一切表明星巴克的品牌定位正发生着革命性变化。舒尔茨显然对此很满意，“星巴克不像当初想象得那样是服务顾客的咖啡生意，而是提供咖啡的以人为本的生意”。

课堂思考

感冒药、凉茶是否还有其他的品牌定位可能？

（五）品牌定位方法

1. 利益属性定位

利益属性定位又分单一利益定位和多利益定位，是指选取自己产品的一个利益属性来定位自己的产品。例如，冰箱行业竞争激烈，有海尔、海信、新飞、西门子、美的、美菱、LG 等众多品牌，而它们的定位确实多种多样的。目前我国电冰箱市场上的其他诸多电冰箱生产厂家，大多采用单一利益定位的方法。各个品牌的电冰箱只选出一个自己最具优势和独特性的属性，通过各种广告媒体反复突出这些诉求，以招徕广大的消费者。比如，节能省电冰箱、抗菌冰箱、智能冰箱、静音冰箱等。但是，有的冰箱宣称自己具有全无氟、长寿命、节能、静电、抗菌等优异特征，是全能冰箱，这就是多利益定位。

2. 竞争属性定位

这种定位的方法是考虑自己和竞争对手的关系以及行业地位后给出的定位。

（1）领先定位。即突出传播自己在行业内的领先地位，比如波司登羽绒服经常宣传自己全国销量第一。

（2）避强定位。避强定位是避开强有力的竞争对手，不要进行正面冲突，通过和平相处实现双赢的市场定位策略。这种策略使企业能迅速地在市场上站稳脚跟，并能在顾客心中留下特别的形象。例如，美国的阿维斯公司（Avis）将自己定位于汽车出租业的第二位，强调“我们是第二，我们将更加努力”。这种定位方式的风险小、成功率高，常常被多数企业采用。

（3）依附定位。把自己归于某一个领先集团的做法，就是依附定位。比如，通用汽车声称自己是汽车销量最大的品牌；克莱斯勒声称自己是美国三大汽车厂商；又比如宁城老窖自称“宁城老窖——塞外茅台”，也是奉行让自己加入“高级俱乐部”的策略。

课堂思考

在现实的市场竞争中，有许多有实力的企业选择了依附定位的竞争策略，但结果不尽相同。请搜集相关资料，找一个依附定位的成功案例和一个失败案例，分析成功或失败的原因。

以上三种方式是目前企业常用的三种竞争定位的方法，企业要根据自身实力和面临的具体情况，选择合适的竞争策略。

三、企业定位策划

企业定位是关于企业以什么服务于社会、以什么立足于市场的定位，并以此确立企业在行业中的地位。企业定位和品牌定位有异曲同工之处。比如，海尔的“服务到永远”，长虹的“以产业报国，民族昌盛为己任”，宝洁公司的“宝洁公司，优质产品”等。有的公司，产品和品牌定位与企业定位是一体的、重叠的，有的三者是独立的。

下面重点看一下，企业定位中的行业地位定位，其通常情形下有市场领先者、市场挑战者、市场跟随者和市场补缺者四种定位策略。

我们可以通过蒙牛和伊利的例子，体会一下这几种策略。在最初阶段，蒙牛将自己定位于市场挑战者，将目光瞄向了当时的市场领先者伊利，并向市场领先者发起攻击。但是，蒙牛老总清醒地认识到，在蒙牛羽翼未丰之时是不能与行业领导者进行正面的攻击的，需要厚积薄发。一开始蒙牛以“追随者”的模糊面目进入市场，发展同类产品中的低端产品，进行迂回进攻；采用“甘当老二”的策略在思想上麻痹伊利，尽可能减少伊利的敌视、抵制；等时机成熟以后，蒙牛在产品、价格、市场、传播等方面，开始全方位地正面进攻。最终，蒙牛与伊利站在了势均力敌的位置。

通过这个案例，企业应该认识到：必须认清自身实力和竞争状况，给自己正确的定位；不管是市场领先者、追随者、挑战者或补缺者，都要时刻保持清醒，随时应对挑战，也随时发现机会、发起挑战、重新定位。

【同步案例3－3】

德邦快递的定位

德邦快递自1996年成立，现已成长为一家以大件快递为主力，联动快递、物流、跨境、仓储与供应链的综合性物流供应商，并于2018年在上海证券交易所挂牌上市。

就当前中国快递市场来看，随着电子商务的火热，快递市场未来仍旧有较大的增长空间。虽然与快递关联的行业发展速度很快，但快递市场的格局异常稳固，一线快递就是“四通一达”外加顺丰。简而言之，这是一块看似诱人、但是其他企业吃不到嘴的蛋糕。即使是资金雄厚的马云，也只是借菜鸟快递分化之，而无力再培养出一个顺丰或是申通。德邦快递的进入，引起市场的广泛关注。

第一，德邦快递找准一个小众市场。德邦快递经过研究认为，在货物特定公斤段上可以竞争。3—60公斤（即“3.60件”）这部分的货物，对“四通一达”和顺丰而言，货物包裹较重，不便处理。这是一个小众的市场，每年大约50亿元的市场规模，但是做货运的德邦快递在这方面优势很明显，因为具有这一业务需求的客户，往往也是德邦传统B2B客户的延伸。而且随着电商包裹越来越重，德邦快递的加入恰好可以填补其他快递公司的空白。6斤以内与“3.60件”，其分拣、配送系统的区别非常大，后者的市场竞争相对缓和。而随着电子商务的发展，大件快递的送货上楼需求越来越多。德邦快递从一开始就定位明确，没有从竞争白热化的小件市场进入，而是从“3.60件”切入，且保证能送货上楼，结果自然大获成功，“3.60件”占据了2015年全年收入的50%以上。

第二，在电商寄件方面，德邦快递希望立足比拼性价比，价格上能够比顺丰低一点，但是要比“四通一达”高一点，争取做到比顺丰特惠件更加经济实惠，但是服务质量相同。同时，德邦快递认为在用户服务方面还有附加值存在的空间，于是德邦快递的思路就是在标准化的大前提下做出差异化。目前德邦快递开发的附加服务包括：安装加固；擦拭包装；送货上楼。考虑到效率原因，很多快递员为了多派件，会把快递送到小区的水果店、便利店，德邦快递送货上楼的服务，满足了很多用户的强烈需求。

（资料来源：中商情报网，http：//www.askci.com/news/chanye/20180709/1736161125754_2.shtml，《德邦物流更名为德邦快递全面发展大件快递——我国快递业发展分析》）

问题：

1. 德邦物流是如何进行业务定位的？

2. 从德邦物流定位中我们能得到什么启示？

分析提示：

德邦物流企业能够在竞争中脱颖而出，这与企业在各方面的创新是分不开的。创新的目的就是为了让企业确立与市场需求相适应的新的经营管理理念和管理模式，以求在同一阶层的对手中，在服务价格和内容相似的情况下，产生差异化，使客户在付出同样的资金却能够获得更好的服务水平。德邦进军快递行业之时，快递市场已经开始出现了饱和状态，和当时的快递巨头顺丰、“四通一达”竞争无疑是以卵击石，德邦快递也明白一点。虽然普通的快递没有了空缺，但经过德邦快递深入的调查，找到了快递服务的空缺，并迅速地占据市场，成为这个空缺市场的一家独大。寄件方面，德邦快递也是充分利用顺丰和“四通一达”的间隙，开发了不比顺丰差、比“四通一达”好的高性价比服务产品，争取了顾客，留住了自己的市场份额。

【同步实训 3－1】

研究某特定品牌的定位策略

［**实训目标**］

1. 了解品牌定位的概念、方法等基本知识。

2. 理解定位对品牌营销的重要性。

3. 掌握为品牌进行定位的思路与方法。

［**实训内容**］

选择定位不当的特定品牌，依据其产品特点及目标市场，对品牌进行重新定位。

［**实训操作**］

（1）让学生复习品牌定位及相关知识。

（2）将全班学生分为五组，并选出小组负责人。

（3）每个小组选择一个定位失败的品牌，经过老师确认后，着手了解其产品特点、目标市场等信息。

（4）每组同学根据所学内容对所选择的品牌进行研究，并进行重新定位，同时思考定位的理由。

（5）老师对每组的定位结果进行评价、总结。

［**成果要求**］

（1）每个小组成员通过对所选品牌的产品特点、目标市场、以往销售状况、消费者评价进行研究，综合分析后，对品牌进行重新定位。

（2）每个小组选派代表在班里汇报研究结果。

（3）老师对每组成果进行总结。每组同学对整个实训过程做出总结，课后上交。

（4）老师为每个小组打分。

任务五　选择发展战略

战略管理之父安索夫博士于1975年提出安索夫矩阵，以产品和市场作为两大重要维度，分析出四种产品/市场组合和相对应的营销策略，是应用最广泛的营销战略分析工具之一，见表3-2。

表3-2　安索夫矩阵

	营销原有产品	开发新产品
深耕原有市场	市场渗透战略	产品开发战略
开发新市场	市场开发战略	多角化战略

一、市场渗透战略

营销人员设法在现有市场扩大现有产品的市场份额。例如，牙膏厂商鼓励人们早晚多刷牙，牙刷厂商鼓励人们经常更换牙刷。现在市场渗透战略也被俗称为深度营销。

二、市场开发战略

营销人员寻找现有产品可满足其需求的新市场以实现销售额的增长。如汽车下乡、家电下乡等。

三、产品开发战略

营销人员考虑新产品开发的可能性，并在已有市场销售新产品。例如，牙膏厂商在原有市场推出美白牙齿的新品牙膏，然后又推出缓解牙齿过敏的新牙膏等，每一款新品的推出，必然会带动原有市场销售额的增加。

四、多角化战略

除上述战略外，营销人员可以考虑在新市场推出新产品的方式来增加销售额，这就是多角化策略。例如，与美国的肯德基相比较，肯德基在中国推出适应国人口味的油条等。

营销策划人员要根据企业的内外部环境分析和企业营销目标，选择合适的发展战略。

任务六　营销战略规划的误区防范

在市场竞争日益激烈的商品经济条件下，企业要想长期地生存和发展下去，就必须根据随时变动的市场状况制定营销战略。尽管制定的战略是在一些基本的观念的指导下，但仍有相当一部分在慢慢成为悖论和误区。

一、营销战略认识的误区

第一，缺乏市场开拓意识，盲目追逐市场热点。要想把企业搞好，就要注重各种社会活动的趋向，打破陈规陋习，善于发现和开拓新的市场。目前我们国家很多企业面临激烈的竞争，盲目跟着热点跑，缺乏科学的市场筹划，追逐成风，没有明确的企业目标，缺乏市场动态分析和创新意识。

第二，缺乏市场细分意识，目标市场选择不当。营销战略的首要工作就是做好市场细分，只有这样才能选择目标市场，以求发挥自己的竞争优势。当今企业跟风现象严重，只要看到有丰厚的利润可赚，就一窝蜂地涌入，以至于各企业目标雷同，形成同一水平的恶性竞争。

第三，缺乏市场营销策划，市场调研走过场。目前很多人认为营销策划是在产品生产出来之后进行的，殊不知犯了本末倒置的错误。为了短期的利益，不重视市场调研，市场调研走过场，使产品不能满足消费者的需求，销售不对路。

二、定位误区

（一）无所不能型

定位是一种差异化营销战略，在成熟的竞争市场，没有定位战略简直无法想象，但是我们仍能见到一些“眉毛胡子一把抓”的原始的竞争手段。

在专业化分工日益严密的条件下，市场划分越来越细，每种产品一般只能满足某一部分的消费者，企业要把火力集中于这个狭小的市场，才会取得战果。想要包治百病的产品，几乎是不可能的。但是纵观我国的产品，公关、广告中“老少皆宜”的雷同化宣传仍不少。

（二）定位过窄，局部定位或者短期定位

定位仍处于产品定位的阶段，没有达到品牌定位的高度。某些企业品牌意识不强，甚至还有许多认识上的偏见：把知名度当品牌；某些产品只有产品名称、无品牌名，如感冒通、乌鸡白凤丸、排毒养颜胶囊等。企业思维局限在某个产品，缺乏长远的战略规划，没有阶段性、具体化的定位目标，固步自封，当然也不可能有步骤地推进品牌资产积累。

（三）炒作概念

这是一种源远流长的说服方法。例如，现在电视流行“纯平、大屏幕”，空调流行“负离子、超静音”等，概念一旦成为企业定位的核心表现点，就超越了产品本身的符号意义，甚至超过了产品实体，而产品只是新概念的附属品而已。这些概念除了极少数是真的技术创新，而更多的是吸引消费者的诱饵。

无论何种产品市场，货真价实地提供高品质产品，满足消费者需求，永远是市场营销的真谛，夸大其词的概念营销急功近利，最终会遭到市场淘汰。此外，也要避免一些过分的、混淆模糊的定位，造成消费者对企业和产品的理解缺失，影响企业的正常发展。

企业总是要成长和发展的，而在这个过程中，企业容易犯一些错误，造成消费者的困惑，如果处理不当，将带来严重的后果。所以，我们要避免一些模糊、混乱的定位，及时与消费者进行准确细致的沟通，只有这样企业才能避免误区，蓬勃发展。

【项目小结】

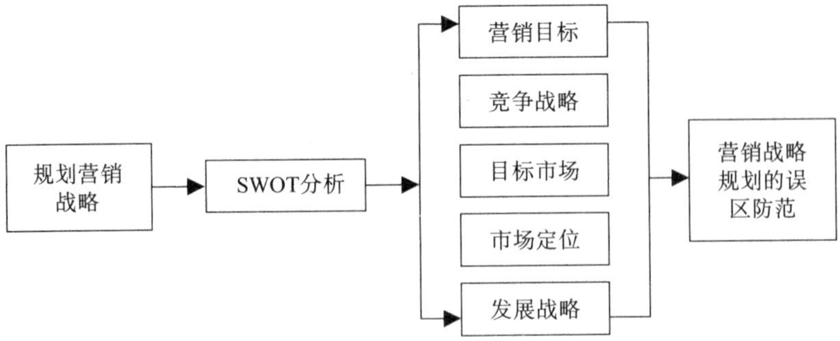

【项目考核】

1. 简答题

（1）什么是SWOT分析？简述SWOT分析的具体内容。

（2）市场细分的定义是什么？主要的细分变量有哪些？

（3）企业在战略规划过程中，有哪些误区？如何防范？

（4）简述产品定位的步骤。

（5）“三角定位法”是企业常用的品牌定位的方法。“三角定位法”的具体内容是什么？

（6）企业常用的竞争策略有哪几种？说明不同竞争策略的适用条件。

2. 案例分析题

宜家：从瑞典到中国北京

宜家家居于1943年创建于瑞典，“为大多数人创造更加美好的日常生活”是宜家公司自创立以来一直努力的方向。宜家品牌始终和提高人们的生活质量联系在一起，并秉承“为尽可能多的顾客提供他们能够负担、设计精良、功能齐全、价格低廉的家居用品”的经营宗旨。在提供种类繁多、美观实用、老百姓买得起的家居用品的同时，宜家努力创造以客户和社会利益为中心的经营方式，致力于环保及社会责任问题。

今天，瑞典宜家集团已成为全球最大的家具家居用品商家，销售主要包括座椅/沙发系列、办公用品、卧室系列、厨房系列、照明系列、纺织品、炊具系列、房屋储藏系列、儿童产品系列等约10000个产品。

目前宜家家居在全球38个国家和地区拥有310个商场，其中有8家在中国内地，分别在北京、上海（两家）、广州、成都、深圳、南京、大连、沈阳、西安。宜家的采购模式是全球化的采购模式，它在全球设立了16个采购贸易区域，其中有3个在中国内地，分别为华南区、华中区和华北区。目前宜家在中国的采购量已占到总量的18%，在宜家采购国家中排名第一。根据规划，至2010年，宜家在中国内地的零售商场将达到10家，所需仓储容量将由现在的10万立方米扩大到30万立方米以上。中国已成为宜家最大的采购市场和业务增长最重要的空间之一，在宜家的全球战略中具有举足轻重的地位。

《洛杉矶时报》的一篇题为"中国爱宜家，但不是为了购物"的文章一针见血地指出了中国的"宜家乱象"。报道开篇描述了这样一家北京人：在一个"毫无计划"的周六，北京人张鑫（音译）告诉其妻子、儿子和母亲，穿上漂亮的衣服，开启其"周末一游"。不过他选择的"景点"不是故宫和长城，而是宜家。34岁的张鑫是一家公司的办公室经理，用他的话说："我们只是来这儿玩玩的，虽然我们可以选择去别的地方，可是没有哪个地方能够像宜家一样给我们'完整的体验'。"

位于北京的宜家，整体风格看来更像是一个主题公园而不是商店。报道称，每到周末，总能看到数以千计的"随便逛逛"的人流涌进宜家的展示厅。

一些人直接扎在了床上，头埋进被单里，睡起了午觉。有些人蜷缩在床上，肚子上竟然还放着一本书。一些人更是把宜家当成一个景点，衣着靓丽地拿起相机在宜家的装饰面前摆起了Pose。有些家庭更是选择在炎热的午后来宜家逛逛，只为了享受"免费的空调"。

相比于上述"事迹"，"购物"在光顾宜家的顾客眼里是"事后的想法"了。美国著名网站Gawker（掴客网）更是指出，宜家俨然成为了中国的"迪斯尼乐园"。

（资料来源：《宜家"奇观"》，www.zaobao.com/special/china/zaodian/pages3/zaodian_ zi111021.shtml，联合早报网；宜家家居官网，www.ikea.com；《内地宜家大量顾客店内睡觉　相亲旅游不购物引外媒关注》，news.ifeng.com/society/2/detail_ 2011_ 10/28/10233580_ 1.shtml，凤凰网）

思考题：

（1）通过对本案例及相关资料的研究，你认为应该如何对家居市场进行细分？宜家家居的目标市场是怎样的？它在目标市场中的定位是怎样的？

（2）宜家家居在其发展过程中选择了怎样的发展战略？

（3）结合本章所学内容，从营销策划人员专业的角度来评述，对于宜家的各种"乱象"，宜家应该是高兴还是不高兴？为什么？

3. 业务模拟训练题

（1）SWOT分析和战略规划实务操作

训练目标：

掌握SWOT分析的方法；熟悉战略规划的内容和流程。

训练内容：

SWOT分析；战略规划。

训练操作：

根据项目二的项目考核中市场调研的结果，对你所选择产品对应的企业进行SWOT分析，通过分析为企业制定合理的战略规划。

成果要求：

绘制企业SWOT矩阵图；提交企业的战略规划报告。

（2）市场定位策划实务操作

训练目标：

明确市场定位策划的内容；熟练掌握市场定位的方法和技巧。

训练内容：

企业定位；品牌定位；产品定位。

训练操作：

通过上网或查阅书籍，对你所选择的企业的市场定位进行描述，分析企业当前定位的得失，并提出改进意见。

成果要求：

提交企业市场定位分析报告一份，内容包括：对现有的企业、品牌、产品和竞争定位进行描述，分析目前定位是否得当，提出改善措施或重新定位。

项目四
实施产品策划

◇了解主要概念：产品策划；概念产品；整体产品；疲软产品；先发制人策略。

◇掌握基本理论：产品生命周期策略理论；新产品开发和上市理论；产品包装理论；概念产品推广理论。

◇培养综合能力：进行产品规划的能力；进行新产品上市推广的能力；使疲软产品重生的能力。

案例导入

21世纪的星巴克卖的是咖啡吗？

一、星巴克的历史

轻柔的音乐声中，飘来阵阵的咖啡香味，阿拉伯风味的摩卡（Mocha）或是意大利的卡布其诺（Cappuccino）。顾客喝着一杯杯香醇的爪哇咖啡，或沉思，或看书，或谈天……这就是星巴克咖啡店的写照，地点可能是纽约或维也纳，也可能在上海或台北。

星巴克于1971年在美国西雅图海岸边开出全球第一家店，创始人将品牌命名为"星巴克"，构想来自于梅尔维利（Melville）的古典小说，小说中叙述着红海及咖啡商人浪漫的海上冒险故事，今天的星巴克则以完全不同的方式，诠释咖啡的浪漫。今天，星巴克在北美、欧洲、中东及太平洋地区的总店数已超过5000家。

二、不是家，也不是办公室

一杯星巴克的咖啡价格大约三倍于纽约普通咖啡店的咖啡。然而这并不影响消费者的慷慨，因为星巴克是消费者在家庭和工作场所之外的"第三场所"，定位是"介于顾客家中和办公室之间的休憩场所，并提供完全放松的气氛及优质咖啡"。在这里，咖啡豆的醇香萦绕于室内，别致的桌椅、宾至如归的服务令人倍感亲切。而店堂内精心布置的电子插座以及免费的无线网络，可以方便消费者上网和使用各类随身电子设备。这些独到之处令星巴克培养了一大批忠实"粉丝"。

此外，星巴克亦供应外带服务，让顾客能将咖啡、点心带回家或办公室食用。它的店内格局和服务正是所谓的"星巴克体验"，就像神仙头顶上那一圈难以捉摸的光环，所有竞争对手都想学习模仿，却怎么学也学不来。要学一个品牌的表面功夫，如外观、店的感觉，都不困难，但要超越品牌过去所积累的内在经验与价值，却非易事。最重要的是顾客心中对店的喜好度及其所引发的联想，一种无法解释清楚的“亲和力”，换言之，星巴克似乎是一个令人不得不去接近它的品牌。星巴克在不同的国家里，可能会出现细微的差异，但大体上是一致的。例如，在东京或是维也纳，无论是咖啡产品组合，或是其他饮品，星巴克所提供的服务，基本上差别不大。典型的星巴克产品组合约有20—25种咖啡，每种咖啡都赋以诱人的名称，如巴西伊波尼玛波本咖啡、可摩多龙调和咖啡等。产品来源则由盛产阿拉伯高级咖啡豆的原产地进口，如拉丁美洲、非洲和印度尼西亚。店内也提供各种不同的高档调和咖啡、茶饮料和点心，如法布奇诺咖啡、大佐茶……

尽管星巴克店内卖的是上好咖啡，但它的核心价值并非咖啡本身，而是跨越咖啡以外的无形附加价值——顾客在店内饮用咖啡的体验。星巴克的成功，促使竞争对手纷纷起而模仿所谓的“星巴克体验”，特别是400年前即已存在着咖啡馆的欧洲，所到之处座无虚席。

（资料来源：www. starbucks. cn；《谁打碎了星巴克的咖啡梦》，第一财经日报，2008-07-03）

产品策略是营销战术组合策略的主线，是价格策略、渠道策略和促销策略的基础。企业的一切营销活动都围绕产品展开。产品策略的至高地位，决定了产品策划成为营销策划的基础，是战术营销组合策划的核心。产品策划包含以下内容：产品的规划、新产品上市的策划和疲软产品提升的策划。

在导入案例中，为什么一杯星巴克咖啡的价格可以三倍于纽约普通咖啡呢？星巴克卖的是咖啡吗？如果不是，那它卖的是什么？

任务一　产品策划分析

一、产品策划的主要内容

产品策划是指产品策划人员通过调查研究，在了解市场、客户需求、竞争对手、外在机会与风险以及市场和技术发展态势的基础上，根据公司自身的情况和发展方向，制定出可以把握市场机会、满足消费者需要的产品的远景目标以及实施该远景目标的战略、战术的过程。其主要内容有：

（一）产品定位

产品市场定位的关键主要在顾客心目中寻找一个空位，使产品迅速启动市场。

（二）产品质量功能方案

产品质量就是产品的市场生命。企业对产品应有完善的质量保证体系。

（三）产品品牌

要形成一定的知名度、美誉度，树立消费者心目中的知名品牌，必须有强烈的创牌意识。

（四）产品包装

包装作为产品给消费者的第一印象，需要能迎合消费者并使其满意的包装策略。

（五）产品服务

策划中要注意产品服务方式、服务质量的改善和提高。

二、产品策划的工作流程

产品策划是一项复杂的工作，主要包含以下内容：

（一）研究

产品策划人员研究与产品发展和市场开拓相关的各种信息，包括来自市场上的、来自销售渠道的和来自内部的信息；研究用户提出或反馈的需求信息；研究竞争对手；研究产品市场定位；研究产品发展战略等。

（二）沟通

产品策划人员应及时与消费者以及公司内部的开发人员、管理人员、产品经理等保持良好的沟通，这种沟通要覆盖整个产品生命周期。

（三）数据收集与分析

产品策划工作中最基本也最重要的一项内容就是收集与产品策划相关的各类数据，并对这些数据进行科学的分析。

（四）提出产品发展的远景目标

产品策划工作的基本任务是提出产品发展的远景目标，并通过各种沟通渠道让公司内的相关人员熟悉和理解这个远景目标。

（五）建立长期的产品计划

除了提出当前产品的远景目标外，产品策划人员还负责对产品的长期发展规划（如3—5年内的发展计划）进行设计和描述。

此外，产品策划工作还具有不受产品开发周期约束的特点。也就是说，产品策划通常会跨越整个产品开发周期，在每个阶段中，产品策划人员的工作方式并没有明显的不同，他们会随时了解客户、市场、技术创新等情况，并根据内外部的各种变化调整或完善产品策划。

三、具体的产品策划

（一）产品的规模策划

多品种、多产品的营销已经成为现在企业发展的共同趋势，其好处在于可以分散风险。因为市场变化莫测，消费者需求不断改变，一种产品很难保证畅销不衰。如果实行多品种、多产品营销，就能够取长补短，适应瞬息万变的市场，生产上也具有较大的灵活性，从而降低和分散营销风险，保证利润总额不会减少，甚至增加。

当然，产品的规模也不是越大越好，企业必须考虑营销多少个品牌、多少个相关或非相关产品，才能维持或增加销售量和利润，适应生产经营和市场发展的需要[①]。

---

① 王锋．如何进行整合营销［M］．北京：北京大学出版社，2004：89－90.

（二）产品的角色策划

顾客挑选产品时，他们在理性上考虑产品的实用功能，同时也评估不同产品所表现的个性。当产品表现的个性与他们的自我价值观相吻合时，他们就会选择该产品，并用该产品表现出自己的个性。

所以，企业在进行产品的市场推广时，要给产品进行角色定位，以满足顾客购买产品的个性化原则。个性化原则要求产品定位要有创意，要与众不同，即使这种个性与产品本身并无关联，是人为地赋予上去的，但只要得到消费者的认可，它就将是企业战胜对手、赢取消费者芳心的最有利的武器。

我们可以从产品的物理特性和功能利益发展出一个定位，但定位并不仅仅是产品物理特性和功能利益的总和，它还含有另外一些完全属于精神上的东西。我们看看万宝路与西部牛仔和马到底有什么必然联系呢？显然没有。万宝路以西部牛仔和马定位于消费者心中的自由、奔放、帅气、强劲，这完全是从消费者出发的，让消费者吸万宝路香烟时自然而然地产生这样的心理感受。至于烟本身的特性和功能，却与这种心理感受关系不大，企业所做的只是将产品的包装、广告和其他手段与其角色定位相配合就行了。

（三）产品的数量策划

在激烈的市场竞争中，不少经营者习惯采用“开放式”经营策略，扩大自己的生产规模，增加自身的产品数目，希望产生所谓的规模效益。然而也有一些精明的经营者反其道而行之，在经营中施行限量销售，取得了意想不到的好效果。例如，芬克女士的公司是专门制作女式服装的企业，每年她都要推出几十款新式服装，但在数量上控制较严，这是她的一条计策。芬克根据西欧女士喜欢高贵典雅与活泼色系为一体的晚礼服、夏装等时装的特点，创造出了组合时装。为抓住顾客追求时髦的心理，她把晚礼服新款式分为8组，每次推两组，选准换季推出新服装的机会，隆重而热闹地登场。然而，每组新服装只有一两百套，隔两个月再推出一批服装，数量一样。以这种布控出台的次序，市场上总见新款而不见现货、存货，吊足追求时髦的顾客的胃口，造成供不应求的现象。直到布控时间结束，服装才进行减价出售。芬克推行这一销售策略，是让顾客真正体会到自我体系的名牌服装不仅花样款式多，而且数量少，像精品屋中的小摆设一样，过了展览期，就很难找到相似的款式了。因此，芬克设计的时装价格再贵，情有独钟的女士也不会吝啬那几个钱，这就是芬克销售成功的秘密。

限量版销售原本只在少数高端品牌中特别流行，这些“限量款”意味着绝对的投资价值和升值空间，而现在，“限量”结合了低价，这对商家来说是万无一失的销售策略。但是，正如限量版销售越来越常见，所以在市场竞争中，限量不一定真的会成为出奇制胜的法宝，所以企业应该慎重使用。其实，实施这些手段只是为了把商品形象塑造得更为独特，人为地给商品贴上限量这层金衣，能够满足顾客的虚荣心理，从而更容易获得消费的满足感，而只有当实际销量将大于限量数字本身时，限量才显得有真正意义。

（四）产品的整体策划

现代市场营销认为，消费者购买产品，追求的绝不是产品本身，而是某种需要和欲望的满足，强调的是产品的实质性，即产品提供给消费者的一种效用和利益。产品不是单纯的实体性的产品，而是包含实体性和实质性相统一的市场产品，包括质量、性能、外观、品牌、商标、声誉、形象等许多有形和无形、物质和非物质的因素。这种对产品的理解，在现代市场营销中被称为整体产品。对消费者来说，按照产品整体概念，购买产品的核心是买卖后需要得到满足，而产品外形是满足需要的形式。对营销企业来说，按照整体产品概念来出售产品，不仅是为消费者提供产品实体，而且是提供一种满足。所以，营销企业要想在市场竞争中取得胜利，必须对产品整体有充分认识，如图4－1所示。

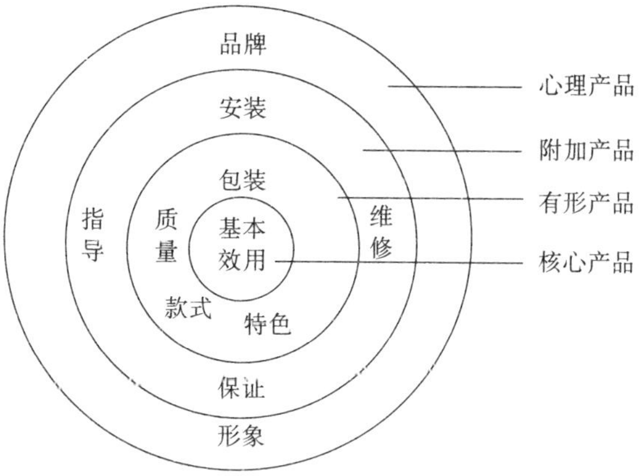

图4－1　产品整体论

若产品在核心利益上相同，但附加产品所提供的服务不同，则可能被消费者看成两种不同的产品，因此也会造成两种截然不同的销售状况。

考虑产品竞争性利益点的定位，既可以考虑产品某个因素与消费者偏好紧密结合，形成与同质产品明显的差异；也可以考虑产品若干因素与市场的组合，形成产品整体的特色。如在产品有形层上改变质量、款式、包装、品牌等某个因素实现产品的差异化，或者同时改变这几个因素实现产品整体形象的改观。企业不管怎样考虑，都要把目标市场上消费者需要是什么和竞争对手产品因素特点是什么集合起来①。

产品差异化着重在产品有形层和附加层上展开，通过突出这两个层次上产品因素的特征，争取本产品在消费者心目中形成深刻影响，促使他们决定购买本产品，从而达到战胜竞争对手、获得较大利润的目的。

（五）产品的生命周期策划

产品的生命周期即产品销售和利润在整个产品生命期间的变化过程，它主要有四个不同的阶段：导入期、增长期、成熟期和衰退期。产品生命周期的不同阶段具有不同的特征，而企业的产品策划也就以各阶段的特征为基点来制定和实施。

1. 导入期的产品策略

导入期即产品初次进入市场，大多数消费者对其还不熟悉，对产品持观望态度。此时竞争对手较少。在这个阶段，一般采取以下几种产品策略：

（1）高度形象策略。即采取高价和高水准的推销政策，这既可造成一种身价高的形象，又可较快回收发展新产品的投入。采取这种策略，必须是在潜在市场尚未有这类新产品、没有竞争者的情况下实施。

---

① 王成．企业最优市场定位［M］．北京：中国经济出版社，2002：56－57.

（2）选择渗透策略。以高价格、低促销费用推出新产品，目的是以尽可能低的费用开支求得更多的利润。实施这一策略的条件是：市场规模较小；产品已有一定的知名度；目标顾客愿意支付高价；潜在竞争的威胁不大。

（3）占先渗透策略。以低价格、高促销费用推出新产品。目的在于先发制人，以最快的速度打入市场，取得尽可能大的市场占有率。然后再随着销量和产量的扩大，使单位成本降低，取得规模效益。实施这一策略的条件是：该产品市场容量相当大；潜在消费者对产品不了解，且对价格十分敏感；潜在竞争较为激烈；产品的单位制造成本可随生产规模和销售量的扩大迅速降低。

（4）低度形象策略。以低价格、低促销费用推出新产品。低价可扩大销售，低促销费用可降低营销成本，增加利润。这种策略的适用条件是：市场容量很大；市场上该产品的知名度较高；市场对价格十分敏感；存在某些潜在的竞争者，但威胁不大。

2. 增长期的产品策略

新产品经过市场导入期以后，消费者对该产品已经熟悉，消费习惯业已形成，销售量迅速增长，这种新产品就进入了增长期。进入增长期以后，老顾客重复购买，并且带来了新的顾客，销售量激增，企业利润迅速增长，在这一阶段利润达到高峰。随着销售量的增大，企业生产规模也逐步扩大，产品成本逐步降低，新的竞争者会投入竞争。随着竞争的加剧，新的产品特性开始出现，产品市场开始细分，分销渠道增加。企业为维持市场的继续成长，需要保持或稍微增加促销费用，但由于销量增加，平均促销费用有所下降。针对增长期的特点，企业为维持其市场增长率，延长获取最大利润的时间，可以采取下面几种策略：

（1）改善产品品质。如增加新的功能，改变产品款式，发展新的型号，开发新的用途等。对产品进行改进，可以提高产品的竞争能力，满足顾客更广泛的需求，吸引更多的顾客。

（2）寻找新的细分市场。通过市场细分，找到新的尚未满足的细分市场，根据其需要组织生产，迅速进入这一新的市场。

（3）改变广告宣传的重点。把广告宣传的重心从介绍产品转到建立产品形象上来，树立产品名牌，维系老顾客，吸引新顾客。

（4）适时降价。在适当的时机，可以采取降价策略，以激发那些对价格比较敏感的消费者产生购买动机和采取购买行动。

3. 成熟期的产品策略

进入成熟期以后，产品的销售量增长缓慢，逐步达到最高峰，然后缓慢下降；产品的销售利润也从增长期的最高点开始下降；市场竞争非常激烈，各种品牌、各种款式的同类产品不断出现。对成熟期的产品，宜采取主动出击的策略，使成熟期延长，或使产品生命周期出现再循环。为此，可以采取以下三种策略：

（1）市场调整。这种策略不是要调整产品本身，而是发现产品的新用途、寻求新的用户或改变推销方式等，以使产品销售量得以扩大。

（2）产品调整。这种策略是通过产品自身的调整来满足顾客的不同需要，吸引有不同需求的顾客。整体产品概念的任何一层次的调整都可视为产品再推出。

（3）市场营销组合调整。即通过对产品、定价、渠道、促销四个市场营销组合因素加以综合调整，刺激销售量的回升。常用的方法包括降价、提高促销水平、扩展分销渠道和提高服务质量等。

4. 衰退期的产品策略

衰退期的主要特点是：产品销售量急剧下降；企业从这种产品中获得的利润很低甚至为零；大量的竞争者退出市场；消费者的消费习惯已发生改变等。面对处于衰退期的产品，企业需要进行认真的研究分析，决定采取什么策略，在什么时间退出市场。通常有以下几种策略可供选择：

（1）继续策略。继续沿用过去的策略，仍按照原来的细分市场，使用相同的分销渠道、定价及促销方式，直到这种产品完全退出市场为止。

（2）集中策略。把企业能力和资源集中在最有利的细分市场和分销渠道上，从中获取利润。这样有利于缩短产品退出市场的时间，同时又能为企业创造更多的利润。

（3）收缩策略。抛弃无希望的顾客群体，大幅度降低促销水平，尽量减少促销费用，以增加目前的利润。这样可能导致产品在市场上的衰退加速，但也能从忠实于这种产品的顾客中得到利润。

（4）放弃策略。对于衰退比较迅速的产品，应该当机立断，放弃经营。可以采取完全放弃的形式，如把产品完全转移出去或立即停止生产；也可采取逐步放弃的方式，使其所占用的资源逐步转向其他的产品。

【同步案例 4－1】

格力的产业规划

在格力电器 2017 年年度股东大会上，董明珠向与会的股东展示了格力电器产业规划图，公司的产业规划分为四大部分：空调、高端装备、生活品类和通信设备公司。其中，空调产业涵盖家用空调、商用空调、冷冻冷藏设备、暖通设备、核电空调、轨道交通空调和光伏空调；高端装备产业涵盖智能装备、数控机床、精密模具、机器人和精密铸造设备等；生活品类产业涵盖厨房电器、健康家电、环境家电、洗衣机和冰箱；通信设备公司涵盖物联网设备、手机、芯片和大数据。

格力为什么一定要做手机？因为手机可以监控家里所有的智能家电产品，所以这是必需的。格力发展这么多年并不简单，支撑它的原因是因为它是一个有梦想的企业。2017 年 6 月 11 日，格力新一代手机获得电信设备入网许可证，有效期至 2021 年 6 月 11 日。根据工信部给出的信息，新一代格力手机将搭载四核处理器，CPU 主频为 2.4GHz，配备 4/6GB 内存 +64/128GB 存储，后置 1200 万 +500 万像素双摄像头，前置 800 万像素，电池容量为 3160mAh。

（资料来源：https：//baijiahao. baidu. com/s？ id = 1604235025845524998&wfr = spider&for = pc，《格力电器产业规划展示》）

问题：

1. 格力的产业规划显示了其完整的产品体系构建，从产品角色的角度看，其规划的合理之处在哪里？

2. 格力电器为什么要做手机？

分析提示：

格力的产品体系尽管庞大，但每个部分之间是有相互关联的：空调产品系列与高端装备在核心技术上具备相关性；生活品类和通信设备相互支持。手机是当前以及未来相当长的一段时间内的高频使用终端，所以将手机与生活类家电进行整合，有利于促成产品的销售及培养用户特定的使用习惯。

任务二　产品包装策划与设计

在世界经典营销中，有些产品就是通过包装而风靡世界，如可口可乐的瓶子为可口可乐公司占据世界市场起到了重要的形象识别和产品识别的作用，使产品从众多的饮料中脱颖而出，成为清凉饮料的领先者。在市场营销中，发挥包装在产品设计中的作用是产品策划中的一个重要因素。包装具有吸引消费者的注意力，促进产品的差异化，提升公司和品牌形象以及为企业提供创新机会等作用。

一、产品包装策划

为产品设计有效实用的包装，需要做出大量的策划。

第一，要建立包装化概念。包装化概念的定义是，规定包装基本上应为何物，或为一个特定产品起什么作用。包装的主要作用是为产品提供保护，引进一个新颖的使用方式，提示产品或公司的某种质量，或者某些作用①。

第二，必须为包装设计的其他要素做出策划，如包装物的大小、形状、材料、颜色、文字说明以及品牌标记等。策划的内容还必须包括：大量的文字说明还是少量的文字说明，采用什么样的包装材料等。包装化的要素也必须和定价、广告和其他市场营销要素相协调。

第三，包装设计完成后要进行测试。这要经过技术测试、视觉测试、经销商测试和消费者测试等多种测试，修改合格后，才能将产品和包装推向市场。进行技术测试的目的，是为了保证包装在正常情况下经得起磨损；进行视觉测试的目的，是为了保证字迹清晰和色彩协调；进行经销商测试的目的，是为了保证经销商发现包装具有的吸引力，并且能够便于处理；进行消费者测试的目的，是为了保证赢得有利的消费者反应②。

特别要注意，在设计包装时，要防止一些包装缺陷可能给企业带来的损失。如啤酒瓶包装，可能会在一定温度下，或者在运输途中发生爆炸，从而对企业形成不可预知的风险。

二、产品包装设计

一个好的产品，如果再加上一个设计巧妙的包装，无疑会使产品更上一层楼。如今，

---

① 杨德慧．策略思维［M］．北京：北京大学出版社，2005：73－74.

② 帕特里克·巴韦斯，肖恩·米汗．只需更好［M］．孙选中等译．北京：商务印书馆，2006：156－157.

各种包装设计理念层出不穷，各种形式的包装争奇斗艳，许多产品不仅卖功效、拼质量，而且更注重包装的时尚性和文化性，以此来充分体现产品的品位和价值。下面我们来探讨一下如何通过包装来提升产品的品位和价值。

首先，我们要找到产品的个性特点，即找出产品的USP。包装设计在满足产品的基本要求之后，我们应更多考虑的是设计中的核心价值。一个人的穿着能反映他的思想和修养，同样，一个产品的包装设计也能反映出产品、品牌、企业等不同的核心价值。

同类型的产品也有其自身的特征。比较同类产品找出异同点，针对目标市场划分消费阶层，给产品进行准确的定位，符合产品鲜明个性，这些是包装的第一个切入点。以白酒为例，同样是卖酒，是突出表现酒的文化还是酒的品质。如兴鲁酒业对红嫂家系列和沂蒙泉乡系列就有不同的卖点。红嫂家酒以红嫂精神、沂蒙文化为主，目标消费者是对沂蒙文化、红嫂精神和红色文化有感情的人；而沂蒙泉乡系列主要是突出酒的品质，即“生态美酒”“溶洞深藏”。

其次，包装是企业的文化形象的积累和反映。包装为产品而设计，产品出自于企业，包装设计无疑也折射出企业的文化形象。比如，可口可乐的包装设计不但赋予了产品品牌价值，更是可口可乐企业文化积累的一种反映。那种朝气蓬勃、热情似火的企业精神已渗透世界各地，每当可口可乐的包装出现时，人们总会感受到可口可乐公司那固有的文化精髓。

最后，包装设计的表现。包装设计的表现通常由立体的包裹性设计与平面的装饰性设计构成。立体造型形成了包装的基本造型。近年来，随着新材料的开发和利用也为包装设计的造型提供了更大的空间，传统材料如纸、木材、布、塑料、合金等不再是唯一的选择。新型再生材料和环保性材料等也使包装设计有了更多的发展形式。

从平面装饰上讲，色彩的运用也不再停留于传统的理解认识上。如食品业中，传统观念认为应多用易于产生食欲的暖色调设计，但有一种叫作“趣多多”的食品在色彩上则运用了传统工业包装设计中运用的蓝色，而“汰渍”洗衣粉用了食品业中的橘色。这样的例子还有很多，它们一反常态的色彩理念给消费者留下深刻的第一印象，使产品品牌形象深入人心，为提高销售发挥了不可忽视的作用。

除色彩因素外，图形文字也是平面视觉效果中不可忽视的因素。

【同步案例4－2】

小罐茶包装策略

2016年在茶产业领域，什么样的包装算是好包装呢？小罐茶包装为此交了一份满意答卷，结合充氮保鲜技术保障茶叶品质，保护环境、可回收还能一罐一泡。

消费者在茶叶保存上有各种各样的烦恼，有消费者表示“出差时，用塑料装的茶放包里很容易被挤碎”，还有消费者表示“今年春茶上市，好不容易买回名贵的西湖龙井，但南方阴雨天气很容易增加西湖龙井变质的概率，一旦存储不当，其口感和品质都会受到影响，影响茶叶的鲜味，特别可惜”。

确实，好的茶叶很娇贵，空气、阳光、水分、外力、异味等，都会破坏茶叶的色香味形。科学分析，如果茶叶（尤其是绿茶）的含水量达8%，就易产生陈茶气味；含水量达10%，则会开始产生霉变。据了解，小罐茶产品经理冯宏涛带领团队研究了数十种材质，包括塑料、陶瓷、金属、木材、玻璃、竹子等，历时3年多的设计研发，最终选择“铝材”作为小罐包装的制作材料，并且首次将“充氮保鲜技术”运用到茶行业。在目前市面上常用的包装里，小罐茶独创的铝罐+充氮（大红袍、白茶、普洱茶除外）双保险，能够彻底隔绝来自空气、阳光、水分、外力和手触对茶叶的侵害，确保好茶不氧化、不吸味、不受潮、不破碎，好茶能更长久保鲜，尤其解决了绿茶的保鲜问题。

据了解，铝罐是唯一一种能覆盖其回收和再生成本的包装材料。美国铝业协会主席Steve Larkin曾说过：“铝罐是完全可以回收的。一个回收铝罐最快能在60天后再回到货架上——在重新制罐的过程中，它的能源消耗量和温室气体排量均会减少95%左右。”小罐茶选取的便是这种能覆盖其回收和再生成本的“铝制”包装材料，这有利于提高资源利用率和环境保护。

说到冲泡茶，大部分消费者首先想到的可能是抓一把茶叶，然后倒入开水冲泡。大家对传统的冲泡茶方式已经习以为常，很少有人会真正思考传统冲泡茶的弊端：用手抓，不卫生；用刀剪，不方便；用茶铲去铲，太麻烦；用手掰，太困难。

小罐茶邀请日本设计师神原秀夫，创新地引入用户体验的理念与设计，设计一罐一泡的小罐茶。在经历了13稿设计方案后，神原秀夫在中国传统茶叶罐上找到灵感，设计出了这个一罐一泡的铝制小罐。在保证罐子外观、直径一致的情况下，通过高度调节，完美解决8种茶的封装问题；一罐一泡，手与茶不接触，更卫生，更方便。有消费者表示：“小罐茶这样的包装，在招待客人时，会让客人觉得很有仪式感，很舒服。”

小罐茶品牌设计中心负责人于进江表示：“小罐茶通过一罐一泡的设计，不仅让中国茶的颜值变得更漂亮，更符合现代人的审美，而且使用也更方便。一罐一泡，手不沾茶，还能代表一种待客的礼仪，传递对客人的尊敬。”

面对所有消费者，小罐茶选择了一个大家普遍接受的用量和口感，提供每罐4g基本量，消费者可以根据自己的口味，决定一泡茶放多少茶，方便饮用。但由于口味的不同，不同的人对“一罐一泡”有着不同的理解。比如有人喜欢喝浓茶，他们在泡茶时就会同时倒两罐茶进行冲泡。

（资料来源：人民网，http：//yuqing. people. com. cn/n1/2017/0913/c210117－29533026. html，《深度解析：看懂小罐茶和它背后的人》）

问题：

1. 小罐茶为什么要做差异化包装？
2. 小罐茶的包装策略应用效果如何？

分析提示：

就茶叶本身来说，市场价格波动十分大，而且只有极少数人能够喝出其中的门道。所以，从包装定位下手，做出两个市场的结合体，无论是产品还是茶叶本身，都已经和其他产品分离开来。同时，通过包装来产生的差异，也让品牌具备一定的不可复制性。第一个做出的小罐茶会成功，但如果出现第二个，只会让第一个显得更加的正统。

小罐茶通过差异化的包装，将文化茶和品牌茶结合，做成了一个有文化的品牌茶，形成了明晰的品牌区隔。

课堂思考

产品包装是由你来设计好呢，还是由专业的设计人员来设计好呢？策划人员可以在哪些方面为专业的设计人员提供建议和帮助呢？

任务三　概念产品推广策划

所谓概念产品是指具备独特的销售主张的产品或是具备独特消费观念的产品。成功的概念产品推广，不仅能够提升品牌形象，更能够给企业带来巨大的经济效益，因此为各企业所采用。

一、概念产品的选择

每个企业的产品都有多项特点，选择一个什么样的“概念”来推广，通常应遵循以下原则：

（一）市场适应性

市场适应性即消费者的适用性。一个概念产品的推出必须经过严密科学的调查分析，必须要明确目标消费者，能够满足目标消费者的需求，并且必须调查出其市场潜力及市场容量。

（二）不可模仿性

概念产品对竞争者来讲必须具备一定的进入壁垒，防止竞争者的跟进。一个产品概念或一个消费观念炒热以后，会有众多的跟随者，企业必须设立进入壁垒，以保持自己引导的概念能销售自己的产品，为自己带来利益。

（三）可延伸性

对企业而言，主推广的概念产品的支持技术能够延伸，将一个产品延伸为一条产品线，增强品牌整体竞争力，占领更多的市场份额。

二、概念产品的开发

有了一个“概念”之后，要围绕此概念去开发产品。概念产品是消费意义上而并非技术意义上的产品。开发概念产品时应遵循如下原则：

（一）核心概念原则

一个概念产品的推出需要有多项技术的支持，多项技术应围绕核心概念进行。比如开发一种安全型汽车，那么这种车的各种个件都要围绕安全去做，要有安全的气囊、安全的刹车等。如果开发的是一种适合家用的舒适的车，那么就要围绕“舒适”去做。如果开发的是一种静音型的洗衣机，仅仅采用静音的电机是不够的，若电机的噪音降下来了而其他部件的噪音很大，仍难以成为“静音”产品。

（二）全新产品原则

推广一个概念产品，应坚持全新产品原则，让消费者感觉到这是一种“全新”的产品，可通过以下几个方面实现：

1. 全新产品类别

为显示概念产品的创造性，重新命名一个产品类别。电视行业的高清电视替代模拟信号电视、手机行业的智能手机替代传统手机，就是在产品类别上突出了全新的概念。

2. 全新产品名称

通过产品名称达到证实产品全新的目的。例如：一种外桶能够旋转的波轮洗衣机，名称叫作“手搓式”洗衣机，而淡化其为波轮洗衣机。另一种方式是企业通过新的副品牌或行销名称达到产品差异（全新）的目的。

3. 全新产品外观

要让消费者直觉上感到产品的差异性，包括产品的外观设计表达、型号命名，甚至外包装都要以全新面貌出现。如果一个企业开发一种具备高新技术的产品，在产品外在表现上与原产品几乎没什么差异，这样的产品是难以让消费者认为是新产品的。

三、概念产品的宣传

一个产品概念或消费观念提出后，要让消费者接受并得到迅速传播，应坚持如下原则：

（一）对比宣传原则

对比产生价值，概念产品通过与原来产品的对比方能显示出其价值所在。对比内容有效果对比、过程对比、消费者心理感觉对比等。在对比方式上，可与原产品对比、与竞争者产品对比。与原产品相对比容易失去原有顾客及原有市场，与竞争品牌相对比又容易带来纠纷。

因此，选择一种与对手相同或相近的产品（或专门生产此种产品），以此作为广告参考产品与概念产品作对比性宣传，既不影响原来的市场又可打击竞争者。

（二）信任支持原则

在产品竞争中，宣传有一个常规：凡是自己企业所具有而竞争品牌所没有的东西都是好的和必需的，凡是竞争品牌所独有的都是不好的或没必要的。概念产品无论采用了什么新技术、给消费者带来多大利益，只要竞争对手无法跟进，则会想办法进行抵制。因此，企业必须采用通过各种方式对概念产品进行证明，以防受到攻击。可以通过有影响的国际组织、国家权威机构和组织等进行各种鉴定、认证等，以此增加消费者的信任。

四、概念产品的市场推广

推出一个产品概念，仅仅是成功了一半，只有将概念产品推广才能获得效益。要成功地推广这种产品，通常有以下原则：

（一）高宣传、低销售原则

一个概念型产品在概念的导入期，通常采用的是高价策略，树立起此形象，吸引部分超前的消费者。而要取得进一步的成功，则需要引导广大的理性消费者。通常可采用高调宣传、低价销售策略，即主要宣传高价类产品，将产品概念宣传出去，然后在此产品概念下开发低价类产品，用低价类产品去占领市场。或者利用此“概念”，针对不同市场再开发系列产品，占领更多的市场。

（二）重点投入原则

推广概念产品需要三个阶段，即导入概念、推广产品、延伸产品。在这三个阶段都需要遵循重点投入的原则。在概念导入阶段，通过公关活动制造出一个视听热点，引起广大目标消费者的关注，即产生一定的轰动效应。在此阶段，需要企业将宣传信号集中在一个点上。在推广产品阶段，需要企业在促销、广告、人员推动、渠道、财务激励等各方面对概念产品进行重点投入，一方面可以增加概念产品销售，另一方面可以增强销售人员的信心。

五、推广概念产品的后续工作

在一个“概念”被广大消费者接受之后，利用此概念延伸出的系列产品，需要加强对延伸产品的特性宣传，在促销、广告等方面的特别宣传。

（一）制造概念，引导行业发展

行业的领导者需要“概念”来开拓市场、稳定领导地位，跟随者需要“概念”进攻市场，补缺者需要“概念”来确定企业特色。引导一个概念，如果没有行业内其他品牌的跟踪，难以形成市场[①]。通过一个概念引导行业的发展，这能够极大地提升企业形象。竞争品牌的跟随能够使这一概念得到迅速传播，这一产品市场也会迅速扩大，概念的引导者如操作得当也将是最大的受益者。

（一）制造壁垒，防止竞争者跟进、超越

没有竞争者的跟进难以形成市场，但竞争者的加入会减少企业的利益，而竞争对手的超越又会损害到概念的推广。因此，企业应制造进入壁垒，将竞争者的跟踪限制在一定的范围内或一定的距离之后，让跟进者的宣传只起到推波助澜的作用，而不会成为“概念”的受益者。引导一个“概念”前期做的是对消费者的普及性教育，在此阶段应尽力将概念“锁定”在企业上，以防止“做了行业先驱，最终牺牲了自己”[②]。

（三）自我防护，防止竞争者破坏

当一种消费需求或消费观念引导取得成功时，对竞争对手造成很大威胁，若对手没有类似产品进行对抗时，会寻找（或制造）这种产品的不足之处进行攻击。因此，企业必须预见到可能的攻击，充分做好防御的准备。

（四）自我突破，夺取更大的市场

一个企业引导“概念”，如果没有竞争对手跟进，通常难以形成消费热潮。当一个产品打入市场取得成功后，竞争对手往往会跟进。为防止竞争对手跟进，企业通常采取申请专利等保护措施，但这并不是上策，因为很多技术无法用专利保护。竞争对手可用同一思路开发出相仿或更强的产品进行竞争。最为有效的措施是在自己开辟的市场、引导的消费领域内，不断地开发改进型产品，进行自我超越。

---

① 徐哲一，武一川．策划管理十堂课［M］．广州：广州经济出版社，2004：77－78.

② 李琦．浅议企业文化研究［J］．北京市计划劳动管理干部学院学报，2002（03）．

课堂思考

就营销策划来说，实物产品和概念产品在市场推广过程中，一定存在许多不同之处。请你搜集相关案例，通过比较说明两者在上市推广过程中存在的差异。

任务四　新产品开发与上市策划

企业同产品一样，也存在着生命周期。如果企业不开发新产品，当产品走向衰退时，企业也同样走到了生命周期的终点。相反，企业如能不断开发新产品，就可以在原有产品退出市场舞台的时候，利用新产品占领市场。因此，进行新产品开发对于企业的生存和发展是至关重要的[①]。

一般而言，当一种产品投放市场时，企业就应当着手设计新产品，使企业在任何时期都有不同的产品处在周期的各个阶段，从而保证企业盈利和稳定增长。

一、新产品开发的程序

新产品开发有以下主要管理程序：

（1）新产品构思。即为满足一种新需求而提出的设想。

（2）筛选新产品构思。选出符合本企业发展目标和长远利益、并与企业资源相协调的产品构思。

（3）产品概念的形成与测试。

（4）初拟营销规划。制订出拟开发产品的市场引入计划。

（5）进行商业分析。从经济效益的角度分析新产品概念是否符合企业目标，是否有利于企业的长远发展。

（6）新产品研制。将通过商业分析后的新产品概念交送研究开发部门试制成为产品模型或样品，同时进行包装的研制和品牌的设计。

（7）市场试销。确定试销的地点、时间、经费及营销策略等工作。

（8）商业性投放。新产品试销成功后，可以正式批量生产，全面推向市场。

二、新产品开发的策略

一般而言，新产品按其创新程度，可分为全新产品、改进型新产品、系列型新产品、仿制型新产品。采用何种开发策略要根据企业自身的实力和市场竞争的状况而定。一般可以采用的策略有以下三种：

（一）先发制人策略

先发制人策略是指企业率先推出新产品，利用新产品的独特优点，占据市场上的有利

---

① 甘华鸣，王俊杰，高照娟．新产品开发流程操作手册［M］．北京：中国物资出版社，2004：14－15.

地位。采用先发制人策略的企业应具备强烈的“占据市场第一”的意识。因为对于广大消费者来说，对企业和产品形象的认知都是先入为主的，他们认为只有第一个上市的产品才是正宗的产品，其他产品都要以“第一”为参照标准。因此，采取先发制人策略，就能够在市场上捷足先登，利用先入为主的优势，最先建立品牌偏好，从而取得丰厚的利润。而且，从市场竞争的角度看，如果你能抢先一步，竞争对手就只能跟在后面追，而你不满足占领已有的市场，连续不断地更新换代，开发以前没有的新产品、新市场，竞争对手就会疲于奔命。一个不断变化的目标要比一个固定的靶子更让人难以击中。这样就会取得竞争优势。采用先发制人的策略，企业必须具备以下条件：企业实力雄厚且科研实力、经济实力兼备，并具备对市场需求及其变动趋势的超前预判能力。

（二）模仿式策略

模仿式策略就是在别的企业推出新产品后，立即加以仿制和改进，然后推出自己的产品。这种策略是不把投资用在抢先研究新产品上，而是绕过新产品开发这个环节，专门模仿市场上刚刚推出并畅销的新产品，进行追随性竞争，以此分享市场收益。所以，又称为竞争性模仿，既有竞争，又有模仿。竞争性模仿不是刻意追求市场上的领先，但它绝不是纯粹的模仿，而是在模仿中创新。企业采取竞争性模仿策略，既可以避免市场风险，又可以节约研究开发费用，还可以借助竞争者领先开发新产品的声誉，顺利进入市场。更重要的是，它通过对市场领先者的创新从而做出了许多建设性的改进，有可能后来居上。

（三）系列式产品开发策略

系列式产品开发策略就是围绕产品向上下左右前后延伸，开发出一系列类似的、但又各不相同的产品，形成不同类型、不同规格、不同档次的产品系列。采用该策略开发新产品，企业可以尽量利用已有的资源，设计开发更多的相关产品，如海尔围绕客户需求开发的洗衣机系列产品，涵盖了城市与农村、高收入与低收入、多人口家庭与少人口家庭等不同消费者群的需要。

三、新产品开发的方式

在选择不同策略的基础上，企业应根据具体情况选择相应的新产品开发的方式。

（一）独立研制方式

这种方式指企业依靠自己的科研和技术力量研究开发新产品。

（二）联合研制方式

这种方式指企业与其他单位，包括大专院校、科研机构以及其他企业共同研制新产品。

（三）技术引进方式

技术引进方式是指通过与外商进行技术合作，从国外引进先进技术来开发新产品，这种方式也包括企业从本国其他企业、大专院校或科研机构引进技术来开发新产品。

（四）自行研制与技术引进相结合的方式

这种方式是指企业把引进技术与本企业的开发研究结合起来，在引进技术的基础上，根据本国国情和企业技术特点，将引进技术加以消化、吸收、再创新，研制出独具特色的新产品。

（五）仿制方式

按照外来样机或专利技术产品，仿制国内外的新产品，是迅速赶上竞争者的一种有效的新产品开发方式。

四、新产品上市推广计划

新产品开发的目的是满足消费者的需要，形成企业的竞争优势，给企业带来经济效益。要实现这个目的，企业就应该为产品的上市制订详细的上市推广计划。在产品上市之初，企业要对产品进行详细的市场规划，编写新产品上市推广计划书。

总的来说，新产品上市推广计划书主要包括四大部分：市场环境分析、战略规划、产品分析和上市执行。

市场环境分析，包括外部市场环境分析和内部的SWOT分析，找出新产品上市面临的机会、威胁，企业自身的优势和劣势。战略规划，主要是为新产品上市推广及未来发展描绘蓝图，设置未来发展的战略目标和发展方向。产品分析，主要包括产品本身卖点和特色的分析、产品的定位、市场细分和目标市场的选择。上市执行，包括新产品上市后的产品定价、渠道、广告、促销等一系列问题，还包括费用预算等。

新产品上市存在一定的风险，所以新产品上市计划一定要具体可行。在编制计划前，要做好充分的市场调研，在综合分析和讨论的基础上，得出相关结论。在写计划书时要充分考虑各种可能出现的情况，注意每一个细节，这样才可以保证新产品的成功上市和推广。

课堂思考

企业在将新产品推向市场的过程中，存在哪些潜在的风险？企业应如何积极应对？

五、新产品上市的执行策划

产品在经过前期周密的设计、开发和测试，做好了充分的上市准备并且确定了基本的上市执行策略以后，企业还应该对新产品上市的具体执行做出规划。要点如下：

（一）目标开拓市场的市场调查

主要调查以下方面：通路状况，如经销商的经营能力、经营质量、是否适合自己的产品运营，零售商的业态和数量分布以及在不同类别的零售商处可能的销售分配比例；媒体的调查，如电视、报纸、电台、户外、网络以及其他的媒体的分布特征、同类产品的媒体组合策略、目标受众接受媒体信息的特点；此外，还有政府部门的调查、消费者的调查、竞争对手的调查以及当地市场的人口、经济、地域分布等。

（二）进入市场的策略选择

前期的总体产品营销策略并不能够代表所有的目标进入市场都要千篇一律地采用同样的策略。因为每个市场都有自己的特点，面临的竞争态势通常会有所区别，比如竞争对手的数量、竞争力大小、投入的策略、配备的资源、经销商的能力、销售团队的战斗力、零售业态的分布、媒体的特征、消费者的购买心理等。因此，进入的策略在总体营销策略的指引下，要灵活地应用到当地市场。这些入市策略主要有：正面攻击、侧翼战略、强势终端、强势媒体策略等，具体采用哪一种或者哪几种，视自身的资源以及竞争态势而定。

（三）进行详细的铺货计划

产品的陈列质量以及铺货的深度和广度始终是评价经销商以及销售人员工作质量的重要内容，是直接影响到产品运营的成功与否的关键因素之一。而铺货计划涉及的内容有以下几个方面：

一是追求产品的铺货率。首先应该进行目标铺点的定义并制定铺货率标准。注意，单一的铺货率并不能够完整地体现铺货的质量，要综合考虑产品买入的目标零售商的面积以及同类产品的销售量。

二是确定与零售商对应的产品上架标准。这是进行有效分销的重点内容。就是说，在产品的一系列规格组合中，适合不同的零售业态如大卖场、中型连锁、食品商场、大型药店、一般药店、便利店等类型的零售商销售的产品规格不同。

三是考虑产品陈列促销需要的合适首批铺货量。在产品推广过程中，需要特别考虑堆头、专柜、促销、季节等因素，制定合理的铺货量，以便能够有效地执行终端营销策略。

（四）制定科学的入市执行步骤

入市执行步骤主要是铺货以后的一些跟进工作，如分销商的培训、促销的培训、铺货的检查和强化、宣传品的有效使用、媒体计划的执行与评估、市场推广活动的计划、市场信息的收集和反馈、进行的策略评估以及执行修正等。这些步骤看起来比较教条但是十分必要，它使执行上市管理的人员对上市的一些关键过程有一个系统的思考，而且能够依据这些过程进行一些必要的跟踪，特别是影响上市执行的关键步骤可以进行监控，确保落实。

（五）目标市场的媒体策略以及组合计划

对于保健食品、化妆品和OTC药品的营销而言，媒体的策略、媒体组合计划以及媒体的执行十分关键。对比已获取成功的产品，我们会发现这些产品的推广并没有采用相同的媒体策略和媒介组合计划。因此，根据市场和产品的特点选择和制定策略并加以有效执行是十分关键的。良好的媒介策略和执行，不仅可以提高媒体效果，极大地增强传播对消费者购买的影响，而且，因为媒体费用往往在市场和销售费用中所占的比例巨大，因此有助于控制风险。

（六）零售商的管理

目前，围绕终端的争夺十分激烈。快速消费品素有“得终端者得天下”的说法。零售商的管理涉及多个层面，比如零售商的销售管理、陈列管理、促销管理、库存和补货管理、价格管理、存货周转管理等。

（七）坚决执行价格政策

价格政策是核心策略的组成部分，对于维护当地市场的稳定和良性持久发展十分重要。如今随着零售商的力量进一步加强，零售商的促销和相互之间的杀价竞争屡见不鲜，给经销商和厂家带来了很大的压力。因此，在零售商层面，加强品牌的力量以及对于消费者的吸引力，稳定保持产品给零售商创造的盈利能力，加强与商品采购人员的谈判并建立好的客情关系是稳定零售市场价格的主要方法。有一些制造商开始在不同的零售渠道销售不同规格和价位的产品，这些都是可以借鉴的方法。经销商的价格冲突管理起来相对要容易一些，可以通过制定统一的价格体系、串货处罚政策、对厂家销售人员的严肃处理、对赠品特价以及返利政策的严格管制来进行约束。搞好价格管理，不仅要与经销商充分沟通，而且要在销售团队内部统一思想和认识，同时公司的决心也是非常重要的。制定的政策必须得到100%的贯彻和执行，否则不会有效果。

【同步案例4-3】

无糖可口可乐

随着人们生活水平的提高，人们对于健康的要求越来越高，对于低热量的饮料需求量越来越高。据饮料贸易协会饮品委员会数据显示，今天人们购买的饮料中有一半接近于无糖饮料。经典款可口可乐的高热量无法赢得关注糖分摄入者的心，在无形中逐渐失去了部分消费群体。

可口可乐公司为了改变这种局面，适应市场的变化，历时五年，研发出一款“不含糖，但口味更接近经典款的无糖可乐”，此款产品曾尝试了多种配方及18次消费者味道试验。新款无糖可乐旨在向经典款高热量可口可乐的忠实顾客提供另一种选择：口味相同却不含糖的可乐。可口可乐公司表示：“这是我们有史以来推出的最好喝的无糖可乐。这一产品是我们数年研究的结果，也标志着我们在不含糖可乐配方的改进上迈出了新的一步。”

为增强消费者的购买动力，可口可乐公司还开展了三个月的无糖可乐免费试饮活动。同零度可乐和健怡可乐一样，新款无糖可乐通过阿斯巴甜和安赛蜜（甜味剂951和950）来增甜，同时无糖可乐不含防腐剂。可口可乐公司为了让无糖可乐与经典款可口可乐的口味保持一致，一直在对无糖可乐的配方加以研究，希望新款产品能吸引那些关注糖分摄入的消费者。

可口可乐公司表示，之所以选择“无糖可乐”这个名字，就是希望能尽可能清楚地传达出这样一个事实：这款新饮料的的确确是一款不含糖的可口可乐。

新款无糖可乐的推出弥补了可口可乐低热量的空白，对于那些关注糖分摄量的可口可乐的忠实粉丝多了一个选择。可口可乐也留住了可能失去的顾客，甚至赢得了更多消费者的心。

（资料来源：https：//i. ifeng. com/lady/vnzq/news? m = 1&cid = 0&aid = 124037488，《可口可乐推出无糖可乐：口感最接近经典款可乐》，2017-06-18；https：//baijiahao. baidu. com/s? id = 1570627732741554&wfr = spider&for = pc，《可口可乐推出史上最接近原味的无糖可乐，零度可乐即将退位》，2017-06-20）

问题：

1. 可口可乐为何要推出无糖配方？

2. 可口可乐无糖产品的推广效果如何？

分析提示：

面对激烈的市场竞争和人们日益提高的健康意识，可口可乐在原有经典款可乐的基础上，对可乐的配方进行不断地修改和完善，推出新款无糖可乐，健康的同时保留经典款可口可乐的口感。新产品的推出不仅吸引了老顾客，防止了可能流失的健康追求者，还吸引了新顾客的眼球，将其他产品的顾客转为自己的客户，增加了市场份额。

【同步实训 4－1】

进行新产品上市策划

［**实训目标**］

1. 了解新产品上市推广策划的内容。

2. 掌握为新产品上市策划的流程、思路与方法。

［**实训内容**］

根据全国“挑战杯”创业大赛的要求，选择已经开发出的新产品，或未开发的概念产品，为其进行上市推广策划。

［**实训操作**］

（1）让学生复习新产品上市推广策划的内容及相关知识。

（2）将全班学生分为五组，并选出小组负责人。

（3）每个小组根据全国“挑战杯”创业大赛的要求选择一个新产品，并经由老师批准。

（4）每组同学根据所学内容对所选择的产品进行上市推广策划。

（5）老师对每组的定位结果进行评价、总结。

［**成果要求**］

（1）每个小组成员通过对小组所选产品进行研究，确定产品的目标市场、产品定位，制定上市推广策划，同时制定推广计划书。

（2）每小组选派代表在班里汇报研究结果。

（3）老师对每组成果进行总结。每组同学对整个实训过程做出总结，课后上交。

（4）老师为每个小组打分。

任务五　疲软产品提升策划

产品在市场上存在的时间长了，大多数的产品销售会衰退。销售衰退的原因很多，其中包括技术进步、消费者口味的改变、国内外竞争的加剧。所有这些都会导致生产能力过剩、削价竞争增加和利润被侵蚀。像这种销售不畅，已进入衰退阶段的老产品，我们称其为“疲软产品”。针对疲软产品，可以采取以下提升策略。

一、发现新市场，寻求新客户

地理、文化、经济的差异会导致市场需求的巨大差异，在一个市场上处于疲软状态的产品在另一个市场上很可能处于产品生命周期的引入期、成长期或是成熟期，企业可以根据市场需求的差异适时地转移目标市场。在城市销路不佳时转向其他中小城镇或乡村，这可能会产生良好的效果；如果某类产品在经济发达国家或者发达地区已经过时，但有可能在相对落后的国家或者地区仍然存在市场。20 世纪 70 年代末期，日本企业将在国内市场上处于疲软状态的黑白电视机引入我国，就该产品而言，我国当时正处于引入期，此举获得了成功，使该产品进入新的一轮生命周期循环，企业也获得了巨大的利润。这样就可以通过疲软产品的地域转移，开拓新市场，发现新的顾客群体，为其寻找出路。

二、进行重新定位，创造新消费观念

有些产品的销售状况虽然显示其表面上进入了疲软状态，可实质上并非核心产品本身出了致命的问题，而是人们价值观念、消费习惯有所改变，认为消费该商品与当前的流行风尚不符，引起购买行为的改变。这时经营者就应该摆脱已有的思维定式，根据消费者的需要跳出原有的位置重新定位产品，挖掘、创造产品满足消费者某种层次需要的能力，配合进行广泛的沟通，宣传新的消费观念，转变消费者的消费习惯，使产品符合消费时尚，焕发出第二次青春。

“万宝路”香烟是20世纪50年代生产的一种过滤嘴香烟，其焦油和尼古丁含量很低。同市场上其他名牌香烟相比，它被看成妇女吸的烟，市场业绩一直平平。它的生产者通过市场预测发现70年代妇女市场将呈疲软之势，原因是：年轻的妇女吸烟者将少于年轻的男人；吸烟妇女的平均消费量比男子吸烟要低得多；怀孕妇女遵医嘱要停止吸烟，以后往往也不再吸烟，或更换牌子。有鉴于此，它的生产者决定对其进行重新定位：从原来“女性烟”转为“男性烟”。于是，通过广告创造出一个西部地区（“万宝路”故乡）粗犷牛仔的形象，强化了“万宝路”作为男士享用香烟的市场定位和品牌形象，成为世界上最畅销的香烟。

三、发现新用途，发掘新消费方式

在不变动产品的特性和功能的前提下，通过改变其技术和设备来发展产品新用途，通过扩大产品的使用功能，使产品重新获得活力，该策略广泛适用于作为生产原料的产品。例如，尼龙是美国杜邦公司在20世纪40年代开发的新产品，最初应用于军事上的降落伞、绳索等，销量很快就达到饱和。第二次世界大战结束后，对尼龙的大量需求随之停止，尼龙又转向非军事用途，从妇女长筒袜到轮胎芯、地毯、帐篷以及包装材料，每一次开发新用途，都使尼龙产品不断转入新的成长期，生命延续至今不衰。

四、利用改进新产品或换代新产品延长产品生命周期

在原有产品的基础上，部分采用新材料和新结构或对现有产品的性能、质量、样式等进行一定的改进，迎合人们不断提高的消费要求。如奶粉产品不断更新换代，以满足消费者的需求，从全脂奶粉到脱脂奶粉、母乳化奶粉、婴儿助长奶粉等，从而获得了成功。

五、其他方面的配合

重视和加强终端促销。当产品处于疲软状态时，销售终端的促销活动主要放在为该产品附加新的功能和理念，以博取消费者的欢心，尽量延长其产品生命周期。总之，疲软状态的产品不应简单地采取放弃、全盘否定的策略。如果能及时发现并抓住适当的条件与机遇，就可能使其重新回到成长期或成熟期。

另外一种情况是，若经过准确判断，产品无法再给企业带来预期的利润，如果继续维持将成为企业的一个包袱，这时就应果断采取退出策略，淘汰疲软状态的产品。如果企业决定放弃经营某种产品而退出市场时，也必须采取积极措施，慎重地做好善后工作，解决

好两个问题：一是丢弃方式，企业必须决定是直接丢弃还是将产品的商标、生产权和设备等转让给其他部门或企业。通常后者较为有利，它不仅使企业在转移经营的过程中得到一定的收入，还可满足市场剩余顾客的需要。二是丢弃时机，企业必须果断地决定是快速退出市场，还是逐渐减少供应量，有计划地退出市场。前者有利于及时抓住市场机会，将资源投入更为有利的市场；后者虽然不能给企业带来较高的利润，但仍然有利于企业在获取较小利润的同时，给顾客一个从容改变消费习惯、接受新产品的过程。

疲软状态的产品并非都是“烫手的山芋”，企业要综合分析所处的环境、企业的实力、产品生命周期的实质位置，决定产品的去留。通过有效处理疲软状态产品，创造企业新优势。

课堂思考

你能否设计出更好的包装从而改变产品在消费者中的印象，以获得更高的市场占有率呢？如果产品品质不好，那么在包装、定位等方面建立起的消费者好感，能持续多久呢？

任务六　产品策划的误区防范

产品策划已经成为营销策划中必不可少的环节。进行策划要按照正确的策略，运用正确的思维，同时还要注意避免陷入营销策划的误区。常见的营销策划误区有以下几类。

一、用产品的知名度代替美誉度

实际上，知名度不等于美誉度，名牌产品不只是有知名度的产品。一个产品要想长期稳定地占领市场，不仅要有知名度，更要有美誉度，必须同时创造知名度和美誉度。但问题是，有些企业人与策划人在做策划时，往往过于重视轰动性，想尽一切办法制造和传播知名度，但不予或极少考虑如何培育和传播美誉度。

二、追求新奇，缺乏论证

不少产品策划往往把注意力过多地放在创意的新颖奇特上，而忽略了对创意的丰富发展与完善，使很有构想的策划创意因为缺乏论证，执行效果大打折扣甚至造成创意压倒产品、喧宾夺主的结果。实际上，策划创意的论证是策划过程中必不可少的一个重要环节，其操作效果层面上的意义甚至要超过策划的创意。新颖奇特的策划创意，固然能吸引公众的关注，但更关键的是要让公众积极响应和参与活动，而这要靠活动细节的策划和活动整体策划的论证。

三、脱离实际，编造概念

产品本身缺乏科技含量与实际功能，缺乏能够满足消费者利益的效用，于是肆意编造概念，玩弄概念术语，形成媒体层面上的热闹炒作和市场层面的短期虚假繁荣，但最终还是会因为消费者的醒悟以及产品自身的缺陷而使产品不得不退出市场，这是现阶段产品策划的又一大误区。这种编造和炒作概念的策划运作方式在保健品行业尤为普遍和严重。从脑黄金到补钙大战再到基因食品，一波接一波的保健品热浪非但没有带来繁荣，反而使行业陷入“短命”怪圈。因为这种靠炒作概念拉动起来的保健品，难免隐藏着虚假、欺骗和误导消费者的不当竞争行为，结果自然难以长寿。

【项目小结】

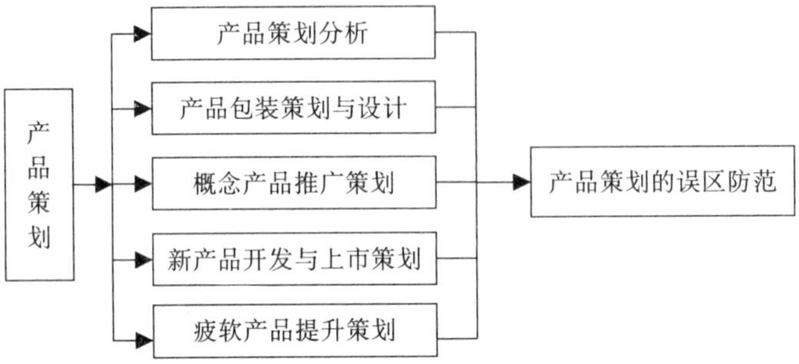

【项目考核】

1. 简答题

（1）简述产品策划的内容和步骤。

（2）根据产品生命周期理论，产品生命周期包括哪几个阶段？不同阶段的产品策略有什么不同？

（3）简述新产品开发的具体步骤。

2. 案例分析题

不断推陈出新的华为手机

近年来，华为手机不断创新，勇于探索，对每个系列的手机不断更新，给顾客带来了全新的良好体验，越来越成为国内用户购买手机的首选。

一、华为P系列——工艺推进者

华为P系列可以说是目前华为主推的两条旗舰产品线里“历史”最悠久的。从2012年1月发布的华为Ascend P1到现今的华为P9，可以说每一代产品在工艺上都有很大的进步。发展到今天，P系列在外观、性能、拍照等方面也有了更多的考量，使“时尚精品旗舰”这一定位得到了越来越多用户的肯定。

现在去看华为Ascend P1，相信大部分人对这台古董机都不会有什么感觉。不过作为华为的第一批双核处理器手机，Ascend P1在当年可以说是亮点多多：7.69毫米的纤薄机身、独特的窄边设计、4.3英寸的Super AMOLED显示屏等。从这些可以看出来，从第一代开始P系列的定位便是轻薄产品。

时隔一年，华为在2013年2月的MWC上发布了华为Ascend P2。在Ascend P2上，相较于P1而言机身厚度上略有增加，达到了8.4毫米，但是几乎做平了的机身背面在观感上要较P1更好一些。最主要的是，从Ascend P2开始，华为在P系列上放弃了之前在P1上所采用的德仪处理器，而选择使用自家开发的海思处理器。现在看来无论是对于P系列、还是对于华为手机来讲，这都是一次非常大胆的决定。

相较于前两代产品来说，华为Ascend P6的外观十分抢眼。按照华为自己的说法，P6是华为放弃了三代产品之后做出的最终选择。在华为P6上有着太多的亮点：6.18mm全球最薄机身，全金属一体式设计，瑞士名表的金属工艺。可以说，华为P6将整个P系列都重新定义了一遍：P系列就是完美做工和极致之美的结合体。

从华为Ascend P6开始，P系列的品牌定位基本已经完成了。不过怎么将一条产品线做好、做久，当然也成为华为必须要去思考的问题了。

华为Ascend P7无论在做工还是配置上相较于华为P6都有着很大的提升。在Ascend P7上，华为使用了双面玻璃+金属中框的设计。处理器则采用了新一代的Kirin 910T处理器，性能上与P6相比提升了20%以上。屏幕从P6上的4.7英寸720P显示屏提升到了5.0英寸1080P显示屏，并且拥有超高的清晰度和对比度。拍照上较P6来讲也有了很大的进步。可以说，在Ascend P7身上，P6所有的优点都被很好地继承与发扬了。

经过了四代产品的积累，在新一代产品上华为采用了更简单的命名方式：去掉Ascend直接为新品命名为华为P8。也是从这代产品开始，华为开始将P系列打造成一个高端产品线。

从P8开始，P系列开始更加关注手机的性能：最明显的体现就是P8率先搭载了Kirin935处理器。在P8上金属机身再次回归，更好的细节处理可以看出华为在工艺上有了很大的进步：比如更好的按键布局，没有凸起的后置摄像头等。拍照方面后置1300W的IMX278摄像头也比上一代表现得更为优秀。

华为P系列一路发展过来，其轻薄时尚旗舰的身份已然深入人心。每一代的产品也都在寻找着一些其他突破点，比如当前的旗舰产品华为P9的拍照。在延续了历代华为P系列产品特色的同时，与徕卡合作研发的1200万像素双摄像头可以说是华为P9上最大的亮点。这个双摄像头不仅令P系列在拍照上有了前所未有的大突破，与徕卡的合作也令华为以及P系列的品牌定位有着非常大的提升。这也让消费者有了更多的选购华为P9的理由。

二、华为Mate系列——全能的大屏旗舰

除了P系列之外，华为的另一旗舰产品线Mate系列大家也一定不会陌生。从2013年的第一代华为Mate，到如今的华为Mate8，Mate系列的手机受到了越来越多的关注和喜爱，也是将华为带入高端市场功不可没的功臣。

在2013年年初——那个手机屏幕刚刚步入5.0英寸的时候，华为发布了旗下的第一款大屏手机产品华为Mate。与最先试水大屏手机的三星Note系列相比，华为Mate系列在第一代产品上就使用了6.1英寸的大屏，对于华为而言可以说是又一大胆的决策。在配置上，除了屏幕分辨率只有720P之外，华为Mate的其他硬件都能称得上是当时的顶级水准。这样的尺寸和配置选择，也为之后的Mate产品做了一个很好的标杆。

第二代的Mate系列产品可以说是很好地传承了上一代产品的特色，并且做得更好了。在性能上，Kirin910处理器相比K3V2有着非常大的进步，1300W后置摄像头+500W前置摄像头也令Mate2拥有很好的成像水平。同时Mate2也增加了4G网络和NFC的支持。不过，在Mate2上仍然采用1280×720的分辨率。这对于拥有6.1英寸屏幕的Mate系列来说是一个很大的短板。

对于产品线来讲，Mate7之于Mate系列有点像华为P6之于P系列，在这款Mate7身上我们能够看到众多的改变。改变之多让华为不得不再次跳序命名它为Mate7。

华为Mate7拥有一块6英寸1080P显示屏，不过超高的屏占比令它和其他品牌5.7英寸甚至更小尺寸的手机大小相近；机身背面的布局设计也十分和谐漂亮。Mate7与同代的旗舰产品相比性能上并没有优势，但是能将手机整体性能做到像Mate7一样的很少。超大的电池也是很多人购买它的理由。Mate7作为优先使用指纹识别功能的手机在指纹上的体验也非常的棒。以上的方方面面使得当年Mate7一直处于缺货状态。

Mate7在高端市场取得成功之后，华为在次年发布了华为Mate S。与Mate系列历代产品6英寸以上的大屏幕不同的是，Mate S采用了更小一些的5.5英寸的屏幕。与Mate7相比，Mate S在工艺上有着很大的进步，并且开始尝试一些新的功能。2.5D显示屏和一体化金属机身让Mate系列的颜值达到了新的巅峰，压感屏这种新兴技术的应用也让它不愧机皇之名。可以说，Mate S是华为在高端市场的一次新的尝试。

如果说Mate7不足的话，可能就是性能了。华为自研的Kirin950芯片完美地补足了这一缺憾。A72的架构优势令Mate8堪称2015年度最强机型。1600万像素的IMX298堆栈式后置摄像头也让它在拍照上有着极佳的表现。4000mAh的电池、快充技术也让Mate8无论在续航还是充电速度上都极有保障。可以说，Mate系列发展到这一代更加地接近于完美了。

三、麦芒系列——青年人的电信专属手机

华为麦芒系列手机对于电信老用户来讲一定不陌生。因为CDMA的网络制式，在3G时代以及4G刚开始发展的时间里，电信版本的安卓智能机甚至可以说是屈指可数。而那时候，华为与电信合作打造的麦芒系列对于很多用户来说就成了首选系列了。

在2013年第一代的麦芒A199发布的时候，华为和电信对麦芒就有了“为青年人打造电信旗舰手机”这一定位。这也使麦芒毫无疑问具有了旗舰级的配置：海思K3V2处理器、130W前置+800W后置摄像头、2GB RAM和8GB ROM以及8.9mm的轻薄机身。圆润的外形设计也在之后的产品上得到了延续。可以说，A199为整个麦芒系列开了一个好头。

第二代的麦芒产品对于该系列的特色同样有着很好的继承：圆润有握感的机身，出色的硬件配置以及电信网络的支持。因为电信网络支持这一原因，从这一代开始麦芒系列开始采用高通的CPU，并且在后壳上选择了金属磨砂材质，使该机在外观和手感上都有很大的提升。在定位上，麦芒B199还是全球首款支持GPS、Glonass、北斗三网定位的产品。

工艺上的进步在这一带的麦芒手机上可以说是最为明显的。麦芒C199鹅卵石造型的机身不仅仅是较之前两代产品更为美观，手感上也好了很多。一体化包裹的机身上半部分的摄像头位置和下半部分的扬声器分别用彩色面料点缀也让整机平添了一种对称美。

在麦芒4上，我们能够更好地看到麦芒系列的延续、传承和创新。圆润的金属机身和优秀的握感对于使用过前几代产品的用户来说一定会非常熟悉。背面设计也与C199一脉相承。而前面板ID无边框的设计又让人在熟悉中不乏惊艳之感，指纹识别技术的融入也让麦芒系列紧紧跟随着潮流的步伐。优异的做工和丰富的功能也令麦芒 4 的定位更加明确。

2016 年 7 月发布的麦芒 5 无论在外观设计、拍摄水准还是性能体验上，相较于麦芒 4 都有着极大的进步。更加成熟的机身四角设计，加之 2.5D 玻璃的前面板和金属机身，麦芒 5 在颜值上又将麦芒系列推上了新的高峰。14nm 工艺的骁龙 625 处理器不仅较上一代强 40%，还拥有着更好的能效比。再加上 3340mAh 的电池，即使是重度用户用起来也可以待机一天半。每一方面的提升都能看出华为对这个系列的重视。

（资料来源：http：//www.360doc.com/content/16/0715/10/3553928_575660310.shtml，《华为各系列的手机进化史》）

思考题：

（1）华为历代手机在功能上进行了哪些创新？

（2）你认为华为历代手机的创新、更新及功能的提升，得到了市场的认同吗？

（3）请你尝试发现其他品牌手机销量落后于华为手机的原因，除了功能差别外，在产品推广上还有哪些原因？

3. 业务模拟训练题

产品策划实务操作

训练目标：

明确产品策划的内容；熟练掌握新产品开发和上市策划的方法和流程。

训练内容：

新产品开发策划；新产品上市策划；产品包装与设计策划。

训练操作：

根据项目三中对所选企业定位的分析或重新定位，为该企业设计一款新产品，并为新产品上市制定切实可行的计划。

成果要求：

提交新产品开发报告（内容包括：产品创意的形成、产品功能、市场前景等）；提交新产品上市的具体计划。

项目五
塑造和管理品牌

◇了解主要概念：品牌策划；品牌认知；品牌联想；品牌延伸。

◇掌握基本理论：品牌命名的方法理论；品牌延伸的模式理论；品牌拯救的策略理论。

◇培养综合能力：知道从哪些要素对品牌进行策划；把握品牌命名的流程和方法；能够选择正确的品牌延伸模式；能够有效防范品牌策划的误区。

案例导入

山东华实药业有限公司品牌营销案例

山东华实药业有限公司通过差异化电话营销、试点试验提高品牌知名度，扩展销售领域，成功将秀霸推向二氧化氯销售市场，并成为市场销量最好的品牌。

作为一款食品类消毒剂产品，公司始终把保证食品的安全和健康作为自己产品的首要切入点。为了增强市场冲击力，凸显产品品质，公司以“秀霸”作为品牌名称。其中用“秀”体现优秀产品的品牌类别，寓意产品的高端品质。用“霸”强调产品杀毒功效的冲击力，寓意公司对产品的信心和对客户的承诺。“秀霸”体现的是优等品牌中霸王级别的存在，以一种舍我其谁的气概对客户产生影响力。

2000年左右，中国传统生产企业普遍的销售方式还是面对面销售、上门推销这种单一的销售方式，山东华实药业也不例外。因为二氧化氯消毒剂是一种新型消毒剂，市场认可度并不高，销量一直没有大的突破。经过公司各业务经理反馈的市场推广情况，面对互联网的迅猛发展，公司决定转换思路：从聚焦产品为立足点，着力打造品牌，通过品牌来影响客户，赢得客户的信赖。进而，从塑造品牌的角度相应地改变销售方式，多方收集客户资料，并按照客户的不同需求分类，而后有针对性地设计品牌的推广方式。经过三年时间的摸索，公司不仅培养了一批成熟的电销业务员，而且通过大量推销电话，提高了产品知名度，扩展了销售应用领域，销售量也节节攀升。后来随着互联网经济的发展，公司又按照这一思路，开展了网络品牌推广与销售，加强百度推广等一系列的有益尝试，均取得了不错的销售业绩。

虽然二氧化氯的根本用途都是杀菌消毒，但是不同领域的用户在实际使用中，所需浓度和使用方式又各有不同。在食品加工领域，如何做到无死角、高标准的环境、工器具消毒同时又对人体无害，是一些食品加工公司一直以来困扰的问题。公司就食品加工行业的这些问题，专门为一些有需求的公司进行试验，大大解决了某些食品公司菌落数超标的问题，而且二氧化氯无毒无害无残留，没有“三致”，不产生抗药性，人畜在场均可使用。这种做法极大地提升了公司形象，提高了秀霸品牌的品牌知名度和美誉度，从此秀霸牌二氧化氯消毒剂成为食品加工行业消毒剂新宠。蒙牛、伊利、娃哈哈、金锣等中国知名品牌厂家均成为公司合作单位，常年使用秀霸牌二氧化氯消毒剂进行消毒。

公司根据不同领域的实际需求不断改良配方，设计出三大类、五个含量共十种产品，可以为不同领域的客户提供所需的含量、包装和规格。秀霸牌二氧化氯消毒剂作为二氧化氯行业的知名品牌，更是在 2017 年被广大用户推举为“中国消毒液十大品牌”。该产品能获此殊荣，离不开公司对产品质量的不断追求，也离不开客户的需求、督促和市场的检验，更离不开公司对品牌推广的一系列努力。

二氧化氯消毒剂是世界公认的最佳水质改良剂，所以被大量应用于与水相关的行业之中。例如在水产养殖领域，二氧化氯消毒剂投入水体中，既可以起到有效的杀菌效果，又可以不伤害养殖物，并且无毒无害无残留，是非常健康环保的杀菌消毒产品。在推广之初，很多养殖户并不了解这一产品的特性和优点，也不会接受使用以代替大量的抗生素类药物。于是公司派技术人员前往江苏、湖北等水产养殖大省，与当地渔药经销商和养殖技术人员一起拜访养殖户，免费为一些试点养殖户提供消毒剂和技术指导。进行试点的水塘，当年水质得到了极大的改良，鱼苗成活率高，产量也显著提高。这部分试点养殖户尝到了甜头，首先成为秀霸牌二氧化氯消毒剂的忠实拥护者。当地经销商看到了销售前景，也开始大力推广。秀霸牌二氧化氯消毒剂逐渐从江苏、湖北推广到了广东、四川、广西、福建直至全国各地，成为行业内知名度和销售量最佳的品牌。

21 世纪，是品牌的竞争时代。当今社会，品牌比以往任何时候都受到了更大的重视，企业家热爱品牌，消费者向往品牌，因此，品牌策划也就成为企业营销策划的重点。

在导入案例中，秀霸二氧化氯消毒剂是当前中国药品行业的代表性品牌。在通过需求分析赋予产品和服务以核心价值之后，品牌也通过试点试验、经验推广等手段确定了品牌在行业中的优势地位。

任务一　品牌策划分析

要认识和理解品牌策划，首先就得弄清楚品牌策划的基本内容。品牌决策的内容包含：是否用品牌；用谁的品牌；品牌命名和设计；品牌策略；品牌传播。在这里我们主要从品牌入手，了解品牌的由来及其在营销中的作用，分析品牌的构成要素，讨论品牌战略的几个层次。

一、品牌的由来

品牌（Brand）一词，是由商标发展而来的。商标原始的作用是向发明人的专利提供法律保护和区分识别的工具。在《牛津大辞典》里，品牌被解释为“用来证明所有权，作为质量的标志或其他用途”，即用以区别和证明品质。

关于品牌，世界著名的品牌策略大师大卫·奥格威已对其进行了深刻、具体的定义：品牌是一种错综复杂的象征，它是品牌属性、名称、包装、价格、历史声誉、广告方式的无形总和。品牌同时也因消费者对其使用的印象以及自身的经验而有所界定①。

美国市场营销协会（AMA）对品牌的定义为：用以识别经营者或经营者集团的产品或服务的名称、术语、象征、记号或设计及其组合，以便和其他竞争者的产品或服务区别开来。

著名市场营销权威菲利普·科特勒定义：品牌是一种名称、术语、标记符号或图案，或是它们的相互组合，用以识别某个销售者或某些销售者的产品或服务，并使之与竞争对手的产品和服务相区别②。然而，无论定义怎样，品牌发展到今天，品牌的意义和作用已经大大超过了原来的法律保护和区分识别的职能。

二、品牌在营销中的作用

通过以上对品牌的理解，我们知道了品牌与企业和消费者是息息相关的。品牌在整个营销活动中也发挥着巨大的作用，主要反映在以下两个方面：

（一）对企业的作用

（1）品牌化可使企业的产品特色得到法律的保护，防止被竞争者仿制、假冒。

（2）品牌化有利于为企业创造品牌忠诚顾客，增加重复购买。

（3）品牌化有助于企业细分市场和控制市场，有利于产品组合的扩展。

（4）强有力的品牌有利于树立企业形象，获得经销商和消费者的信任，从而更容易推出新产品。

（5）品牌可在市场动荡时，为企业起到保价功能。

（6）品牌是企业的无形资产，同时其巨大的价值也可能为企业带来巨大的财富。

（二）对消费者的作用

（1）识别功能。品牌可以帮助消费者辨认出品牌的制造商、产地等基本要素，从而区别于同类产品。

（2）导购功能。品牌可以帮助消费者迅速找到所需要的产品，从而减少消费者在搜寻过程中花费的时间和精力。

（3）降低购买风险功能。消费者都希望买到自己称心如意的产品，同时还希望得到周围人的认同，选择信誉好的品牌则可以帮助降低精神风险和金钱风险。

（4）契约功能。品牌是为消费者提供稳定优质产品和服务的保障，消费者则用长期忠诚的购买回报制造商，双方最终通过品牌形成一种相互信任的契约关系。

---

① 何佳讯．品牌形象策划——透视品牌经营［M］．上海：复旦大学出版社，2000：3－4.

② 余明阳，姜炜．品牌管理学［M］．上海：复旦大学出版社，2006：5－6.

（5）个性展现功能。品牌经过多年的发展，能积累独特的个性和丰富的内涵，而消费者可以通过购买与自己个性气质相吻合的品牌来展现自我。

课堂思考

有人说，好的品牌名称和标志可以为企业节省上千万元的广告费。请你想一想，这么说的道理在哪里？

三、品牌的构成要素分析

中外专家学者从各自不同的角度，就品牌的构成要素提出了很多不同的见解和看法。在吸收和借鉴各家理论的基础上，我们按照品牌策划的一般流程归纳出六大品牌构成要素，即品牌定位、品牌 VI、品牌核心价值、品牌认知、品牌联想、品牌文化。

（一）品牌定位

定位大师杰克·特劳特和艾·里斯是这样定义“定位”的：“定位并不是要对你的产品做什么事，而是对你未来的潜在顾客心智所下的工夫，也就是把产品定位在你未来潜在顾客的心中[①]。”所以，重要的不是你的产品是什么，而是顾客认为你的产品是什么。通过大师的定义我们可以理解为：品牌定位是通过在消费者心里留下一个明确的、既有别于其他品牌又符合消费者需要的品牌印象，从而获得消费者心智资源和市场竞争优势。一些著名的品牌定位，比如沃尔玛——天天低价的超市，迪士尼——奇妙之旅、乐趣多的乐园，金利来——男人的世界等。

品牌定位是在大量市场调研和细致的 SWOT、STP 分析基础上确定的，可以说是品牌策划的起点，也是品牌策划的核心工作。在实际操作中，品牌定位是在产品定位的基础上进行的。产品定位回答产品的目标消费者是谁，产品之于目标消费者的功能性价值是什么的问题。在产品定位的基础上，品牌定位要清晰地回答品牌带给目标消费者什么样的情感价值利益，我们品牌的情感价值利益与其他同类品牌有什么不同等问题。只有经过准确的品牌定位，品牌才能在目标消费者心智中占领一个独特位置，使自身在众多的竞争品牌中凸显出来。

（二）品牌 VI

品牌的 VI（视觉识别）一般是根据品牌的定位来设计的，它是区别其他产品或服务，方便目标消费者识别品牌的基本手段，主要包括品牌名称、品牌标志、品牌基本色、品牌代言人、包装、服务环境等。这些视觉元素组合在一起形成一个具有鲜明特色的系统，对消费者形成强有力的冲击，经过时间的积淀，从而深深印在消费者的脑海中。比如，可口可乐以红色为基本色，配以独特的 LOGO，加上特别设计的瓶子就形成它独有的 VI，人们一看到这些就很自然地想到了可口可乐。同时，品牌 VI 还是消费者形成品牌联想和品牌认知的基础。

（三）品牌核心价值

品牌核心价值是品牌要传递给消费者的、消费者认知或感受到的、品牌带给目标消费

---

① 郑方华．营销策划技能案例训练手册［M］．北京：机械工业出版社，2006：55－56．

者的独特利益，是一个品牌的灵魂。它让消费者明确清晰地识别并记住品牌的情感价值利益与个性，是驱动消费者认同、喜欢乃至爱上一个品牌的主要力量。比如，宝马的核心价值是崇尚驾驶乐趣；奔驰的核心价值是舒适、高贵；沃尔沃的核心价值是安全等。品牌的核心价值一经确定下来，那么整个品牌策划活动都将围绕核心价值展开，不断丰富和强化品牌核心价值。

（四）品牌认知

品牌认知是指以消费者为主的认知主体在消费和体验品牌之前及过程中对品牌的认识和了解。消费者对品牌的认知是品牌跟消费者建立关系的开始。消费者对品牌的认知在程度上有多少之分。衡量消费者品牌认知多少的度量叫品牌认知度。比如，当提及一个品牌名称的时候，消费者一无所知，则说明这个消费者对该品牌没有认知；或者经过提醒，消费者能想起品牌名称，说明消费者对该品牌有一定的品牌认知度。如果消费者不仅知道品牌名称，还熟知产品的功能、包装、创始人的传奇故事，则说明品牌认知度很高。

同时，随着消费者体验并消费品牌，这种认知也会随之改变。如果消费者在这过程中感到很满足，就形成了正面、积极的认知，促使了消费者购买活动；如果觉得非常不满意，和预期相距甚远，就形成了负面、消极的认知，这对品牌的影响是非常恶劣的。比如，三鹿毒奶粉事件暴发之前，大多数人对三鹿这个品牌认知度较高，评价也不错，但毒奶粉事件后，大众的态度立刻变得愤怒，三鹿也成为众矢之的。因此，品牌策划完成后，企业一定要坚定地执行，并且做到言行一致，兑现各种承诺，以避免造成这种负面、消极的认知，影响品牌。

（五）品牌联想

品牌联想就是消费者在品牌 VI 和品牌认知基础上产生的对品牌的一种延伸。品牌联想将品牌和联想物之间紧密联系起来。联想物中包含了品牌在消费者心目中的意义和价值。不同的联想物都可能在消费者的心中竖立起根深蒂固的品牌形象，进而影响消费者对该品牌产品的购买决策。在导入案例中，秀霸的命名就可以给人以很好的联想。

（六）品牌文化

品牌文化是指在品牌定位的基础上，通过各种内外部品牌沟通形成受众（以员工和消费者为主）对品牌精神上的高度认同，从而形成一种文化氛围，进而形成很强的员工和消费者的忠诚度。品牌文化代表了他们这群人的生活方式、价值观和个性。

品牌文化对内可以聚合员工，并指导员工按照品牌核心价值的方向做人做事。品牌文化对员工既是一种精神向导和凝聚，又是一种行为规范。品牌文化会通过品牌的内外部沟通传递给消费者，从而加强消费者对品牌核心价值的体验和认同。比如，星巴克的“咖啡文化”就是许多消费者称道的品牌文化。这其实是星巴克的品牌核心价值，即幽雅的环境、放松的气氛、交际的空间、心情的转换的一种体现。

在品牌文化的塑造过程中，很多企业选择了将民族传统文化、时尚文化、个性文化融入品牌文化中，这样不仅使企业的品牌文化得到升华与丰富，而且更容易让员工和消费者产生共鸣。比如，麦当劳将便捷、清洁、舒适、活力的美国文化融入其品牌文化中；雀巢咖啡在刚进入中国的时候，掀起喝咖啡的时尚，并将这种时尚文化融入其中；美特斯·邦威服饰一直坚持不走寻常路的个性文化等。

【同步案例 5－1】

分享短视频的抖音

1. 品牌：抖音。

抖音短视频是一个旨在帮助大众用户表达自我，记录美好生活的短视频分享 App。抖音应用人工智能技术为用户创造丰富多样的玩法，让用户在生活中轻松快速地产出优质短视频。抖音是一个专注 15 秒视频的短视频分享社区，用户可以选择歌曲，配以短视频，形成自己的作品，也可以自己上传剪辑作品。它与小咖秀类似，但不同的是，抖音用户可以通过视频拍摄快慢、视频编辑、特效（反复、闪一下、慢镜头）等技术让视频更具创造性，而不是简单地对嘴型。

2. 品牌定位：娱乐、短视频、互动。

3. 品牌 VI（视觉识别）。

（1）品牌名称：抖音短视频；

（2）品牌标志；

（3）品牌基本色：黑色、红色、蓝色。

4. 品牌核心价值观：积极向上、放松、分享。

5. 品牌认知：相信每十个人中起码有一半人的手机里下载了抖音短视频 App。它在年轻人的手机中普遍存在，特别是一大部分年轻人在上面发布自己拍摄的短视频，分享关于娱乐、生活、学习等各方面的事情。不仅是年轻人，一部分中年人也热衷刷“抖音”，有的时候感觉一刷就是一上午，还特别容易上瘾。“抖音”现在已经深入人们的工作、学习等各个方面，有的企业也会有专门的抖音视频账号，用来宣传自己的企业。在业余时间，人们会不自觉地拿出手机刷抖音。因此，品牌知名度很高。

6. 品牌文化：分享、轻松而又严谨、积极乐观、向上。

（资料来源：抖音官网，https：//www. douyin. com/）

问题：

1. 你如何看待抖音的品牌定位？

2. 抖音为什么会火？

分析提示：

抖音作为一款全新的 App，极大地娱乐了一大部分人的生活，同时也带火了一部人。其名字就很吸引人，让你极其想要了解它；其品牌定位娱乐、短视频、分享，符合现在年轻人的喜好，尤其是分享符合时代的潮流。抖音突然在极短的时间里就火了起来，主要是符合当今年轻人的爱好，当然这也离不开其系统的品牌策划。

课堂思考

在国内外有大量知名的品牌，像我们熟悉的联想、海尔、索尼、三星等。请你选择一个自己熟悉的品牌，根据上面的内容，对该品牌的构成要素进行分析。

四、品牌战略的层次

品牌战略的层次包括产品品牌、产品系列品牌、产品大类品牌、企业品牌四个层次。

企业选定不同的层次实施品牌策划，所用的方法和策略是截然不同的，最后得到的效果有时也会大相径庭。因此，了解品牌战略的各个层次，是很有必要的，以便于品牌策划时更有针对性。

（一）产品品牌

产品品牌战略就是给每个单一产品单独命名，而公司名字完全或基本上不出现。宝洁等公司就是以创建产品品牌战略而著称的。

这种战略赋予每个品牌独特的价值、个性、识别特征和定位，从而公司推向市场的每个新产品都成为一个新品牌，并且每一个品牌都能针对特定的目标客户群。这样做，企业更容易评价每个品牌的变现和价值，使其对资源配置和决策更为合理。但是产品品牌战略也有很多潜在的问题。比如，如果消费者不能清楚地区分各种产品品牌，即产品定位不明确或重叠，那么就会出现同企业产品之间的自相残杀的局面。同时，品牌多了以后给企业品牌管理也会造成很大的压力。各品牌的广告促销相对独立，费用花销巨大，无形中增加了企业的成本与风险。因此，选择产品品牌战略的企业一定要有雄厚的实力，否则会自伤元气。

（二）产品系列品牌

产品系列品牌就是产品在同一品牌名称下出现，具有相同的基本识别特征，但是功效略有差别。例如，妮维雅洗面奶系列中，有针对祛痘的、针对美白的、针对控油的，还有针对去黑头的等。妮维雅对洗面奶市场进行了细分，使系列中的各个产品可以针对不同的消费者。整个品牌系列属于洗面奶类别，但是只使用一个品牌，不同产品在市场中彼此互补，扩大品牌整体的市场占有率。由于都在一个品牌旗下，使系列中各个产品的广告和促销具有规模经济效应，同时每个新产品推出都会巩固品牌的市场定位和形象。

另外，这样的产品系列还可以防止产品类别遭受强烈的冲击。通过这种方式，企业不但使目标市场更加细化，而且节约了成本，形成了整体品牌效益。

（三）产品大类品牌

产品大类品牌是指在一个产品大类中，将一批产品或服务划归到一个品牌旗下，并以一种基本识别特征来进行推广。产品大类品牌中可能会有多个产品线，这些产品线都具有产品大类品牌或产品大类品牌与子品牌组合形成的品牌。产品大类品牌可以为大类中的产品提供品牌保障和信赖，为新品牌提供支撑。

与产品系列品牌不同，大类品牌中的产品虽有基本相同的功能，但是处于不同的性能水平。例如，宝马公司的3系、5系、7系各款车型都使用宝马这个品牌。属于同一大类的产品使用统一的品牌有助于在广告和促销时取得规模经济效应，节约企业成本。

（四）企业品牌

企业品牌战略就是用企业名作为主要品牌名称，并进行宣传。企业的所有产品或服务不采用单个品牌而直接以企业名为品牌。主要通过对企业形象的塑造和宣传来传播其对产品或服务的质量、性能等各方面的保证，以博取消费者的信任，促进购买。例如，IBM、GE、SONY等企业所有的产品和服务的品牌名就是它们的企业名，而企业平时花费大量的时间和金钱来进行企业形象的塑造和宣传，以实现由企业品牌带动产品的销售。

任务二 品牌命名策划

美国当代营销大师阿尔·里斯认为："一个好的品牌名称是品牌被消费者认知、接受、满意乃至忠诚的前提，品牌的名称在很大程度上对产品的销售产生直接影响，品牌名称作为品牌的核心要素甚至直接影响一个品牌的兴衰。"① 从大师的话里我们可以看出品牌名称的重要性，然而品牌命名是一个涉及众多知识的复杂过程。这里我们将利用营销学、文化学、翻译学、心理学和美学知识对品牌命名展开论述。

一、品牌命名的原则

（一）简明独特，发音响亮

在品牌的汪洋大海中，要使品牌被消费者记住，首要的一点是品牌名称应让消费者容易发音、理解和记忆。品牌名称只有易读、易懂、易记，才能高效地发挥它的识别功能和传播功能。因此，品牌在命名时要体现简明独特的原则。

简明是指语言形式的简单。一方面，品牌的名称不要太长，否则不便于记忆和传播；另一方面，品牌名称不要使用生僻难认的字词，消费者若都不认识和理解，又谈何品牌。例如，导入案例中的"华实""秀霸"等名字以及著名的"联想""海尔""格力"等，都比较简洁，读起来琅琅上口。

独特是指与众不同。品牌名称独特才能脱颖而出，才能满足消费者追求新奇、厌倦重复的心理。要做到独特，就得坚持取材的广泛性，不要拘泥于常规的思维。

发音响亮指品牌名称易于上口。这就要求多选择开口音，如声母为"k""b"，韵母为"ang""ong"等，这些音节的词读起来朗朗上口，也比较响亮。另外，词组之间应有差别，音调也应有变化，从而产生抑扬顿挫的美感。

（二）暗示功能特点

如果品牌名称能够反映产品的功能和特点，就能够有效地引导消费和促进购买。但我国商标法不允许商标直接反映商品的质量、主要原料、功能、用途、重量、数量等特点，因此，企业只能通过巧妙的创意间接暗示产品的性能和特点。例如"感康""999感冒灵"，它暗示该产品有治疗感冒的功效。

（三）启发品牌联想

品牌名称应包含与产品或企业相关的寓意，让消费者能从中得到有关企业或产品的愉快联想，进而产生对品牌的认知或偏好。例如，喜盈门、万家乐、红双喜、百事可乐、雪碧等这些品牌就给人一种美好的祝愿，让人产生买这个产品就会得到幸福的联想。相反，如果命名不当，容易引起人们的反感，甚至引起法律纠纷。

---

① 王延臣、苗晋峰．品牌命名策略探析［J］．经济论坛，2008（16）：83－85.

二、品牌命名的流程

（一）确立目标

在品牌命名之前，应该先对目前的市场情况、未来国内市场的发展趋势、品牌主体的战略思路、人们使用后的感觉、竞争者的命名等情况进行摸底，明确需要什么类型的品牌名、要在多少个国家使用该品牌名、竞争对手将会做出什么反应等一系列的问题，以便确立品牌命名的目标，做到有的放矢。

（二）取名作业

确立目标之后，我们就可以进行取名作业，网罗各路精英，发动头脑风暴，让所有可以参与的人畅所欲言、集思广益，甚至采用计算机软件辅助取名，任何怪异的名称都不要放过，一一记下。

（三）评价筛选

将取名作业得到的名称，用品牌命名原则的标准一一评价和筛选，并列出相关结果。组织一个合理的评价小组，该评价小组的成员最好包括语言学、心理学、美学、社会学、市场营销学等方面的专家，由他们选出有价值的品牌名称。

（四）受众测试

专家对品牌名称的评价和筛选的结果还需通过目标受众的测试。品牌是主体与受众沟通的桥梁，因此要充分考虑受众的感受。通常可采用问卷调查、电话访谈、网络聊天等形式了解受众对品牌名称的反应。如果测试的结果表明目标受众并不认同被测试的名称，那么不管专家还是老板多么偏爱这个名称，一般都不应该采用而应考虑重新命名。

（五）法律审查

由法律顾问对备选的名称从法律的角度进行审查，去掉不合法的名称。

（六）名称确定

通过法律审查的名称由公司的高层根据偏好作出选择并最终确定，尽快进入法律程序进行相关注册，在确保注册通过之前最好能够保密，不要事先发布，以免被人抢注。

三、品牌命名的具体方法

（一）借势取名法

品牌名称直接借用已有传播影响力事物的名称，类似这种命名方法就是“借名扬名法”。常见的有用著名的人名、地名、山名、河名、植物名、动物名、景点名、历史典故等作为品牌的名称。例如“李宁”“皮尔卡丹”“青岛啤酒”“贵州茅台”“泰山”“浏阳河”“熊猫”“孔府家酒”等都是借名扬名的知名品牌。

这种命名方法把消费者最熟悉的东西体现在品牌名称中，不仅能让消费者产生亲切感，拉近与消费者的距离，而且能让他们很容易记住品牌名称，收到较好的传播效果。

（二）寓意祈福法

祈盼吉祥如意、恭贺福禄寿康、表达爱慕之情历来是恒久不变的主题。以这些主题为中心，将各种美好的祝愿和希望寓意在品牌名称中，就是“寓意祈福法”。例如“金六福”“福星”“万宝路”“恭喜发财”“大富豪”“富贵鸟”等品牌名称给予消费者荣华富贵的祝福；“骄子”“康佳”“喜盈门”“百事可乐”“万家乐”“红双喜”“恒源祥”等品牌名称则蕴含着对人们的良好祝愿；“红豆”“爱你”“相思”“蝶恋花”等品牌名称则唤起人们的相思之情。这些名称托物寓意，承载着人们的美好愿望，让消费者一看便知其意，产生愉悦的心情，从而引发对产品或企业的认同和接受。

（三）自我挖掘法

客观审视自己的长处，充分挖掘自己拥有的资源，把企业或产品的品牌与自身所独有的这些资源结合起来，由此命名品牌，就是“自我挖掘法”。具体命名时，可以将企业或产品的价值观念、独特定位、特殊功效、行业形象、地理优势等用品牌名称体现出来。例如，上海“盛大”网络、福建“兴业”银行、北京“同仁堂”药房等就是以企业的志存高远价值追求命名；“太太口服液”“太子奶”“花花公子”“才子”等品牌则是以独特的定位来命名；“脑灵通”“飘柔”“六必治”“感康”等品牌以其独特的功效命名；“青岛啤酒”“宁夏红”“蒙牛”等则是以其地理优势命名的……诸如此类的品牌还有很多，消费者一听到这些品牌就立刻明白或联想到品牌指的是什么，让他们选择的目标明确。从这些品牌我们看到，其实只要善于发现，能挖掘出身边很多独特的资源，这些资源就是吸引消费者的利器。

（四）时尚新潮法

国外品牌不断进入国内，互联网不断发展，一些外来词或新词铺天盖地，冲击着我们传统的视听。人们的接受能力随着时代的变迁已发生很大的变化，开始与时俱进，崇尚时代精神。同样，品牌命名也需要与时代同步，适合消费者的文化心理与美感情趣。以新奇、怪异、中外结合、网络新新语言等来命名品牌的，即“时尚新潮法”。例如，以新奇知名的“美特斯·邦威”“酷儿”等；以怪异知名的“狗不理”“丑得哭”等；中外结合的“英华 OK”“UT 斯达康”等；还有网络新新语言的“伊妹儿”“酱紫”等。这些看似抽象模糊、毫无意义的词语，在品牌的森林中显得非常显眼、洋气、时尚，给人以耳目一新之感，满足了部分人标新立异的心理需求。

【同步案例 5－2】

共享单车的命名示例

共享单车，是企业与政府合作，在校园、地铁站点、公交站点、居民区、商业区、公共服务区等提供的自行车单车共享服务，是共享经济的一种新形态。2016 年年底以来，国内共享单车突然就火爆了起来，目前在各大高校、各个城市，共享单车仍是一部分人的出行方式，前景十分广阔。共享单车是一个统称，共享单车为什么能够短时间风靡各大高校、各个城市，其中的奥秘与其品牌命名的关系重大。

1. 从共享单车产品本身的特色出发

不同于以往的公共自行车，必须依赖于特定的还车点和固定的车桩，共享单车在灵活性和便利度上得到了很大的改善。因此，共享单车在命名时以此为出发点，如：由你单车、骑呗、易代步等。

出于用户和企业的双方考虑，共享单车上装有 GPS 定位系统，按照 App 来寻找附近车辆，数据化追踪得以实现，灵活性加强，且开锁依靠扫描二维码或者数码解锁，更加安全清晰，这也是其更主要的特色，因此有人将其命名为云单车、云锁单车、智享单车等。

2. 巧妙利用谐音

汉字谐音，如骑点，源自奇点。

数字谐音，如7号单车、1步单车。“7”谐音“骑”，“1”谐音“易”，且1步更让人觉得距离近，读起来给人一种方便你出行的美好联想。

3. 强调用户体验

人们使用共享单车，除了出于方便的考虑，还有就是享受骑行带来的乐趣，由此可以用一些表达骑行过程或者感受的字，如：乐、享、酷。用这种方式命名的有乐途单车、酷玩单车、酷骑单车，容易给人带来一种愉悦的心理感受。

4. 趣味化命名

该命名方式一般会使用动物名称，给人以一种直观的印象；或者叠词，更容易记忆和传播，且读起来也朗朗上口；再有以颜色命名，给人带来一种感官上的刺激。比如：小鸣单车、小蓝单车、小鹿单车、小白单车、踏踏、奇奇出行、悠悠单车、哈罗单车、黑鸟单车、悟空单车、熊猫单车、快兔出行、电电Go单车、曲奇单车等。该方式更趣味、现代，易于受到年轻人的青睐。

5. 英文国际范

品牌要想显得大气、现代、国际化，英文命名是一个不错的选择。摩拜的英文是Mobike，意为移动自行车，与此类似的有U－Bicycle、CCbike、Funbike、Hellobike等，都是用与行业相关的词。比如：U－bicycle取意“你的单车”；CCbike是用两种自行车的英文表达方式C（cycle）和bike组合进行命名；Funbike则强调了快乐的骑行；哈罗单车的Hellobike则比较直接，就是你好自行车，简单易懂，且中英文高度契合，但美中不足的是英文略微有些长。

（资料来源：先知中国命名网，http：//www. xianzhi. net/about. html）

问题：

共享单车的命名有何可取之处？

分析提示：

共享单车的命名有以下可取之处：从其本身特色出发；巧妙利用谐音；强调用户体验；趣味化命名；英文国际范。

课堂思考

品牌命名对于企业来讲非常重要，关系到企业的生死存亡。想一想：有没有品牌命名失败的例子？现有的品牌中，有没有名称不是很合适的呢？

任务三　品牌延伸策划

品牌延伸是指一个品牌从原有的产品或服务延伸到新的产品或服务上，多项产品或服务共享同一品牌，即借用现有品牌在某一行业的市场上已经形成的知名度和美誉度，向相关行业或者跨行业的产品或服务上进行品牌移植，以期望能减少新产品进入市场的风险①。

品牌延伸能增加新产品的可接受性，减少消费行为的风险性，提高促销性开支使用效率，满足消费者多样性需要，因而在品牌策划中得到广泛应用。但是，企业在品牌命名之初就应该为品牌的延伸做好准备，品牌名称一定要有延伸的空间。在具体的品牌延伸时，企业应该把握延伸的原则，掌握品牌延伸的方法。

一、品牌延伸的原则

（一）科学评估企业及其品牌实力

品牌延伸是借助已有品牌的声誉和影响力向市场推出新产品，显然只有当品牌具有足够的实力时，才能保证品牌延伸的成功。而品牌实力与新产品开发能力又是建立在企业整体实力基础之上的，因此企业是否具备品牌延伸的条件，必须从企业与市场内外两方面对企业及其品牌实力进行客观的评估。

研究表明，消费者在购买商品时，在很大程度上受到对产品的主品牌认知的影响，如果在没有多少知名度和美誉度的品牌下不断推出新产品，这些新产品就很难获得品牌伞效应，因为这样与上市新品牌几乎没有多大区别；如果企业实力薄弱，消费者也很难信服企业具有开发新产品和延伸经营成功的能力。所以，评估企业及其品牌实力应成为品牌延伸决策的起点。

例如，日本的本田公司，它在美国市场上确立其品牌后，虽然拥有了生产大型摩托车的能力，但由于考虑到其主力品牌还没有在美国消费者心目中形成高品质的品牌联想，就没有进行品牌延伸。而经过 10 年后，公司认为主品牌在消费者心目中的形象已经确立，才正式延伸到大型摩托车市场上，与哈利・戴维斯公司进行较量。由于时机选择得当，因此收到了很好的效果。

（二）延伸产品与主品牌相关联

关联性是指延伸产品与主品牌之间的相似性或关联性，即消费者头脑中原品牌认知与新产品认知的相关联程度。延伸产品与消费者心中原有品牌概念相关，消费者就能够接受，否则将难以被消费者接受。这里的关联性包括很多方面，比如延伸产品与原品牌的市场定位、产品定位、品质定位、分销渠道等具有一致性或相似性。如果关联度大，延伸品牌的产品对原有品牌能起到连续感知的作用，使消费者产生良性联想，品牌认知就可以得到强化，进而扩大市场份额；如果是跨行业经营或关联度小的产品，延伸品牌的产品所代表的信息不能使原有品牌得到消费者的连续感知，或者使消费者产生不良联想时，就会弱化主品牌认知，模糊主品牌定位。由此看来，恪守延伸产品与核心品牌的相关性是品牌延伸的基本要求。

例如，美国耐克公司从运动鞋到运动服，紧紧围绕运动用品做文章，产品之间的用途、市场、设计风格、广告传播等方面具有极强的匹配性和相似性，从而奠定了耐克作为运动文化品牌的基础。

---

①　成加兵．企业品牌延伸策略研究［J］．市场论坛，2009（3）：21－23.

（三）类别品牌要谨慎延伸

如果一个品牌在消费者心目中已经成为某种产品的代名词，即类别品牌，则最好不要再将这一品牌的名称冠到另一类产品上去，否则非常危险。例如，SONY在日本代表收音机或彩色电视机，现在也是名牌的视听产品。假如将SONY的名称用到微波炉、冰箱、洗衣机等家电产品上必将非常冒险；可口可乐在消费者心中就是黑色碳酸饮料的代名词，它如果想延伸到其他产品无疑也是非常困难的。

课堂思考

品牌延伸过程中，企业应该考虑哪些风险呢？一旦企业品牌延伸失败，会给原有品牌带来何种影响？企业应该如何应对？

二、品牌延伸的四种主要模式

（一）单一品牌延伸模式

单一品牌延伸模式是指企业所有产品（包括不同种类的产品）均使用同一品牌，在这个统一品牌之下，不断增加新的产品，而这些产品的目标和定位可能都不一样，从而使品牌得以延伸和扩展。实行该延伸模式较为典型的成功例子是菲利普公司（Philips），该公司生产的音响、电视、灯泡、计算机、电动剃须刀，小家电产品如电咖啡壶、电果汁机等产品，都冠以统一品牌——“Philips”。除此之外，还有其他许多成功的例子，如佳能公司（Canon）生产的照相机、传真机、打印机、复印机都使用统一品牌——“Canon”；雅玛哈公司（Yamaha）生产的摩托车、钢琴、电子琴都以“Yamaha”品牌销售；海尔集团生产经营的电冰箱、空调、洗衣机、电视机等所有产品都标有“海尔”[①]。

企业采用单一品牌延伸模式不仅可以充分发挥品牌连锁效益，有效节约品牌设计、品牌传播、促销等费用，减少企业品牌运营的总支出，而且可以通过塑立统一的品牌形象增强顾客的忠诚度。同时，单一品牌延伸模式在同一档次产品中横向延伸一般问题不大，但向不同档次的纵向延伸比较困难，而且如果某一种产品出现问题，就可能引发“株连效应”，使其他众多产品受到牵连，从而影响全部产品和整个品牌的声誉，使整个品牌的无形资产受损。

（二）多品牌延伸模式

多品牌延伸模式是指企业对各种不同的产品分别赋予不同的品牌的做法。随着卖方市场向买方市场的转变，消费者的个性化需求日益明显，形成了具有不同偏好的消费群体，企业为此必须不断推出不同型号、功能、特色的产品。

一个品牌只适用于一种产品、一种市场定位，有助于最大限度地形成品牌的差别化和个性化。实行这种模式的企业通常有一个类似于产品组合的品牌组合，企业以品牌为单位组织开展营销活动。宝洁公司无疑是多品牌延伸成功的典范。宝洁目前共经营着300多个品牌的产品，在140多个国家和地区销售，而这些产品里面有着60多个世界级驰名品牌。

---

① Yakimova, M Beverland. The brand - supportive firm: An exploration of organizational drivers of brand updating. Journal of Brand Management, 2005 (6): 112 - 115.

宝洁大都是一种产品使用多个品牌，例如，洗发水产品就有潘婷、飘柔、海飞丝、沙宣四个品牌。

（三）主副品牌延伸模式

所谓主副品牌延伸模式是指企业在进行品牌延伸时，对延伸产品赋予主品牌的同时，增加使用一个副品牌的做法。主副品牌延伸模式是用涵盖企业若干产品或全部产品的品牌作为主品牌，借其品牌之势，同时，给各个产品设计不同的副品牌，以副品牌来突出不同产品的个性和特点，如“松下画王”“海尔小王子”“美的超静星”等。

运用主副品牌延伸模式可以实现优势共享，又能通过副品牌表明产品的个性、特点，同时还能减少宣传费用，增强促销效果。当然，如果赋予同一产品的品牌数量过多，也会造成企业强调的重点不明显，若某一产品失败，同样会牵连到其他产品和品牌的形象及声誉。

（四）品牌特许经营模式

特许经营是一种以契约方式构筑的特许人与受许人共同借助同一品牌，在相同模式下实现品牌扩张、市场扩张，进而实现双赢或多赢的品牌延伸模式。在契约关系下，特许人为受许人提供统一的品牌、技术、管理和营销方法，受许人为此向特许人支付一定的费用。特许人与受许人之间不是雇佣关系，也不是从属关系，而是平等的伙伴关系。

对于特许方来说，特许经营可谓是一种低风险、低成本的品牌扩张或市场扩张模式。一方面，在特许经营方式下，特许人可借助受许人的财务资源实现品牌扩张和市场扩张；另一方面，特许经营可使特许人节省人力资源，降低运营成本。但同时必须考虑到特许经营对于品牌、市场声誉等无形资产可能带来的负面影响，因此预先对特许加盟体系进行理性而深入的调查分析以及严格的监督管理，是确保特许经营健康发展的必要工作。遍及世界各个角落的“麦当劳”和“肯德基”，就是成功地运用了品牌特许经营模式，才成为全球性的强势品牌。

三、如何选择合适的品牌延伸模式

市场上的企业种类繁多，经营的产品各式各样，如何选择适合自身发展的品牌延伸模式就显得十分重要。

企业在决定品牌延伸后如何选择延伸模式主要跟品牌的知名度、可延伸性、品牌核心价值与个性、新老产品的关联度、行业与产品特点、市场容量、市场竞争格局、企业所处的市场环境、企业发展新产品的目的、企业自身财力与品牌推广能力等因素有关。因此，在选择延伸策略时要综合考虑这些因素，权衡各种策略的利弊，然后才做出选择。

对于那些品牌知名度非常高，品牌较抽象意义不明显，品牌运作能力强的企业，选择单一品牌延伸模式为宜。例如，佳能（Canon）不论是中文名，还是英文名，都没有具体的含义，消费者不容易将其和某一类型的产品相联系，这样它便可以扩展到任何领域，充分利用其品牌的知名度；类似的还有海尔（Haier）。同时，那些具有一定品牌知名度、延伸产品与原产品关联度很高的企业也适合单一品牌延伸模式。因为它们可以利用在行业已经形成的声誉，移植到相关新产品。例如，天福茗茶，它最先生产茶叶，进行品牌延伸主要还是进入与茶相关的一系列行业，如茶具、茶具工艺品、茶点、茶糖等；同样，雀巢品牌的成功延伸就是因为其麾下产品都是关联度较高的食品饮料。从行业角度看，电器、电子数码行业选择单一品牌延伸模式的居多。

对于那些企业实力很强、品牌知名度也很高，但是品牌具有一定导向、在消费者心中已形成定势的企业，多品牌延伸模式就比较适合了。例如，可口可乐是与其神秘配方联系在一起的，在人们心中就是黑色碳酸饮料的代名词，因此其延伸能力非常有限。可口可乐公司推出的新产品即便是饮料，也采用了多品牌模式如雪碧和芬达。当企业打算向比它们现在所处的市场位置高一等级或低一等级或多个细分市场进军时，一般也采用多品牌延伸模式。例如，丰田公司准备争夺高档豪华车市场，但旗下佳美、皇冠等在消费者心中“中低档、省油”的形象已根深蒂固，于是设计了全新品牌“凌志”，并且在车身上隐去了丰田的标志。从行业上看，生活用品、食品饮料、服饰、汽车等行业采用多品牌模式的居多①。

有的企业规模大，知名度也高，同时产品种类特别多，且性能各异、款式不同，这样的企业选择主副品牌延伸模式较好。例如，美的空调有100多款，为了让消费者记住它们，便引入主副品牌延伸模式，用星座作为产品的副品牌，“冷静星”“超静星”“智慧星”“健康星”等应运而生。在家电、电脑数码等行业主副品牌延伸模式应用广泛。

还有一类企业品牌知名度较高，模式容易复制，进入门槛不高，资金需求不大，但是市场容量十分可观。这类企业适合品牌特许经营延伸模式，可借助品牌优势，迅速扩张，占领市场，并且随着加盟店的增多，品牌得以广泛传播，反过来又提升品牌形象。国内的许多服装和运动鞋品牌如“德尔惠”“安踏”“以纯”“美特斯·邦威”等都是采用品牌特许经营延伸模式将企业做大的。品牌延伸模式选择归纳起来见表5－1。

表5－1　品牌延伸模式比较

	品牌知名度	品牌可延伸性	关联度	品牌运作能力	市场竞争状况
单一品牌	很高	强	高	一般	一般
多品牌	较高	弱	低	强	激烈
主副品牌	很高	强	高	一般	激烈
特许经营	较高	弱	低	强	一般

【同步案例5－3】

美团的出行局

2018年9月20日，成立8年的美团正式在香港上市，市值超500亿美元。但是8年前的美团网，还只是一个做团购的网站。美团当时的宣传宗旨是“美团一次美一次”。2015年，成立五周年的美团网已经成为团购之王，远远地将竞争对手甩在后面。此时的美团不满足于只做团购，同年10月8日，美团与大众点评宣布合并，美团的业务范围也由团购拓展到了吃喝玩乐。2016年美团网收购钱袋宝，正式获得支付牌照。2017年2月美团在南京推出“美团打车”服务。4月美团点评推榛果民宿，主打整租业务。同月美团点评加码酒旅业务，发布旅行品牌美团旅行。6月美团点评上线掌鱼生鲜还要开线下店。同年9月，美团旅行App上线。美团网的业务渐渐从网购拓展到了餐饮外卖、到店酒店及

① 牟淑云，于文凯．企业运用品牌延伸策略分析［J］．商业经济，2004（11）：13－15.

旅游业务和新业务及其他几大部分。其中，2015 年—2017 年美团点评餐饮外卖营业收入分别为 17.5 亿元、53.0 亿元、210.3 亿元，到店、酒店及旅游业务营业收入分别为 37.7 亿元、70.2 亿元、108.5 亿元……美团的业务飞速扩张，从外卖到餐饮，从酒店到机票，从线下实体商超到打车。于是，整个 2017 年，外界对于美团的讨论都集中在“美团的边界在哪里?”对于美团的做法，其背后的早期投资方们都表达了赞同：“只有你什么都做，才能把用户的时间耗光并养成使用习惯，否则没有被满足的市场就会被别人拿走，甚至侵蚀你其他板块的业务。”美团早期投资人、今日资本掌门人徐新曾如此说道。

但从市场反应来看，美团的一些业务尤其是出行业务出现争议。至今我们都难以判定美团做出行是否是个正确的决策。在产品逻辑方面，美团做出行说得通。出行像一根链条，将美团平台上原本散落的餐饮、酒旅、娱乐等业务串联起来，使其成为一个全服务平台。之后美团的业务路径应该是延续这一思路来做。不过要顺利完成整个超级平台目标，在上市后，美团显然还有很长的路要走。

（资料来源：https：//www.wdzj.com/hjzs/ptsj/20180925/802712 - 1.html，《美团上市背后的资本情仇：腾讯、阿里得失几何?》）

问题：

1. 美团的品牌延伸有无逻辑?

2. 你如何评价品牌延伸的行为?

分析提示：

美团的品牌延伸是有逻辑的，将美团平台上原本散落的餐饮、酒旅、娱乐等业务串联起来，使其成为一个全服务平台，也是一体化的思路。但是，所有类型的品牌延伸都应谨慎，定位的目的是让顾客对品牌产生清晰的认知，品牌延伸就要考虑这种行为是否模糊了认知。

任务四　品牌拯救策划

改革开放以来，中国消费者经历了从不看重品牌到在越来越多的消费领域都具有强烈的品牌意识。40 多年来，有很多中国品牌从本土成长并走出国门，开始走向国际化，比如联想、华为、海尔、TCL、中国石化等；但是，这 40 多年来，却有更多的中国本土品牌，曾经叱咤风云、妇孺皆知，但是因种种原因走向没落，像流星一样淡出了人们的视线①。找出这些品牌没落的原因，并采取合理、恰当的拯救策划使其重新焕发光彩，对品牌策划是具有非常重要意义的。

一、品牌没落的原因

（一）科学技术创新

现代社会，科学技术进步越来越快，技术上的创新往往带来产品的创新甚至行业的革

① 卢泰宏，高辉．品牌老化与品牌激活述评［J］．外国经济与管理，2007（2）：25－28.

命。许多行业出现了替代性的新产品或服务：一次性打火机的发明几乎颠覆了整个火柴行业；数码相机市场的成长威胁着传统相机和胶卷制造业的生存；互联网的迅猛发展对新闻、邮政、文化和娱乐等行业造成巨大的冲击等。

（二）市场竞争激烈

近几十年经济发展的结果使得商品种类和数量迅猛增长，市场竞争的结果为消费者提供了越来越大的选择余地，使品牌间的竞争非常激烈。中国入世后，众多的知名国外品牌开始迅速进入，使原本就激烈的竞争变得更加残酷，稍有不慎便被众多的竞争对手击倒，时间久了就淡出了人们的视线。

（三）企业自身问题

企业缺乏对品牌建设的战略规划，不具备全面成熟的品牌观念。他们只重视眼前利益，轻视长远利益；只重视品牌外表，轻视核心内容。把品牌的创建仅仅看作是打广告，忽视了品牌在其他方面的建设和管理。为了单纯追求知名度，很多企业都把大部分财力和人力耗费在广告投放上。除此之外，许多企业还缺乏创新，它们的品牌、产品、技术总是一成不变、没有新意，不能随着市场的变化而变化。另外，众多的企业总是一味地死守现有市场，不去开发新的目标市场，等到现有市场竞争变得白热化时显得束手无策，最终逐渐被市场吞食，品牌没落。

（四）消费者需求变化

市场是动态的，而不是静止的。经济在发展，社会在进步，消费者的价值取向和审美品位都在变化。面对人们消费观念、生活方式的变化，企业如果依旧一成不变，就会失去许多潜在的消费者，并动摇品牌的忠诚者；如果企业长时间不与消费者沟通，没有向消费者传播新的信息，不能给消费者带来一点新鲜感，那么，消费者很快就会将这个品牌淡忘。需求是变幻莫测的，市场是严酷无情的，企业以不变应万变等于坐以待毙。

二、品牌拯救策略

下面我们根据前面分析的原因提出一些品牌拯救策略。

（一）重新定位

重新定位就是打破品牌在消费者心目中所保持的原有位置与结构，使品牌按照新的观念在消费者心目中重新排位，以创造一个有利于自己的新的定位，从而实现品牌的跳跃发展。

王老吉在它的头7年只是一个地方品牌，销售区域仅仅局限在广东和浙江南部地区。而2003年却以红色灌装饮料红遍大江南北，这一切都得归功于它的重新定位。一开始王老吉没有清晰明确的定位，只是凉茶的代称，是一种有药效的饮用品。后来以“凉茶下火功效显著”为突破口，定位于“预防上火的饮料”。定位调整后的红色王老吉立足于全国市场，并用消费者容易理解和记住的一句广告词来表达——“怕上火，喝王老吉”。简洁明了的定位，既彰显了红色王老吉的产品特性，也有效地解决了王老吉原有的品牌错位。

王老吉的做法是值得借鉴的，没落的品牌应该仔细分析自身的优势和市场的缺口，找准其中相匹配的切入点，进行重新定位，利用以前品牌在消费者心中较高的知名度打开市场，同时将新的定位传递给他们，以达到激活品牌的目的。

（二）更换目标市场

由于品牌的整体没落，因此很难在整体品牌上展开全面的重塑。有效的措施是，主动将市场进行细分，放弃以前那些没有优势的目标市场，选择有利的细分市场进入，并集中人力、物力、财力等营销资源投入该细分市场，变整体劣势为局部优势，将该细分市场作为企业的主攻市场，并力求建设成为自己的强势市场，使自己成为该细分市场的第一或强势品牌。

新目标细分市场的终极目标，并不是做新品第一，而只是希望通过首先切割这个分众市场，创建一个年轻品牌，形成一个分众产业，然后以这个分众产业为基础，向整体市场扩张，最终达到整体重塑品牌的目标。如此，企业就可根据这一策略，努力推出新品，攻占更多的细分市场，力争成为更多的细分市场强势品牌，再积少成多、化零为整，达到重塑企业整体品牌的目的。例如，酒鬼酒在2008年奥运前夕高调推出洞藏酒这样一个超高端的白酒产品，由于洞藏酒完全是一个全新的白酒细分市场，并且其概念十分新颖独特，从而在短时间内使没落多年的酒鬼酒重新回到高端白酒品牌行列。

（三）产品创新

企业的品牌仍然留在消费者心中，但是它的产品在市场上不再具备竞争力，有时甚至滞销。因此，重塑品牌要实施产品创新、产品改良。对于那些高科技企业来说，使用新技术，提高产品的科技含量，增加产品功能是产品创新的关键。而对于其他一般的企业则应该在产品的“新”上下工夫：可以是产品的包装、外形、款式等外在的东西很“新”；也可以是产品的质量、技术含量、概念等“新”。只有通过这些“新”来重新吸引消费者，再利用以前的知名度唤醒市场，才能实现对品牌的重塑。

这方面宁城老窖二次崛起的例子可以借鉴。宁城老窖，在20世纪90年代以一句“宁城老窖，塞外茅台”红遍大江南北，但由于种种原因在市场上逐渐没落。在企业实施品牌重塑战略中，决定仍然沿用宁城老窖这个品牌名，因为品牌的知名度还在，便于唤醒市场，并把重点放在了产品创新上。当时白酒市场流行年份酒，从高端的五粮液到低端的10元白酒都打上了5年、8年的标签，真假难辨。宁城老窖决定进行产品改良，一定要以“新”求胜，于是将年份酒具体化，将宁城老窖的原酒分装成50ml一小瓶与大瓶放在一个包装里，名曰“中华子母酒”，并到公证机构做公证，把公证号打在瓶签上，通过这些手段让自己的年份酒货真价实，获取消费者的信任。随后又将广告语改成“宁城老窖，塞外一品”，至此宁城老窖的品牌重塑大获成功。

（四）更新品牌形象

品牌既然已经没落，那么其品牌形象自然就每况愈下，随着时间的推移越发显得过时。在品牌重塑的时候就需要对其进行新的设计使其年轻化，以新的姿态来面对消费者，可以更改品牌名称、变化品牌标识、更改广告。

对于企业来说，名称是最基本的形象识别要素，一般是不能轻易改变的，但是如果以前的名称太长、拗口、不好记的话，那么适当修改一下也未尝不可。例如，摩托罗拉公司将原“MOTORALA”的名称简化为“MOTO”，这样做就是为了把企业与消费者之间的距离拉得更近，同时让品牌更年轻化。2003年可口可乐在中国启用了新标识，香港著名设计师设计的全新流线型中文字体与英文字体和商标整体风格更加协调，取代了可口可乐自1979年沿用了24年的中文字体。对于广告更新则应该从广告创意、代言人、媒体选择三个方面下手，突出年轻、时尚这一主题。这些在品牌重塑的时候都可以借鉴，越是年轻化、时尚化的品牌形象，越能迎合消费者的品位。

上面只是几种简单的策略，总之，在对没落品牌拯救的过程中，一定要合理利用原有的品牌资产，坚持以新求胜、以年轻对老化、以时尚对古板、以热点对遗忘。

【同步策划范例】

阿福品牌问题诊断与品牌战略规划原则

撰写时间：2010 年

一、中国阿胶产业市场环境分析

1. 国内养生消费指数增长，带动阿胶市场消费热潮

在诸多养生消费中，阿胶市场的消费呈现出逐年递增的趋势，在消费引导方面，中医专家倡导阿胶的灵魂是“养”，养生、养血、养气。阿胶应当以养生保健为主，以治病为辅。

2. 阿胶事件带来的几点思考

2010 年 6 月 6 日，央视《每周质量报告》曝光了阿胶市场黑幕，一种低价阿胶原料皮竟由下脚料冒充整张驴皮，涉及山东、河南、河北等多家企业。

以东阿、福牌为主的知名阿胶的品牌形象在事件中获得提升。同时，经过诸多新闻报道、新闻炒作，相当多的消费者产生了“不敢吃阿胶了”“买阿胶要选大品牌”的消费认知。

3. 品牌将成为参与竞争的核心力量

阿胶市场虽然竞争激烈，但是业内认可的大品牌只有“东阿阿胶”和“福牌阿胶”，相对于其他行业来说，品牌之间的竞争梯队并未形成。也就是说，阿福与其他的企业一样，在品牌建设方面有着共同的市场机会。品牌将成为参与竞争的核心力量。

二、阿胶产业领袖品牌战略借鉴

1. 国内知名阿胶品牌综合分析

东阿牌、福牌分析。(略)

三、阿福品牌问题诊断

1. 品牌市场表现诊断

(1) 品牌知名度。当提到阿胶品类时，阿福的行业内知名度高、市场（消费者领域）知名度低。

(2) 品牌知晓度。当向消费者提示阿福所属品类中的所有竞争品牌时，阿福的提及率低。

(3) 品牌美誉度。阿福尚处于建立美誉度的初级阶段。

(4) 品牌市场占有率判断。品牌市场占有率是指消费者的占有率，而非销售额、销售量角度定义的市场占有率。阿福目前的市场占有率建立在全国范围的考量基础上，这对于品牌建设非常有利。

(5) 品牌成长率判断。与上一年度相比，品牌成长态势良好。

2. 品牌 VI 诊断（视觉形象识别系统的问题）

(略)。

3. 品牌联想诊断

产品联想多、品牌联想少。

4. 品牌竞争诊断

处于行业竞争次级梯队（第一梯队由东阿、福牌统领），有很大的发展空间。

5. 品牌管理诊断

品牌管理涉及生产、研发、品质控制、供应、广告、销售等各个方面，每个环节都会影响品牌的塑造与维护。目前阿福缺乏一位专业的品牌经理，致使品牌管理工作没有专业权威把守。

四、阿福品牌资产分析

目前企业除使用阿福品牌外，还有黑蹄、女儿红等，这些品牌已经注册为商标。

1. 阿福品牌要素分析

品牌要素主要包括品牌名称、品牌 LOGO、品牌广告语等。

阿福品牌要素的基本情况见表 5－2。

表 5－2

品牌名称	品牌 LOGO	使用情况
阿福	（略）	正在使用
黑蹄	（略）	正在使用
女儿红	（略）	正在使用

品牌广告语：健康之选，美丽之选！

品牌优势体现为：在渠道开发过程中，阿福的企业品牌已经建立了基础的品牌形象。

存在问题为：

（1）阿福企业品牌旗下包含了多个品牌，LOGO 使用没有统一的使用规范，处于各自为政的状态。品牌广告语缺乏统一性。

（2）未建立整体的品牌规划体系，企业品牌与产品品牌的关系传播不明确。不利于建立稳定的品牌资产，需要重新进行规范。

2. 阿福产品线分析

产品是品牌资产的核心，产品线分析包括产品线的宽度、广度，产品的定位、质量状况，产品的售后服务等。

阿福的产品线使用情况见表 5－3。

表 5－3

品牌	品牌下产品
阿福	即食阿胶糕
	玫瑰阿胶固元膏
	阿胶水晶枣
	速溶阿胶粉

续表

品牌	品牌下产品
黑蹄	玫瑰阿胶粉
	人参阿胶浆
	阿胶口嚼片
	驴胶颗粒
女儿红	阿胶颗粒
	阿胶块
	低糖型颗粒

3. 阿福品牌传播分析

目前，阿福品牌传播的实现方式主要体现在渠道建设过程中，阿福的客户群体对阿福企业品牌的认知度较高。

在外部传播方面，阿福及其旗下的几个产品品牌的传播接触点为终端视觉形象，如产品包装、展示形象等，与终端消费者的沟通为非正式沟通，对外传播缺乏整合传播的意识，缺乏统一规划；因为品牌核心价值不明确，传播尚没有从品牌沟通的角度进行，尚未实现策略性传播。

4. 阿福品牌商誉分析

品牌商誉即品牌的可靠度，指品牌的专业程度、可信赖度和吸引力。

阿福品牌的渠道建设成果显著，在此方面品牌商誉良好。但是在终端消费者认知阶段，阿福的品牌商誉还缺乏可靠性、吸引力等要素。

5. 阿福销售渠道分析

检验销售渠道是考察阿福品牌与销售渠道是否有整体配合的优势，即阿福的品牌力是否起到了销售驱动力的作用。

阿福产品的销售渠道模式以药线渠道为主要战线，其他渠道模式为辅。阿福的品牌驱动力来自以下方面：

（1）阿福作为企业品牌，其知名度、影响力是目前助力销售的主要驱动力。

（2）阿福旗下的产品品牌驱动力表现很弱，在产品销售方面的业绩来源于终端导购、产品视觉形象、价格、促销活动等。品牌驱动力要素缺乏。

6. 阿福品牌延伸

阿福目前的品牌架构以阿胶类产品为主，辅以阿胶枣类产品，没有进行品牌延伸。

五、阿福品牌战略规划原则

1. 阿福品牌体系规划

根据以上阿福的战略业务组合和战略途径表，我们得到阿福的品牌体系图谱如图5－1所示。

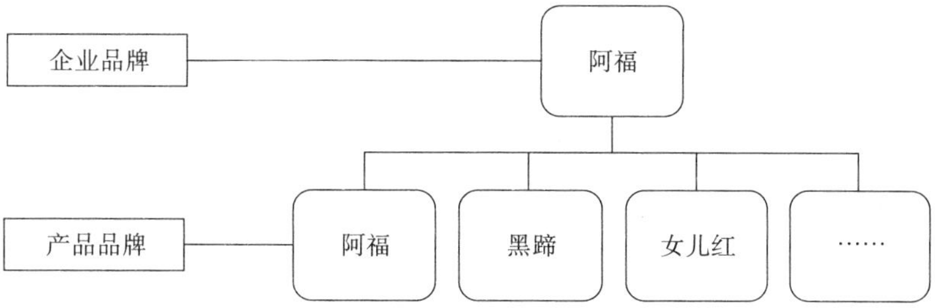

图 5－1 阿福品牌体系

在阿福品牌体系中，处于核心地位的是企业品牌——阿福。

2. 品牌规划目标

品牌的战略规划目标即品牌愿景。缺乏品牌愿景的品牌战略规划和管理必定在激烈竞争中迷失方向，缺乏品牌愿景的品牌势必走不远，打造强大的品牌首先要从发展清晰的品牌愿景开始。品牌愿景是建立品牌资产管理战略的起点。

根据阿福品牌图谱，阿福品牌愿景我们描述为：阿福以食品为载体，致力于推动人类健康和美丽产业的发展，为消费者提供高品质产品。

3. 品牌核心价值主题沟通语

这是基于品牌定位和价值的沟通语，不同于空洞的品牌口号。

（略）。

4. 品牌个性定位

品牌个性是品牌在建设过程中流露的精神气质，是品牌核心人格化、差异化的体现，是品牌基因中最富吸引力和保持生命力的元素。

（略）。

课堂思考

如果你是策划人员，有没有更好的品牌名称建议呢？你会如何策划阿胶牌或者是福牌阿胶的品牌规划呢？

【同步实训 5－1】

确定某品牌的拯救策略

［实训目标］

1. 巩固品牌拯救策划的分析和策划等基本知识。

2. 培养品牌拯救策划的初步能力。

［实训内容］

由教师事先选定市场中一种销售较为低迷的品牌，指导学生通过分析品牌销售低迷的原因，根据产品特点，制定出品牌拯救的基本策略，并说明制定这种策略的原因。

［实训操作］

（1）首先让学生复习品牌拯救策划的基本知识，了解品牌拯救的主要策略。

（2）将全班学生分为五组，并选出小组负责人。教师说明训练内容及成果要求。

(3) 每个小组对教师指定的品牌进行分析，研究出品牌销售低迷的主要原因。

(4) 每组进行组内讨论，制订品牌拯救策略。

(5) 每组代表进行成果汇报。

(6) 老师对各组的策略给予点评。

[**成果要求**]

(1) 每个小组成员都要参与讨论品牌的拯救策略。

(2) 每组选派代表在班里汇报小组确定的策略。

(3) 每组将自己组的策略与其他组的策略进行对比。

(4) 老师为每个小组打分。

任务五 品牌策划的误区防范

品牌策划在中国的发展只有短短20来年，关于品牌策划的相关理论体系都不是很完善，人们对品牌策划的认识也不是很透彻。因此，许多企业在品牌策划中进入误区也在所难免，但是相信通过不断的实践和总结，能找出避免这些误区的对策。

一、缺乏整体规划

我国许多企业在品牌策划的过程中做过很多努力，但往往是想到什么就做什么，没有全面系统的品牌规划，只是一些片面的、补漏式的努力，哪儿有问题就往哪儿去，疲于为问题而奔命。看上去没完没了，忙个不停，但最后仍然没有建成一个成功的品牌，因为他们片面地理解品牌，做的只是品牌的一个方面、一个局部，或广告，或包装，或定位。很少有企业把品牌的各个方面都做到位，从而形成整体的品牌规划。

二、认为调研可有可无

我国许多企业在品牌策划中常常忽视市场调研，不做调研就盲目地开始一系列的品牌策划。为了寻找或验证一个想法，国际大公司习惯进行大规模的市场调研。中国企业则更多地倾向于拍脑袋做决定。

三、盲目的品牌扩张

企业为了推出新产品以拓展市场和扩大利润增长空间，往往会采取充分开发和利用原有品牌资源的品牌延伸策略。然而我国许多企业自不量力地进行品牌盲目扩张，结果淡化了品牌原有的形象和意义，品牌定位的混乱降低了品牌的适应性。品牌扩张得过多、过宽，分散了企业的精力，从而丧失了原来的竞争优势，最后使企业陷入困境。例如，巨人集团以计算机产品创出品牌后，并没有在原来的领域扩张，反而转向了与其优势行业缺乏相关性的保健品领域，开发了巨人脑黄金、巨人巨不肥等16种系列保健品，因而失去了在迅速发展的计算机业中的竞争优势和机会。

四、缺乏核心价值

品牌的核心价值是品牌的精髓，一个品牌最独一无二且最有价值的部分通常会表现在核心价值上。海尔的核心价值是“真诚”，品牌口号是“真诚到永远”，其星级服务、产品研发都是对这一理念的诠释和延展。

全力维护和宣扬品牌核心价值已成为许多国际一流品牌的共识，是创造百年金字招牌的秘诀。反观我们国内的很多品牌，几乎不存在对品牌核心价值的定位，广告十分随意，诉求主题月月新、年年变。尽管大量的广告投入能促进产品销售，但几年下来发现品牌资产没有得到有效积累。比如，红塔山虽有很高的知名度，但我们冷静地思考一下，它的核心价值到底是什么？从“天外有天，红塔集团”的形象广告看，我们很难知道它的核心价值是什么①。

五、缺乏持续性

品牌策划是一个持久的、长远的品牌建设过程，但是国内许多企业都是只看重眼前的利益，一旦品牌策划稍有成效，便不再考虑后面的品牌维护、品牌创新，导致品牌就一直停留在某一层面，不随市场变化而变化，坐以待毙。曾经红极一时的旭日升品牌，是当时中国茶饮料的老大，但是它没有持续地进行品牌创新，一直停留在冰茶上，后来康师傅、娃哈哈的红茶、绿茶饮料发起冲击时，它由于没有防备，迅速丢失了市场，消失在人们的视线中②。

【项目小结】

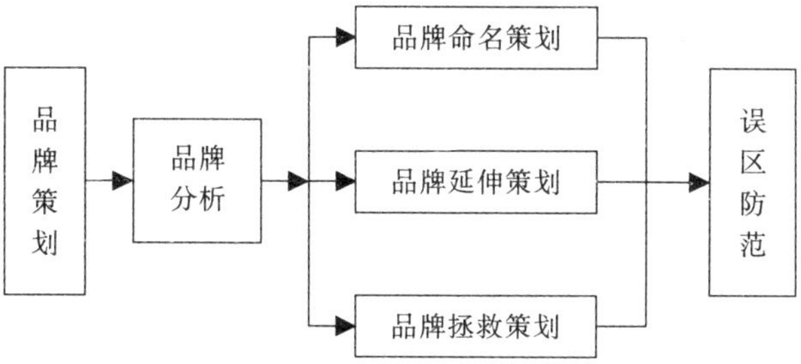

【项目考核】

1. 简答题

（1）品牌在营销中的作用是什么？

（2）品牌命名的原则是什么？企业常用的品牌命名方法有哪些？

（3）简述品牌延伸的四种模式，并说明企业应该如何进行模式的选择。

---

① 阎旭临．企业品牌策划与营销［J］．经营管理，2008（5）：14－17.

② 程春生．新经济时代的品牌策划［J］．理论经纬，2002（2）：31－33.

2. 案例分析题

多子多福亦风流
——宝洁公司多品牌策略评析

品牌延伸曾一度被认为是充满风险的事情，有的学者甚至不惜用“陷阱”二字去形容其风险之大。然而，纵观世界一流企业的经营业绩，我们就不难发现，这其中既有像索尼公司那样一贯奉行“多品一牌”这种“独生子女”策略的辉煌，更有像宝洁公司这样大胆贯彻“一品多牌”策略，在国际市场竞争中纵横驰骋尽显“多子多福”的风流。

宝洁公司是一家美国的企业。它的经营特点一是种类多，从香皂、牙膏、漱口水、洗发精、护发素、柔软剂、洗涤剂，到咖啡、橙汁、烘焙油、蛋糕粉、土豆片，到卫生纸、化妆纸、卫生棉、感冒药、胃药，横跨了清洁用品、食品、纸制品、药品等多种行业。二是许多产品大都是一种产品多个牌子。以洗衣粉为例，他们推出的牌子就有汰渍、洗好、欧喜朵、波特、世纪等近10种品牌。要问世界上哪个公司的牌子最多，恐怕非宝洁莫属。宝洁公司是如何实施多品牌策略的呢？

一、寻找差异

宝洁公司经营的多种品牌策略不是把一种产品简单地贴上几种商标，而是追求同类产品不同品牌之间的差异，包括功能、包装、宣传等诸方面，从而形成每个品牌的鲜明个性，这样，每个品牌都有自己的发展空间，市场就不会重叠。以洗衣粉为例，宝洁公司设计了九种品牌的洗衣粉。他们认为，不同的顾客希望从产品中获得不同的利益组合。有些人认为洗涤和漂洗能力最重要；有些人认为使织物柔软最重要；还有人希望洗衣粉具有气味芬芳、碱性温和的特征。于是宝洁就利用洗衣粉的九个细分市场，设计了九种不同的品牌。

二、制造“卖点”

宝洁公司的多品牌策略如果从市场细分上讲是寻找差异的话，那么从营销组合的另一个角度看则是找准了“卖点”。卖点也称“独特的销售主张”，其核心内容是：广告要根据产品的特点向消费者提出独一无二的说辞，并让消费者相信这一特点是别人没有的，或是别人没有说过的，且这些特点能为消费者带来实实在在的利益。在这一点上宝洁公司更是发挥得淋漓尽致。以宝洁在中国推出的洗发水为例，“海飞丝”的个性在于去头屑，“潘婷”的个性在于对头发的营养保健，而“飘柔”的个性则是使头发光滑柔顺。

从这里可以看出，宝洁公司多品牌策略的成功之处，不仅在于善于在一般人认为没有缝隙的产品市场上寻找到差异，生产出个性鲜明的商品，更值得称道的是能成功地运用营销组合的理论，成功地将这种差异推销给消费者，并取得他们的认同，进而心甘情愿地为之掏腰包。

三、能攻易守

传统的营销理论认为，单一品牌延伸策略便于企业形象的统一，减少营销成本，易于被顾客接受。但从另一个角度来看，单一品牌并非万全之策。因为一种品牌树立之后，容易在消费者当中形成固定的印象，从而产生顾客的心理定势，不利于产品的延伸，尤其是像宝洁这样的横跨多种行业、拥有多种产品的企业更是这样。宝洁公司最早是以生产象牙牌香皂起家的，假如它一直延用“象牙牌”这一单一品牌，恐怕很难成长为在日用品领域称霸的跨国公司。

可见，宝洁公司用一品多牌的策略顺利克服了顾客的“心理定势”这一障碍，从而在人们心目中树立起宝洁公司不仅是一个生产象牙牌香皂的公司，还是生产妇女用品、儿童用品，以至药品、食品的厂家。

许多人认为，多品牌竞争会引起经营各个品牌企业内部各兄弟单位之间自相残杀的局面，宝洁则认为，最好的策略就是自己不断攻击自己。这是因为市场经济是竞争经济，与其让对手开发出新产品去瓜分自己的市场，不如自己向自己挑战，让本企业各种品牌的产品分别占领市场，以巩固自己在市场中的领导地位。

从防御的角度看，宝洁公司这种多品牌策略是打击对手、保护自己的最锐利的武器。一是从顾客方面讲，宝洁公司利用多品牌策略频频出击，使公司在顾客心目中树立起实力雄厚的形象；利用一品多牌从功能、价格、包装等各方面划分出多个市场，能满足不同层次、不同需要的各类顾客的需求，从而培养消费者对本企业的品牌偏好，提高其忠诚度。二是对竞争对手来讲，宝洁公司的多品牌策略，尤其是像洗衣粉、洗发水这种“一品多牌”的市场，宝洁公司的产品摆满了货架，就等于从销售渠道减少了对手进攻的可能。从功能、价格诸方面对市场的细分，更是令竞争者难以插足。这种高进入障碍无疑大大提高了对方的进攻成本，对自己来说就是一块抵御对手攻击的盾牌。

（资料来源：曹刚等．国内外市场营销案例集［M］．武汉：武汉大学出版社，2003）

思考题：

（1）宝洁公司多品牌策略有何特点？

（2）哪类企业和产品适于实施多品牌策略？实施多品牌策略有哪些利弊？

（3）在什么情况下应采用统一品牌战略？在什么情况下应采用多品牌战略？

3. 业务模拟训练题

品牌策划实务操作

训练目标：

明确品牌策划的内容；熟练掌握品牌命名的方法；熟悉品牌延伸和品牌拯救策划的方法。

训练内容：

品牌命名策划；品牌延伸策划；品牌拯救策划。

训练操作：

对你所选择的企业现有品牌进行分析，尝试做出品牌延伸或品牌拯救的方案；针对项目五你所创造的新产品进行品牌推广，主要是品牌命名的策划。

成果要求：

提交新产品品牌名的方案：根据命名的原则，至少提出三种不同的命名，然后通过比较选择最好的命名。

项目六
策划价格体系

◇了解主要概念：定价策划；心理定价；尾数定价法；招徕定价法；产品大类定价法。

◇掌握基本理论：终端心理定价策略理论；零定价策略理论；价格调整策略理论。

◇培养综合能力：掌握定价策划的流程；能够运用终端定价的方法定价；能够进行价格体系的设计与策划。

案例导入

茅台酒的价格管控

高端白酒涨价、茅台铁腕控价等均成为近年来的热议话题。高端白酒代表产品飞天茅台价格普遍已经超过1500元，有些烟酒店更喊出1800元的高价。远超茅台董事长在近期茅台酒市场管理工作情况座谈会上提出的53度飞天茅台全国批发价1199元/瓶、零售价1299元/瓶的价格红线。

飞天茅台激进的产品价格反映出市场高需求，同时因此导致的高价出货为部分小经销商带来诸多困扰。值得一提的是，商家自主提价，价高有货；虽然茅台严控的商超渠道价低，但一货难求。此外，家乐福、永辉超市也均处于断货状态，永辉超市销售员指出，往常飞天茅台随时订货随时有，但春节过后，客户都需要提前预留号码“排位”购买。此外，茅台官方网站也同样处于零库存的状态。

对于这种情况，有人道出其中缘由：“现在市场上的飞天茅台，很有可能被渠道大量囤货，等着国庆、中秋旺季高价出售。”可见，自带稀缺属性的飞天茅台，由于成为部分商家投机谋利的对象而更加稀缺，也使真正的消费者失去以合理价格购买产品的机会。

据了解，自2016年起茅台始终处于“半喜半忧”的状态。销售业绩以及回款均实现强势增长，轻松巩固茅台白酒龙头地位；但在渠道控价方面，却让茅台费尽功夫。

2017年4月14日，茅台要求确保茅台酒终端价格稳定在1300元以内，对人为抬高和扰乱茅台酒终端价格的个别市场乱象持以零容忍态度，并将实施强势管控。4月下旬，茅台先后针对16家贵州市场违约经销商、66家国内违约经销商进行通报并追责，原因为私自向电商平台供货，跨区域销售；而后又通报新疆、山东、天津、浙江、云南、四川 6 个省区市场秩序管控不力，解除新疆剑南酒业有限公司等两家经销单位合同关系并实行相应处罚。此外，其余 5 个省区负责人也在绩效方面被惩处。

据了解，自去年下半年至今，飞天茅台的渠道批发价已经从 830 元涨至 1500 元以上，终端零售价则更是水涨船高。对此业内人士指出，茅台目前的管控范围只能对一批商、商超渠道形成制约，二、三批商及零售商并不会受到太大影响。且茅台严控货源和价格，经销商利益空间很小，利益驱使之下大量渠道商囤货等待涨价时抛售，从而导致了飞天茅台有价无货的现状。

白酒营销专家蔡学飞也表示，茅台市场系统中存在人为炒作，违背厂家精神，双方之间的博弈非常激烈。茅台酒厂作为生产商和定价方，正在跟整个白酒市场进行博弈。值得一提的是，除茅台跟销售市场博弈外，茅台也与资本市场形成博弈，因为飞天茅台价格高涨能够为资本市场巩固信心。同时由于产能偏小、历史基因特殊、政府高度扶持等因素，飞天茅台本身就具有稀缺属性，资本市场炒作茅台概念，加之人为地过度关注将会加剧这种紧缺。

当下市场中经销商普遍对茅台预期表示看好，同时对飞天茅台将持续涨价保持一致肯定。某经销商指出："前几年飞天茅台能卖到2000 元以上，就现在涨价情况看来，还有盈利空间。"

据了解，白酒黄金期，飞天茅台价格曾上涨超 2000 元，但由于大量经销商高位接盘、暗中囤货，导致渠道库存高企，飞天茅台价格泡沫破裂。2014 年，飞天茅台零售价跌破1000 元，随后再跌至 800 元，回到 2009 年时的价格水平。主导产品暴涨暴跌，对茅台形成重创，而价格崩盘使经销商损失惨重，为维护渠道资源，茅台费尽精力。

当下飞天茅台严格控货不放量，终端零售价已经向 1800 元逼近，行业质疑茅台或再走价格崩盘旧路。值得一提的是，虽然茅台早已确定放量稳价的战略方向，并于日前承诺，9 月起茅台酒投放量将为普通月份的两倍，但在终端零售价难受管控的情况下，茅台 9 月放量，离国庆旺季还有一个月，期间或将引起新一轮经销商囤货热潮，渠道库存加大，难以达到抑价效果。

正一堂咨询专家杨光对此指出，经历过价格崩盘后的茅台现在相对理性，如果渠道库存高企，应该会针对相应的经销商采取停供等强硬措施。但茅台仅凭铁腕控价并不能完全对终端价格形成制约，茅台更应该加大直接面对消费者渠道的供应量，让更多消费者能以合理的价格买到产品。这样被囤积的库存相应就会被释放出来，使市场价格形成良性发展。

蔡学飞同时指出，茅台目前的状态会持续一段时间，但不会太长，首先高端白酒市场中，五粮液、洋河、泸州老窖均在跟进布局，消费者在茅台碰壁后，消费力将会向其他高端白酒转移；其次，茅台资本市场近期出现松动迹象，近六成基金正在撤出贵州茅台；此外，茅台今年明确表示将放量控价，应该会有更多动作跟进。因为如果产品价格长期保持高位，茅台难免会远离消费者。总而言之，茅台对消费终端价格的管控需要加强。

注：库存高企：库存处于高位，且有进一步升高的可能性。

（资料来源：销售与市场杂志官方网站，http：//www.cmmo.cn/article－206761－1.html）

在营销战术组合中，价格是影响企业利润的最直接的因素，因此对价格的策划无疑应当十分重视。另外，对企业来说，价格策略也因比较容易操作而常被个别企业特别是中间商滥用，导致市场混乱和恶性竞争，因此对价格策略应当慎之又慎。实际上，运用价格策略最重要的就是要满足企业的战略需要，其目的可能是为占领市场份额，完成利润目标，也可能是为取得竞争优势，或者打造品牌形象等。

任务一　价格策划分析

一、价格策划含义

所谓价格策划，就是企业为了实现一定的营销目标，协调处理各种与价格相关事件的活动。价格策划不仅仅是确定产品的价格，而且要协调营销组合其他因素，不断调整价格策略以实现企业的最终目标。在复杂的市场环境下，企业以什么样的价格把产品和服务推向市场呢？什么样的价格才能满足消费者需求和企业发展的需要呢？这是企业的经营者一直都在考虑的问题。

"定价是极其重要的——整个市场营销的聚焦点就在于定价决策。"当雷曼德·考利（Raymond Corey）在20世纪60年代早期于哈佛商学院写下这句话的时候，市场营销才开始被大家认识[①]。价格是营销组合中一个重要的因素，价格策划的成功与否，对企业经营的成败起着关键作用。

这是因为：首先，在营销组合中，价格是若干变量中作用最为直接、见效最快的一个变量，也是消费者最为敏感的。价格的高低对市场的需求有巨大的影响，所以价格策划给消费者和企业的经营者都带来了压力。其次，价格决定着市场营销活动的效果。即使产品的质量很好，包装很独特，渠道策略和促销策略都很合理，但是如果价格与产品不是很协调，这样也不会收到很好的市场效果。

二、定价原则

企业在定价的过程中讲究一定的原则，有一些基本的原则是必须遵守的，主要有效益原则、可行性原则、科学性原则、社会性原则、竞争导向性原则[②]。

企业最根本的目标就是追求利润最大化，效益原则是企业定价的最基本原则。效益原则主要体现在以下方面：企业提高市场竞争地位，扩大市场份额，企业增加销售量，提高市场占有率，符合企业的整体营销策略和长期的发展战略。

企业的定价方法、定价策略对实现企业的目标要具有可操作性。首先，企业要树立正确的定价观念，应该站在顾客的角度定价，以顾客能够接受的价格为前提。其次，价格的制定要能够适应市场。最后，无论是高价策略还是低价策略都要以维护企业利益为前提。

---

① 罗伯特·J. 多兰，赫尔曼·西蒙．定价圣经［M］．北京：中信出版社，2004.

② 孙海燕．如何进行产品定价［M］．北京：北京大学出版社，2004：58－59.

采取低价策略应该考虑企业能获取多少利润，不能以企业长期的亏损为代价；高价策略要充分考虑市场的需求和消费者的购买力。

科学性原则是指用科学的态度、科学的手段、科学的程序制定价格，避免盲目性和主观性，进而制定合理的价格。

社会性原则是企业在制定价格时要遵守国家的法律法规和政策，始终坚持公平、自愿、平等、诚实信用的原则，杜绝价格欺诈行为，维护市场秩序和公平的市场环境。企业在享有市场定价自主权的同时，还应当承担社会义务。企业应当遵纪守法，树立良好的企业形象，当自身利益受到侵犯时，可以利用法律武器维护自己的利益。

定价决策要受到外部环境的影响，在市场竞争激烈的今天，只有把握市场特征，充分了解竞争对手，以竞争为导向性才有利于企业在市场中取得更好的地位和收益，才能做到"知己知彼，百战不殆"。

三、定价流程

产品定价是企业重要决策之一，其过程由多个环节组成，以定价原则为指导，还要不断调整来适应市场的需求。定价过程主要包括：选择定价目标、信息收集及预测、估计定价成本、选择定价策略和方法、价格执行和调整，如图 6－1 所示。

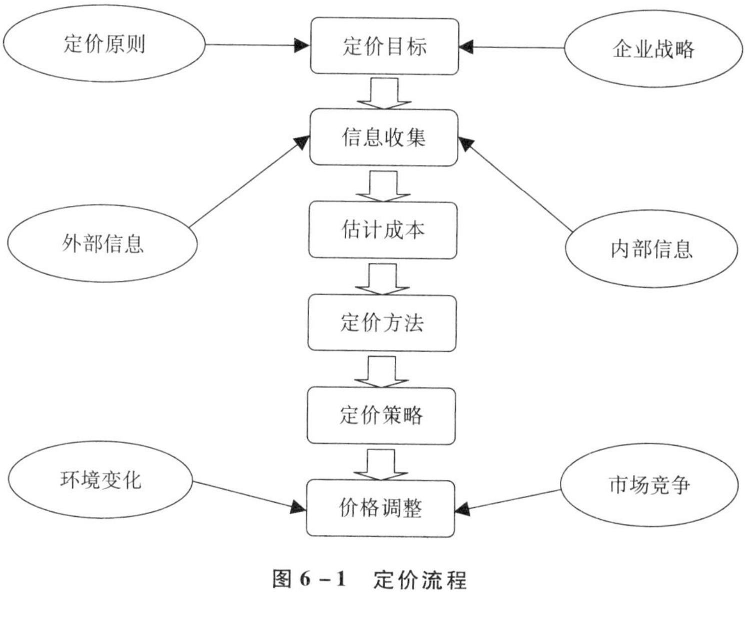

图 6－1　定价流程

（一）选择定价目标

企业发展目标决定定价目标。由于企业自身实力和外部环境的差异，不同的企业定价目标是不同的，同一个企业在发展的不同阶段定价目标也是不一样的。企业的定价目标主要表现在以下几个方面：维持企业生存、适应竞争、提高市场占有率、追求利润最大化、树立良好的企业形象等。

（二）信息收集及预测

价格信息的收集和预测是定价程序的基础，准确、完备、及时的信息和预测是一切科学决策的保证，主要包括内部信息和外部信息两个方面。外部信息有政府的经济政策、市场竞争状况、市场供求状况、消费者的购买力水平、消费者偏好、市场占有率，市场价格水平等；内部信息有产品的质量、企业的预算、生产能力、研发情况等。收集完信息以后，企业要对收集的信息进行提炼与分析，确定影响企业定价的主客观因素，预测未来一段时间内市场格局和消费需求的变化，从而制定合理的价格。

（三）估计定价成本

价格和成本是相互依赖、密不可分的，成本决定了企业定价的底线，反过来定价也会影响成本。企业在定价时要充分计算自己的生产成本（包括一切费用）。成本估价太低，企业可能亏本；成本估价太高，相应的价格也会提高，就可能影响销量和利润。如果企业能够确切地了解自己生产每件产品的平均成本，那么在定价的时候就会显得游刃有余。

（四）选择定价方法

企业的生产成本决定了价格的下限，消费者对产品价值的判断决定了价格的上限。另外，企业也需要关注竞争对手同类产品的价格，因为消费者会拿两者作对比。应当综合考虑影响价格的内部因素和外部因素，以便制定最合理的价格。一般企业选择的定价方法主要有以下三种：

一是以生产成本为依据制定价格的成本导向定价法，这种方法简单、易于操作，但是忽略了市场竞争和消费者的需求。

二是竞争导向定价法，企业在很大程度上根据竞争对手的价格来对自己的产品定价，而很少考虑市场需求和生产成本。

三是需求定价法，也叫价值定价法，是依据消费者的认知价值，而不是销售者的成本来定价的，这就要求企业制定的价格与购买者所认知的价值相一致，充分考虑消费者的利益①。

（五）选择定价策略

定价策略其实就是定价的技巧，根据不同的划分方法可以分为多种类型。例如，按产品生命周期的不同阶段，可以划分为新产品定价策略、成长期定价策略、成熟期定价策略、衰退期定价策略。对某一具体产品定价也可以分为高价策略、适中定价策略、低价策略。选择定价策略时还应当与产品本身的特性相结合，根据企业目标和市场环境的不同选择最合适的定价策略。

（六）进行价格调整

影响价格的因素很多，除了企业自身因素，还要受到市场供求状况的制约。在动态的环境下，企业在制定好价格方案以后，要监督价格的执行，检查定价策略的实施效果，收集和反馈信息，这样才能根据市场变化对价格进行及时调整。

【同步案例6-1】

名创优品的定价策略

名创优品将商品压在10—39元的价格区间内，挡住了更多同业者进场。区别于从前泛滥大街小巷、价低质次的“十元店”，据其创始人叶国富称，品牌为顾客提供更具性价

① 李先国．营销师基础知识［M］．北京：中央广播电视大学出版社，2006：33-34.

比的选择，最重要的经营策略是坚持低毛利。

按8个点来算，2017年名创优品的毛利接近10亿元，减掉研发和人员费用，尚有利润空间。名创优品还计划未来将毛利率控制在6%，通过规模效应实现盈利。过去5年中，名创优品依靠极致的供应链、高杠杆率快速复制开店，实现了高增长，但这注定是需要大量资本的游戏，拓店计划面临着巨大的资金压力。

名创优品虽然号称出自大牌代工厂，99%的设计copy原版，但缩水的高仿巴宝莉围巾、掉渣的粉扑、只持续10分钟的祖玛珑同款香水备受顾客们诟病，冲淡了品牌好感度。名创优品主打低价和同款设计实现高性价比，也牺牲掉了原版的质量和使用感。

被名创优品作为原版对标的MUJI在日本本土走平价路线，进入中国后，反而成为中产人群生活方式的符号，价格也高了一倍。相比名创优品8%的毛利率，MUJI毛利率长期维持在45%以上。

新鲜感过去，消费者们逐渐对品牌的定位差异和两套价格体系并不买账。财报显示，自2017年起，MUJI中国市场的同店销售增幅一直在放缓。

"MUJI=中产生活方式"这一印象如今面临越来越多的冲击。名创优品外，还出现了网易严选、淘宝心选、米家有品、京东京造等一大批"学生"，标着同样的理念、玩着同样的套路，用高性价比吸引消费者。于是，MUJI重新被拉回赛道，名创优品要胜出也同样不易。

为了挽回顾客，MUJI从2014年起在中国推出"新定价"策略，降价频率基本达到每年两次。今年8月，中国市场第八次大降价，平均降价幅度在20%，最高达到了四成。

（资料来源：新浪财经-自媒体综合《中产消费降级尴尬：买不起MUJI，只能去名创优品》，2018年10月15日；百度文库，《MINISO产品销售策略》）

问题：

1. 名创优品基本定价策略和思路是什么？
2. 低价策略存在什么风险？

分析提示：

名创优品走的是低价路线，以低毛利来做支撑，为顾客提供性价比高的产品。低价策略固然能够吸引顾客，但如果产品质量过低，甚至出现不合格产品，或者顾客根本感觉不到高性价比，这种低价策略就会严重破坏品牌美誉度。

【同步实训6-1】

确定某商品的价格策略

［实训目标］

培养学生制定商品价格的一般思路，掌握制定商品价格的基本策略。

［实训内容］

教师事先准备三种商品：一款普通牙膏；一件普通品牌服装；一件名牌服装。让学生为这三种商品定价，比较商品真实价格与学生估价的不同，并分析各自的定价方法。

［实训操作］

（1）首先让学生复习定价的策略，了解定价的程序。

（2）将全班学生分为三组，并选出小组负责人。教师说明训练内容及成果要求。

（3）每个小组选择一件商品进行估价。

（4）每组同学代表向全班解释定价的策略。

（5）老师告知商品的真实价格，如果与估价差别过大，由全班同学分析其原因。

（6）老师对各组的定价方法给予点评。

［**成果要求**］

（1）每个小组成员讨论确定各自商品的定价策略与定价结果。

（2）每个小组选派代表在班里汇报定价结果与定价策略。

（3）每个小组对三种商品的定价方法进行总结。

（4）老师为每个小组打分，小组成员获得相同的得分。另外，老师还要为个别表现突出的同学加分。

任务二　终端价格策划

一、心理定价

（一）消费者对价格的心理分析

心理定价是根据不同消费者购买商品的心理规律来制定的价格。同样的产品，由于不同的消费者对它的感受不同，消费者能够接受的价格也不一样。消费者对价格的心理不一样，就会直接影响其购买行为。常见的价格心理和具体表现见表6－1。

表6－1　定价心理及具体表现

价格心理	具体表现
价格预期心理	预计未来涨价就会抢购；预计降价时就会观望，暂停购买
价格求廉心理	不管有没有需要，只要看到明显降价就有强烈购买愿望，就会购买
价格攀比心理	认为价格高的产品可以显示自己的身份地位，价格低的是没有档次的廉价品

因此，企业应该抓住消费者的心理特点，灵活地制定价格，迎合消费者的不同心理需求。利用心理定价策略不仅可以增加销售量，还能培养消费者对企业品牌的偏爱和品牌忠诚度。

（二）终端心理定价的策略

终端心理定价策略主要有以下几种：

1. 尾数定价策略

“尾数定价”又称“奇数定价”“非正整数定价”，通常以奇数结尾，给消费者便宜的感觉，刺激消费者的购买欲望。如某品牌的54寸彩电标价1998元，给人以便宜的感觉，认为花不到2000元就能买一台彩电，其实它比2000元只少了2元。尾数定价策略还给人一种定价精确、值得信赖的感觉。

尾数定价策略主要用于使用频率高、价值低的产品，对于高档、奢侈品不适用。

2. 整数定价策略

整数定价就是以整数的形式定价，通常以“0”作为尾数，给消费者一种“优质优价”的感觉。比如，以200元、800元、1000元等来表示商品的价格。整数定价要求产品的质量和高的价格是正相关的。以整数形式表现出来的价格，给消费者产生一种品质高、可靠性强的心理感受，在消费者心目中树立高价优质的产品形象。因此，整数定价策略比较适合价格弹性小、优质、高档、名牌、奢侈品和消费者不大了解的产品。

3. 招徕定价策略

招徕定价策略有低价招徕和高价招徕两种。低价招徕，就是利用消费者喜欢买“便宜货”的心理，企业有意定低一种或几种产品的价格，吸引消费者买“便宜货”的同时，购买其他正常价格商品。企业以牺牲局部产品的利益来带动整体产品的销售。例如，北京地铁有家每日商场，每逢节假日都要举办“一元拍卖活动”，所有拍卖商品均以1元起价，报价每次增加5元，直至最后定夺。这种拍卖活动由于基价定得过低，最后的成交价就比市场价低得多，因此会给人们产生一种卖得越多、赔得越多的感觉。殊不知，该商场用的是招徕定价术，它以低廉的拍卖品活跃商场气氛，增大客流量，带动了整个商场的销售额上升，这里需要说明的是，应用此术所选的降价商品，必须是顾客都需要而且市场价为人们所熟知的才行。

高价招徕与低价招徕相反，利用消费者的好奇心理用很高的产品价格来吸引消费者。国外有家餐馆曾经推出1000美元一盘的鸡蛋，被媒体大肆宣传。虽然很少有人愿意购买，但是很多好奇的消费者都愿意去看看。尽管这道菜推出一年，都没有一位消费者尝试，但是餐馆的生意特别的好，人们都喜欢在那里用餐。

4. 小剂量定价策略

有些商品的价格较高，如果计量单位大，商品标价就会很高，会让消费者产生产品昂贵、买不起的感觉。如果采用小计量单位化整为零，这样的价格就很容易被消费者接受。例如，一些名贵药材如果用大的计量单位的话，一单位的价格可能是几十万元，让消费者无法接受。如名贵药材以“克”为计量单位标价，上等的茶叶以“两”为计量单位标价。

二、折扣与折让定价

价格折扣就是为了促进消费者更多地购买商品或者鼓励消费者及早付清货款，根据交易数量、付款方式、交易对象等不同情况给予消费者不同比例的折扣，采取的折扣策略也不一样。

（一）折扣定价策略

通常情况下，企业终端定价常用的折扣定价策略主要有以下几种：

1. 数量折扣

数量折扣是企业为了刺激消费者一次性购买大量商品或者累计消费达到一定数量时采取的一种价格策略。消费者购买的数量越多，单位商品的价格越低。

企业最常用的方法是累计折扣，即消费者在一定时期内累计消费达到一定数量就能获得企业相应的价格折扣。现在很多超市实行的“记分卡制”就是累计折扣，消费者每次消费会积累一定的积分，达到一定的积分就获得相应的折扣。一次性折扣就是一次购买达到一定数量获得相应的折扣。比如，一些商店承诺顾客购物满200元获得10%的优惠，满400元获得20%的优惠。有些超市采取“买四赠一”“买大赠小”等形式。

2. 现金折扣

现金折扣主要是用于大批量订购过程中的价格策略。如果购买者在规定之日之前付款，可以得到一定比例的现金折扣。其目的就是鼓励顾客尽早付款，加速资金周转，减少风险。现金折扣主要是对中间商有很大的诱惑力，同时也能提高上游厂商产品的市场占有率。例如，在合同条款中经常会看到，要求全部货款在30天内付清，如果在10天内能付清，卖方将给予买方3%的现金折扣。

3. 季节折扣

季节折扣主要是针对季节需求差异的商品，企业为了刺激消费者在淡季购买而采取的低价格的促销策略。在日常生活中季节性折扣比较多，很多季节性较强的商品，如服装、啤酒、空调等，旺季购买价格很高，到了淡季以后就会大幅下降。其实服务业的消费也具有季节性，如旅游行业的季节消费性就很明显。

企业采取季节折扣不仅有利于企业减轻库存，加速商品的流通，迅速收回资金，而且还能促进企业的均衡发展，充分利用资源和设备，避免季节影响需求变化带来的风险。

【同步案例6－2】

银座美佳西服店的折扣销售

背景资料：

日本东京银座美佳西服店为了销售商品采用了一种折扣销售方法，颇获成功。具体方法是这样：先发一个公告，介绍某商品品质性能等一般情况，再宣布打折的销售天数及具体日期，最后说明打折方法：第一天打九折，第二天打八折，第三、四天打七折，第五、六天打六折，依此类推，到第十五、十六天打一折，这个销售方法的实践结果是，第一、二天顾客不多，来者多半是来探听虚实和看热闹的。第三、四天人渐渐多起来，第五、六天打六折时，顾客像洪水般地拥向柜台争购。以后连日爆满，没到一折售货日期，商品早已售缺。

问题：

这个案例对你有什么启示？

分析提示：

终端定价一定要把握消费者的心理。本案例的折扣定价策略之所以成功，在于准确地抓住了顾客的购买心理，有效地运用折扣售货方法销售。

（二）折让定价策略

折让定价是一种特殊形式的折扣策略，是企业对消费者的一种额外的补偿。常见的终端折扣让价有回收让价和免费服务让价。回收让价也称以旧换新让价，比如家电、汽车、电脑等耐用品采用以旧换新来刺激消费。这些耐用品的使用周期很长，采用以旧换新的策略能够诱发消费者的购买欲望。免费服务让价是在提供有形产品的同时，向消费者提供免费的服务。例如，免费送货上门服务、免费安装服务、免费维修和技术指导等。从单纯的价格竞争转向服务竞争，这种策略是海尔、戴尔等企业取得成功的重要因素。

课堂思考

回想一下，你在购买商品的过程中，有没有发现其他特别的终端定价方法？你都享受过何种折扣或折让的优惠呢？

三、零定价策略

零定价是现在较为流行的定价策略，是指企业提供给消费者免费的产品或者服务。在市场竞争日益激烈的今天，通过零定价企业可以迅速占领市场，达到很好的广告效应。零定价仅仅只是销售商进入市场吸引顾客的一种手段，企业最终还是会通过销售相关产品来获取利润。

（一）零定价策略的主要形式

1. 优惠券

优惠券是零售商或者制造商发给消费者的一种购物凭证。消费者凭优惠券购买促销品牌的商品或者到指定销售地点购物，可以获得相应的优惠折扣。现在优惠券的方式多种多样，有代金券、赠物券、抽奖券等。通过优惠券，产品不需要降价，既避免了降价对产品和企业形象造成的损害，又利用消费者爱占便宜的心理刺激了消费。

2. 提供增值服务

这种形式在提供网络产品和服务的销售商中占主要地位。许多网络服务商在提供产品的同时提供许多免费服务供消费者选择。例如，腾讯公司提供QQ聊天软件的同时，还提供了免费邮箱、免费音乐、QQ表情、QQ游戏等很多免费功能。但是还有许多功能是需要花钱的，如QQ秀、会员功能等，企业主要是靠这些产品赚取利润。

3. 限制性免费使用

这种形式是在一定时间段内或者一定次数之内免费，等达到限制时间或限制次数之后产品就无法使用，如果消费者继续使用就要付费。例如，卡巴斯基杀毒软件有时候会免费赠送消费者使用一个月，一个月之后病毒库将无法继续更新，消费者要继续使用就得再付费。这种方式最主要的优势就是可以吸引消费者，收到很好的广告效应，但是免费使用的时间很难具体把握。

（二）实行零定价策略的注意事项

零定价需要企业投入大量资金，具有很大的风险，企业在使用零定价时有很多问题要注意。

首先，零定价要选择合适的消费对象，只有把实行零定价的产品和服务推向目标消费群体，才能降低免费产品和服务的流失，达到很好的促销效果。比如美容卡的赠送对象一般为年轻女士，她们再次消费的可能性比较大。

其次，采用何种推广方式把免费产品和服务送到消费者手中，包括推广的地点、时间和媒体的选择都会起到关键的作用。

最后，企业在前期推广阶段投入了大量的资金，快速实现后续的收益这才是企业采取零定价的根本目的。企业在推广阶段结束后应当健全自己的销售渠道，铺货到位，加大人员推销力度，也可以把获利的产品捆绑销售给消费者①。

【同步案例6-3】

李宁的定价策略

2015年2月7日，一组国产老牌运动服装“爆红”纽约时装周的照片传回国内，刷爆了朋友圈。这组照片正是拍自李宁在纽约时装周的发布会。

数据显示，在发布会结束不到一分钟，已经有多件新品在官网上显示为“售罄”；在2月8日的当天，李宁的微信指数暴涨了近700%。发布会后的3天里，李宁的微信指数暴涨至近2000万次，李宁纽约时装周的文章曝光总量更是超过了1500万份。

此次火爆网络的新系列名为“悟道”。从一组被疯狂转发的照片可以看出，该系列采用了时下最受欢迎的时尚元素，融入了特色鲜明的汉字和怀旧的图案，并将代表中国奥运会的经典颜色（番茄炒蛋）搬上了秀场，致敬了奥运历史上第一套中国领奖服。业界认为，这使得国民的民族认同感大大提高，市场反响颇好，在网络上引发了“这还是我认识的李宁吗”的病毒式刷屏。以此为良好的开端，创始人李宁也在2018年剑指重回辉煌时期的100亿元年收入目标。

一、李宁的新上市产品定价策略

（1）一般对于新产品，李宁会采用高价撇脂定价策略，利用消费者猎奇求新的心理，以尽可能高的价格投入市场，同时以大量的促销费用加以支持。

（2）李宁悟道加入了丰富的时尚元素和科技元素，所以成本会比较高，采取了成本加成定价法。

（3）对不同产品采用产品细分定价。李宁悟道按照不同的时尚元素对其产品进行细分，时装秀款和商品款价位是不同的。

二、价格调整策略

1. 折扣定价

（1）数量折扣。李宁网店在悟道系列文化鞋上会设置优惠券，通过领取优惠券来给顾客一个折扣优惠的心理暗示，促进产品销售。

（2）季节折扣。例如在夏末或秋季时期，李宁会对上一期设计风格的文化鞋进行降价处理。

2. 促销定价

（1）特别事件定价。李宁经常利用一些特别事件或某些节假日，把其一部分产品作较大幅度的削价，吸引更多的顾客前来购买。例如，在“双11”期间，悟道也参与“双11”的减价优惠。

（2）现金回扣定价。现金回扣定价也是李宁定价的惯用策略，每一年李宁一般都会在活动期间推出满减。

（资料来源：https://news.cfw.cn/v240510-1.htm，《“悟道”现象级爆款让李宁完成逆袭，重返辉煌还有距离》，2018年3月21日，有较大改编）

---

① 骆品亮．定价策略［M］．上海：上海财经大学出版社，2006：57-60.

问题：

李宁品牌的定价对我们有什么启示？

分析提示：

一般情况下，定价的具体方式不是单一的，不同产品、不同时间、不同场合下，应当采用不同的定价方式，以求在吸引顾客的同时也能获得目标利润。

任务三　价格结构策划

许多企业并不是只生产经营一种产品，而是生产经营多种产品，这些产品之间往往具有这样或那样的关联关系。不同产品之间的价格策略是有区别的，如果企业只从某一种产品的生产特点、市场情况出发定价，就会影响其他相关产品的销售，进而影响总的营销目标。

因此，生产多种产品的企业，应当考虑产品组合定价策略，它包括产品大类定价、替代品定价、任选产品定价、附属产品定价、副产品定价。

一、产品大类定价

所谓产品大类定价法，是指企业根据产品的品种、规格、型号，将产品划分为几大类，每一类制定一个价格，这样就避免了一物一价。实行产品大类定价，虽然产品的型号、种类、规格很多，但是只由几个价格组成。这样，便于顾客按质选择商品，易于做出购买决策，且能简化交易手续、节省时间。

运用产品大类定价时分类不可太多，价差要合理得当，如果差价过小的话，顾客就无法分辨产品品质的好坏。现在水果、蔬菜、服装等商品通常采用产品大类定价策略。

二、替代品定价

替代品定价，是企业根据产品之间的替代关系，有意识地确定替代品之间的价格比例，以达到扩大销售、增加利润的目的。由于替代品在功能上的替代关系，消费者在选择替代品时，更偏向于价格的选择。因此，企业可以根据替代品之间的价格比例诱导消费者的购买行为，即提高本企业一种产品的价格，以此诱导消费者购买本企业其他价格较低的替代品，以扩大低价产品的销售量，增加企业的总利润。

应用替代品定价策略必须具备一定的条件，一是本企业生产的产品具有替代性；二是低价产品销售量增加带来的利润应大于因提价产品销售额的减少而损失的利润。超市中的许多日用消费品都是采用这种定价法。

三、任选产品定价

许多企业采用任选产品定价法，即在提供主要产品的同时还提供任选产品或者附加产品与之搭配。比如服装行业，冬天在购买厚外套的同时，还有帽子、围巾供大家选择。

任选产品定价方式主要有两种：一是任选产品采取高价策略，通过任选产品获取利润。例如，一些酒店就是利用这种策略，主食饭菜很便宜，但是烟酒、茶水很贵。二是任选产品的价格很低，以此来招徕顾客，通过主要产品获取利润。

四、附属产品定价

附属产品定价又称为互补产品定价。有些产品必须和主体产品一起使用，这些产品经常会使用附属产品定价法。附属产品的例子有剃须刀片、照相机胶卷、电脑产品的一些软件等。一般主体产品购买频率低、需求价格弹性高，附属产品的购买频率高、需求价格弹性低。

在服务行业这一策略被称为两部分定价法，服务的费用分为固定费用和可变费用。例如，电信公司的收费，每月月租即固定费用，还要根据使用的具体量收取额外费用。

五、副产品定价

在许多行业中，在生产主产品的过程时，常常会生产出副产品。如果这些副产品对某些客户群具有使用价值，可以根据副产品的价值定价。一般情况下，副产品实行低价策略。这是因为副产品的销售既不以获取盈利为目标，也不以扩大市场占有率为目标，主要是为主产品的生产和销售提供条件。副产品的收入多，将使公司更易于为其主要产品制定较低价格，以便在市场上增加竞争力。因此，制造商需寻找一个需要这些副产品的市场，并接受任何足以抵补储存和运输副产品成本的价格，可以说对企业而言，不亏本是副产品定价的底线。但是一些企业根本没有意识到副产品的价值。例如，养鸡场的主要产品是鸡蛋和鸡肉，但是鸡粪的价值就被忽略了。鸡粪可以卖给农民种地，当作很好的肥料，还可以卖给养鱼场，用来喂鱼。

任务四　价格体系策划

价格体系是指一个国家或地区内各种商品、服务和生产要素的价格相互关系的有机整体，体现了各种价格之间相互联系、相互制约的内在关系。从狭义上讲，商品价格体系是企业结合自身的整体营销计划，针对不同市场区域、不同渠道成员、不同等级经销商所制定的一套与价格相关的销售策略。具体包括：企业的出厂价、提供给一级经销商的价格、对其他各级经销商的指导价格以及终端建议价格，还有一些其他价格政策，如返利、促销费用等。

一、价格体系中存在的问题

价格体系直接反映企业的营销能力和管理水平，体现了企业对渠道成员的控制和调节能力。价格体系遭到破坏的主要因素有：

（一）经销商布局管理混乱

经销商布局不合理，在同一个市场上同时存在多家经销商，他们之间为了争夺客户，经常会打价格战。厂家在同一市场上有多家销售部门和分公司，他们由于销售的是同一产品，所以就会串货。乱价和串货必然损害价格体系。

（二）标准不统一

企业在制定销售价格体系时，给了经销商很大的利润空间，但没有制定指导价格作为标准。经销商就会根据不同的市场需求，在利润空间范围内制定各种价格，造成价格体系的混乱。

（三）与经销商关系破裂

企业对经销商的激励不够，给予经销商的支持不够，或者不兑现承诺，引起一级、二级经销商、终端零售商的抱怨和不满，以致他们故意扰乱市场价格。对于一些库存太多或者滞销的商品，如果厂家不予以退换，他们就会大幅降价销售，清仓处理。价格体系遭到破坏，损害的是企业自己的利益。

（四）销售目标太高

企业在给经销商制定年度销售任务时，任务太重，不切合实际，经销商在压力之下被迫降价。或者，业务人员担心任务完不成，纵容经销商降价，这样就有意破坏了价格体系。

（五）返利透明化

企业对经销商的返利政策过于透明化，当经销商到达一定返利点以后，自然有价格优势。有一些经销商通常会把返利计算在进货价里面，为了达到返利点就会降价销售，所以经常会出现二级经销商比一级经销商价格还低的情况[①]。

二、如何建立合理的价格体系

设计合理的差价体系也是企业核心竞争力的重要体现。价格体系的设计主要针对渠道层面，如何针对渠道设立合理的价格体系是非常重要的。那么，企业如何才能建立合理的价格体系呢？

（一）选择合理的经销商

要建立合理的价格体系，靠什么来维持差价呢？当然就是经销商，他们是差价体系形成的物质基础。企业通过一定的渠道管理和服务来帮助经销商进行销售，实现企业和经销商的共同利润。这就要求企业在选取经销商时，要选取能给产品带来增值的经销商。现实中有很多经销商为了利用企业品牌获取利润，一心只想串货，不对下级客户提供服务、经常乱降价，根本不能使企业产品升值，他们是价格体系的破坏者。

他们的存在已经严重影响了渠道的发展，破坏了价格体系。有很多企业对于这种经销商并没有采取措施，他们只看重经销商的分销能力。很多经销商分销能力很强，但是并不能在商品流通中体现更多的价值，反而使产品价格越来越低，导致很多平级经销商的抱怨，消费者的售后服务也不到位，严重扰乱了市场秩序。如果不清除这种经销商，就不可能建立起合理的差价体系。

因此，很多企业不再寻找这种恶霸形式的经销商，而是开始与一些规模不大但认同企业文化和理念、服务到位、易于控制的经销商合作。这些经销商通过自己的努力促使企业产品不断增值，使下线客户和消费者满意。认同企业价值，能够与企业共同发展的经销商

---

① 高冀江．建立合理的价格体系［J］．铁道运输与经济，2001（09）．

是建立合理价格体系必不可少的条件。

（二）价差体系划分要平衡

在现实中这种方法实施起来很难，有些经销商会因为没有优势而放弃经销这种产品的机会。这就需要企业在选择经销商时要考虑经销商之间的实力不能太悬殊，如果实力悬殊太大就应该分等级，或者实行总经销制，由一些大经销商和企业共同管理小的经销商。企业要保证经销商之间的返利公平，平时给他们的优惠措施一样，使他们不会利用成本优势进行价格竞争，这样，合理的价格体系就很容易建立起来了。

（三）找到不同渠道间的平衡点

一个企业要有很多渠道的话，在设立价格体系时就要找到不同渠道之间的平衡点。例如，同一产品，在A渠道是一个价格，在B渠道应该稍微贵一点，在C渠道再稍微便宜一点，这样的话就不至于不同渠道之间相互串货。如果能找到几个平衡点，渠道之间的差价体系就容易设计了。

【同步案例6-4】

剑南春最新价格体系

2017年9月13日，四川汇金商贸发布《关于水晶剑市场维护工作的安排》文件，其核心内容为：第一，在10月22日前，各办事处按照不低于418元/瓶的标准，完成对烟酒店终端价格标签更新；已有的标签价418元/瓶，要求在原有标价基础上提高15元，由市场管理部负责检查；第二，商超日常标价调整到418元/瓶，由KA事业部通知监督执行；第三，电商日常标价调整到418元/瓶，秒杀价不低于398元/瓶，大促时不低于378元/瓶，由电子商务部通知监督执行；第四，办事处进行市场清理的串货价调整到355元/瓶，市场管理部监督执行。

文件中指出，剑南春集团公司在第一阶段“调整水晶剑（500ML）市场最低出货价不低于335元/瓶”的目标已顺利完成，目前执行第二阶段的价格调整，明确要求向客户宣讲本次价格调整目标及终端陈列、市场清理等具体措施。

此前，剑南春还对水晶剑、珍藏级以及金剑南K6的终端零售价进行了调整，分别要求不得低于398元、528元、178元。

同一天时间，剑南春还发布了《关于珍藏级剑南春价格、政策体系调整的通知》，自10月22日起，分别上调珍藏级剑南春各系列产品的出厂价和建议成交价：出厂价调整后分别为52度523元/瓶、46度500元/瓶、38度468元/瓶；建议成交价调整后分别为52度568元/瓶、46度528元/瓶、38度488元/瓶。

今年以来，剑南春一直呈现出强劲的增长势头，销售业绩、市场表现都足够抢眼。对于价格调整，剑南春保持着小幅、低调的调价节奏，同时经销商也都期待有更加稳定、充足的利润空间。

因此，拥有业绩做支撑的底气，也有良好的市场预期，再加上国庆、中秋双节旺季的绝佳时机，在综合考虑厂家、经销商以及消费者多方利益的前提下，剑南春对旗下核心产品的价格调整绝对是“稳中取进、价格回归”的表现。

（资料来源：https：//www.sohu.com/a/191927872_158832，《水晶剑涨至418，剑南春最新价格体系流出！》，2017年9月14日）

问题：

1. 企业为什么要保持合理稳定的价格体系？

2. 稳定的价格体系为剑南春的发展起到了什么作用？

分析提示：

合理的、稳定的价格体系，一方面能够满足顾客的预期，使销量保持稳定，另一方面也能满足厂家和中间商的利润需求。剑南春持续不断地维护价格体系，使其经销商体系稳定，渠道的稳定也为企业的持续发展提供了强劲的动力。

（四）认识价值链的重要性并进行多级控制

认同价值链原理，就是承认渠道各级之间不是相互独立的，而是密不可分的。销售渠道就是企业通过各级渠道成员建立起了一条通达消费者的价值链，渠道成员是价值链中最重要的因素。产品流通的过程是否通畅，产品在销售过程中会不会不断货，同级经销商之间是否恶性竞争，渠道成员数量和区域分配是否合理，产品在流通过程中是否会增值，是渠道建立好坏的重要标志。

很多企业只关注一级经销商，而不管下级经销商或者终端零售商，对企业来讲，就没有建立完整的价值链。企业若只做一个层级的经销商，制定价格体系时会遇到很多困难。如果经销商开发自己的下级客户的理念和能力不足，他们往往就会找企业要更多的渠道开拓费用、促销政策，若政策给予不平衡就会使价格体系失去平衡。有的经销商只是一味地向企业要条件，根本没有建立自己的下级经销商。所以，如果企业只控制了一级经销商，无法控制低一级经销商，这样不健全的价值链自然会影响价格体系的建立。

【同步案例 6 -5】

伟星新材的渠道价格管控

伟星新材，主营塑料管材，主攻家庭装修零售市场。该公司全国零售网点达 3 万家，均按公司规定的统一零售价销售（公司设有天猫旗舰店，但主要目的是起到宣传及线下零售店的价格示范作用），零售商可获得零售价 15% 的销售提成。

要让遍布全国的 3 万家唯利是图的零售商乖乖地按统一价销售，这谈何容易？公司督察部门在各地分公司都配有督察专员，督察专员会临时聘用内外部人员作为神秘顾客按特定日期及路线访问当地的伟星管材零售店。若零售商有低价销售的意图及行为（以神秘顾客与零售商店员的谈话录音为证据），每发现违规一次，公司处以价格违规罚金 150 元（从销售提成里面直接扣除），若屡教不改则停止供货。神秘顾客每访问一家特约零售店，可获得 50 元酬劳，若发现有价格违规意图或行为，则可获得 150 元的特别酬劳！

（资料来源：《电商时代的渠道价格管控做到就赚大了！》，2017 年第 3 期，http：//www.cmmo.cn/article - 205010 - 1.html）

问题：

1. 伟星新材为什么要做渠道价格管控？

2. 如何防止渠道商随意扰乱价格体系？

分析提示：

稳定的价格体系是拥有稳定渠道体系的前提，但在渠道管理缺失的情况下，渠道商是不会自然地维护价格体系稳定的，这需要由厂家运用各种限制措施来实现。常见的防止串货、渠道商扰乱价格体系的方法有神秘访客、技术手段、经济手段等，除此之外，加强与渠道商的沟通、构建利益共同体、使用特定的业务软件系统等，也是较为有效的方法。

（五）采取合理的区域市场定价

在区域市场我们可以采取统一定价和差别定价。企业为了防止因地区价格差异造成价格混乱和串货，可以实行全国统一定价策略，距离较远的经销商运输费用由厂家补贴。统一定价有以下几个好处：第一，有利于厂商树立鲜明的品牌形象，体现厂商的实力；第二，可以保证各方收益的稳定，避免区别定价和讨价还价影响经销商和零售商的收益；第三，便于厂家制定渠道价格；第四，可以增强用户的购买信心，不会对价格产生不信任和降价预期，增加用户的忠诚度。

统一定价对厂家提出了很高的要求，厂家必须有非常好的渠道管理能力，否则，统一定价政策就难以得到贯彻，各地零售店会采取各种方法降价销售来扩大销量。厂家在渠道内必须有很强的发言权，所以，一般只有名牌企业或连锁企业才有可能采取统一定价。例如，松下公司为了保证笔记本的统一价格策略收到实效，制定了完备的制度和透明的奖励计划。为了防止核心代理违反价格规则以及串货，松下公司制定了相关的惩罚制度，价格的管理落实到责任人。在快速消费品行业，很多大型企业已经采取这种方式来控制价格体系。例如，饮料行业的终端陈列费、啤酒行业的运输费用等，企业有针对性地给予经销商一些补贴。由于所有经销商进货价相同，这样经销商价格变化的空间都一样，价格混乱的现象就很容易控制，价格体系也就不容易遭到破坏。

统一定价的弊端也是明显的。第一，由于区域市场的差异性，同样的定价在各个区域市场所对应的目标客户群会有所差别。例如，如果在高收入地区针对的是中等收入阶层，则在低收入地区针对的客户群就变成高收入阶层，品牌定位出现差异。有些企业为了避免统一定价这个弊端，把自己的销售区域局限在同类型的市场，例如三星就在中国选择了10个最大城市作为自己的目标市场，放弃了其他城市。第二，低收入地区的市场潜力会受到遏制，因为在高收入地区适当的价格，在低收入地区就显得偏高，所以许多企业实行差别定价。差别定价最有利的一面就是有利于开发当地市场，因为各地的价格都是根据当地市场的购买力来制定的，最不利的一面则是可能会出现串货。此时返利不应仅是一种奖励手段，而应成为一种管理工具。返利既要起到激励经销商的作用，又要起到管理和控制经销商的作用。因为返利奖励不是当场兑现而是滞后兑现的，也就是说，经销商的部分利润是扣在厂家手上的，因而厂家就掌握了主动权。如果厂家返利政策用得好，就可以使返利成为一种管控经销商的工具。

比如，某厂家的返利政策是这样的："经销商完全按公司的价格制度执行销售，返利3%；经销商超额完成规定销售量，返利1%；经销商没有跨区域销售，返利0.5%；经销商较好执行市场推广与促销计划，返利1%。"

依照这种返利政策，如果经销商没有乱价串货的行为，就可获得至少3%以上的返利，如果经销商通过各种不规范手段把销量提上去，也只能获得1%的返利，即使销量再大经销商也是得不偿失。经销商既超额完成销量，又没有乱价串货行为时获利是最大的。有些厂家管理更严格，只要经销商有乱价串货行为，其年终返利将被全部取消，这对经销商来说损失也是很大的。这样，厂家不仅没有使返利成为乱价串货的诱发剂，还利用返利来抑制经销商串货等短期行为。所以，对企业来讲，有效的管理方法对于市场区域稳定具有十分重要的影响。

任务五 价格调整策略

在产品销售的过程中，随着市场环境和竞争对手以及企业自身的变化，产品的价格并不是一成不变的。为了适应市场需要，企业必须不断地进行价格调整。

一、提价策划

产品提价是消费者、供应商和企业都不愿意看到的。企业提价是要冒着一定风险的，但是在一些情况下企业为了适应市场和避免亏损不得不提价。企业在进行提价时应当选择准确的提价时机，制定恰当的提价策略。

（一）提价时机

1. 产品供不应求

需求在一定程度上决定了价格。对于市场上稀缺的产品，企业可以适当提高产品价格，一方面可以通过提高价格缓解需求的压力，另一方面也可以通过提高价格获得利润。在市场上产品供不应求的情况下，适当提高产品的价格不会带来销量的下降。

2. 竞争对手涨价

如果同行业产品价格提高了，企业也可以采取相同比例的提价策略。这样做有利于维持产品在市场中的地位，树立优质产品的形象。

3. 产品优势很明显

当企业产品在市场上占主导地位，有一定优势时可以提价。消费者对该品牌有一定忠诚度，而且市场的优势地位树立了产品在消费者心中的形象。采取适当的提价策略，定价稍微高于竞争对手的同类产品，这样更能凸显产品的优势。适当的提价不仅不会减少市场份额，还会带来利润的增加。

4. 通货膨胀

在通货膨胀的大背景下，市场上整体物价水平上涨。如果产品提价幅度合理，就不会影响产品的销售，消费者是可以接受的。

（二）提价策略

消费者对产品提价是很反感的，在这种情况下采取暗调策略，不仅使消费者感觉不到产品价格的上升，还能达到提价的目的。市场研究表明，一般产品提价以5%为界限，这也符合消费者的承受能力。常用的暗调策略有以下几种：

1. 改变产品型号、种类

这种变相提价的方式，在工业品、电子科技产品销售中很常见。因为这些产品在制造工艺上有很大区别，往往是一个系列产品有很多型号，这对于提价来说很容易。对于一些电脑厂家来说，当某一型号的产品在市场上已经不能继续增值，或者面临竞争降价威胁的时候，他们就会停止生产这种型号的产品，取而代之的是新的换代产品。他们在换代产品中融入新技术含量，更换外包装然后以很高的价格出售。这种方式的提价就是消费者感觉不到的，在消费者看来新的更新换代产品自然价格要提高，因此很容易接受。这种变相的提价方法可以说是科学的、艺术的。

2. 改变产品数量和质量

对于消费者来说，他们对一些产品尤其是日常消费品的价格已经习惯，如果突然提价消费者就不再愿意购买，这样做就会导致市场份额减少。企业可以通过减少产品的数量和改变产品的质量来维持价格不变。当竞争对手提价的时候，企业强调自己的价格不变，会收到很好的效果。

产品的数量减少了，应在包装上明确标出，不能欺骗消费者。企业可以选取一些廉价的原材料，降低产品的成本也就降低了价格。但是，这种做法不是长久之计，如果消费者发现了，他们会有一种被欺骗的感觉，这样就会损害企业的形象，不利于企业的长远发展。

3. 产品组合报价

将一些相关产品组合在一起，做成精美的包装进行套装销售，这样价格就要比单件产品的价格高出很多。由于是多件组合销售，平均在单件产品上的提升价格就会变得很小，多件产品价格加起来就会影响消费者的心理判断。这种策略经常用在化妆品、礼品的销售上。

4. 减少折扣

企业在进行产品价格折扣的时候，本身就需要大量的资金成本。如果企业在保持价格不变的条件下，停止折扣或者减少折扣就会节省成本，增加营业收入。企业也可以暂停一些免费的服务或者改成收费的服务。消费者从价格本身是感觉不到这种变相的提价方法的，不会有反感的心理。

5. 多次小幅度提价

如果一次大幅度提价，企业可以采取有规律的多次小幅度提价。例如，某产品想把价格由5元提到10元，可以先提高到7.5元，等过一段时间消费者接受以后再提高到10元。这种把提价目标分几次实现的方式，不会让消费者感觉太突然，心理上能够承受。

二、降价策划

在激烈的市场竞争下，采取合理的降价策略可以迅速占领市场、打击竞争对手，合理的降价能给企业带来丰厚的回报。但是降价的风险依然存在，如果降价不合理就会造成与竞争对手之间的恶性竞争，损害了企业的形象，这样降价就得不偿失了。因此，何时降价、采取什么样的降价策略是降价前需要考虑的问题。

（一）降价时机

1. 产品处于衰退期

产品处于生命周期的衰退阶段，市场上产品供过于求，消费者购买不积极，这时候企业可以降价。通过降价，可以加速产品的销售，减少库存，使企业能够快速收回成本，降低风险。

2. 竞争对手降价

竞争对手的产品降价，如果企业的产品不进行降价，可能就会流失一部分顾客，造成市场份额的减少。这时企业的降价就是一种被动降价，可以相应地降低价格来保护自己的市场份额。

3. 企业实力雄厚

如果企业实力雄厚，可以先降低价格来获取市场，占领市场以后再获利。企业实力强就可以进行大规模生产，大规模生产必然带来成本和费用的减少，实现规模效益，通过薄利多销获取大量利润。

4. 阻止竞争对手进入

当产品进入成熟期以后，降价可以防止竞争对手进入市场。通常在产品成熟期以后，企业投入的成本已经收回，这时只要获得很少的利润就能满足企业的需要。它们通常会有意地降低产品价格，竞争对手就无法实现预期的利润，进而有机会将新进入市场的竞争对手挤在市场之外。

（二）降价策略

采用什么样的降价方式，既能吸引消费者购买，又能使企业获取足够的利润，这是很多企业一直考虑的问题。市场上有直接降价和间接降价两种形式。直接降价的效果是明显的，能够很大程度地刺激消费者，也很容易吸引媒体的关注。但是竞争对手也很敏感，容易造成价格战，这样企业的利润就会减少。间接降价的方式很多，例如加大包装、派赠品、折扣等。但是间接降价的效果对于消费者来说不如直接降价明显。常用的降价策略有：

1. 实物赠送

现在很多企业采用这种形式，买一件产品，再赠送一件该品牌的相关产品。例如，某品牌的洗发水采用的促销降价方式就是消费者每购买一瓶洗发水就赠送一瓶沐浴露。企业通过赠送实物的形式达到降价的目的，又不影响产品的形象①。

2. 美化包装

有些企业的产品本身并没有改变，只是换了精美的包装，看起来就显得产品很高档，但是价格没有改变。在消费者看来，新的产品比原来的产品价值提高了，而且价格没有改变，这样就会吸引消费者购买。

3. 数量改变

产品数量增多了，价格没有变化，这也是一种变相的降价。消费者更愿意接受相同价格而且数量多的产品。现在很多企业销售的“大包装”“家庭装”就是这种策略。像一些饮料企业经常会在产品上打上“多了20%”这样的标语，让消费者感觉到了实实在在的便宜。

4. 直接降价

当市场处在通货紧缩的经济条件下，市场经济不景气，购买力下降，产品很难销售，这时的产品应当直接降价，可以在一定程度上刺激消费者购买该产品。对于一些陈旧产品或者过时的产品应当果断降价，加快资金的回收。降价会影响企业的收入和利润，企业在

---

① 程伟，罗尚秀. 金牌营销经理［M］. 深圳：海天出版社，2004：95－98.

决策降价时应当权衡利弊，慎重做出决策。

课堂思考

上面我们讲到了提价和降价策划，你认为两种策略各有什么优势？通过搜集相关案例，说明企业在运用两种策略时潜在的风险。

【同步案例6－6】

嘉利公司的价格调整

原材料价格上涨，必然带来产品成本的上升，部分微利产品此时已经变成亏损产品，怎么办呢？这是当时横亘在嘉利公司营销高管人员面前的一道难题。价格到底涨不涨？如何涨？这成了当时最难解决的问题，比串货“救火”还着急。经过深思熟虑，嘉利公司决定采取如下措施：

1. 亏损产品，而难以砍掉的，实施改良的方式，变相提升价格，比如，降低克重，压缩箱子成本，调整料包等，不动声色地进行涨价。

2. 对于不能改良且亏损而又销量较大的产品，实施过渡涨价的方式。具体措施是，在规定的时间内，比如，一个月内保持原价，一个月后开始涨价，给经销商一个过渡期，以让他们更好地调整产品和市场。

3. 主推价格高的中高档新产品，尤其是重点开发新市场，降低价格影响系数，同时，通过给经销商预留足够的利润空间，加大对市场的统一策划力度，通过广告、促销活动等，拉动消费者尝试消费，转移价格敏感度。

4. 以400千米为限，实施按千米数不同给予不同定价的方式。比如，价格调整为400千米内价格；400千米—800千米内价格；800千米以外价格，从而区别对待，避免“一刀切”式的涨价或者提价。

问题：

1. 企业提价的策略有哪些？

2. 本案例中采用了什么提价策略？

分析提示：

价格是渠道商及顾客最敏感的因素，在价格策略调整方面，嘉利公司采取了一种比较稳妥的方式。有的企业在一片“涨声”中，失去大片的领地与市场。而嘉利公司通过稳健的价格调整策略，慢慢恢复元气，并逐步获得了市场的主动权。

任务六　价格策划的误区防范

一、定价偏高

有些企业在市场上采取高定价策略，就是要在短期内收回成本并获得利润，坚持多久算多久。如书籍、药品、保健品、房地产产品等，在这方面表现尤为突出。这是一种以企业成本为基础的定价方法，在制定价格时没有综合考虑其他因素对价格的影响。

在确定产品价格之前，我们应当考虑影响定价的因素有哪些。影响定价的主要因素有三个方面：成本、竞争和需求。成本决定了价格的底线，需求决定了价格的上线，那么竞争就影响了产品在市场上的地位。一些企业在定价时忽略了消费者的需求和竞争对手产品的定价情况，为了获得利益就采取高价策略。对于高价产品，消费者会通过自己的直观感受，或者与竞争对手的同种产品进行比较来判断产品的价值。消费者如果感受到的价值与价格不一致，也不会购买。

因此，企业在策划定价时，应当进行市场调研、收集信息，预测消费者的需求情况和竞争对手可能采取的价格策略。企业还应当考虑自己企业的实力、产品品牌知名度是否适合采取高价策略。

二、价格调整不及时

不少企业，可能到现在还没有策划一个灵活的价格反应机制，短期行为严重。有些企业一见市场上产品畅销，便立即涨价；市场看跌，又立即降价。这种被动的滥涨滥降行为，令消费者对价格产生不信任，也损害了企业的形象。

企业应当主动地调整价格，适应市场竞争。企业可以根据产品处在生命周期的不同阶段，灵活地调整价格策略。市场开发的初期，顾客对产品缺乏了解，企业的主要目标是培养潜在顾客，促使他们关心新产品的价值。因此，产品价格应当接近顾客心中的产品价值。在成长期，企业必须迅速在生产、研究领域以及顾客心目中确立自己的定位。企业需要在高的市场占有率和高的利润之间做出权衡，可以采取低价策略，然后在下一阶段获得利润补偿。成熟期的产品销售量开始下降，市场趋于饱和，这时产品的定价应当以竞争为核心①。产品定价可以根据竞争对手进行调整，维持价格一致；也可以采取低价策略，把竞争对手挤出市场，扩大自己的市场占有率。衰退期的产品销量急剧下降，利润降到最低点，企业可以采取低价策略，一方面维持市场竞争的需要，另一方面就是及时清除淘汰的产品，减少库存，把损失降到最低。

三、为了定价而定价

价格策划是营销组合中的一个重要方面，是为营销的总目标服务的。一些企业经常孤立地去定价，为了定价而定价，不能把握市场营销的整体目标和企业的发展战略。营销组合包括产品、价格、促销和分销。产品策划并不是孤立存在的，而是需要与促销策划、渠道策划协调制定的，在营销活动的整个过程中，必然会产生营销成本和费用，这些都应该计算在产品的成本内。

定价策略不能与企业的其他营销策略分离。产品的价格可能会影响到消费者对产品的认识，也可能会影响到市场上与它一起出售的其他产品，还会影响到广告的效果及分销过程中人们对产品的注意程度。一方面，企业的广告、产品和渠道策略会影响到价格的制定；另一方面，定价策略也是整体营销战略的一部分，价格只是企业达到营销目标的营销

---

① 朱华锋．营销策划理论与实践［M］．合肥：中国科学技术大学出版社，2008：186－189.

组合之一。如果想要从各种各样的营销活动中获得最大的利益，必须将营销组合的各个方面构成一个统一的整体。

四、价格战

市场竞争日趋激烈的今天，各商家都在考虑如何从越来越多的竞争对手中脱颖而出，守住自己原有的客户群。为了在市场竞争中获胜，企业采取了各种竞争形式，其中最多的还是价格战，利用价格战把对方击溃。

价格战是一把双刃剑，不适当的价格战不仅破坏了企业的价格体系，也对零售商的毛利造成影响。企业经营的最终目标是为了获取利润，不到万不得已是不应该打价格战的。

（一）何时可以打价格战

企业在什么时候适合打价格战呢？在一些特殊日子，很多卖场、零售商都会进行大规模降价以吸引顾客。

节假日是消费的高峰，像元旦、五一、端午、中秋、国庆、春节，热闹的节日通常也是价格战打得如火如荼的时候。利用新店开业的时机，企业会选择一批知名品牌、生活必需品等敏感商品大幅降价，造成疯狂抢购的轰动效应，树立便宜的企业形象。竞争对手为了打击开新店的效果，就会策划针对性的价格战。各类庆典活动，如“店庆”“周年庆”“全国庆”“嘉年华”等，是刺激消费的新卖点，价格战的硝烟必然浓烈。

（二）降低价格战损失的方法

价格战是因零售商之间的恶性竞争而产生的，而且会形成一个连锁反应，若控制不力会使产品或品牌全线崩溃。价格的最终受害方是厂家，任何抱怨都是无济于事的，只有采取合理的对策才能化解价格战带来的危机，避免整体价格体系的崩溃。企业可采取如下行动去尽可能地降低或减少价格战的损害。

1. 建立良好的客户关系

企业高层对零售商定期访问，排除零售商的不满情绪，建立良好的合作关系。

2. 促销商品要有区隔性

零售商一方面都在争夺厂商的促销资源，另一方面也在和竞争对手打价格战。如果在同一个地区进行产品促销，应该让商品有区隔性。如奶制品行业，在A卖场促销的商品是酸奶，在B卖场可以促销纯牛奶，在C卖场就可以促销奶粉，这样打价格战的概率就会减小。

3. 赠品代替价格折扣

促销活动的目的就是让消费者感到满意，价格上的折扣只是其中一种，可以用赠品代替价格折扣，这样就避免了价格战。加量不加价的策略也有不错的效果。

4. 完善促销协议书

促销协议书中关于价格的部分要完善，明确规定零售商促销价格不能低于协议的价格，否则依照违约条款处理。

5. 通过法律解决

如果价格战破坏力太大，企业可以以不正当竞争、倾销等理由起诉零售商，但这样做的结果是合作关系受损，不到万不得已一般不使用。

【同步策划范例】

A 啤酒的价格设定

一、A 啤酒武汉上市背景

A 啤酒收购原武汉 B 啤酒股份，实施控股后，在武汉市场推出 A 啤酒已是大势所趋。公司高层经过多次研讨，认为 A 啤酒作为集团公司在全国范围内推广的品牌，应确立长远发展的战略目标，同时结合武汉市场的实际，占据武汉高端餐饮啤酒市场主导份额。这对于产品品牌形象的快速建立以及今后品牌的延续发展具有至关重要的意义。

面对武汉高端餐饮啤酒市场中百威、青岛、燕京、金龙泉以及公司品牌东啤精品激烈竞争的现状，怎样制定 A 啤酒的渠道价格，面临多种选择。

以下为 A 啤酒上市前，武汉高端餐饮啤酒市场中，各主导产品的渠道价格现状，见表 6－2 和表 6－3。

表 6－2 武汉市高档啤酒市场渠道价格状况 （单位：1×12 纸箱）

项目	百威	青岛 1903	燕京精品	金龙泉纯生	东啤精品
出厂价（元）	58.7	48	32.5	35	48.64
到位价（元）	58.7	48	32.5	35	48.99
折扣及奖励（元）	7.2	10		11	12
直销价（元）	65	48	78.8	38	48
经销商毛利（元）	13.5	10	46.3	7	10
酒店售价（元）	120	96	120	72	96
酒店毛利（元）	55	48	41.2	34	48

表 6－3 各品牌促销支持费用 （单位：1×12 纸箱）

项目	百威	青岛 1903	燕京精品	金龙泉纯生	东啤精品
单箱促销支持费用（元）	24	10	经销商自行确定	5	10

二、定价分析

1. 以上两组数据表明：①扣除折扣奖励及公司投入的促销支持费用外，百威、青岛 1903、东啤精品的公司底价接近，在 26—28 元/箱；燕京受运距影响，价格略高，为 32.5 元/箱；金龙泉纯生坚持低价策略，底价为 19 元/箱。②除燕京外，百威、青岛 1903、金龙泉纯生、东啤精品的经销商经营毛利基本接近，在 7—13.5 元/箱。③酒店零售价在 6～10 元/瓶。④酒店经营毛利在 34～55 元/箱。

2. 除上述因素以外，通过对高端餐饮的消费者消费表现进行调查发现：消费者初次消费对价格不是特别敏感，但后续消费时，基本知道高档啤酒的零售价在 8 元/瓶左右。

3. 同时，通过对不同产品销量对比，发现东啤精品、金龙泉纯生销量比重较高，百威、青岛、燕京较低。

4. 在对高端餐饮店的投资及进货价格进行分析时，发现在进店谈判中，高端餐饮店对品牌较敏感，其次是进货价格；但在实际经营活动中，不同品牌啤酒进货价格的高低、投资力度的大小、零售价格的高低直接决定店家首推哪个厂家的哪个啤酒品种。

三、A产品渠道价格设定方案，见表6－4

表6－4 单位：元

项目	方案
出厂价	48.6
折扣及奖励	12
回瓶	79
直销价	48
经销商毛利	12
酒店售价	96
酒店毛利	54

1. 优势：

①零售价：8元/瓶，消费者感觉适中，如果产品质量稳定、产品的品牌推广能够很快影响到消费者，消费者重复消费的可能性高。②餐饮店进价及毛利：进价与公司现有品牌东啤精品一致，在该价位上，其他品牌竞争力弱，新产品容易被接受；销售毛利率112%，基本满意。③经销商：新产品毛利水平与东啤精品一致，公司将会重视价格管理，毛利获得将会比东啤精品稳定。④公司投资：扣除折扣及回瓶外，公司仍然有投资空间。

2. 劣势：

①公司回收旧瓶；②价格定位与东啤精品一致，导致以下两个不利影响：将会与东啤精品抢市场份额；如何处理投资店的关系。

3. 措施：

通过对三个方案对比分析后，A啤酒最终确定选择此方案。对于不利影响，A啤酒的处理方案为：①公司回收旧瓶，可以补充到低档次产品的生产中；②以A产品为主，与餐饮店签订投资协议；已签订东啤精品投资协议的，A可以参与销量考核测算；③扩大A产品覆盖率。

（资料来源：周文根，徐之江．市场营销与策划．杭州：浙江大学出版社，2009）

【项目小结】

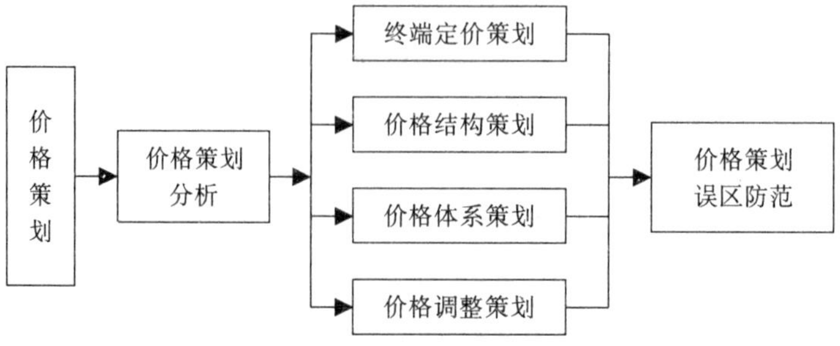

【项目考核】

1. 简答题

(1) 绘制价格策划流程图，并简要分析价格策划的流程。

(2) 终端定价的策略有哪些?

(3) 什么是价格体系? 企业如何建立合理的价格体系?

2. 案例分析题

案例资料:

vivo 旗舰机 Xplay5 的定价策略

作为 vivo 顶级旗舰机 Xplay5 2016 年 3 月初正式对外发布，手机内存提升至业界最高 6GB、国内首款双曲面侧屏成为 Xplay5 最大的卖点。为此，vivo 给出了 4288 元的高价，这也是继华为 mate 8 之后又一家国产手机品牌向 4000 元档发起冲击。

对此，vivo 公司副总裁兼首席市场官冯磊在接受腾讯科技专访时表示，2015 年 vivo 在 3000 元以上价位进行了尝试，2016 年要从 3000 元向 4000 元档位突破。

说到 Xplay 系列，号称 vivo 最强的旗舰系列，与另外一个 X 系列定位 Hifi 音质不同，Xplay 系列主打影音。之前已推出了 Xplay 和 Xplay3S，Xplay3S 为 vivo 积累了数百万高端用户，并为国产品牌打开了 3000 元价位的大门。

谈及定价策略时，冯磊称，从配置上看，高内存、曲面屏幕等都需要成本；另一方面，目前中国智能手机市场已经属于存量市场，消费者到今天已使用超过三台以上甚至更多的智能手机，对于下一款的期望需求已经非常明确。Xplay5 敢于突破 4000 元就是这个逻辑。

从腾讯科技近几年对智能手机市场的观察来看，从去年开始，千元以下的智能机市场正在萎缩。相反，2000 元到 3000 元，3000 元到 4000 元档正在有所增长，也是各品牌定价的集中区间。如刚刚发布的 2299 元的小米 5。

根据 vivo 的调查数据显示，对于一线城市的年轻人 85 或者 90 后，他们对于国产和非国产没有明显的界限。“只要你能够满足需要，入法眼，就可以接受。”冯磊说。

智能手机发展到现阶段，定价与产品品质有关，更与品牌影响密不可分。如冯磊所言，相比之下 vivo 还是个年轻的品牌，资源投入有限，也不会瞄准谁超越或对抗。但这样年轻的品牌挑战 4000 + 档位确实难度不小。

有腾讯网友就称，“配置确实没话说，但这价格一点也不亲民。”“觉得价格有点高，毕竟这手机一般都是年轻人买得多。”

另外，vivo 敢于挑战这个价位或许还与其固有的渠道优势有关。由于产品定位的变化，冯磊透露，在渠道方面，将会发力一线城市，目前已在城市地铁等公共场所进行传播。与此同时，vivo 也开始进入竞争对手擅长的运营商渠道以及电商渠道。冯磊说，“vivo 京东和天猫都已上线，只是占据市场份额稍低”。之前 vivo 的主战场多在二、三、四线城市。

不过，眼下各家手机品牌都在发力线下市场，vivo 能否经受得住固有渠道优势还需市场验证，尤其是渠道面对利益诱惑下出现的“瑕疵”。

虽然冯磊没有正面回应，外界关于vivo渠道为完成任务平价出货扰乱秩序的问题，但他认为，对于vivo而言，从商业模式来看，最重要就是让vivo四个利益相关者，即消费者用户、员工、股东、合作伙伴，保证他们的利润、利益，vivo会持续改善。

总体来看，国产手机厂商已从过去忙于价格战，正在逐步向提升Android智能手机的体验过渡，对于用户而言自然是好事。从价格来看，也可看作是对苹果、三星等品牌长期占据行业90%以上利润发起的挑战。

（资料来源：https：//tech. qq. com/a/20160302/003329. htm，《vivo高层解读新机缘何定价超4000元》）

思考题：

vivo对旗舰机Xplay5采取了什么定价策略？说明这种定价策略的成功之处？

3. 业务模拟训练

价格策划实务操作

训练目标：

明确价格策划的内容；熟练掌握终端定价、价格结构和体系策划的方法和技巧。

训练内容：

终端定价策划；价格结构策划；价格体系策划。

训练操作：

根据项目四涉及的新产品，为新产品制定终端价格；根据企业原有的价格结构和价格体系，进行新产品价格结构和体系的设计。

成果要求：

制定合理的终端价格；提交新产品价格结构和价格体系设计方案。

项目七
制定渠道策略

◇了解主要概念：分销渠道；分销渠道长度；分销渠道宽度；分销渠道广度；商圈分析法。

◇掌握基本理论：分销渠道布局理论；分销渠道模式理论；通路招商策划理论。

◇培养综合能力：把握分销渠道策划的4C原则；能够进行整体渠道布局的策划；能够制定销售政策，灵活招商。

案例导入

济南啤酒集团
销售网络建设与经销商政策

根据济南啤酒集团目前的市场状况、厂内综合实力以及业务员整体素质情况，公司管理层认为在销售渠道及销售区域方面应适当作一些调整，对经销商政策应进一步明确，对网络及经销商管理上应加大力度。具体的整改措施如下：

一、关于经销网络建设

在整体渠道策略上，根据我们产品的特点宜采用宽渠道策略和长短渠道结合策略。具体销售区域上，应“缩减战区、突出重点、深化挖潜、层层推进”。

具体的经销网络设计可分以下几种情况：

1. 中高档产品采用主销与协销相结合网络。渠道设置为：营销公司——地区经理——业务员——经销商。

2. 对于低档捆扎啤酒可采用授权一级经销商经销，帮助二级经销商进行市场操作的网络体系。

3. 被放弃市场并不是全部撤销一切经销商，而是有选择地继续保持与经销商的关系，因而也存在网络建设问题，可建立如下模式：营销公司——特殊业务小组——经销商。

4. 特殊地区的网络建设，如济南地区周边县市，为了争夺市场，抗击竞争对手，可采用与当地经销商联合经营的网络体系。

5. 在新市场上，如果当地经销商提出总经销或独家代理要求，可以根据市场上具体情况予以批准，但前提是代理商只能代理本公司的产品。

二、关于经销商政策

对经销商政策是公司目前至为重要的一个市场策略，在制定政策的过程中，我们必须考虑公司与经销商双方的利益问题、政策的相对稳定问题以及市场可操作性问题，我们必须懂得目前是产品过剩时代，而产品过剩时代的一个突出特征是市场竞争的焦点主要突出集中在为竞争服务、营销管理和企业的快速反应能力上。所以，制定政策时必须考虑这些因素，并使之具有较强的市场适应性。

（一）调动经销商积极性的政策

为保证经销商对本公司产品的信心和忠诚度，可选择如下经销商政策：

（1）对经销商承诺保证供应。

（2）对经销商提供销售补贴。

（3）提供送货服务，对经销商要承诺退货保证。

（4）对经销商授权可以给消费者提供残次品退货换货服务。

（5）提供打击假冒伪劣的技术和服务支持，提供特许销售区域保护。

（6）提供促销及广告支持，提供人员支持。

（7）给经销商提供营销情报，加强联谊活动，定期召开经销商会议，及时总结和反馈市场情况。

（二）具体市场操作政策

1. 经销商开发与管理

（略）

2. 货物流通秩序管理

（略）

3. 价格政策

（略）

经过此次策划以后，整个济南啤酒集团的分销渠道系统得到改善。各环节衔接更加顺畅，提高了分销效率，节约了渠道成本，有力地促进了整个公司的啤酒销售。

分销渠道是产品进入市场并最终到达消费者手中的通道，是连接企业和消费者的桥梁，关系到整个营销活动的进程。分销渠道策划的好坏，关系到企业能否顺利进入市场，扩大销售，得到消费者认可，并最终实现企业的营销目标。

渠道策划主要包括四个方面：分销布局的策划、渠道模式的策划、通路招商的策划和销售政策的策划。只要企业能准确把握这四个方面的策划方法和技巧，一定会拥有高效的分销渠道系统，企业的整体营销工作也将变得更加有效。

任务一　分销渠道策划分析

一、分销渠道策划的目的

分销渠道是指当产品从生产者向最后消费者或产业用户移动时，直接或间接转移所有权所经过的途径。因此，一条分销渠道主要包括商人中间商和代理中间商。此外，它还包括作为分销渠道的起点和终点的生产者和消费者，但是，它不包括供应商、辅助商等[①]。

分销渠道是现代企业营销活动得以实现和取得营销收入的重要途径，是企业进入市场的前提，是企业开拓市场不可缺少的重要条件。企业要想在瞬息万变的市场和愈演愈烈的渠道竞争中取胜，必须重视并做好营销渠道的策划。

渠道策划的目的主要包括以下四个方面。

（一）找准方向：知道去哪里销售

选择销售区域，是渠道策划的方向问题。企业在产品生产出来的那一刻，或者是生产之前，就应该对市场进行细分，对产品做好定位。企业明确细分市场之后，要对各细分市场进行评估，然后最终确定要进入的细分市场。只有明确了目标市场，企业确定产品销往何处，才可以明确渠道的建设方向。

一般来说，企业应该利用“五力模型”进行分析，即从供应商和购买者的讨价还价能力、潜在进入者的威胁、替代品的威胁以及同一行业的公司间的竞争五个方面考察，认真评价细分市场的营销价值，分析研究是否值得去开拓，能否实现以最少的人财物的消耗，取得最大的销售效果。

我们可以看一下开篇导入案例，根据以往销售情况和调查分析，济南啤酒集团最终决定：主做山东省内市场，河北、天津市场以及苏州、无锡市场，其余市场可专设一个小组管理，以寻找地区总经销为主，小组人员不超过 5 人。其余优势兵力可集中于山东、河北、天津、苏州和无锡，在这些市场上划定适当的商圈，突出重点，由业务员分区包干、划片经营。这就确定了市场发展的方向，明确销售区域，从而也就明确了销售渠道的建设方向和重点。

（二）明确框架：搞清分销渠道模式

分销渠道模式，就是企业以何种形式进行分销活动。按照渠道成员之间的关系来划分，企业的分销渠道类型主要有传统分销渠道模式、垂直分销渠道模式、水平分销渠道模式和多渠道分销模式[②]。

1. 传统分销渠道模式

传统分销渠道模式，又称为松散型的渠道模式，各渠道成员之间的关系是临时的、偶然的、不稳定的。所以，渠道成员往往为追求自己的利润最大化，而不顾整体利益。由于缺乏合作的基础，容易导致整体分销渠道效率低下。

比较适合选择传统分销渠道模式的企业主要是小型企业。小型企业资金实力有限，产品种类多而杂，处于未定型状态，因而不适合采取固定的渠道模式，应该选择这种灵活性的传统分销渠道模式。

2. 垂直分销渠道模式

垂直分销渠道模式，是由生产企业、批发商和零售商组成的统一的渠道系统。渠道成员具有集体意识，多采用一体化经营或联合经营模式，都为共同的利益目标而努力。

与传统渠道模式相比，垂直渠道模式更具广泛的适应性，无论企业规模大小，无论是

---

① 江占民，吴春霞．现代企业营销渠道［M］．北京：中国时代经济出版社，2004：2－3.

② 李先国．渠道管理［M］．北京：中国人民大学出版社，2004：45－47.

生产消费品还是生产工业品的企业，都可以采用垂直分销渠道模式。

3. 水平分销渠道模式

水平分销渠道模式是指由两家或两家以上的成员联合起来的渠道系统。通过联合，渠道成员可以发挥各自的优势，共担风险，实现分销渠道有效快速地运行。合作的同时也必将产生竞争，甚至会因渠道成员之间的争权夺利而引发一系列的冲突和困难。因此，水平分销渠道模式比较适合实力相当而营销优势互补的企业。

4. 多渠道分销模式

多渠道营销系统指对同一或不同的分市场采用多条渠道营销系统。多渠道并存，每一条渠道都可以实现一定的销售额，从而提高整体的销售水平。

当然，渠道之间的竞争虽然可以促进销售额的共同增加，但也有可能导致冲突，这就需要企业有相当强的实力和丰富的渠道管理经验。

企业进行渠道模式的策划，就是要充分了解各种分销渠道模式的特点并选择适合自己的渠道模式，从而确定企业渠道的整体框架，为以后的渠道工作打下基础。

（三）确定主体：寻找合适的经销商

在产品销售过程中，大部分生产企业并不直接把商品卖给消费者，而是通过经销商来完成销售过程。经销商通过自己拥有的分销渠道将产品卖给零售商或批发商。经销商是企业分销渠道的重要行为主体，是企业开拓市场的重要环节。

通过渠道策划，企业要明确自己所需要的经销商类型，通过恰当的方式进行招商，最后，制定相关政策以做好经销商的管理工作。

（四）提供动力：激励渠道成员

渠道激励，是整个渠道得以顺畅运行和提高运行效果的动力。渠道成员与企业不从属于同一主体，他们之间也不是领导与被领导的关系，而是松散的买卖型关系，维系这一关系的唯一纽带是利益。生产者要想使整个分销渠道高效运转，就必须不断增强维系双方关系的利益纽带，针对不同的渠道成员，提供不同的激励。

营销渠道管理中，有效激励渠道成员的前提是了解渠道中间商的各种需求。明确渠道成员的需求之后，企业就应该针对不同需求，制定差异化的激励政策。企业实现渠道激励的手段有多种，可以通过给予物质或金钱奖励来肯定其成绩，也可以通过帮助渠道成员提高服务水平、销售效率来扩大其利益，从而激发他们的积极性。具体采用什么手段，还要看企业的渠道政策。

二、渠道策划的4C原则

企业在进行渠道策划前，要明确指导思想，确定策划原则。从整体来说，渠道策划最大的原则就是：设计最适合的渠道，以最低的成本、最快的速度，将产品送到目标消费者手中。具体来说，应坚持以下原则。

（一）依照自身实力（Capability）

企业进行渠道策划，必须量力而行，设计选择适合自己的渠道。如果企业本身实力雄厚，在渠道策划时可自由选择分销渠道，建立自己的销售网点或者选择间接分销渠道；相反，企业实力不强则必须依赖中间商进行销售，最好选择间接分销渠道。

（二）符合消费者行为特点（Customer）

企业设立分销渠道就是为了将产品送达消费者手中，消费者在哪里，分销渠道就必须伸到哪里。同时，选择什么样的分销渠道取决于消费者的购买行为特点。远离消费者的分销渠道是不切实际的，与消费者购买行为不符的渠道是不正确的。

（三）覆盖目标市场（Coverage）

覆盖市场就是让消费者随处可见，随处可买所需的产品。企业在进行渠道策划时，应首先考虑如何使消费者方便地买到企业的产品，而不是首先选择什么样的渠道策略和模式。让分销网点密如蛛网，是大多数日常消费品、快速消费品企业的布点原则。

（四）持续不断的改进（Change）

在不同的企业发展阶段，在不同的品牌发展阶段，分销渠道的设计应该有所不同。分销渠道的设计应该注重求新、求变的原则，持续不断地进行改进。根据竞争和市场的发展，根据消费者的变化和个性化需求，不断改进分销渠道，让分销渠道和企业、产品、品牌共同进步。

【同步实训7－1】

确定某商品的渠道策略

［实训目标］

1. 了解销售渠道的一般模式。

2. 理解中间商的地位及作用。

［实训内容］

调查研究国内不同空调企业的渠道模式及其特点。这些企业包括美的空调、海尔空调、格力空调、志高空调、苏宁空调。

［实训操作］

（1）首先让学生复习渠道模式，了解各自的特点。

（2）将全班学生分为五组，并选出小组负责人。

（3）每个小组选择一家企业进行研究，了解其渠道类型，分销经营特点。

（4）每组同学派代表向全班解释各自的研究内容。

（5）老师对各种经营模式进行总结。

［成果要求］

（1）每个小组成员通过调研总结各自企业的渠道模式，画出渠道模式图形，分析其优缺点。

（2）每个小组选派代表在班里汇报研究结果。

（3）老师对各种经营模式进行总结。每组同学对整个实训过程做出总结，课后上交。

（4）老师为每个小组打分。

任务二　分销布局策划

一、分销布局的类型

分销渠道建设中最主要的就是销售网络建设。网络建设首先要进行整体的渠道布局，构造好渠道的框架。如果渠道整体布局不合适，那么在此布局下的所有渠道因素都难以实现其功效。

在当前的市场上，企业的分销渠道布局通常有：四处撒网型、重点突破型、游击蚕食型和全面防备型四种类型①。具体见表7-1。

表7-1　　　　分销布局类型比较

类型	优点	缺点
四处撒网型	市场覆盖面比较大；线路比较多，可以在很短的时间内完成知名度的传播和市场占有率的上升；有利于品牌的传播	由于战线过长、过宽，分销渠道的力量不集中，分销渠道的推广力度相对比较弱，也容易暴露分销渠道的薄弱环节，容易招致竞争对手的攻击
重点突破型	市场开拓性比较强，目标比较明确，可以集中优势资源，在短期内攻占目标市场	目标市场比较狭窄，市场容量有限，容易陷进区域市场的恶性竞争。同时，如果区域市场的中心倾斜过多，将影响企业的整体市场布局
游击蚕食型	比较稳健，一步一个脚印，踏踏实实地建设市场，建立分销渠道，可以合理安排销售力量，可以从容进行市场布局	市场的推进速度比较慢，市场的覆盖速度比较慢，影响了销售进度，容易被速度快的竞争对手抢得先机
全面防备型	可以有效遏制竞争对手，提高分销渠道的门槛，在相对安全的分销渠道内运作	网络成本高，管理成本高。抬高了分销渠道门槛，意味着自己的投入将成倍增长，退出门槛也提高

通过比较分析，我们可以知道：对于资源实力强大的企业来说，四处撒网是一个不错的选择；相反，对于实力不是特别强大的企业来说，应该对四处撒网保持清醒、谨慎的态度；而重点突破是中小企业常用的分销渠道建设策略，这样企业可以集中有时资源避免出现市场冲突，另外，对于新品牌，新产品，选择比较小的区域做样板，也是一种明智的选择；游击蚕食型是属于机会主义者的策略，比较适合新产品，新品牌，也适合无品牌的销售模式；全面防备型则比较适合成熟的消费品。

在开篇导入的案例中，济南啤酒集团在具体销售区域布局上，确定了“缩减战区、突出重点、深化挖潜、层层推进”的方针，这一方针反映出了公司的布局类型：重点突破型和游击蚕食型。根据销售现状，济南啤酒集团在山东、河北和天津地区的销量占全部销量的97%多，其他地区占销量的3%，所以公司选择集中优势兵力于山东、河北、天津、

① 江占民，吴春霞．现代企业营销渠道［M］．北京：中国时代经济出版社，2004：88-95.

苏州和无锡，在这些市场上划定适当的商圈，进行重点突破，在这些市场上的布局应当属于重点突破型；在其余市场则只专设一个小组管理，以寻找地区总经销为主，小组人员不超过5人，进行“游击战”，所以说在这些市场上就属于游击蚕食型。

二、分销布局的要点

分销渠道的建立总是要和企业的人财物资源相配套的，一般都要遵循简单、互动、高效的原则，必须把握好网点、网面、网体的基本要素，以求最大限度地满足消费需求，最为有效地分销企业产品，最为经济地控制营销成本。

分销渠道布局的要点就是要实现点、面、体的整体协调。当分销渠道的点、面、体具备强大的竞争力时，企业就拥有了一个无人能敌的竞争利器。

（一）布置网点

网点是销售、消费的终端，是分销渠道的基本单元。企业在这里实现产品的销售并展开竞争。网点布局的要点是，设计好分销渠道的基本单元，合理布局，充分考虑其在市场的数量、密度、广度和具体位置，最大限度地接近消费者。

布局网点所要考虑的重要因素就是这一地点的商圈效应。所谓商圈，是指商店吸引顾客的地理区域，是商店的辐射范围。商圈由核心商圈（顾客占55%—70%）、次级商圈（顾客占15%—20%）和边缘商圈构成[①]。

商圈分析，是指对网点商圈的构成情况、特点、范围以及引起商圈规模变化的因素，进行实地调查研究、分析划定，从而为网点选址提供科学依据。我们主要应该从交通、消费者和竞争状况方面进行分析。

1. 交通状况

一个地方的交通状况对企业的选点会产生重要影响，特别是对于生产大宗物品的企业，会产生更重要的影响。地域类型与数目、交通网络状况、区位规划限制、区域内交通的顺畅程度，公交车的路线安排、站点设置、道路过往限制等，均会影响客流量。

2. 消费者状况

在选择网点时，消费者状况是最先应该考虑的因素。主要从人口总量和密度、年龄、居住条件、总的可支配收入、职业分布、人口变化趋势、消费习惯等方面进行分析。

3. 竞争状况

竞争状况主要包括：现有竞争者的数目与规模、不同竞争者的优势与弱势、竞争的短期和长期变动趋势、市场饱和程度等。除要注意竞争者外，还要掌握区域内商店群的构成，衡量商业相对集中区里的各个网点的相容性。

以上分析因素将决定企业是否适合在某地域内设置分销网点。当然，在具体地点还可能存在一些特别的影响因素，如地方保护主义、民风的问题等，这也是企业在选点时应慎重考虑的。

麦当劳在网点布局方面可谓是一个成功的典范。麦当劳把在制订经营策略时确定商圈方法称作绘制商圈地图，商圈地图的画法首先是确定商圈范围。

一般说来，商圈范围是以这个餐厅中心，以1—2千米为半径，画一个圆，作为它的

---

① 王吉方．连锁经营管理［M］．北京：中国经济出版社，2005：281－282.

商圈。如果这个餐厅设有汽车走廊，则可以把半径延伸到4千米，然后把整个商圈分割为主商圈和副商圈。商圈的范围一般不要越过公路、铁路、立交桥、地下道、大水沟，因为顾客不会越过这些阻隔到不方便的地方购物。

商圈确定以后，麦当劳的市场分析专家便开始分析商圈的特征，以制订公司的地区分布战略，即规划在哪些地方开设多少餐厅为最适宜，从而达到通过消费导向去创造和满足消费者需求的目标，这就需要进行商圈调查。商圈特征调查的内容包括详细统计和分析商圈内的人口特征、住宅特点、集会场所、交通和人流状况、消费倾向、同类商店的分布，对商圈的优缺点进行评估，并预计设店后的收入和支出，对可能净利进行分析。

正是这一细致的工作，才成就了麦当劳今天的巨大成功，这正是我们企业应该学习的。

课堂思考

在你的周围，一定有麦当劳的存在。请你就近选择一家麦当劳实体店面，通过实地的观察和搜集资料，对上面所讲的商圈分析的因素进行分析。

（二）形成网面

网点与网点并不是孤立存在的，而是存在广泛的信息交流，通过这种交流形成一个整体，构成渠道的网络。渠道网络是企业分销渠道中的一个关键因素，关系到整个渠道的运行成本与灵活性。

当点线形成以后，整个渠道的基本面也就已经形成。渠道网面主要是指网点、网线所覆盖的广度，也就是渠道覆盖面。渠道网线的扩张主要是运用多种营销、宣传、公关手段，使消费者对产品有深入的了解。地域覆盖的主要目的在于建立消费者消费的偏好、形成对本企业产品的消费习惯以及定势，建立牢固的销售根据点，并且对竞争对手进行认真分析，建立区域市场的进入壁垒，阻止竞争对手的进入。

衡量网面的一个重要指标是市场渗透率。网面覆盖的大小和渗透率的深浅对于提高市场占有率、扩大商品销售量有极其重要的作用。当前很多企业所实行的大区域制的销售模式就是渠道面的典型代表，这一制度使原本松散的经销商和终端网点形成统一战线，加快了市场反应速度。

（三）建立网体

通过布置网点、分区形成网面以后，企业应进一步整合企业资源，形成渠道的立体管理模式。

一方面，立体渠道网络成员建立。渠道网络成员主要包括厂家、厂家设立的销售机构、批发商和代理商、零售商、消费者、运输商、广告商和服务商等。从组织角度来看，生产厂家与自设的销售机构与批发商、代理商和零售商之间形成自上而下的立体管理模式。

另一方面，立体服务模式。主要是运用多种营销、宣传、公关手段，为相关销售机构提供立体的宣传和辅助服务。既要有整体的统筹宣传，又要有具体分别的分层宣传服务措施，形成完善的立体服务网络。

通过对点、面、体的合理布局，促使分销渠道形成良好的秩序，从而使分销渠道能够最大限度地满足消费需求，能够最为有效地分销企业产品，最为经济地控制营销成本，最终实现企业与消费者的双赢。

【同步案例 7－1】

江小白的重点渠道突破

在中国，酒水市场有6000多亿元，这个市场足够庞大，有多少品牌是你没听说过的？不是人人都能做成全国性品牌的，所以能把一个品牌在一县或一市建立起渠道壁垒就非常优秀了。而江小白的一个表达燃爆了整个营销领域，也使江小白从一个名不见经传的小品牌，一下跃变为一个红遍全国的酒类黑马，更是俘获并牢牢抓住了80后、90后年轻人的心，实现从0元到10亿元的奇迹。在大多数品牌还在从三四线城市往一二线市场的时候，江小白就洞察到品牌打法的战略升级，直接采用了从省会市场突破的方式，因为只要把省会中心城市攻破，周围各地级市地区也就不远了。在河南郑州，12个月，河南拿下了一亿元的销量，完成了100个客户的全省布局，河南江小白青春版100ml的热销为江小白打造出了第二大销售单品。

在移动互联网时代，传统传播渠道正一步步被边缘化，失去往日的光环，新媒体快速崛起，传播渠道也日渐碎片化。品牌要想在区域市场快速引爆，精准打击用户，内容营销是核心。2015年，江小白在长沙制作了一条情怀视频——江小白版《友情岁月》。每一个80、90后心中都有一个“山鸡哥”“陈浩南”，江小白直插这一代的情怀内心：来忘掉错对，来怀念过去，曾共度患难日子总有乐趣，不相信会绝望，不感觉到踌躇，在美梦里竞争，每日拼命进取……利用这个高质量的情怀视频，调动全湖南的新媒体渠道：所有公众、个人大号、朋友圈、社群、一切大伽、网红等在周三晚上8点集体传播，24小时突破100万，然后又通过权威网媒和纸媒跟进报道，进行第二波的公关营销，持续提升品牌热点，把整个事件营销提升成一个新闻热点，彻底引爆区域市场。这样通过新媒体营销掌控了控制权，从消费者切入，进行高火力狂轰，在消费者心中种下品牌之火，让星星之火快速燎原，然后在核心消费人群定向定制营销，升级各地饮酒游戏，让产品深入民俗与消费者产生深度互动，慢慢渗透占领消费者心智，而“快闪场景营销”让消费者能够深刻地记住这个品牌，让产品迅速火爆市场。

（资料来源：http：//www. sohu. com/a/234446451_ 100190298，《江小白社会化营销：一瓶酒里的情怀，5年卖掉10个亿！》）

问题：

1. 江小白的渠道策略特点是什么？

2. 江小白的渠道策略效果如何？

分析提示：

在一些厂商还在从小城市往大城市渗透的时候，江小白就已经采用了从重点省会城市突破，再往四周扩散的重点突破型模式，在很多竞争者还没反应过来的时候迅速占有市场。定制营销的方式，让一大批80、90后记住了这个品牌，从消费者端切入，通过消费者影响终端的方式形成自己的销售渠道，让产品进一步占有市场。而且民俗与消费者产生了互动之后，比起其他的竞争者更加容易得到消费者的喜欢。这种从消费者端影响终端的渠道模式，既新颖又实用，独特的布局更加适合当前的市场。

任务三　分销模式策划

一、渠道模式层次结构策划

企业在进行渠道模式层次结构策划时，主要是对渠道模式的长度、宽度和广度进行策划与设计。在导入的济南啤酒集团的案例中，在整体渠道策略上，公司根据产品的特点选择了宽渠道和长短渠道结合的策略。那么，公司应该如何进行渠道层次的策划呢？我们根据案例具体讲解一下。

（一）设计分销渠道长度

分销渠道的长度是企业分销渠道中间环节的数目，而中间商是指同一产品的买卖者和帮助转移商品所有权的机构。商品在分销中经过的环节越多，分销渠道就越长；反之越短。根据长度不同，具体可分为4种基本类型：零层渠道、一层渠道、二层渠道和三层渠道①，如图7－1所示。零层渠道称为短渠道，其他3种称为长渠道。利用短渠道从事的分销行为被称为直接销售，有人将其简称为直销。

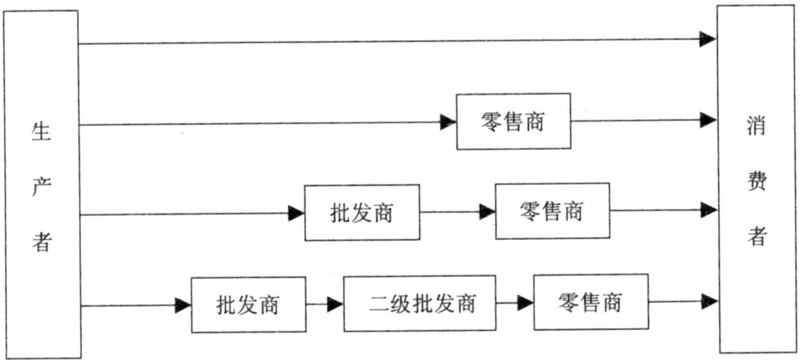

图7－1　分销渠道长度结构图

根据以上分析，我们结合开篇导入的济南啤酒集团的案例来看一下：

第一种渠道层次：营销公司—地区经理—业务员—经销商。通过与渠道长度结构图比较，这一渠道模式应该是一层渠道模式：生产者—经销商—消费者，属于长渠道类型。

第二种渠道层次：对于低档捆扎啤酒可采用授权一级经销商经销，帮助二级经销商进行市场操作的网络体系。通过描述，可以将它归为二层渠道模式：生产者—一级经销商—二级经销商—消费者，也属于长渠道类型。

第三种渠道层次：特殊地区的网络建设是利用经销商的网络，在当地建立仓储式专卖店，边批发边直销。做直销的话，应该属于零渠道模式：生产者—消费者，属于短渠道

① 江占民，吴春霞．现代企业营销渠道［M］．北京：中国时代经济出版社，2004：9－16.

类型。

那么，企业应该怎样确定渠道的长度呢？

在分析与选择分销渠道长度时，企业需要考虑许多影响因素。这些因素主要有市场、购买行为、产品、中间商及企业等。企业要根据影响因素的不同，进行不同的选择。

1. 产品因素

主要从产品的重量、体积，产品的物理化学性质、产品单价高低、产品的标准化程度、产品技术的复杂程度、是否耐用等方面进行分析。

较轻、较小的产品，可用较长渠道；易损、易腐产品多用较短渠道；价格昂贵的产品，多用较短渠道分销；标准化程度高、通用性强的产品，可选择较长、较宽的渠道；产品技术复杂、对售后服务要求高的产品，一般用较短渠道；非耐用品多用较长渠道。

2. 市场因素

市场区域宽广，宜用较长渠道；地理范围较小的市场，可用较短的渠道；顾客较为集中的，可用较短的渠道。

3. 竞争状况

通常，相同或相近的产品，企业都使用与竞争者品牌相同或类似的渠道。竞争特别激烈时，则应寻求独特的销售渠道。例如，竞争者普遍使用较短渠道分销产品时，企业一反常规使用较长渠道，可能会收到意想不到的效果。

4. 企业本身的因素

实力比较薄弱的企业和管理能力较低的企业，多用较长渠道；有能力控制销售渠道的企业，可选择较短渠道；初入市场的企业，缺乏分销经验，因而多选择较长渠道。

5. 购买行为因素

顾客一次购买批量较大，如生产者市场、集团市场，可用较短的渠道；顾客经常要买的产品，应用较宽的渠道；消费有明显的季节性的产品，宜用较长渠道分销，由较多层次的中间商分担储存任务。

（二）设计分销渠道宽度

分销渠道的宽度，是根据经销某种产品的批发商、零售商和代理商的数量来确定的。一般来说，渠道的宽度主要有 3 种类型：密集分销、选择分销和独家分销①。

1. 密集分销

密集分销是指制造商尽可能多地通过许多负责任、适当的批发商和零售商推销其产品。消费者越是要求购买的大量性、高频性和方便性，就越有必要和可能选择密集分销方式。

在导入案例中，济南啤酒集团确定了宽渠道的策略，所以密集分销应该是公司的主要分销方式：中高档产品采用的主销与协销相结合的渠道网络和低档捆扎啤酒采用的两级经销商的渠道方式，都应该算是密集分销。

2. 选择分销

选择分销是指制造商在某一地区仅仅通过少数几个精心挑选的、最合适的中间商推销其产品。这样，既可以使产品取得足够的市场覆盖面，又可以比密集分销更易控制和节省

---

① 戴亦一．营销渠道［M］．北京：朝华出版社，2005：10－14.

成本。一般地说，选择分销主要适应于3类商品：选购性商品、价格较高的商品和限量生产的日常生活用品。

在导入案例中，在被放弃的市场上，公司没有全部撤销一切经销商，而是有选择地继续保持与经销商的关系，继续进行分销，这一策略可以归为选择性分销。

3. 独家分销

独家分销是指制造商在某一地区仅选择一家中间商推销其产品。通常企业与经销商签订独家经销合同，规定经销商不得经营竞争者的产品。此分销方式适应于贵重、高价和需提供特殊服务以及一些名牌商品。

导入案例中，在新市场上，公司规定：如果当地经销商提出总经销或独家代理要求，可以根据市场上的具体情况给予支持，但前提是代理商只能代理本公司一家的产品。这就是所谓的独家分销的方式。

采取独家分销，对企业来说，可以提高对渠道的控制能力，保证经销商只为本企业服务，但这种分销方式对生产商风险较大，如果经销商选择不当，则有可能失去某一地区的市场。

（三）设计分销渠道广度

设计分销渠道广度是指厂商选择几条渠道进行某产品的分销活动，而非几个批发商或几个零售商的问题。渠道广度主要有单一渠道和混合渠道这两种类型。在导入案例中，济南啤酒集团就是采用了混合渠道的模式，多种渠道并存，既有渠道分销，又有直销，还有独家代理。

在设计渠道广度时，一条渠道比较容易，且在管理上也比较轻松，但在设计多渠道分销时有点难度，应该值得我们认真考虑。一般来说，要找出不同的目标消费者需要的渠道服务水平，明确消费者想要的产品组合大小、购买方便程度、等待时间和产品种类等，并列出这些因素的重要性和他们如何在这些因素之间做出选择。同时，要做好不同渠道之间的协调工作。

例如，可口可乐公司是一个大型的跨国快速消费品公司，其营销渠道结构是一个非常复杂的结合体。它是以间接渠道和宽渠道为主要形式，多级渠道并存的多渠道组合。与多数企业不同的是，可口可乐公司始终从消费者的角度定义、归纳及划分渠道。当然，为了合理划分所有的渠道，在消费者行为原则基础上，可口可乐公司还制订了其他五项原则，即消费者动机、地理位置、是否连锁、进货渠道和业务考虑。也就是说，当依据消费者行为原则进行渠道划分时，有售点同时适合多个渠道类别，则会先后以这五条参考原则作为判断的依据。依据以上渠道划分的原则，可口可乐公司归纳并分类组建了专门的渠道集合，包括现代渠道、批发渠道、零售渠道和特殊渠道（通常又可细分为学校渠道和餐饮渠道两种）。同时，可口可乐针对不同渠道集合的各自特点构建专业的服务团队以及制订相应政策。可见，可口可乐的渠道覆盖广度非常大。

二、选择分销渠道模式的要点

分销模式的选择是渠道策划中的一个重要决策，企业只有正确选择一个合理、高效的营销渠道模式，才能使产品顺利完成从生产领域到消费领域的转移。

（一）行业生命周期

对于任何企业，在考虑渠道模式时，首先要考虑整体的行业环境，特别是行业生命周期对于渠道模式的巨大影响。

培育期：行业刚刚开始形成，产品市场需求狭小，客户的需求有待激发。处于此行业中的企业，各方面都应力求简单有效，因而在选择渠道模式的时候，应当优先考虑大代理。

成长期：客户的需求被有效开发，行业容量迅速增大，大量企业进入行业，市场竞争越来越激烈。处于此阶段的企业，应从扩张的角度出发，重点考虑实行广泛的分销，加强企业与客户的沟通，同时加强对渠道的帮扶力度，有效地控制渠道。

成熟期：行业容量接近饱和，大量的企业涌入的同时也有许多企业退出，优势企业集团出现。企业发展稳定但比较缓慢，在渠道模式方面已经很难有新的突破。此时的企业，应重点考虑完善企业渠道管理制度，加强对渠道的掌控并逐渐减小渠道成本。

衰退期：行业容量完全饱和，企业的自然发展基本停滞。此时的企业，应该缩减渠道模式，回归代理模式，直至最终退出该行业。

当然，以上的渠道模式仅为企业最初考虑的方向，在选择渠道模式时，不仅要考虑行业的发展周期，还应当考虑产品的特性。

（二）产品特性

不同的行业的产品应选择不同的渠道模式。例如，快速消费品和工业品，在选择渠道模式的时候，由于产品特性的不同，所选择的渠道模式往往完全不同。对于快速消费品，消费者数目大，购买频率高，消费地点复杂，应该选择密集型分销，使消费者很容易购买；而对于工业品，消费群体数量较小且固定，消费频率也相对固定，则应最大化地利用渠道力量，而适当减小企业自身的投入。

同一个行业中的产品，因产品特性的不同也会有不同的渠道模式。同属保健酒产品的中国劲酒与椰岛鹿龟酒由于产品特性的不同，就采用了不同的渠道模式。中国劲酒选择了广泛分销的渠道模式，而椰岛鹿龟酒则主要走商超路线，实行大代理模式。两者在不同的渠道模式中都获得了成功。

同一个产品，在不同的阶段也应采取不同的渠道模式。例如明达企业的混合饮料，属于快速消费品，目前行业处在成长期，企业采取广泛分销的渠道模式。而在上市初期，重点实行的是大代理模式。

（三）企业实力

以上两个要点分别从行业、产品的角度出发，来确定企业的渠道模式，这两点明确以后并不意味着任务已经完成。渠道模式选择的时候还必须考虑企业资源的匹配性，这也是最关键的指标之一。

在对企业资源进行评估的过程中，重点需要判断企业的几个因素：企业现金流、企业组织结构、目前的销售队伍等。

当然，企业在选择渠道模式时不可能顾及所有的影响因素，所以要有侧重地选择重要的因素去考虑。任何工作都是原则与灵活的统一，企业要根据自己的情况灵活选择渠道模式。

【同步案例7-2】

丁戈树葡萄酒的小代理渠道模式

2018春节以后，酒仙网推出的澳大利亚葡萄酒单品丁戈树的销售一路上升，截至3月10日，销量已经突破200万瓶。丁戈树从2016年下半年开始销售，截至2017年8月突破100万瓶，此次从100万瓶到突破200万瓶，比突破100万瓶的时长大幅缩减。葡萄酒行业的门槛不高，进入到这个行业的企业一直呈增长趋势，这导致葡萄酒的产品与渠道非常碎片化，竞争也十分激烈。丁戈树在不到两年的时间就突破200万瓶的销量，且销量呈加速度之势进行增长，无疑凸显出丁戈树这一品牌在行业的碎片化中的扶摇直上。除了网上销售，丁戈树还在线下做了一部分的小代理模式，比如一个酒商在某个城市做酒类分销公司，就可以在当地代理丁戈树。虽然每年有一些数量要求，但可以拿到比较有优势的价格。如果是较大的城市，就把大城市划分为几个板块，让不同的代理商分区域做市场，就这样形成自己的线下销售网点。

对于很多经销商来说，在代理葡萄酒时，经常会遇到一些困惑：进口葡萄酒产品成千上万，绝大多数都并非消费者熟知的品牌，假如选择为数不多的“品牌货”，会遇到利润低下的麻烦，而品牌熟知的葡萄酒流通品牌价格早已透明，利润微薄；如果选择大家不熟悉的品牌，又缺乏溢价空间，再加上从国外进口到国内、再到消费者手中，中间环节过多，经销商想要获得不错的收益也很难。丁戈树将价格、区域都进行了严格约定，价格透明化，代理商的生态也非常健康，没有冲突，还避免了陷入价格战的乱象，给予了终端商合理的利润空间。同时，丁戈树提供产品培训、物流配送、售后服务等一系列配套服务，让各个分销商十分满意，这样通过最大限度地满足消费者需求，有效地卖出产品，节约营销成本，实现双赢。

（资料来源：搜狐科技，http：//www. sohu. com/a/226574649_ 451953，《销量突破200万瓶，丁戈树成功布局线下分销渠道》）

问题：

1. 丁戈树葡萄酒的小代理渠道策略有何优点？
2. 丁戈树葡萄酒的小代理渠道策略对我们有何启发？

分析提示：

丁戈树葡萄酒通过渠道透明化，让终端合作商知道自己应该得到的利润，从而相信自己的品牌，努力地去进行分销。而且因为垂直的销售渠道，丁戈树直采的模式成为“酒庄——终端——消费者”这一最短链条，让好的产品以最高的性价比直达消费者手中，从而创造更好的购物体验，让消费者更加的满意。这种线上线下共同的营销，让它的市场份额越来越大，一步步地游击蚕食中国红酒市场。这种双赢的模式，让消费者和分销商都十分的满意，也节约了厂家的成本。

任务四　渠道销售政策策划

渠道政策作为原动力，通过本身所蕴含的控制力和报酬力去实现渠道物流、现金流、信息流的加速运转，受到许多企业的青睐。随着市场的不断变化和渠道竞争的加剧，越来越多的企业关注销售政策的策划，以期在渠道竞争中掌握主动。

一、渠道销售政策的原则

（一）可执行性、简单操作原则

从政策内容的制定来说，必须立足于市场实际状况，要根据本企业的资源状况和市场竞争的资源状况进行综合分析而制定，这是最基本的原则。

从政策执行程序的制定来说，以最简化、最简单为原则，必须首先要考虑是否可以简单操作，是否可以去除繁琐的流程。对内，要保证销售人员的精力完全用在市场操作上，而不是考虑如何应对销售政策的程序和流程；对外，客户从销售政策中获利的途径更加简单，没有程序繁多的签字、证据提供等。

（二）稳定长久、预留空间原则

任何一项销售政策的出台，必须考虑长远。对于客户而言，政策不稳定，利益空间的实现根本没有保证，任何客户都不会有长期合作的打算和信心。同时，销售政策的制定必须充分考虑区域性的特点，在制定政策时要预留一定的可操作空间，以便于区分不同的市场区域特点，使销售政策能够相对适应所有的市场。

（三）有效激励、灵活适应原则

利益驱动和激励对于销售团队而言是最根本的保证。因此，在销售政策的制定上，必须有效保证经销商团队和销售团队中成员的利益。市场是变化的，我们的竞争对手是处于变化之中的，我们客户的利益需求和团队成员的相对利益也处于变化之中的，所以销售政策必须能够适时调控，以适应市场的变化。

二、渠道销售政策内容

（一）分销权及专营权政策

制定这个政策的目的是限定经销商的销售区域和规定分销规模，防止出现串货或扰乱市场秩序等现象，同时也要确保经销商在一定范围内的专营权，这主要从区域限定、授权期限、分销规模、违约处置等方面加以规定。

在导入案例中，济南啤酒集团关于货物流通秩序管理中，第一条规定：公司与所有一级经销商签署协议，由他们经销的所有产品必须在指定的区域内经销，为此公司将把他们返利提成的50%放到年底发放，只要没有串区销货现象，年底全部发放。这就保证了经销商在自己范围内的专营权，一定程度上避免了串货现象。

（二）奖励政策

奖励政策一般分为返利政策和年终奖励政策等。返利政策包括返利的时间、标准、条件和返利的形式等。奖励政策的制定要恰到好处：返利标准制定得太宽松，就会失去返利刺激销售的目的，甚至造成价格下跌或者串货等。年终奖励政策实际上也是返利政策的一种，但由于很多经销商和企业比较看重这种形式，所以才从返利政策中分离出来，实际上两者的主要内容基本一致。在导入案例中，济南啤酒集团对经销商提供销售补贴，以此作为奖励手段。

这里需要指出的是，企业应积极引导经销商通过提高日常的销售量来获利，而不是靠年终奖来度日。很多企业都制定了优惠的年终政策，结果往往会导致经销商为了拿年终奖而将市场价格冲垮，所以企业应该高度重视这一点。

（三）促销支持政策

经销商在销售企业的产品时，都希望或要求企业给予足够力度的促销支持。很多企业在招商时，也往往承诺给经销商以必要的促销支持。企业促销支持一般分为三种形式：一是企业进行促销，二是企业和经销商联合促销，三是让经销商独立进行促销。在导入案例中，公司采取了联合促销的方式：提供促销及广告支持，提供人员支持，要有专人帮助经销商寻找消费者，指导销售。当然，不管企业采用哪种促销形式，都应在促销政策中明确促销的目标、时间、内容、考评及费用报审等。

（四）客户服务政策

这项政策的目的在于尽最大努力达成客户满意，同时也减轻经销商的压力，解除其后顾之忧。客户服务政策的主要内容包括客户投诉处理程序、售后服务政策、配送制度、订发货程序等，应将这些内容作为一个详细的制度，并通报客户，从而确保客户满意。

在导入案例中，也有关于客户服务的规定："对市场上的客户投诉，业务员必须在24小时内给予应答，自己不能处理的应在24小时之内立即上报地区经理，如果地区经理也不能处理，须在24小时之内上报公司总部处理。"

三、渠道政策制定的忠告："五不要"

（一）不要忽略了经销商的本性

经销商，作为商人在本质上是一致的，那就是利益，纯粹的以利润为核心，抛开利益也就无所谓忠诚，只有保证价格稳定和合理的价差，经销商才真正有利可图，厂商合作才会持久。一旦企业失去对经销商的控制，只要有一家的货物开始低价销售，其他经销商也会马上跟风直追，最后演变为到处串货，串货行为致使他们利润下降，丧失继续进货销售的信心，使整个市场处于瘫痪。

课堂思考

我们一直强调经销商是利益至上，企业只有给经销商足够的利益才能做好经销商工作。这是一种偏见吗？难道真的没有其他方式吗？

（二）不要忽略了经销商的销售能力

每个经销商的销售情况、经营能力、目标压力彼此各异，因此对于经销商的销售增长目标以及返利额度，必须制定不同的台阶和档次。根据经销商自身能力状况和市场特点，制定具体可行的销售目标和考核标准，同时进行差别管理和激励，充分挖掘经销商的潜力，从而不断提高其销售能力，扩大市场份额。

（三）不要忽略了区域市场之间的差异性

市场发展存在不均衡，不能用一个指标来约束、管理经销商。因而，要因地制宜，根据区域市场差异化进行分类，针对不同特点制定相应的政策。政策要合理，不能只管大客户、重点客户，不管小客户，也不能大小客户类同管理等。

（四）不要忽略了销售政策实施的根本性

销售政策是企业通过给出一定的条件进行引导、激励、约束经销商与销售人员的销售行为，为完成销售目标提供便利服务。合理的销售政策能够充分发挥吸引力，促使客户与销售人员产生内驱力，自动地去完成销售目标，从而给销售带来一些便利与轻松。如果政策丧失了其服务的根本性，仅仅成为一种政策条款，那也就失去了政策制定的意义了。

（五）不要忽略了销售政策执行的尺度

销售政策在执行时必须带有一定的约束条件，如果客户违反了某些规定，不仅眼前的利益遭受损失，而且影响到更长远的利益。销售政策执行的目的就是为了能给销售带来保障。

因此，一个销售政策的制定与实施，切忌单纯从销售业务额考虑，不能单纯地为了完成销售指标而忽略了客户的差异化、市场的差异化，更不能单纯地为了刺激经销客户，而置市场统筹运作于一旁，否则，这些所谓的销售政策就可能成为区域经理身边的“定时炸弹”。

【同步案例7－3】

农夫山泉的渠道政策

1999年农夫山泉的广告开始出现在各类电视台，随之市场也出现了越来越热烈的反应，再通过跟进的一系列营销大手笔，农夫山泉一举成为中国饮用水行业的后起之秀，到2000年便顺理成章地进入了三甲之列，实现了强势崛起。历来中国的饮用水市场竞争激烈、强手如云，农夫山泉能有如此卓越的表现，堪称中国商业史上的经典。而这个经典的成就首先启动于“农夫山泉有点甜”这句蕴含深意、韵味优美的广告语，一经出现就打动了每一位媒体的受众，令人们牢牢记住了农夫山泉。

2016年，饮料巨头农夫山泉加入到对渠道的改革中来，开始推行大经销商制，经营方式开始转向以经销商为主的模式。农夫山泉将大幅削减经销商数量，转而推行培养大客户的制度，调整后，经销商将享受产品裸价出厂的最新政策，同时厂家会负责所有运作费用，但是任务也翻倍，每年需完成不低于500万元的业绩。农夫山泉提出的“大经销商制”加大了大经销商的权限，由区域经销商负责所有业务人员、费用投放等各个方面的管理。对农夫山泉来说，这样的措施减少了小经销商带来的产品价格体系的紊乱，减少了市场管理的难度。对大经销商来说，同区域之内没有了竞争对手，对市场的把握更强，业务开发难度更低，对其他产品的带动也更大。

（资料来源：http：//brand. baobei360. com/a/20170106/10004515. html，《2016农夫山泉极致营销8个月营收超百亿7大数据4个关键词》）

问题：

1. 农夫山泉的整体渠道变革趋势是什么？
2. 这种渠道管理倾向有何好处？

分析提示：

农夫山泉的渠道目前呈现出网络化的趋势，通过缩减经销商能够减少一大笔的费用支出，但是同时改变了部分策略，自己的表面支出增大，将压力给了其余的经销商和部分大客户，在能够稳住整个市场价格的前提下，也能够更好地去推动自己产品销售，将整个农夫山泉的市场牢牢把握在自己手中。

任务五　渠道策划的误区防范

越来越多的企业已经认识到渠道建设在整体营销及企业生产活动中的重要性，但在如何建设和发展渠道网络过程中还存在很多令人担忧的误区，这些误区使处于变革中的渠道发展面临严峻问题。

一、选择好的渠道成员，就等于成功

很多企业都认为，只要选择好分销成员，企业就可以高枕无忧了，就没必要去考虑分销渠道中存在的种种问题了。抱着这种观念的企业，一方面是由于自身对市场认识不足，应对无招；另一方面也切实地证明了分销渠道的重要性。

二、分销渠道只是权宜之计

很多企业的决策者认为，建立分销渠道、寻找经销商只是企业的权宜之计，只是为实现利用经销商的区域市场网络来完成产品迅速进入市场的目的。所谓的“客户是上帝”“和客户结成伙伴关系”不过是宣传的口号——这是大部分中小企业很容易陷入的误区。

三、渠道越长、渠道覆盖面越宽越好

渠道的长短、覆盖面的宽窄受很多因素的影响，因行业、产品、市场特点而定。日用消费品由于消费对象高度分散、购买频率高、销售环节相对较多，因而长渠道比较合适。但这并不意味着渠道越长越好，原因是：战线拉得过长，对业务人员和经销商的管理难度加大；交货时间会被延长；产品损耗会随渠道的加长而增加；信息传递不畅，企业难以有效掌握终端市场信息。

四、中间商越多越好、越大越好

“分销商越多，销量越大”，一直是一些企业遵循的一条定律。而在实际的市场运作中，过多的渠道网络，很可能会面临以下问题：市场狭小、串货、恶性降价的现象；渠道政策难以统一，厂家的销售政策难以贯彻；服务标准难以规范，服务要求的执行往往会流于形式①。而实际上，只是诸如快速流转类消费品才需要广泛的分销商进行网络延伸，而保健品的渠道商数量和结构则需要合理规划，否则，销量将受到来自渠道的巨大压力。

中间商实力不断增强，也是渠道发展的一个趋势。殊不知，中间商的日益强大给企业构成了严重的威胁。实力越强，其议价能力越强，实力强大的中间商往往会提出苛刻的经销条件，使企业进入两难的境地。

---

① 袁绍岐．论营销策划的成功要素［J］．商业经济文荟，2001（4）：17－18.

五、渠道政策越优惠越好

优惠的经销政策可以找到好的经销商，同时也会激励渠道成员完成销售任务。政策越优惠，其积极性就会高一些，但有些情况适得其反。企业如果以此为准则来制定渠道政策，可能不会有好结果：付出很多，收获很少。

经销商关心的除了利益，还是利益，但给的利多了，经销商也未必会很卖力地去销售，原因可能在于：如果产品不好，利给得再多恐怕也不会有用；利给得太多，经销商会形成过分依赖企业的政策而不思进取的心理，有时还会以政策来要挟企业，迫使企业不断提供各种优惠条件，造成恶性循环。

从经销商角度来讲，选择什么样的产品来经销除了要考虑收益外，也要评估风险，最终决定是否要做，渠道政策只是考虑的一个方面，他们更看重企业的实力。

【项目小结】

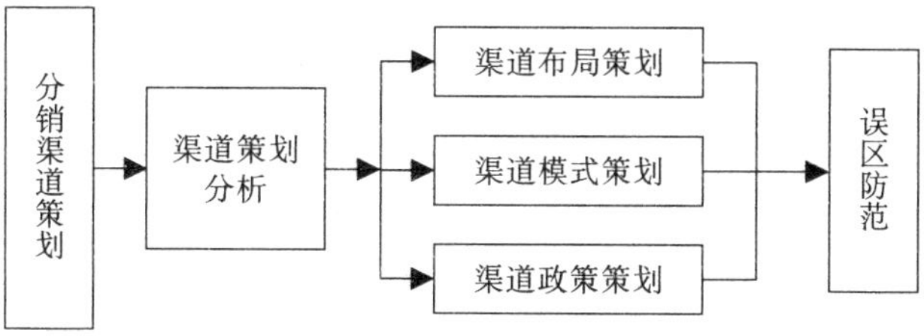

【项目考核】

1. 简答题

（1）渠道策划的4C原则具体指什么？

（2）渠道布局类型有哪些？通过比较，说明各种类型适用的企业条件。

2. 案例分析题

案例资料：

西门子的通路运作

西门子是一个有着百年历史的国际名牌，其冰箱产品自登陆中国市场以来，道路并非一帆风顺，也有过困惑。在国产冰箱技术不断进步、质量不断提升、产品不断创新的滚滚潮流中，西门子赖以骄傲的“技术”“质量”难以形成明显的差异优势。然而，在国内同行认为是其“弱项”的通路领域，西门子却下足工夫，创造了生机勃勃的销售活力，其成功的销售通路运作经验对国产家电企业不无借鉴之处。

第一，网络开发上正确处理数量与质量的关系，重质胜于重量，是培育市场、保持可持续发展之道。

铺货率是网络开发的重要指标但不是唯一指标。铺货率太低不利于销售，但也不是越多越好。有的厂家虽然铺货率很高，但网点的销售业绩及厂家合作效果不理想，造成资源浪费。由于各企业资源及效用的实际情况不同，最理想的铺货率难有定说，但西门子可取之处在于能正确处理网点开发中数量与质量的关系。

西门子在网点建设方面有一个良好的战略规划，在一个地区重点扶持一个点，时机成熟后再增加新的销售网点，所选的点基本是做一个活一个，走的是“以点带线，以线带面”的路线。

西门子重视网络质量还具体体现在以下两个方面：一是对网点的细心培育；二是零售业态的有效组合。

第二，创造厂家与零售商的互惠协作关系，重视把产品卖给消费者，而非仅仅把产品卖给零售商，是与零售商荣辱与共的双赢之道。

西门子冰箱销售采取的是直接面对零售终端的通路模式。其特点是不通过任何中间批发环节，直接将产品分销到零售终端，由厂家直接开拓和培育网络。这种方式虽然有网点拓展慢、交易分散、配送难度大、人力投入大的不足，但在家电产品销售成功与否还看终端的今天，企业对售点的控制力、维护能力、市场沟通能力、人际亲和力则更加重要，只有这样才能真正提高市场的渗透力。因此，可以说这种通路模式将成为家电销售发展的趋势。

“情感营销”这个有中国特色的概念在家电销售领域被西门子注入了新内容，成为通路操作的一种“软件”策略，并逐步跳出私人友情的小圈子，成为一种销售沟通手段，走向制度化、规范化，同时注重通路运作效率、反应，大大增强了通路活性。

第三，卓有成效的导购员管理，注重帮消费者买产品，而不是向消费者推产品，是有效的营业推广之道。

为了有效发挥营业推广作用，西门子十分重视导购员的管理，如招聘、培训、激励，拥有了一批优秀的导购员队伍，提高了终端销售的竞争能力。具体体现在：一是严格的导购员招聘；二是系统的导购员培训；三是有效的导购员激励。

第四，保证快速有效的信息沟通，注重的不是单向传递，而是“自上而下”“自下而上”的双向互动，是把握市场动态、争取主动之道。

措施：一是组成了由导购员、业务员、信息员、市场巡视员全方位的市场信息收集网；二是制定完整的信息搜集及反馈制度；三是信息收集及反馈的方式多样化、内容细致而全面。

方式：一是自上而下的信息沟通，传达企业信息。在沟通方面，西门子更加规范和别具一格，除了在私人关系沟通方面取得良好的效果外，在新产品信息提供、存货情况提供、各型号销售情况、企业经营动向等方面都会定期主动与零售商沟通，并宣传西门子的企业文化，使经销商感到“我就是西门子的一员”；二是自下而上的信息沟通，了解市场信息。西门子为了实现终端市场信息快速反馈，在区域分公司设有监督热线，专门用来接受零售商的询问和及时了解市场销售情况。

（资料来源：林三卓．西门子的通路运作［J］．销售与市场，2001（1））

思考题：

（1）何谓销售通路？

（2）西门子是如何成功地进行通路运作的？

（3）西门子的通路运作给我们哪些启示？

3. 业务模拟训练

渠道策划实务操作

训练目标：

明确渠道策划的内容；熟练掌握分销布局策划、分销模式策划销售政策策划的方法和技巧。

训练内容：

分销布局策划；分销模式策划；销售政策策划。

训练操作：

作为新产品上市的一部分，为新产品上市设计分销渠道，进行渠道布局，根据企业现有渠道，选择合适的渠道模式，制定恰当的销售政策。

成果要求：

提交分销渠道策划方案一份。

项目八
制定促销方案

◇了解主要概念：促销策划；买赠促销；特价促销；服务促销。

◇掌握基本理论：节日促销策划理论；买赠促销策划理论；特价促销策划理论；服务促销策划理论。

◇培养综合能力：把握整体的促销策划流程；具备节日促销策划的能力；掌握买赠和特价促销策划技巧；学会如何进行促销预算策划。

案例导入

趵突泉啤酒促销策划方案

为了提高市场知名度，进一步扩大趵突泉啤酒在济南的市场份额，趵突泉啤酒精心设计了题为“趵突泉行动”的促销策划方案。部分内容如下：

一、促销策划原则

1. 本促销方案的策划严格遵守营销总体方案的基本思路和指导思想，在前期充分的市场调查的基础上，对策划方案进行了详细安排。

2. 促销方案针对济南市场和周边市场的不同，分别有内容不同的可选择方案。

3. 促销方案以“渗透”为原则，即在现有的市场中进一步激发消费者的消费欲望，吸引新顾客，拉拢竞争对手的顾客，提高顾客忠诚度。

4. 促销方案的促销重点放在终端消费的启动上，注重“拉动”消费，而非“推动”消费。

5. 促销策划遵守公司促销基本观念，不以过多、过滥的“抽奖”等促销方式吸引消费者，注重树立形象，提高品位。

6. 本促销方案突出“一个主题，三条主线”。

二、促销策划基本概念

（一）一个主题

进一步深化突出“趵突泉水酿啤酒，唯独泉城济南有”的主题，赋予这一主题更新的富有现代韵味的内容，以“历史、现代、创造、进取、博爱、责任”等新的理念丰富、完善公司和品牌形象，加强趵突泉啤酒与趵突泉水的关联度，以此为基础，把公司、产品形象上升到泉与酒依依相连，融为一体的高度，把公众对趵突泉啤酒的认知提升到感性的高度。

（二）三条主线

1. 以爱泉护泉、以泉兴酒为主线，体现啤酒与泉水生生不息的亲缘关系。

2. 以社会利益、关注公益为主线，体现卢堡公司对社会、消费者承担的责任。

3. 以时代为主线，把握重大的节日、纪念日，创造促销机遇。

三、趵突泉啤酒促销策划具体方案

（一）方案名称：趵突泉行动

（二）期间：2009 年 1 月 1 日—12 月 31 日，为期 12 个月，期间有元宵节、中秋节两个重要节日

（三）目标

1. 以“护泉、爱泉”提高卢堡公司和产品的美誉度，更好体现“趵突泉水酿酒，唯独泉城济南有”的广告语内涵，引起泉城市场的关注，树立良好社会形象。

2. 以“喝趵突泉啤酒，免费游园”活动，抓住节日中公众游园的热潮，借此活动将趵突泉啤酒的销售提高。

（四）对象

1. 泉城市民以及驻济的各种单位，进一步激发广大消费者热爱泉城、热爱趵突泉水的热情，掀起较大的社会反响。

2. 旅游流动人口。

3. 喜爱参与游园活动的各界人士。

（五）广告表现

1. 为配合护泉、爱泉活动，重视地域性报纸，以《齐鲁晚报》为主要报纸媒体；POP：布旗、海报、宣传单等。内容包括：

（1）倡议书：“倡议济南市民行动起来，为护泉、爱泉尽心出力”

（2）公告：卢堡公司致济南市民的一封信（卢堡公司发起设立护泉基金）

2. 为配合利用元宵节、中秋节两节而开展的“喝趵突泉啤酒，免费游园”活动，在《齐鲁晚报》等地方报纸上刊登促销活动广告，介绍活动内容。

3. 以上两个活动以 POP 广告为辅助宣传手段。

4. 广告计划：

（1）媒体：齐鲁晚报、POP。

（2）版面：A. 半版刊登倡议书、公告；B. 半版刊登促销活动内容；C. 开辟“护泉基金”公告栏（利用副刊）。

（3）频度：1 月 1 日—1 月 31 日，每周一次半版广告，共 4 次，元宵节、中秋节两节前 20 天内，每 4 天一次 1/4 版广告，共 10 次。

（4）POP 广告在活动场地、公共场所、消费场所悬挂、张贴。

（六）活动内容

1. 护泉基金活动

（1）卢堡公司与趵突泉公园、《齐鲁晚报》三方联合发起护泉基金活动；

（2）护泉基金由卢堡公司出资 10 万元设立，通过《齐鲁晚报》向社会公告；

（3）护泉基金由园林局负责管理、设立银行账户（公证处监督）、公布账号和捐助热线，收受各界的捐赠；

（4）在趵突泉公园设立捐款处，趵突泉公园必须向园林局、卢堡公司和《齐鲁晚报》负责，沟通基金增加、使用情况；

（5）护泉基金的设立之日，召开各新闻单位参加的新闻发布会，扩大社会影响；

（6）《齐鲁晚报》负责及时报道基金发展、使用情况，刊登捐助者的介绍；

（7）关于发起细则等具体内容待定。

2.“喝趵突泉啤酒，免费游园”活动（加“喜上加喜”活动）

（1）在元宵节、中秋节两节游园高峰活动之间20天左右推出此项活动。

（2）参与活动办法：

A. 消费者凭印有“游园”字样的啤酒瓶盖免费游园（投放一万个）。

B. 邀请捐助基金数量最大的前10名代表参与游园。

C. 在游园活动前，在趵突泉公园前举办“趵突泉啤酒护泉、爱泉，免费游园”义卖（价值10万元的趵突泉啤酒）活动，在义卖中购买两箱的消费者可获赠游园票一张。

（3）本活动请趵突泉公园协助，必要时由公证处公证。

（4）举办游园现场幸运游客“喜上加喜”活动，从摄像材料中随机选中10名幸运游客，公布姓名，予以奖励。

（七）预算分配

1. 活动部分

护泉基金：10万元（啤酒义卖）；公关费用：10万元；奖额：8万元。

2. 广告媒体费用

报纸广告：20万元；POP广告：5万元。

3. 其他：4万元。

总计：50万元。

促销活动是企业短期内提高销售额的有效手段，是企业进行短期竞争的利器，因而，促销活动策划成为企业策划工作中最基本的策划任务之一。科学的促销策划应当遵循科学的策划流程，制定恰当的促销策略。

任务一　促销策划分析

促销策划，是在市场目标的导向下，使促销与多种市场工具实现良好交互作用的策略设计、策略评价和策略控制的过程；同时，它也追求投入效益最大化，通过提供一些临时性的附加利益来进一步实现对消费者、中间商或内部销售人员的积极影响的策略规划活动①。

① 姜玉洁等. 促销策划［M］. 北京：北京大学出版社，2005：24－25.

进行周密、系统、有效的促销策划工作，是企业成功实施促销策略的重要前提。良好的促销策划不仅使整个促销管理工作有重点、出成效，使促销活动顺利实现既定的目标，而且使促销工作得到科学的预算保证，令企业减少不必要的费用支出，提高促销活动投入的有效性。

一、促销策划的原则

依靠良好的促销策划活动迅速抢占市场的企业不在少数，仔细分析这些成功的企业，它们在进行促销策划时都遵循了一定的原则，这些原则有一定的通用性，企业都可以借鉴。

（一）调查原则

调查是做好促销策划的重要基础，其目的是为企业的促销决策提供依据。缺乏调查、凭空进行的促销策划是不具有任何市场竞争力的。

通常情况下，促销调查包括对企业以往的销售资料进行分析，筛选出消费者较为敏感和喜爱的产品进行促销；同时，对过往的消费者特征进行研究，区分重点顾客，做到在促销策划的过程中积极发挥对重点顾客的效力。此外，还必须做好市场调查，掌握竞争对手的促销动向，适时调整本企业的促销策划方案。

（二）目标性原则

一方面，促销策划的目标是整个策划的龙头，目标一旦确定，便成为策划运行中的支配性航标，其他所有的策划工作都必须围绕这一目标进行；另一方面，明确的促销目标还是后续检验促销策划是否成功的最直接反映。因此，促销目标的确定是促销策划的关键性问题。企业所制定的促销目标必须是具体明确、切实可行且可以评估的。

在导入案例中，趵突泉公司在具体的促销策划方案中明确地提出了策划的目标：一是以护泉、爱泉提高卢堡公司和产品的美誉度，更好体现“趵突泉水酿酒，唯独泉城济南有”的广告语的意义，引起泉城市场的关注，树立良好社会形象。二是“喝趵突泉啤酒，免费游园”活动抓住节日中公众游园的热潮，借此活动将趵突泉啤酒的销售提高。

明确了促销的目标，接下来的促销工作才有方向，各项工作才有重点，这样促销效率就会比较高，效果自然会很好。

（三）诚信原则

进行促销策划时，要符合实际，不要凭空捏造不存在的东西，不要轻许不能兑现的承诺，否则，会使顾客有强烈的心理受骗感。此时，企业除了遭遇投诉外，更糟糕的是把促销变成信任危机，陷入“促而不能销”的被动局面。

（四）创新原则

在产品同质化日益严重，促销手段越来越相似，品牌间隔越来越不清晰的今天，企业可以凭借什么从众多的促销活动中脱颖而出呢？只有创新。越富有创意的促销手段，越容易吸引消费者的注意力。因此，促销策划要注重创新，只有设计独特、差异性强的促销活动，才能出奇制胜，达到理想的促销效果。

【同步案例8－1】

宝洁：每一个英雄的背后，都有母亲的身影

一年一度的母亲节，也是一年一度以“母亲”的名义进行催泪宣传的时间。对于各大品牌来说，情感营销自然成为这个节日里永恒的主题。不过即使温情的基调不变，一些品牌还是玩出了新意。

在距离里约奥运会100天倒计时的时候，宝洁推出了一支以“感谢母亲”为主题的品牌全球宣传片。因为正好临近母亲节，这支广告片也可以算作是宝洁的母亲节营销。不同于以往的广告片，有让母亲使用宝洁产品的桥段，这次的短片没有出现任何产品，可谓是一支真正的价值观宣传片。它讲述了来自不同国家、地区和不同种族的奥运选手和母亲的故事，在经历战乱、车祸、电梯事故、飞机遇险等危急时刻，母亲表现出了强大的坚韧和勇气；在经历训练挫折的时候，母亲又鼓励他们重拾信心，走向赛场。整个短片温暖而震撼，它想要借助奥运选手的事迹告诉你的是：每一个强大的孩子背后，都有一位强大的母亲。

每一个节日的背后，都隐藏着一个感人至深的故事。宝洁这种另辟蹊径的促销方式不仅让人们对母亲的伟大有了更加清晰的认识，也在不知不觉间让宝洁品牌深入人们的内心，抓住了每个人内心最柔软的那一部分，让人们对其好感大增，可谓是“润物细无声”。

（资料来源：新营销2016年06期，http：//www. sohu. com/a/140065542_ 706207）

问题：

1. 宝洁为什么要借母亲节之机策划促销？
2. 宝洁的母亲节促销有何高明之处？

分析提示：

所有成功的促销都要选择好一定的时机、独特的切入点。宝洁借母亲节之机做促销，是因为此节日与目标受众相关，而且，母亲是一个与所有人都能产生关联的角色，容易使促销信息深入人心。

宝洁的母亲节促销是一次价值观传播，没有出现产品的具体信息，不会造成消费者的抵触，以情感介入，润物细无声，深化了顾客对品牌的认知。

（五）可执行原则

促销策划若是不能执行，那无异于是“纸上谈兵”。促销策划的有效执行是促销效果能否实现的关键因素。因此，促销策划应该充分考虑可执行性，全方位考虑到产品组合的可能性、促销手段的运用、促销赠品的选择、产品的包装方式、终端执行的细节等。

（六）遵守法规原则

促销策划应该尽量避免“打擦边球”的危险动作，严格遵纪守法。一旦陷入法律危机，企业将会面临数不尽的麻烦。这就要求促销策划人员熟悉相关的法律和地方法规，比如《反不正当竞争法》《广告法》等，在促销策划的过程中，严格按照相关的法律程序进行操作。

二、促销策划的影响因素

在制定具体的促销策划之前，企业首先应该明确影响策划的主要因素，并分析它们的影响范围和程度，为促销策划顺利有效的进行提供依据和基础。

（一）产品的性质

任何促销活动都是以提升产品销量为目的的，所以，选择何种产品作为促销载体就成为促销策划的关键。策划人员必须根据产品的特点和性质将产品进行分类，并依据产品的分类制定不同的促销组合策略。产品不同，其在促销地点、时间、频率的选择上就会有很大的差异，这将直接影响到促销策划的制定。比如，快速消费品由于消费较快和购买频率较高，在进行促销策略的选择时，就应该以大规模的广告宣传为主来吸引消费者试用；而耐用品由于使用的时间较长，更换的频率较低，所以它需要较多的采用人员推销和服务促销的形式。

在导入案例中，公司提出了“趵突泉水酿啤酒，唯独泉城济南有”的促销主题，并制定了“以爱泉护泉，以泉兴酒为主线，体现啤酒与泉水生生不息的亲缘关系”的促销主线。这一主题和主线，充分地考虑了产品的特点，将啤酒与泉水紧密结合，使区域内消费者只要提及趵突泉立即联想到趵突泉啤酒，启发消费者的联想：啤酒如泉水一样的淳厚、甘洌、品质高尚，从而大大提升了促销的效果。

（二）促销目标

促销目标是影响促销组合策略的首要因素。广告、人员推销、销售促进、公共宣传四种促销工具都有各自的特性和成本，策划人员必须根据既定的促销目标选择合适的促销工具组合，以保证促销活动取得满意的效果。

（三）产品市场的特点

各种促销工具在不同的市场上的促销功效是不一样的。比如，对于消费品来说，策划人员在进行策划时，应该把促销的费用着重分配到广告宣传上，其次才是销售促进、人员推销、公共关系；而对于工业品，则应该以人员推销为主，此时，广告宣传所起到的作用就明显不如人员推销了。

（四）产品生命周期

不同生命周期之内的产品所需要达到的目标不同，所面对的市场环境和竞争对手的策略也不同。因此，在产品生命周期的不同阶段，促销工具的选择也应该有所不同：在产品的导入期，应把较多的资金用于广告和公共宣传，以迅速提高产品的知名度；在成长期，促销的目的同样是为了提高产品的知名度，因此，广告和公共宣传的力度应该继续加强；到了成熟期，竞争日益加剧，广告和公共宣传已经不能抵挡竞争对手的侵袭。此时，营业推广的作用就逐渐凸显出来；最后，到了产品的衰退期，广告仅仅起着提醒的作用，销售促进达到最佳效果。

影响促销策划的因素不止以上四点，企业的自身实力、资金周转情况、竞争对手的营销策略等都是企业在进行策划时要考虑的因素。企业只有客观地分析自己所处的内外部环境，顺应市场经济规律，才能制订出切实可行的促销策划方案。

三、促销策划的流程

任何活动都应该有一套合理的活动流程，根据经验，制订一份完美的促销策划方案应该包括三个阶段、五个步骤，具体的促销策划过程可以用下面的流程图进行直观的描述，如图 8－1 所示。

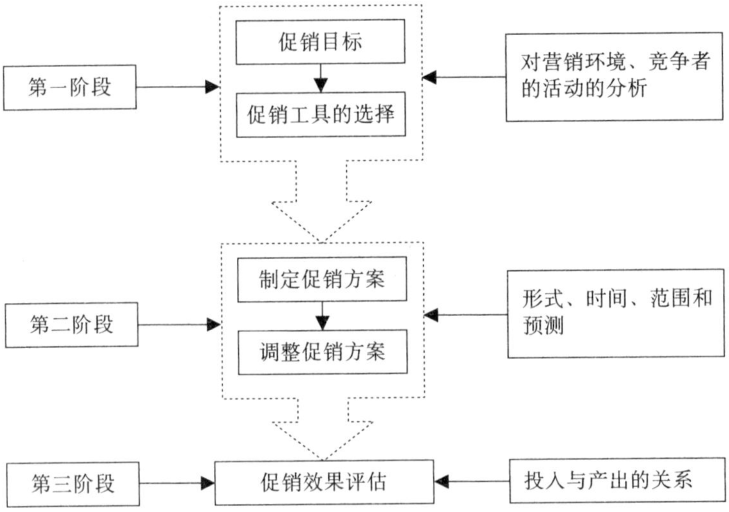

图8－1　促销策划流程图

（一）制定目标与选择工具

首先，制定一个具体明确的促销目标。在制定目标时，应该确保促销目标和企业营销总目标的内在一致性；确保促销目标的具体化、数字化和可评估化；确保促销目标必须具有高度针对性和可竞争性；确保促销目标必须以实际可达成的促销效果来设定。

其次，在广泛分析的基础上依据促销目标对促销工具进行筛选，选择合适的促销工具。促销工具有各自的特点和适用范围，所以在选择时要考虑如下几个因素：

第一，促销目标。特定的促销目标一般对促销方式的选择有着较为明确的条件要求和制约，选择的促销工具必须与促销目标有内在的一致性。

第二，市场的类型。不同的市场类型需要不同的促销工具。比如，消费品市场应选择广告作为重点促销手段，此类市场上的商品消费需求广、品种多、更新换代快，需要利用广告频繁地向消费者进行宣传；在生产资料市场上，宜采用人员推销的方式。所以，企业策划人员所选的促销工具必须适应企业当前所处的市场类型的特点和要求。促销工具在不同的产品市场上的相对重要性如图8－2所示。

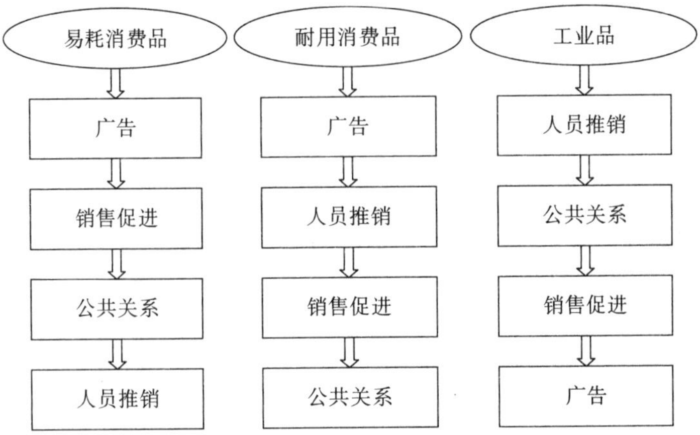

图8－2　促销工具在不同产品市场上的相对重要性

根据图 8－2，我们可以分析一下导入案例。根据产品性质来划分，啤酒应该属于日常易耗消费品，所以广告和销售促进在促销中其重要作用。所以，趵突泉啤酒在设计促销方案时，着重对广告和促销活动进行了策划。公司选择了恰当的促销工具，在促销中必然会取得很好的效果。

第三，竞争条件和环境。选择促销工具时，除了考虑企业本身的条件、优势和劣势、资金、人力及企业外部竞争者的数量、实力、营销方式等因素，还要考虑社会的政治经济水平、政府的法律法规、人们惯常的消费习惯等制约因素。

第四，促销预算分配。任何企业用于促销方面的费用总是有限度的，促销费用占营销总费用的比例往往成为选择促销方式的一种硬性约束。企业为了使有限的资金发挥最大的效益，达到促销的最佳效果，就必须充分考虑各种促销工具的促销预算水平。

（二）制订和调整促销方案

第二阶段从实际组织促销活动的需求出发，对已经初步选定的促销形式进行细节上的补充。

1. 制订促销方案

在导入案例中，“趵突泉啤酒促销策划方案”为企业编写促销策划方案提供了范例。在此方案中，基本包含了促销策划方案的所有活动要素：

①活动目的：对市场现状及活动目的进行阐述；②活动对象：活动针对的目标人群；③活动的时间、地点与主题；④活动方式：具体的活动安排，包括具体操作流程、人员安排、广告宣传、现场秩序维护等；⑤活动预算：做好活动的预算和结算，控制成本。

以上五个方面的内容是制订促销活动方案中必不可少的。另外，企业在制订促销方案时，还要明确以下几个活动要素：

（1）促销时机和促销持续时间。促销活动开始的时间及促销持续时间的长短对促销的最终效果有很大的影响力。一般来说，促销活动何时开始应依据消费需求和市场竞争的特点，结合整体的市场战略来确定；而促销持续的时间一般以三周左右为最好。若持续的时间过短，一些消费者可能因为太忙而无法参加促销活动，进而不容易实现重复购买；若持续时间过长，不仅会引起企业开支过大，消费者购买力减弱，还容易降低产品在顾客心目中的身价，并使他们对产品的品牌产生怀疑。

（2）刺激程度。促销活动要想获得成功，最低限度的刺激是必要的。一般来讲，刺激程度与销售反应成正比，但也存在边际效应递减的规律。因此，策划人员在制定促销方案时，要依据以往的促销实践分析和总结，结合新环境条件下的促销确定适当的刺激程度。

（3）促销对象。促销是面向目标市场的每一个人，还是面向有选择的某一部分人，哪种对象是促销的主攻目标等，此类问题选择的正确与否都会直接影响到促销的最终效果。

（4）促销媒介。媒介的选择，不仅关系到促销费用的高低，更关系到促销活动的直接效果。在促销策划的过程中，策划人员必须对各种媒介的优缺点进行研究分析，权衡利弊，选择恰当的媒介。

（5）预算分配。在进行预算分配时，策划人员要对促销工具的使用范围、频度，各种产品所处生命周期的不同阶段等多种因素加以分析和确定，以便更合理地支配促销的费用。

2. 调整并实施促销方案

依据当前市场的竞争情况，对促销方案的细节加以调整，然后，就开始实施促销方案。在实施的过程当中，要注意观察市场的反应，对促销的范围、强度、频度和重点进行适时、适当的调整，保持对促销方案实施的良好地控制，以顺利实现促销策划预期的目标和效果。

（三）促销效果评估

第三阶段就是评估促销的效果。评估促销效果是一项重要但又很困难的工作。促销策划的评估就是对促销活动投入与产出的评比和估算。为了测定本次活动的成功与否并为下一次促销活动提供现实的参考依据，促销的评估可分为事前评估和事后评估两大部分①。

事前评估通常需要测定的内容主要有：促销工具的选择是否合适？促销时间的选择是否符合消费者的消费习惯？设置的促销范围和既定的促销目标是否具有一致性？细致地做好这些工作，离促销成功就不远了。

在促销活动计划付诸实施之后，对促销活动的实际成果进行测试评估称为促销的事后评估②。衡量事后评估的典型方法是折价券的回报率、竞赛和抽奖的参与人数、赠品的偿付情况、短期销量的变化幅度等。其中，短期销量的变化幅度是衡量促销效果的最佳依据。

对促销效果进行认真的评估和总结，将为下一次的促销策划提供宝贵的经验，因此，企业策划人员必须重视促销评估工作。

课堂思考

整个促销策划的流程已经很清楚了，请你搜集几篇有关促销策划的实际案例，对比上述流程，分析其中的合理性及需要改进之处。

任务二　节日促销策划

一、节日促销存在的问题

节假日是促销推广的重要时机，五一劳动节、国庆节、中秋节、元旦、春节，再加上近些年日益流行的圣诞节、情人节等，都是众多商家利用各种促销高招抢占市场份额的精彩时段。可见，节日促销在企业整个促销策划中的地位已经得到迅速的提升。在导入案例中，该公司的促销活动也是主要选择了节日，即元宵节和中秋节。

但是，由于节日促销的频率过高，促销活动往往效果不佳。企业要想摆脱节日促销的尴尬局面，首先需要从节日促销存在的问题进行分析研究。通常情况下，节日促销存在以

①② 陈放．营销策划学［M］．北京．蓝天出版社，2005：203－204.

下四大问题：

第一，促销策划没有以市场调查为基础，设计的活动方案对节日市场缺乏理性的思考和系统的规划，未能结合节日市场的特点进行促销组合，具有很强的盲目性。

第二，节日促销理念不清，活动主题缺乏特色。商家在搞节日促销时，过分关注商品的销售，在宣传方面准备不足，广告、海报、条幅等张贴不规范，商场购物环境不佳，而且忽视了对商家和厂家的宣传；节日促销的主题千篇一律，吸引力不强，缺乏新意，没有特色，消费者出现“审美”疲劳。

第三，节日促销的方式陈旧老套，促销手段司空见惯、毫无创意。企业进行节日促销的通常方式是免费使用、有奖销售、折价、凭证优惠、凭证退费、会员制、礼品赠送等。这类活动，消费者见怪不怪，对消费者的刺激力度已经大大减弱。

第四，节日促销人员的促销技巧水平低，促销缺乏亲和力。企业往往为了节省成本或者因策划考虑不周全而忽视了对节日促销人员的培训，使促销人员的促销技巧水平较低。在促销的过程中，对顾客的消费心理把握不准确，与消费者不能进行良好的沟通。此外，促销人员因为不了解活动的意义和重要性，容易产生促销“疲劳”感，不能持续保持饱满的工作热情。

二、节日促销策划的对策

企业如何在节日期间创造销售业绩的高峰？如何通过促销来扩大市场份额，提高品牌的美誉度？如何在产品高度同质化的市场中显示出独特的促销主张对策如下：

（一）促销理念和主题的创新

策划人员应精心设计节日促销的理念和主题，多一些创意，少一些雷同。富有创意的促销理念和主题是做好节日促销的灵魂。

作为促销活动主体的直接体现，理念和主题将在第一时间把促销信息传递给顾客。因此，如何让活动的理念和主题既吸引消费者的眼球，又能充分传播活动信息，就成为促销策划的关键。

在导入案例中，趵突泉啤酒关于“喝趵突泉啤酒，免费游园”的策划就很有创意，将趵突泉啤酒和免费游览趵突泉很好地结合在一起，在游园的旺季展开必然会吸引很多消费者的眼球，促销效果自然很好。

（二）文化型节日促销

节日促销策划与文化相结合，将节日促销上升到文化的高度。几乎所有的企业在搞节日促销时，都大打“送礼牌”“促销牌”，虽然此类促销方式在短期内能够提高销售量，但也只是停留在产品诉求的表面。现在，随着人们收入水平的提高，消费者的消费观念已经从讲究实惠逐渐上升到讲究品位。

所以，在策划节日促销时要将节日的文化背景与企业的经营理念和企业精神相结合，开展具有针对性的节日文化型促销。如此的促销在给消费者带来文化和思想享受的同时，也会为企业带来可喜的销售业绩，树立良好的企业品牌形象。

在导入案例中，趵突泉啤酒开展了“护泉基金活动”，充分体现了企业的社会责任感，将趵突泉啤酒的企业文化与护泉、保泉结合起来，提升了企业形象。

（三）多种促销手段联合使用

策划节日促销时，要联合多种促销手段，营造节日的促销气氛。策划人员要把广告、人员推销、营业推广、公共关系等促销手段进行有效的组合，以最大限度地吸引消费者关注的眼球。

策划节日促销活动时，要学会挖掘顾客的需求，捕捉顾客的节日消费心理，善于创造热点与亮点。此外，促销策划人员还应该针对不同的节日，结合企业理念和节日文化底蕴设计出独特的促销主张与促销诉求。只有这样的促销才能带给消费者真正的利益进而受到消费者的欢迎。

【同步案例8－2】

捷蓝航空：飞机上孩子的1次哭声＝25%的折扣

在飞行途中，听到小孩子不停哭闹可谓是最让人痛苦的事情之一。这种情况下，往往路人尴尬，孩子的母亲也尴尬。不过在今年的母亲节到来之前，美国捷蓝航空打算用实际行动来拯救乘客们。

捷蓝航空联合代理商 MullenLowe，发起了一项名为 FlyBabies（空中宝贝）的创意活动：他们选择了一架从纽约飞往长滩岛的航班，机上的孩子每哭闹一次，机上乘客下次乘坐航班便可获得25%的折扣。这意味着，只要孩子们的哭闹次数满4次，下次乘机就可以免费了。

当时，空姐宣布了这一决定后，乘客们简直是“满怀期待”地数着孩子爆发出的哭声，当第4次哭声响起之后，获得免单的乘客们不禁爆发出了热烈的掌声。

虽然，捷蓝航空的奖励其实只是一次母亲节的营销活动，但它希望用这个创意告诉大家，人们在抱怨孩子哭闹的同时，是不是应该对不容易的母亲多点包容。这样抓住社会痛点的营销，也会提升公众对这个品牌的好感。

捷蓝航空通过逆向思维，利用临近的母亲节将公众场合孩子哭闹的难题进行了完美解决，不仅让人们对孩子哭闹这个问题更加理解，也同样大大提高了乘客对本航空的好感度，为他们的经营更添助力。

（资料来源：http：//m. sohu. com/a/74557671_ 106413，《母亲节创意营销：飞机上孩子的1次哭声＝25%的折扣》）

问题：

1. 捷蓝航空联合代理商的母亲节促销活动有何创意？

2. 这次促销给我们的启发是什么？

分析提示：

促销内容重在引起顾客关注与认同，但随着促销活动同质化以及促销量的增大，要做到这一点的难度越来越大。捷蓝航空联合代理商巧妙地借母亲节之机，让顾客体验到了一场有意思的促销活动，拉近了与顾客的距离，这比普通的打折促销更能传递品牌价值。

促销策划重在创意，否则难以得到顾客的关注，更难以让顾客参与到促销活动中来。

【同步实训8－1】

母亲节促销活动

［实训目标］

掌握节日促销的一般步骤与方法。

［实训内容］

选择学校附近一家商家（如鲜花店、服装店等），为其策划设计一个母亲节促销活动。

［实训操作］

（1）首先让学生学习有关节日促销的相关知识。

（2）将全班学生每五人分为一组，每组选出小组负责人。

（3）每个小组在学校附近选择一家商家作为对象，为该商家策划母亲节促销活动。

（4）尽量说服商家采纳方案并帮助其实施。

［成果要求］

（1）每个小组成员通过调研、讨论，为该商家设计一个“母亲节促销活动方案”。

（2）每小组选派代表在班里汇报策划方案。

（3）老师对各策划方案进行点评并打分。

（4）凡是被商家采纳的方案将获得额外加分。

任务三　买赠促销策划

陈季修在《促销·透过心灵的37种商业说服》一书中提到，所谓“买赠促销”，是指商业企业向本企业的消费者免费赠送商品，或向购买一定金额商品的消费者实施馈赠的促销活动。

在各种促销活动如天女散花般纷纷上演的时候，赠品促销在一定程度上可谓浓缩了商战精华。越来越多的厂家和商家把目光集中在赠品促销上，以赠品作为争取消费者、提高销量的法宝。此策略若运用得当，对于企业来说，将会极大地提升品牌的亲和力，为公司日后的市场推广奠定基础；对于消费者而言，在免费赠送的前提下获得了内心的满足，利于日后的重复购买。

一、开展买赠促销的时机

要想保证买赠促销的效果，就必须选择好的促销时机。通常情况下，买赠促销的时机主要有以下四种情况：

第一种：新产品刚刚上市或提供新服务时。新产品上市伊始，由于缺乏知名度，往往难以刺激消费者的购买欲望，此时，选择买赠促销的方式可以利用消费者喜欢占便宜的心理促成其产生购买动机。

第二种：产品进入衰退期或企业清理库存时。一方面，进入衰退期的产品，企业为了让其枯木逢春，发出最后一点余热而选用买赠促销策略；另一方面，随着市场竞争的加剧，企业为了适应快速变化的市场需求，不断推出新产品。为了迅速清空已经老化的产品以调整产品结构，减轻库存压力，可以采用买赠促销的形式来拉动消费需求。

第三种：应对竞争对手降价时。价格战是产品促销的常用策略，但是，经常采用价格战，不仅会损害品牌形象，而且会让消费者感到厌倦，并对促销产品的质量产生怀疑。此时，企业就可以推陈出新，采用买赠促销的方式，以变相加价应对直接降价。

第四种：企业为了提升销量时。在同质化产品日益泛滥的市场上，企业为了聚拢人气、增加更多的销售机会，可以采取买赠的促销策略。

二、买赠促销策划需考虑的因素

买赠促销策划得好，不仅可以增加销量，而且可以提高产品的知名度和美誉度。但是，如果设计不好，劳民伤财尚在其次，一旦影响了公司的整个生产经营活动，将会给公司带来不可估量的损失。所以，在策划买赠促销时，必须要考虑周全，需要考虑以下因素：

（一）赠品的选择

策划买赠促销时，首先要考虑的就是赠品的选择。赠品一定要新颖、独特、切合促销主题、富有吸引力。若所选赠品没有新鲜感，就不足以吸引消费者；若赠品太贵，则会导致促销成本过高，企业得不偿失。显然，赠品的选择是一个非常具有技巧性的问题。在选择时，应该遵循一定的原则。

第一，赠品与主推品之间要有一定的关联度。在导入案例中，公司开展了“喝趵突泉啤酒，免费游园”活动，将趵突泉公园门票作为赠品，将趵突泉啤酒和趵突泉公园连到了一起，提高了企业和产品的知名度。

第二，赠品的价值不宜过高，应体现形象高、成本低的原则。若赠品太贵，容易喧宾夺主，带来的不是主推品销量的提升，而是商品本身委身于赠品之下的一种沉沦；而选择形象高、成本低的赠品，则有利于降低促销的成本。

第三，应该依据主要目标消费群体选择赠品。不同的消费群体对于产品的需求是不同的，如果选择一种主消费群体完全不需要的产品作为赠品就会毫无意义，买赠促销对他们来讲也没有吸引力。

第四，赠品不宜长期不变，赠品的内容和种类要不断地更新。一成不变的赠品会让消费者感到厌倦，好奇新鲜的冲动购买欲望也会大幅度减弱。而且，消费者还会感觉到促销的商品和赠品原本就是一个“组合”。所以，为了保持赠品的吸引力，赠品一定要定期更换，做到常赠常新，只有这样，买赠促销才会有足够长的生命期。

第五，选择具有宣传作用的赠品。比如印有企业标志的雨伞、精美购物袋等，都可以作为赠品使用。

（二）促销持续时间

买赠促销持续的时间不宜太长，否则，不仅会使企业付出高昂的促销费用，还会让消费者形成只认买赠不认品牌的坏习惯，对于品牌美誉度的提升起不到任何作用。

（三）赠品成本的控制

企业在策划买赠促销时，经常会忽略赠品的隐性成本，导致赠品的总成本过高，使得促销活动无法执行；策划中没有明确规定单一产品应搭赠的赠品数量，导致在促销时所搭赠的赠品超过计划数。如此，必将导致促销成本超出预算，吞噬了企业的应得利益。

【同步案例8-3】

爱奇艺VIP把“买一赠一”变成了一场翻倍游戏

2018年4月20—22日是爱奇艺八周年庆典，爱奇艺推出了VIP买一赠一活动。互联网时代，消费者们在经历了扎堆的价格战营销之后，面对单一的低价促销时已经脱敏，所以品牌们也开始去考量推出更新鲜的创意方式吸引用户的注意力。最近爱奇艺VIP就借着品牌8周年之势，开展了一波回馈用户的会员大促活动。值得一提的是，在“买一年赠一年”这个本不能给人带去惊喜的传统促销概念下，他们却通过一个“翻倍响指”的魔术手势，打造了一场全民互动。爱奇艺通过哪几步让一场买赠促销活动如此成功的呢？

一是借手势文化，让“8同凡响”变成记忆符号。如何借8周年之际，将感恩回馈的信息传达至消费者端？显然单靠“买一赠一”式的平铺直叙并不能调动起用户的注意力，因而爱奇艺VIP想到了给这个翻倍概念赋予到行为的载体：翻倍响指。翻倍响指源于魔术，任何经历了“翻倍响指”的物体，都会瞬间变成两倍大小或两倍数量，用来表示爱奇艺VIP买一赠一的会员大促说起来也逻辑顺畅。同时，响指动作完成后会停留在“V”手势上，可意喻VIP的V，再者在我们的文化里这个手势有8的意思，代表着爱奇艺的8周年，又和他们此次的口号“8同凡响”形成谐音。这次爱奇艺VIP的翻倍响指很快在消费者记忆中形成了一个梗、一个符号，很容易就和其他普通的促销宣传形成区隔。

二是给促销换包装，赋予更多品牌价值意义。在消费升级的背景下，消费者的关注点渐渐从产品的功能性过渡到附加值上，在他们对价格的敏感度降低的同时，“打折”这个词本身的号召力也在被淡化。显然这次爱奇艺VIP不愿意让消费者觉得会员大促如同街边促销，因此才将“买一赠一”换种说法，创造了翻倍响指和“8同凡响”的概念。当消费者在这个概念下讨论起颜值翻倍、工资翻倍、假期翻倍和一些能让人变得不同凡响的翻倍事件时，品牌也借此输出了一些额外的且能够展现他们个性的内容，将打折本身赋予了更多价值意义。

三是用微博影响者，带动UGC爆发。首先爱奇艺VIP在官微发布了一个“翻倍手势”视频，想要大家通过翻倍响指发现生活中不同凡响的double惊喜。在这一环节爱奇艺VIP找到了一些吐槽搞笑博主进行转载和预埋视频的发布，响应官方号召。通过影响者的传播，很多用户开始参与到了翻倍响指的内容征集中去。除了视频，爱奇艺VIP还在大促期发布了插画风的创意海报，这些海报并未生硬植入促销信息，而是将消费者的视频使用场景和爱奇艺VIP的权益点相结合，展示出他们在资源、明星福利、提前看剧等几个方向的优势。海报发布之后，品牌找到了一些个人风格性较强的博主发布宣传，利用明星周边、VIP礼品卡等让利信息，刺激用户参与互动并产出UGC内容。据统计，活动期间“8同凡响”的话题页阅读量达到了1500万，互动参与量15万。

爱奇艺VIP借由一个新的促销概念，加上简单的手势符号，再在社交平台上用影响者带动大家，一次简单的会员“买一年赠一年”活动，就这样被爱奇艺VIP包装成了一场翻倍游戏，打个响指触发出一系列的附加价值，这或许是一个以小博大的不错尝试。

（资料来源：https：//socialbeta.com/t/case-study-iqiyi-members-campaign-2018-05，《【案例】爱奇艺VIP如何把“买一赠一”变成了一场翻倍游戏?》）

问题：

1. 企业为什么要策划买赠促销活动？

2. 案例中爱奇艺的买赠活动有何特点？

分析提示：

企业策划买赠活动的一般目的是利用顾客心理，促成销售，扩大一次购买量。爱奇艺的买赠活动经过一番策划，加入了顾客喜欢的手势符号等个性化内容，被包装成为一种游戏，成功地引起了顾客的关注和参与。

任务四　特价促销策划

特价促销是指在短期内的直接降价促销。由于特价促销对消费者具有特殊的吸引力和强烈的视觉冲击力，因此可以在短时间内有效刺激消费者的购买欲望，快速提升企业和产品的竞争力。企业进行特价促销的根本目的是传播品牌的核心价值。企业在搞特价促销时，切忌为特价而做特价，不应该偏离品牌的核心价值。否则，将会对企业品牌造成巨大的伤害。

一、特价促销策划的关键点

虽然有不少业内人士认为特价促销是最简单、最有效、最易操作的促销方法，但是特价促销本身有其先天性的缺陷。若操作不当，将会给企业的利润、形象、品牌美誉度等带来巨大的损害。所以，在策划特价促销时，必须把握住以下几个关键点。

（一）特价促销的理由

一个好的促销理由将在很大程度上提升促销活动本身的吸引力。所以，在策划之前，策划人员应该先根据产品的卖点、市场的热点及顾客的利益点找出一个足够刺激消费者的恰当的理由。比如新店开张、庆祝企业销售业绩突破10亿元大关等都可以成为特价促销的理由。

（二）特价产品

并不是所有的产品都适合做特价促销。在选择特价产品时，应该把注意力放在适应面广、消耗量大、购买频率高的快速消费品上。换言之，做特价的产品必须是大众用品。比如洗衣粉、卫生纸等。

选定特价产品后，还应该对其进行有效的整合。若特价产品的种类太少，将无法满足消费者的多样化需求，发挥不了规模效应；种类太多，则会造成品牌的贬值。所以，必须整合特价产品，以使特价促销发挥最大的效应。

（三）特价幅度

一方面，策划特价促销时，要注意使特价幅度适中适当。若特价幅度太小，则对顾客没有吸引力，不能引起顾客的购买欲望，从而造成资源的浪费；若特价幅度太大，虽然能在短期之内提升销售额，但是会扰乱价格体系，大幅度降低企业利润。

另一方面，进行策划的过程中，要依据产品的不同适时地调整特价幅度。特价促销的基本规律是：品牌知名度较低的产品，其特价幅度要大些；而知名品牌，只需小幅度降价便会取得不错的促销效果；对于那些经常做促销活动的品牌，其降价幅度要大些；而很少开展促销的品牌，降价幅度便可小些。此外，一般情况下一个品牌大幅度降价的效果比几个品牌同时小幅度降价的效果要好。

（四）特价促销的时机和持续时间

正确的时机是特价促销活动取得成功的重要前提。特价促销时机的把握以适合为唯一原则。即选择的时机除了要与企业的资源相匹配，同时还必须充分考虑行业特征、地区消费特征及竞争对手动向等因素。一般说来，五一、国庆、情人节等节假日，换季之时，竞争对手大幅度降价时都是特价促销的好时机。

对特价促销时间的有效控制是巩固、扩大促销战果的关键一环。根据有关的调查显示，特价促销的持续时间一般以 15 天之内为最好。若持续时间太长，一则促销效果递减，二则顾客一旦习惯特价，将无法再恢复价格弹性；若特价时间过短，则达不到最佳的促销效果。

（五）特价促销信息的发布

策划特价促销时，一定要重点把握住这一环节。因为只有针对目标消费群将促销信息发布到位才能让更多的人知道特价的信息。即要在促销费用投入有限的情况下，做好促销信息的发布。此时，广告的宣传，海报、横幅、特价标签、特价 POP 等的张贴，导购人员的推荐等都是向顾客传递特价信息的重要手段。这些都是需要策划人员认真考虑并精心准备的。

课堂思考

根据你的亲身体验，想一想：企业进行特价促销时有哪些潜在的风险？企业应该采取哪些措施来消除这些风险？

二、特价促销策划的注意事项

第一，建立应急机制，备足货源，及时补货。策划特价促销之前，应预估销量、查清库存，并准备好充足的货源，以防止出现库存不足、产品脱销的情况。

第二，要保证特价产品的品质和服务。一旦特价产品的质量或服务出现问题，那么企业面临的将是消费者的不断抱怨和投诉，甚至是品牌美誉度的彻底丧失。所以，在策划特价促销时，必须慎重地选择特价商品。

第三，要考虑到竞争对手可能做出的反应，随时准备应战。一般情况下，一个品牌实行特价时，其他竞争品牌也会随之跟进做特价销售。若特价促销效果明显，会引起竞争对手更加猛烈的反击，甚至会导致恶性竞争。所以，企业在策划之初必须想好应对之策，力求避免卷入价格战的漩涡。

第四，要及时恢复产品的正常价格。特价的时间过长，消费者一旦习惯特价，将很难恢复正常的价格，企业为此将遭受重大的损失。因此，企业在策划时就应该率先想到此点，在促销活动结束后，及时将产品恢复到正常价位。

【同步案例8-4】

“双12”的支付宝口碑大补贴：5折大优惠

近日，全家金沙江四店店长刘建，在带领6名全家店员加班之余，使用支付宝和全家的优惠折扣，以25元的价格在自家店里买到了价值70元的全家商品。这是支付宝口碑和全家合作推出的优惠政策，希望在双11之后，再次刺激消费者购物的热情。全家的会员能够在“双12”当天使用买满40返20的优惠券，并且叠加使用口碑App的折上五折券(25元封顶)，将70元的商品以最少25元的价格买走。线下购物热潮的背后，是口碑为了推出独立App的巨大宣传力度。在支付宝的口碑入口，“上口碑，享5折”的标语占领了最醒目的位置。助推之下，口碑App冲上了苹果AppStore免费榜的第一名。根据口碑提供的数据显示，截至2017年12月12日17点，上海市已有490万人参与到此次的“双12”购物狂欢节，在全国排名第一，是上周同期的2倍。

（资料来源：商界App，《双十二的支付宝口碑大补贴：5折大优惠》）

问题：

支付宝口碑特价促销有何意义？

分析提示：

通过对特价促销的时机的把握，利用“双12”进行促销，也无疑是一个良好的理由。另外，“上口碑，享5折”的标语，让人更好地记住此信息，也是向顾客传递特价信息的重要的手段。此次的成功，不仅让更多的消费者记住了该品牌，更是获得了许多商家的支持与合作。这一次成功的App营销行为，使得口碑这个年轻的App成功走入大众的视野。

任务五　服务促销策划

《促销·透过心灵的37种商业说服》一书中对“服务促销”进行了这样的定义：服务促销是指商家从顾客的利益出发，从产品结构、产品质量、销售方式、服务项目及服务水平等方面为顾客进行全方位的服务，以满足顾客的各种不同需求来吸引购买。服务促销的定义为企业在策划服务促销活动时敲响了警钟：必须从顾客的角度出发，为顾客提供周到且完善的服务。

一、精心策划服务促销的原因

如今买方时代已经到来，企业在经历了广告、降价、赠送等促销大战以后，又寻找到新的竞争点，那就是服务促销。运用服务促销策略，让顾客“买得舒心，用得放心”已逐渐成为一种时尚。

企业采用服务促销不仅能留住老客户，还能吸引潜在的新客户。而且，良好的服务还可以提高企业的声誉和产品的知名度、品牌的美誉度，赢得消费者对企业的忠诚。

服务促销活动同时也是买卖双方双向沟通的过程。买方可以通过服务向企业反馈信息，企业根据这些信息迅速的了解用户的需求以及用户对产品的意见和建议，从而不断地改进和更新产品及服务。

总的说来，服务促销是一种简单却很有效的促销手段，值得企业对其精心策划。

二、服务促销策划的三大阶段

（一）售前服务策划

买卖行为发生前，卖方向潜在顾客提供的各种服务即为售前服务。售前服务的目的在于向潜在顾客迅速准确地传递商品信息，使其消除对产品的顾虑，产生强烈的购买欲。售前服务的具体策划有：

第一，对潜在的消费者进行免费的教育和培训。可以选定一个特定的时间对潜在顾客进行免费的教育培训，解决顾客的疑难问题等，以此锁定潜在顾客。

第二，定点导购咨询。在目标消费者集中的地方定期定点地设置服务台，安排业务水平较高的工作人员向顾客提供免费的咨询服务，以消除顾客在购买过程中的种种疑虑，引导其迅速购买。

（二）售中服务策划

售中服务是卖方向进入现场的顾客或已经有购买意向并进入选购过程的顾客所提供的服务。此时，服务的目的就变成向顾客介绍产品的特点、功能、使用方法等，使顾客在精神上感到满意，进而实施购买。售中服务的具体策划有：

第一，现场演示产品的功能，讲解产品的功效。在促销现场，设置一个大的展台，安排专业的销售人员对产品的具体功能进行讲解并演示，使顾客迅速地了解产品的性能，打动顾客的心。

第二，对产品进行现场加工。一般木材、油漆调配等产品比较适合现场加工，这样做能让顾客对自己即将购买的产品深信不疑。

（三）售后服务策划

售后服务是指卖方向已经购买产品的顾客所提供的服务。商品的销售总是和售后服务紧密相连的。企业向顾客提供良好的售后服务，解决顾客由于使用产品而带来的一系列问题和麻烦，增加顾客的使用效益，将赢得顾客对企业无限的忠诚。对售后服务进行策划时可以从以下几方面入手：

第一，售后技术跟踪。设计一个精致的小册子，将企业具体的联系方式印在上面，分发给用户，并为用户提供24小时免费热线电话。一旦产品出现问题，售后服务人员接到电话后，尽量在第一时间赶去解决用户的难题。

第二，建立产品质量监督档案，定期联络、拜访用户。为用户建立产品使用档案，间隔一定的时期通过电话、邮件、上门拜访等方式与用户进行沟通，了解产品的使用情况，为用户提供及时、周到、舒心的服务。如一旦在姜玉坤眼镜店办理会员卡，本店会定期进行电话回访，询问在佩戴眼镜的过程中是否出现不适，而且每月提醒你一次到店内对眼睛进行健康检查。

课堂思考

随着竞争的不断加剧，企业都采取措施来提高产品售前、售中、售后的服务，上面讲的服务内容越来越成为一种常态化。那么，想一想：企业应该怎样做，才可以在服务促销方面“鹤立鸡群”？

三、服务促销策划的注意事项

众所周知，质优价廉是产品迅速占领市场的前提。但是，在产品高度同质化的今天，众多的产品在质量、价格上已不相上下，类似于特价、买赠等的促销方式对于产品销量的提升也已经没有多大的作用。此时，服务促销的优势就显现出来，策划服务促销也成为企业促销过程中的重要环节。在策划的过程中，应该注意以下几个事项：

第一，进行策划时，除了对具体的服务项目进行规定外，还应该注意规范服务人员的语言、行为等。

第二，为了保证服务的效果，在进行服务促销策划的过程中，要建立服务质量监控体系，明确规定奖惩标准以方便对服务人员的服务质量进行考评，努力使服务内容真正落到实处。

第三，对于已经付诸实行的服务内容，要通过各种方式进行宣传报道，让更多的目标消费者所熟悉了解。很多企业在策划促销的过程中往往忽略了这一点，虽然提供了优质的服务但没有产生应有的促销效果。

第四，最重要的一点就是承诺的服务一定要兑现，否则，损害的不仅是企业的信誉，随之而来的将是产品市场占有率的急剧下降。因此，企业在策划促销活动时，一定要考虑周全，准备充足，以积极的态度及时兑现已经承诺给消费者的服务。

【同步案例8-5】

海底捞的服务促销

2018年5月17日，海底捞国际控股在港交所递交上市申请。海底捞公司的董事长张勇认为，顾客的口碑价值非常大。“在中央电视台做几秒的广告就得几十万元，这可以为顾客买多少西瓜、饮料，换来多少顾客由衷的赞叹啊！”

海底捞的成功在于它出色的售前、售中服务以及人性化的关怀。去过海底捞的人应该都知道，它的服务不仅仅在于售中的良好态度。它在目标客户等待或者持观望想法的时候就提供一系列的关怀服务，比如让等待或者歇息的顾客品尝免费的小吃饮品，提供专门的休息区，甚至专门设置一些游乐设施方便带小朋友的顾客。这一切都是售前服务在运行。说起火锅，四川一定是最为知名的地区。海底捞宣称其是四川火锅，在售前服务中便使目标客户被吸引。少数不曾去过南方吃特色火锅的目标客户也会前来品尝，使目标客户的数量大大提升。可以说，海底捞的售中服务做得非常优秀。其一系列的附加服务使每一位用餐或即将用餐的顾客享受到了极致的愉悦享受：进门擦皮鞋服务、免费美甲服务、儿童乐园服务、甚至带孩子服务等一系列的贴心服务使顾客更加倾向进店消费。而它的售后服务也是非常的具有诱惑力。除了用餐完毕的一系列附加服务，它还会赠送许多优惠内容，吸引、方便顾客再次光临。这一系列的服务其实都是为满足消费者的愉悦体验。它将餐饮从单调的食材升级到了服务营销。它在促销方面也是从售前、售中、售后的三大方面下手，使海底捞火锅在国内餐饮行业中独占鳌头，成为国人最喜欢消费的场所之一。

（资料来源：百度文库，https：//wenku. baidu. com/view/eb782b520166f5335a8102d276a20029bc64634f. html《海底捞的服务营销理念与成功经验分析》）

问题：

1. 服务促销有何价值？

2. 服务促销的重点是什么？

分析提示：

各行各业都可以在服务中做到极致，从而使企业取得巨大优势，赢得顾客对于企业、对于产品的忠诚度。

服务促销以服务的形式展示出来，其重点是注重细节、传递价值，顾客感知不到价值的服务促销是无效的。

任务六　促销活动策划的误区防范

促销对于企业来说显得尤为重要。经过近些年的发展，促销的手段和方式都得到了很大的提高，如：买赠、路演、套餐、返券、抽奖、积分、特价等，但促销的效果如何呢？促而不销、产品价格下滑、市场串货……我们提出下列问题给企业以警示作用。

一、促销时机把握不准

之所以把握不准促销时机，是因为企业缺乏促销计划。许多企业都是在遇到销售困难时才会想起促销，一经想起便盲目行动，很少关注时机的准确性，导致人力、物力、财力的巨大损失。

作为营销策划工作的一部分，企业应提早制订促销计划。根据企业产品和目标消费者的特点，选择正确的地点和恰当的方式，在恰当的时机进行促销活动。

二、赠品把握不准

赠品的作用可以分为两种：一种是引诱顾客重复购买；另一种是迎合顾客贪小便宜的习性刺激其购买冲动。而目前一些企业在做买赠促销时，过分强调赠品的价格而非价值，未能迎合消费者最强烈的心理需求。

赠品并不是越贵越好，而是越让顾客喜爱的越好。促销赠品的选择不在于有多贵而在于能根据不同消费群的心理，选择最能打动他们内心的物品。在促销时我们要因人而异，根据不同消费群的心态去确定他们最想要的赠品。

三、促销缺乏创新与针对性

当我们走进一些超市，到处写的基本都是“买几赠几”“促销价”“优惠价”，没有推陈出新的促销形式，没有针对性，企业的促销活动都想把消费者一网打尽，其实这是错误的。当消费者天天面对同样的字眼，享受同样的优惠形式，那么这些促销方式将不再有吸引力。

这就要求企业，仔细研究消费者的心理，不断创新促销形式。同时，企业的财力、人力是有限的，全面开花往往顾此失彼，达不到预期的效果，所以企业应通过不断的细分消费人群，对不同人群实行不同的促销形式，这样促销工作才能有的放矢。

四、促销就是打折降价

现在低价促销成为促销活动的主要内容，很多企业把价格当作促销工具，把降价当作促销活动，认为促销就是降价，这是错误的。促销活动的开展本身就会降低企业利润，如果始终以降价作为促销手段将会再次消耗掉企业的资源和削减企业的利润。

企业促销的意义在于通过一些新颖的而不是最传统的价格变动的方法来吸引消费者。这就要求企业及时转变营销观念，积极采取多种形式进行促销，尽量避免以降价为主的策略。

五、单纯追求销量

当前大多数企业都认为，促销就是为了提升销量，很多企业有这样一种现象，就是每个促销报告的申请单后面都附有目标销量，把销量作为衡量促销效果的唯一标准。

其实，促销不仅仅是为了短期内提高销量，而是以挖掘客户需求来激发消费者的购买需求，通过促销达到更大范围的信息传播和沟通目标，从而提高企业的知名度，树立良好的企业形象。因而，企业要树立正确的促销目标，深入挖掘促销活动所带来的效益，实现促销效益最大化。

【同步策划范例】

大型福利内购会促销案例——“只为自己人 疯狂6.10”

实体零售企业在与电商竞争中，从被动应对到主动出击，借势营销，不断上演着精彩的促销战，继五一赤峰海达电器PK网购价大获全胜之后，“6.18”电商年中大促前，山东潍坊三联家电又打了一场成功的颠覆战，12小时的闭店销售额达到4600多万元。

一、活动背景

整体经济不景气、交房量持续下降、家电消费疲软的同时，卖场的促销常态化，旺季不旺，促销活动密集，消费人群难以把握，造成整体团队的士气低迷。面对线上电商的冲击，几大平台分流顾客群，线下本地竞争对手不断扩张，也在抢占三联家电的市场份额。在这种背景下，企业急需一场不同于往常的营销战役来引爆潍坊家电消费市场，扭转销售低迷的态势，树品牌立威信，增强一线经营者和全体导购员的销售信心，提振团队士气，抢占家电市场份额。

二、活动目的

振奋一线经营管理者和员工及供应商的销售信心；通过主动走出去锁定消费目标的营销模式，积累新形势新竞争环境下的营销经验；强化团队整体作战协调能力及执行力；通过整场活动的筹备实施，锻炼营销、采销、卖场三位一体营销活动的制定以及掌控销售结构的能力。

三、活动主题

“只为自己人 疯狂6.10”

四、活动时间

2015年6月10日12：00—24：00

五、活动方式

闭店专场大型福利内购会活动当天，卖场对外部顾客闭店，只针对员工亲属和异业联盟单位亲朋好友开放，活动当天必须凭手册入场，才可以享受震撼内部价，同时推出五大专享服务：

1. 免费停车：凭当日购物发票即可享受免费停车服务；

2. 红酒烘焙体验：现场设置体验区，提供红酒品鉴、免费饮品、茶点供应；

3. 大家电延保 2 年：空调、彩电、冰箱、洗衣机，国家保修基础上延长包修 2 年；

4. 80 千米免费送货：各门店以自己门店为中心，80 千米内免费送货；

5. 保修终身：活动当天所购家电，提供专业维修服务。

六、活动内容

1. 认筹 20 元入场手册，送胡姬花花生油一桶；

2. 活动期间购物累计满 10000 元，现场可参加砸金蛋活动，100% 中奖率，最高可得 1000 元现金；

3. 超级套购送好礼，在各门店购彩电、冰洗、空调、厨具、热水器，跨品类三件以上产品且单位件满 3000 元即可享受加赠礼品；

4. 幸运抽奖韩国游，活动期间购物满 1000 元即可现场参加抽奖；

5. 微信分享赢好礼，从活动发布起至 6 月 10 日，关注"潍坊三联家电"官方平台，回复 610 转发活动信息 3 天以上，并微信群发所有好友，6 月 1 日—6 月 9 日即可到各门店服务台领取精美卡包一份；

6. 惠馈莘莘学子，购 3C 数码即返大礼，活动期间持学生证或准考证，购 3C 产品有相应现金券赠送；

7. 爆款机型海量供应。

消费者可通过三联家电各门店、三联员工、各小区认筹点报名，也可以通过扫描二维码关注"潍坊三联家电"，在对话框内输入"610 报名"后网上报名。三联家电对网上报名信息核实后派专员将入场手册送至消费者手中。

（资料来源：中国知网，http://www.cnki.com.cn/Article/CJFDTotal-XDJD201513008.htm《大型福利内购会促销案例"只为自己人疯狂 6.10"》）

【项目小结】

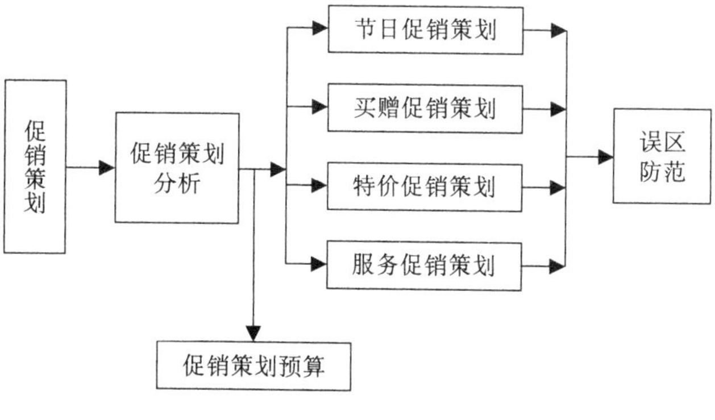

【项目考核】

1. 简答题

（1）企业进行促销策划应坚持哪些原则？

（2）绘制促销策划流程图，并做简要分析。

（3）企业进行促销预算的方法有哪些？

2. 案例分析题

案例资料：

澳柯玛的“见证促销”

澳柯玛电热水器是澳柯玛集团厨洁具事业部的主导产品，产品上市之初，公司策划了一次“见证促销”活动。该策划方案实施后的1个月，仅青岛地区产品销售就达到3000台，且澳柯玛厨洁具的系列产品销量较去年同期增长158%。澳柯玛电热水器的成功，为品牌推广工作做了有益的尝试。

一、同行市场及消费者分析

澳柯玛热水器有限责任公司主要生产经营电热水器。当时电热水器行业正处于成长期，市场上品牌混杂。澳柯玛热水器公司对这种生产状况，既没有打出降价的大旗，以价格战来获取生产份额；也没有以传统的买一赠一、买一赠二等手段来吸引消费者的短期注意力，激发消费者的短期购买行为。他们从公司的长远发展考虑，把质量过硬、技术优良这一特点作为澳柯玛电热水器的宣传点，将安全、保温、节能作为产品的诉求点，提出“断电100小时有热水、安全100%水电分离”的双百承诺，并以此作为澳柯玛电热水器顺利导入市场的广告语。

为了在市场上一炮打响，他们在青岛市做了一次范围广、测试者集中（中等收入以上家庭）的问卷调查，并从此次调查中发现消费者选购热水器最关心的是安全和节能两个因素。这一答案正好与公司提出的“双百承诺”相吻合，于是他们抓住这一契机，举办了一次别开生面的、生动的“断电100小时有热水，大众监督见证”现场促销活动。

二、促销策略及过程

澳柯玛热水器公司从消费者及其关心的“电热水器断电后多长时间还能保持有热水”这一问题入手策划了这次活动。他们将澳柯玛电热水器“断电100小时有热水”的承诺通过让消费者在断电100小时后以有奖形式予以确认，最终使澳柯玛电热水器高质量的概念深入人心，提高了产品的知名度和美誉度。

活动时间定在3月15日。活动之前，他们做好了充分细致的准备工作，想到了所有可能出现的情况与问题，同时提出了相应的解决方法，并事先在厂区内进行了严格的试验。随后，他们在青岛市七大商场布置了澳柯玛热水器展柜、岩石台，悬挂精美的POP广告，并在青岛市主要的繁华路段悬挂了大量的横幅标语，这一切都为此次活动的开展起到了推波助澜的作用。

3月15日上午9时，澳柯玛热水器公司派出精兵强将准时到达各自负责的商场，并进行了实验前的预热准备工作。中午12点整，七大商场、一个中心同时断电，宣布实验活动正式开始，并由总厂工作人员测出断电后的实验数据（79摄氏度）。这一活动引起了极大的轰动，在场的顾客争相参加，参与测量水温的顾客络绎不绝。在以后的100小时内由于顾客的热情参与，原计划每隔一小时测量一次的工作改为每半小时一次。经过全体工作人员和热情的消费者的共同努力，在经历了5天4夜的测量见证工作之后，测出800个实验数据，最后得出100小时后的平均水温为34.6摄氏度。这一数据真正体现了澳柯玛电热水器杰出的保温性能和经济节省的特点。许多参与活动的顾客纷纷表示，这种高保温性能在所有品牌的电热水器中是非常突出的。

三、促销效果和启示

本次促销活动取得了良好的效果，澳柯玛热水器公司仅在5天活动期间就售出热水器302台，3月份青岛地区的产品销量较以前翻了近六番，超出了预期目的，并使澳柯玛电热水器优良的保温性能达到了广泛的宣传，提升了产品的知名度和美誉度。

（资料来源：曹刚等．国内外市场营销案例集［M］．武汉：武汉大学出版社，2003）

思考题：

（1）澳柯玛的差别化优势主要体现在哪些方面？

（2）结合本案例谈谈见证促销活动前有哪些方面的准备工作要做？

（3）现代企业的促销方法主要有哪些？

3. 业务模拟训练

促销策划实务操作

训练目标：

明确促销策划的内容；熟练掌握节日促销策划、特价促销策划和买赠促销策划的方法和技巧。

训练内容：

节日促销策划；买赠促销策划；特价促销策划。

训练操作：

作为新产品上市的一部分，为新产品上市推广做策划促销活动，包括节日促销活动、买赠促销活动和特价促销活动。

成果要求：

提交节日促销活动策划方案一份；提交买赠促销活动策划方案一份；提交特价促销活动策划方案一份。

项目九
进行网络营销

◇了解主要概念：网络营销；网络营销策划；微营销；QQ营销；微信营销；微博营销企业站点；搜索引擎。

◇掌握基本理论：网络营销组合策略；网络推广策略；微营销的常用方式。

◇培养综合能力：掌握网络营销策划的内容与思路；能够进行企业网站建设与推广；掌握微营销策划的思路；网络营销组合策略。

案例导入

埃沃斯特广告公司（Everest Advertising）网络营销计划

一、公司简介

埃沃斯特是一家国际性的广告代理商，它可为世界范围内的大小公司开展广告和营销业务。该公司已成功地为北美的企业服务了20年，为欧洲的企业服务了15年。最近10年，该公司又将业务范围扩展到亚洲和澳洲。

迄今为止，公司已开拓了下列媒体中的广告业务：印刷类型广告，如杂志、广告牌等；直邮；广告推销会。

二、网络营销计划

该公司今后发展方向的一种选择是进入万维网，首先，需考虑以下问题：进入万维网对本公司意味着什么；为什么要进万维网；如何进入万维网。

1. 进入万维网的目标

对埃沃斯特广告公司而言，进入万维网就是在网上创建公司的站点，向访问者三维地展示公司状况。

埃沃斯特广告公司进入万维网可以期望得到如下效果：(1) 增加客户；(2) 展示本公司的历史；(3) 发布信息；(4) 促进公共关系；(5) 利用网络工具招聘新的人才；(6) 建立网络社区。

2. 进入网络的任务

公司要进入互联网，要保证网络营销的成功，首先需要做以下工作：公司所有标志物、印刷品上均应印有公司的网络地址；在至少两个以上的搜索引擎（Search Engine）上注册网址：Yahoo！和 Infoseek 等；在注册时采用与公司工作有关的关键词，即要达到看到该词就能联想到本公司的目的；在相关的国家、地区举行新闻发布。另外，还要考虑以下两个方面的问题：（1）费用；（2）竞争者。

三、埃沃斯特广告公司网页设计框架

埃沃斯特广告公司网页设计包括的基本内容有：公司简介、服务内容和顾客、公司事件、请与我们对话、娱乐、投资者信息、人才招聘和交通图。

在本页中还包括公司的标志、营销宗旨以及一个能贯穿整个网址的创造性的主题。下面分别介绍一下各功能模块所包括的主要内容：

1. 公司简介

（1）我们是谁？包括欢迎信、公司历史、主要人员（附上主要成绩）等。

（2）我们能做什么？列出服务内容和公司各部门等。

（3）我们在哪里？即地址和地图。

2. 服务内容与顾客

（1）服务列表。各项内容举例、各类服务联系人（E-mail 地址）。

（2）顾客表。

（3）公文。分国别和语种。

3. 公司事件介绍

（1）新闻发布。

（2）成功事件。包括奖励和扩展等事件。

（3）新顾客。

4. 请与我们对话

（1）建议。

（2）评论。

（3）闲谈室。包括有创造力的 Ad 热衷者，营销、广告策划人，广告专家，国际分部（欧洲、亚洲、澳洲）等。

5. 娱乐

（1）滑稽的广告故事/笑话。

（2）可下载的 Jingles。

（3）可下载的最受欢迎的广告。

（4）竞争对手创作的受欢迎的广告。

（5）你最喜爱的广告。

（6）AD 抢答、竞争。

6. 投资者信息

（1）年度财务报表。

（2）华尔街新闻。

另外，人才招聘和交通图按照公司所处的阶段真实地进行发布和说明，以便使公司招收到更优秀的人才和方便联系。

（资料来源：瞿彭志．网络营销［M］．北京：高等教育出版社，2001）

在网络市场背景下，企业的营销环境发生了根本性的变化：营销过程虚拟化，消费者身份虚拟化，消费者购买行为网络化。企业的广告、调查、分销、购物结算等都通过互联网而转变为数字化行为。这就要求企业重新组合营销资源，重新设计营销组织。网络营销正是以互联网技术为基础的新的营销模式。

任务一　网络营销策划分析

一、网络营销

（一）网络营销的含义

网络营销是企业整体营销战略的一个组成部分，是为实现企业总体经营目标，以互联网技术为基本手段所进行的的各种营销活动。

（二）网络营销的特点

1. 时域性

营销的最终目的是占有市场份额，由于互联网能够超越时空限制进行信息交换，使企业脱离时空限制进行营销变成可能。企业有了更多时间和更大的空间进行营销，可以每天24小时随时随地地提供全球性营销服务。

2. 富媒体

互联网可以传输多种媒体的信息，如文字、声音、图像等，使为达成交易进行的信息交换能以多种形式存在和交换，可以充分发挥营销人员的创造性和能动性。

3. 交互式

企业通过互联网提供商品信息资料查询，与客户进行多种形式的交流和沟通，还可以进行产品测试与消费者满意调查等活动。互联网为产品联合设计、商品信息发布以及各项技术服务提供最佳工具。

4. 个性化

互联网上的促销是一对一的、理性的、消费者主导的、非强迫性的、循序渐进式的，而且是一种低成本与人性化的促销。通过信息提供与交互式交谈，与消费者建立长期良好的关系。

5. 成长性

互联网使用者数量快速增长并遍及全球，使用者多属年轻、中产阶级、高教育水准的群体，由于这部分群体购买力强而且具有很强的市场影响力，因此是一项极具开发潜力的营销模式。

6. 超前性

互联网是一种功能最强大的营销工具之一，它同时兼具渠道、促销、电子交易、互动顾客服务以及市场信息分析等多种功能。它所具备的一对一营销能力，正是符合制定营销与直复营销的未来趋势。

7. 高效性

计算机可储存大量的信息，代消费者进行查询，其可传送的信息数量与精确度远超过其他媒体，并能根据市场需求，及时更新产品或调整价格，因此能及时有效地了解并满足顾客的需求。

8. 经济性

通过互联网进行信息交换，代替以前的实物交换，一方面可以减少印刷与邮递成本，可以无店面销售，免交租金，节约水电与人工成本，另一方面可以减少由于多次交换带来的损耗。

（三）网络营销的职能

网络营销的职能可以归纳为八个方面：

1. 网络品牌

网络营销的重要任务之一就是在互联网上建立并推广企业的品牌。网络品牌建设是以企业网站建设为基础的，通过一系列的推广措施，达到顾客和公众对企业的认知和认可。从一定程度上说，网络品牌的价值甚至高于通过网络获得的直接收益。

2. 网站推广

相对于其他功能来说，企业网站推广显得极为迫切和重要，网站所有功能的发挥都要以一定的访问量为基础，所以网址推广是网络营销的核心工作。

3. 信息发布

网站是一种信息载体，通过网站发布信息是网络营销的基本职能。无论哪种网络营销方式，都会将一定的信息传递给目标人群，包括顾客（潜在顾客）、媒体、合作伙伴、竞争者等。

4. 销售渠道

一个具备网上交易功能的企业网站本身就是一个网上交易场所。网上销售是企业销售渠道在网上的延伸，网上销售渠道建设也不限于网站本身，还包括建立在综合电子商务平台上的网上商店及与其他电子商务网站不同形式的合作等。

5. 顾客服务

互联网提供了更加方便的在线顾客服务手段，从早期的邮件列表、BBS、MSN、聊天室等各种即时信息服务，到当今的QQ、微信、微博等社交平台，都在顾客服务方面起到了重要作用。

6. 顾客关系

良好的顾客关系是网络营销取得成效的必要条件，通过网站的交互性、顾客参与等方式在开展顾客服务的同时，也增进了顾客关系。

7. 网上调研

通过在线调查表或者电子邮件等方式，可以完成网上市场调研。相对传统市场调研，网上调研具有高效率、低成本的特点，因此，网上调研成为网络营销的主要职能之一。

8. 销售促进

相对于传统营销，网络营销更需要消费者的关注。而销售促进无疑是必不可少的手段。据调查，商家为吸引消费者而推出的主要促销手段有直接打折、积分兑换和促销优惠券。

二、网络营销策划

（一）网络营销策划的含义

网络营销策划是企业在特定的网络营销环境和条件下，为达到一定的营销目标而制订的综合性的、具体的网络营销策略和活动计划。

网络营销策划是一项复杂的系统工程，它属于思维活动，但它是以谋略、计策、计划等理性形式表现出来的，可以直接用于指导企业的网络营销实践。它所使用的手段包括基于站点的网络营销和无站点网络营销。

（二）网络营销策划的分类

网络营销策划按营销目的可分为以下几类：

1. 销售型网络营销策划

销售型网络营销策划目标是指为企业拓宽网络销售，借助网上的交互性、直接性、实时性和全球性为顾客提供方便快捷的网上售点。目前许多传统的零售店都在网上设立销售点，如北京图书大厦的网上销售站点。

2. 服务型网络营销策划

服务型网络营销策划目标主要为顾客提供网上联机服务。顾客通过网上服务人员可以远距离进行咨询和售后服务。目前大部分信息技术型公司都建立了此类站点。

3. 品牌型网络营销策划

品牌型网络营销策划目标主要在网上建立企业的品牌形象，加强与顾客的直接联系和沟通，增加顾客的品牌忠诚度，配合企业现行营销目标的实现，并为企业的后续发展打下基础。目前大部分企业站点属于此类型。

4. 混合型网络营销策划

混合型网络营销策划目标力图同时达到上面目标中的若干种。如亚马逊通过设立网上书店作为其主要销售业务站点，同时创立世界著名的网站品牌，并利用新型营销方式提升企业竞争力。它既是销售型，又是品牌型。

三、网络营销策划的原则

（一）系统性原则

网络营销是以网络为工具的系统性的企业经营活动，它是在网络环境下对市场营销的信息流、商流、制造流、物流、资金流和服务流进行管理的。因此，网络营销方案的策划，是一项复杂的系统工程。策划人员必须对企业网络营销活动的各种要素进行整合和优化，使“六流”皆备，相得益彰。

（二）创新性原则

创新带来特色，特色不仅意味着与众不同，而且意味着额外的价值。在个性化消费需求日益明显的网络营销环境中，通过创新，创造出满足顾客个性化需求的产品和服务，是提高效用和价值的关键。在网络营销方案的策划过程中，必须在深入了解网络营销环境的前提下，努力打造旨在增加顾客价值和效用、为顾客所欢迎的产品和服务特色。

（三）操作性原则

网络营销策划是一种思维过程，但不能只是一种空想，必须具有很强的可操作性，是经过努力可以实现的设计。所以网络营销策划的任务不仅要求提供思路，而且要求在此基础上产生行动方案，对企业在未来的网络营销活动中做什么、何时做、何地做、何人做以及如何做的问题进行了周密的部署和具体的安排。不能操作的方案，创意再好也无任何价值。

（四）适应性原则

网络营销策划基于对未来的市场预测，它不可能准确描述未来市场的一切因素，必然会出现营销方案与现实脱节的情形。因此，任何策划方案都需要预测未来可能发生的各种情况，制定相应的应对措施，即备用方案。如果方案不能适应市场变化，往往不能实现预期效果。

任务二　网络营销策划的内容

网络营销策划的内容包括以下几点：

一、前言

策划的作用在于统领全书。前言应当简单交代营销策划的背景，营销策划的目的、重要性，策划过程和策划内容的概略介绍和策划实施后应达到的效果等。

二、网络营销市场分析

（一）网络营销环境分析

企业在做网络营销策划的时候要顺应与自己经营有关的宏观要素。网络营销环境分析包括政治、经济、社会、人文、政策、法律等要素。

（二）企业营销现状评价

以收集到的反馈资料为基础，阐述公司的营销目标和资源、当前的网上业务以及客户情况等。

（三）目标人群分析

目标人群的行为习惯是制订推广计划最重要的依据，一定要尽可能详细地分析目标人群的性别、数量、年龄、学历、收入情况、上网时间、上网习惯、主要使用媒介、上网动机、消费决策链等，根据目标人群的消费行为习惯等来制订网站推广的策略和方法。衡量相关网络市场需求，评估网络消费者购买行为。

（四）竞争对手推广策略分析

在确定推广策略和方法之前先分析竞争对手网络营销手段，如竞争对手的网站设计情况、其被哪些搜索引擎收录、其网络合作伙伴有哪些、有哪些网站链接到竞争对手的网站、竞争对手网站链接到了哪些网站、竞争对手在哪些媒介上进行了推广等。

三、网络营销目标

企业在进行网络营销的时候，预期要到达两个效果，一个是提升销售业绩，这个可以从网络订单客户去验证，另外一个是提升企业整体形象，可以通过搜索引擎的收录数量初步识别。应当对网络营销的目标进行合理陈述，如“利润比上年增长12%”“品牌知名度达到50%”等。

四、企业网站开发策划

企业站点是由企业建立的，以推介企业产品和服务、扩大企业影响、促进在线或离线销售、增进顾客关系等为主要目的的互联网站点。

（一）分析企业站点的重要性

（1）廉价高效的宣传手段。

（2）方便快捷的客户服务方式。

（3）反应迅速的公关媒介。

（4）新兴的销售渠道。

（5）提高工作效率的站点系统。

（二）企业站点类型

企业网站大致可分为五种。不同的类型会有不同的目的，企业应根据实际情况打造适合自己的专属网站。

1. 企业宣传型

这种类型的网站是企业最基本的一种，它的使用范围目前是比较广泛的。对于只想宣传一下自己的企业，只需要将自己企业的简介、地址、联系方式、经营项目等一些简单的资料发布到网站上，通过简单的运营来进行宣传。

企业宣传型的网站因为功能单一、内容较少，在网站的美观和实质内容上都不如其他类型的网站，适用于小型企业和新创立的企业。

2. 产品展示型

这种类型的网站是企业常用的一种宣传类的网站。不同于宣传型网站的是，企业不仅仅是宣传自己的公司，还需要将自己公司所制造和销售的产品在网站上展示出来，访问者可以很轻松地看见公司产品的简单资料和介绍，同时也享受到了更加快捷的服务。

产品展示型的网站的功能利用也是相对较低的，网站和实质内容相对于宣传型网站要好，而对于企业的适用性也是最广泛的一种。一般适用于中小型企业和产品种类较多的公司。

3. 企业形象型

企业形象型的网站不同于企业宣传型和产品展示型的地方，就是吸收了它们的优点，而又增加了很多新的功能，达到一个更好的效果。企业的形象是企业最关注的一个方面，所以此类网站不仅仅让客户了解企业和企业的产品，更多的是需要让人们更深刻地记住自己。这一类型的网站适用于大中型的企业和需要树立企业形象的公司。

4. 产品销售型

该类型的网站就是实现网上买卖商品，购买的对象可以是企业（B2B），也可以是消费者（B2C）。为了确保采购成功，该类网站需要有产品管理、订购管理、订单管理、产品推荐、支付管理、收费管理、送发货管理、会员管理等基本系统功能。复杂的物品销售、网上购物型网站还需要建立积分管理系统、VIP管理系统、客户服务交流管理系统、商品销售分析系统以及与内部进销存打交道的数据导入导出系统等。本类型网站可以开辟新的营销渠道，扩大市场，同时还可以接触最直接的消费者，获得第一手的产品市场反馈信息，有利于市场决策。

5. 综合信息型

企业综合信息网站建设是所有各企业类型网站的综合，是企业面向新老客户和社会公众的窗口，是目前最普遍的形式之一。该类网站将企业的日常涉外工作上网，其中包括营销、技术支持、售后服务、物料采购、社会公共关系处理等。该类网站涵盖的工作类型多、信息量大、访问群体广，信息更新需要多个部门共同完成。

五、网络营销策略

网络营销就是企业在互联网上进行的市场营销活动。互联网提供了企业与顾客双向交流的通道，使企业得以发展规模化的交互式的市场营销方式。这种交互式的市场营销方式一方面让企业更直接、更迅速地了解顾客的需求；另一方面，使企业有更多的空间，为用户提供更具价值的售前服务和售后服务。互联网的商业应用改变了传统的买卖关系，带来了企业市场营销方式的变革，对市场营销提出了新的要求。随着互联网广泛的信息技术和市场营销的相互结合、相互作用，形成了网络营销的产品、价格、销售促进和渠道组合。

六、网络营销实施计划

好的策划不仅包括好的创意，还必须提供一个真正可执行的方案。因此，需要制定一个详细的计划进度表，把营销活动中需要完成的每一件事情都罗列出来，明确完成的人员、时间、措施等事项，确保方案得到有效的执行。

七、网络营销费用预算

每一个营销方案肯定会有一定的投入预算，要通过合理规划让有限的资金发挥最大的效果。比如大型的推广计划里可能会涉及几十万到上百万的推广预算，这时候就需要对媒介做详细的评估选择，制订一个最佳的组合计划，让推广的效果达到最大化。

八、网络营销效果评估

做了营销就要去监测评估效果，网站的推广一般可以自己添加一个网站流量统计分析代码，可以从后台详细查询到网站流量情况及来源等数据。对每一时间段的网络推广做监测跟踪，了解网络推广的效果，帮助企业及时调整推广的策略。

课堂思考

回想一下过去学过的传统媒体市场营销策划，是不是这些内容？比较一下传统媒体的市场营销策划与网络营销策划有何不同？

任务三　企业网站开发策划

企业网站开发在建设网站之初一定要进行细致的规划，首先要明确企业网站建设的目的和网站的功能，其次要规划网站建设的主要内容，最后是选择网站建设的措施。企业网站开发策划基本思路如下。

一、网站建设市场分析

（1）市场主要竞争者分析，包括竞争对手上网情况及其网站策划功能与作用。

（2）了解相关行业的市场是怎样的，市场有什么样的特点，是否能够在互联网上开展公司业务。

（3）公司自身条件分析，包括公司概况、市场优势、可以利用网站提升哪些竞争力、建设网站的能力（费用、技术、人力等）。

二、网站建设功能

企业根据自身的需要和计划，确定网站的类型。一般来说，在规划企业网络营销站点结构时，除应具备一般站点应具有的站点结构位图、站点导航、联系方式等基本功能外，还应具备以下几点功能：

（一）企业信息发布与形象宣传

这部分属于站点的最基础内容，它主要包括企业新闻、企业经营活动、重大事件信息发布以及企业的概况和企业产品信息等。如网站中的产品介绍、公司简介、文摘报道、新闻、搜索等栏目。

（二）信息交流沟通

互联网最大的特点是可以进行双向沟通，一个友好的个性化网站一般都要提供给顾客直接与企业进行沟通的渠道。如网站中的新闻组、论坛、注册和反馈等栏目，都是用户或者业务伙伴与企业进行交流和沟通的有效渠道，同时也是客户之间相互交流的虚拟社区。

（三）网上销售

利用互联网进行网上销售既可以减少交易费用，又可以直接与消费者进行沟通，有利于完善软件和产品的功能。提供网上销售功能时，还要考虑提供功能的类型。如果只有订货功能，则实现起来比较简单。如果要具有网上交易功能，则网站还要提供网上支付手段。

（四）售后服务

售后服务是企业网站上经常提供的功能，设计时可以根据企业实际情况有选择性地提供网上售后服务。如某些公司的网站提供了很强的网上售后服务（如技术支持和授权培训），提供了消费者需要的有关技术资料信息和操作培训信息。

三、网站内容规划

网站内容是网站吸引浏览者最重要的因素，无内容或不实用的信息不会吸引匆匆浏览的访客。企业可事先对人们希望阅读的信息进行调查，并在网站发布后调查人们对网站内容的满意度，以及时调整网站内容。

（一）根据网站的目的和功能规划网站内容，确定网站的结构导航

一般企业网站应包括：公司简介、企业动态、产品介绍、客户服务、价格信息、联系方式、网上订单、在线留言等基本内容。更多内容如常见问题、营销网络、招贤纳士、在线论坛、英文版等。

（二）确定网站的结构导航中的每个频道的子栏目

如公司简介中可以包括总裁致辞、发展历程、企业文化、核心优势、生产基地、科技研发、合作伙伴、主要客户、客户评价等；客户服务可以包括服务热线、服务宗旨、服务项目等。

（三）确定网站内容的实现方式

如产品中心使用动态程序数据库还是静态页面，营销网络是采用列表方式还是地图展示等。

（四）确定网站各种整合功能

如FLASH引导页、会员系统、网上购物系统、问卷调查系统、在线支付、信息搜索查询系统、流量统计系统等。

四、网页内容设计

设计网页内容的要点包括：

（1）追求有意义的访问量，排除非目标访问者；

（2）展现企业产品的价值描述；

（3）设置简约有效的产品检索方法；

（4）完善FAQ（Frequently Asked Questions，常见问题）设置；

（5）建立网际信任。

五、费用预算

企业建站费用的初步预算，一般根据企业的规模、建站的目的而定，最终还要由专业建站公司提供详细的功能描述及报价，企业进行性价比研究。

六、网站发布与推广

企业站点的推广活动可以按照在线和离线分为两大部分。搜索引擎是在线推广的首选；网页广告、交换链接、电子邮件、论坛、BBS、讨论组等也是非常重要的在线推广手段。离线推广也起着不可替代的作用，比如依靠传统媒体、人际传播等。

（一）在线推广

1. 利用搜索引擎

（1）搜索引擎及其分类。搜索引擎是指由存储了大量网站和网页资料的、处于不断更新中的网络数据库以关键词检索或目录分类的方式提供查询服务的互联网平台。搜索引擎主要分为两种类型：全文检索式（Full Test Search）和目录分类式（Directory Search）。

（2）搜索引擎优化。搜索引擎优化，或称 SEO（Search Engine Optimization），主要是针对全文检索式搜索引擎的自然搜索结果而言的。运用搜索引擎的运行原理，优化网站设计，提高网站检索水平。

（3）搜索引擎付费推广。目前全文检索式搜索引擎提供的付费推广方式主要有搜索结果广告、搜索排名广告、页面定向显示广告等。

2. 投放网络广告

在各类门户网站、新闻网站或专业网站等富有人气的网站上投放广告。

3. 交换友情链接

友情链接是指企业站点通过非付费途径，与其他站点交换放置的链接。

4. 借助讨论组、BBS、论坛、QQ、微博、微信等社交平台。

5. 加入网站名录

6. 提供邮件列表和电子杂志服务

7. 实行互联网会员制营销

在本章导入案例中，公司在 Yahoo! 和 Infoseek 上注册网址；在注册时采用关键词优化，以求取得良好的搜索效果。

（二）离线推广——借助传统媒体

传统媒体（电视、广播、报纸、杂志）仍是目前人们接触最多的信息传播媒介。传统媒体对于推广企业网站同样具有举足轻重的作用。

课堂思考

在百度等搜索引擎输入“网络营销”等关键词进行检索。查看结果页面的数量，观察检索结果第一页的信息差异情况，分析造成这种差异的原因。

【同步案例9-1】

瓜子二手车的网络营销组合策略

伴随着消费升级和地区限购，市场上出现了越来越多的二手车。近几年，网络二手车交易平台发展十分迅速，主要有瓜子二手车、人人车、优信二手车、天天拍车等发展较快的二手车交易平台，这些平台运营模式有B2B、B2C、C2C等多种交易方式。其中，瓜子二手车这几年发展最快，成绩斐然。面对我国二手车这样庞大的市场，瓜子二手车运用了有效的网络营销组合策略，取得了优异的成绩。它是怎样运用网络营销策略来抢占市场的呢？

一、产品策略

瓜子二手车平台的上架产品都是经过线下专业评估师200多项检测后才可以上架的产品，并且所有证件都必须齐全合法，有认证检验报告，所以产品品质相对有保障，并且在确认交易后还会进行一次详细检验，从而更好地保证产品的质量水平。瓜子二手车主要通过提供线下的专业评测服务来更好地保证产品的质量以及通过买卖双方直接交易来更好地增强消费者体验。

二、宣传策略

瓜子二手车主要通过大规模的广告投入和营销来增强市场渗透力，包括电视广告、地点广告牌和海报，如公交站、电影院、航班以及一些公共区域，现在几乎到处可见各种瓜子二手车的广告宣传，还有竞争对手优信二手车和人人车的广告。他们三者都希望通过大规模的广告宣传提高自身的知名度，并努力改变消费者的消费习惯。瓜子二手车的广告语“瓜子二手车直卖网，没有中间商赚差价”，简短的一句话把产品和服务的定位诠释得非常好，指出瓜子二手车的卖点就是“直卖”，传达了这个模式给客户带来的价值，并且直击顾客的消费状态，从而更好地解决客户的痛点。当他正在考虑卖车的时候，最关心的就是多卖点钱；当他想买车的时候，考虑少花点钱可以买台好车。

二手车是一个低频消费领域，只有拥有强大的品牌影响力及口口相传的良好口碑的公司，才能成为普通消费者潜意识里的首选。从当前的广告推广规划来看，瓜子二手车推行全面立体式的营销策略，投放类目涉及电视、LED广告、车站、地铁等多个品类，还包括手机App的覆盖率，瓜子二手车投放目标已形成电视媒体覆盖全国、网络视频覆盖近100个重点城市、户外广告覆盖近50个城市的投放矩阵，并且会将部分二手车业务快速增长的三、四线城市纳入投放范围。

（资料来源：销客巴巴，https：//www.xkbaba.com）

问题：

1. 瓜子二手车直卖网是通过哪些方式推广的？
2. 二手物品销售网站的未来发展趋势会怎样？

分析提示：

瓜子二手车直卖网主要通过电视广告、地点广告牌和海报、手机App等方式进行传播与推广，目前已形成电视媒体覆盖全国、网络视频覆盖近100个重点城市、户外广告覆盖近50个城市的投放矩阵。

瓜子二手车经过几年的大力营销和广告宣传获得了快速的发展，相信在提倡共享经济的时代，同类的二手物品销售网站可以得到越来越多的顾客的认可。

任务四　企业微营销策划

一、微营销策划概述

（一）微营销的概念

目前，学术界对于微营销没有统一的观点，但往往从以下几个角度对其进行界定：从依托工具的角度，认为微营销就是“利用新媒体这个大环境，在手机上实现的一种新型营销方式”，“微营销利用手机上的资源以及潜在客户最大限度地提高营销效果”；从依托媒体介质的角度，认为微营销是在“微博、微信、微视频、微电影等微介质上进行营销策划、品牌策划、运营策划、产品销售的营销行为”；从字面解析的角度，认为微营销是指通过“微博、微信、微电影等一系列携带‘微’字的社交媒体所展开的营销”；也有的从综合角度进行界定，认为微营销是“传统营销与现代网络营销的结合体，它以快速发展的科技移动互联网为主要沟通平台，以营销战略转型为基础，配合传统的网络宣传媒体和大众媒体，通过有策略、可监管、持续性的线上线下沟通，建立和转化、强化客户关系，实现客户价值的一系列过程。微营销将线上线下有效地整合起来，并将线下引流到线上支付，线上引流到线下（实体店面）浏览。微营销是一个微型的移动网络系统，微营销包括微博、微电影、个人微信、公众平台、公司微商城、二维码等，它们之间的相互组合并不能称之为微营销，而只是实现微营销的一种方法”。

本书中所涉及的微营销是指，在营销主体的O2O战略规划框架内，通过移动终端，借助微博、微信、QQ等平台及其功能实现的营销过程。从很大程度上讲，微营销就是移动终端营销，微商就是移动电商。

（二）微营销的特点

1. 与传统营销的相同点

由前述概念可知，微营销是网络营销的一种表现形式，是网络营销体系的重要组成部分，是在当前互联网应用普及化背景下的由传统市场营销所衍生的新的营销模式。尽管微营销在营销的主体、与顾客的沟通方式等方面与传统市场营销有所不同，但其本质没有发生改变，那就是，微营销仍然是以发现顾客需求、满足顾客需求为出发点，来开展营销活动。这就意味着，微营销的实施也需要首先进行市场分析，研究微营销环境，分析顾客购买行为，进行市场细分、目标市场选择、定位，然后依据目标市场特点进行产品、价格、渠道、促销等一系列决策。

在传统的市场营销活动中存在的营销团队管理、客户关系管理等内容在微营销活动中依然存在。除了人才类型、沟通载体、管理方式有所差异之外，基本的管理理念、管理原则没有本质性改变，可以看成是对传统市场营销管理内容的延伸、创新。

2. 与传统营销的不同点

（1）虚拟性。微营销完成营销的渠道是虚拟的，沟通双方不可见，信息是虚拟的，支付也是虚拟的，正是这种虚拟性，提高了沟通效率、支付效率，在时间、人工等方面降低了营销成本。但也正是由于虚拟性，在一些顾客看来，微营销比传统市场营销增加了风险性，比如供应方的合法性、产品显示与真实产品的差异、产品退还、产品信息展示等方面，比传统营销过程更让消费者担心。

（2）针对性。在传统营销中，尽管花费了大量的精力搜集顾客信息，却无法得到有针对性的具体数据。而在微营销中，由于数据获取技术手段发生了变化，能够得到大量的能够真实反映消费者心理、购买习惯的数据信息，节省了时间成本与物质资金的投入。

（3）互动性。无论是哪一种微营销方式，营销活动的开展都依赖于与顾客群体的良好互动，同时由于微营销平台本身对互动沟通的支持性，使互动自然发生，并促成微营销的达成。

（4）高效性。在当前网络营销的大背景下，信息流通的平台多样化，沟通方式更加灵活，成本也在逐步降低，使人们分享自身信息的便捷性大幅提高。营销主体可以利用这种趋势，传播产品信息，形成口碑效应，缩短品牌成熟周期。

（5）接受性。在传统营销中，销售的主体客体关系明确，主体发出的信息被客体抵触的情形较多。但在微营销过程中，多数信息是被主动点击浏览的，抵触性较小，容易被接受，销售达成的可能性较大。

（三）微营销的模式

微营销的运营平台有以下几种模式：

1. 微店

微店是微信兴起后的产物，是依托微信规则和机制的电子商务。2013 年微店诞生，2014 年 1 月，电商导购 App 口袋购物推出微店。2014 年 5 月，腾讯微信公众平台推出“微信小店”。2015 年上半年移动开店平台扎堆入场，包括微盟萌店、1 号 V 店、拍拍小店等，平台微商着力于用户运营，微店、微盟萌店、微商店等用户规模相继突破千万级。

2. 微商城

微商城是第三方开发者基于微信而研发的一款社会化电子商务系统。微信服务号有接口，有支付功能，可以开设微商城。

3. 微信 B2C 电商

微信 B2C 电商是指微信官方给于商家微信电商入口的一种电商模式，如京东商城的微信入口。

4. 微信 C2C 电商

微信 C2C 电商主要是指微信朋友圈电商，往往是个人卖家通过在朋友圈宣传、销售产品的一种模式。

5. QQ 的 C2C 电商

QQ 的 C2C 电商是指销售者依托 QQ，通过 QQ 空间、QQ 群、QQ 一对一交流等方式销售产品的一种模式。

6. 微博

在微博平台上，每一个粉丝都是潜在的购买者，个人和企业营销主体都可以通过这一方式传播产品信息、树立形象，最终达成销售的目的。

（四）微营销策划内容

开展微营销活动可以从以下几个方面展开，部分环节将在后续的内容中展开论述：

1. 微商入驻

①通过微信官方入驻，比如微购物、微信小店等；②通过京东、拍拍网入驻，因为京东、拍拍网具备微信入口；③通过第三方服务商入驻，如微盟、口袋通等；④通过运用公众号开发形成的微官网、微信商城入驻。入驻后，就可以再辅之以微信、QQ、微博等各种沟通平台展开营销活动了。

2. 微引流

进行微营销活动，很重要的一点就是吸引并留住粉丝，做不到这点就无法顺利开展营销活动。营销者应运用各类途径、手段，将潜在顾客转化为自己的好友、粉丝，让他们订阅你的资讯，参与你的活动，进而承认你的品牌，最终购买你的商品，成为你忠实的用户群。

3. 微沟通

引流、聚流之后，营销者应以内容为载体，以情感为纽带，与潜在顾客充分沟通，与他们建立起稳固的朋友关系，牢牢锁住他们的心，为后续的营销活动打开基础。

4. 展开销售活动

引流、沟通不是目的，而是销售的铺垫。在销售环节，主要解决两大问题：一是卖什么，即产品种类选择的问题，这可以根据所聚集的粉丝类型、轮廓以及前期沟通所了解到的数据信息来确定；二是怎么卖，即从顾客需求出发，结合产品特点，向顾客有针对性地传达产品信息，解决顾客异议，最终达成销售的过程。

整个微营销过程都是以顾客需求为主线展开的，微沟通是为了维持与潜在顾客的关系，借此了解其需求，引导其需求，而销售过程的结果则满足了需求。

课堂思考

试从当前社会环境的角度，讨论为什么微营销如此受到商家和消费者的关注与认同。

二、微信营销策划

自从2011年腾讯微信开始运营以来，受到了越来越多网民的欢迎。根据工信部发布的报告显示，到2017年，中国微信用户总数已达9.63亿，这足以证明，微信已经成为国人重要的社交平台。微信营销就是基于这一社交平台展开的营销活动，其基本原理是，通过公众号的内容吸引、留住粉丝，与粉丝互动，在互相信任的基础上促成销售。沟通是基础，通过微信实现销售也是一种沟通。当前，在微商运营中，微信已经成为最重要的沟通平台，在其基本沟通功能的基础上，必定会衍生出越来越多的营销功能，并形成其独特的营销生态体系。

进行微信营销，应当结合所销售产品或服务的目标顾客群体、定位展开，具体包含以下五步：①营销平台的准备；②产品的准备；③公众号的运营；④沟通策略；⑤微信营销的实现。

（一）营销平台的准备

如果要通过微信开展营销活动，就需要进行一系列准备工作，主要包括：

1. 申请微信公众号

微信公众号有三种：订阅号、服务号及企业号。其中，订阅号可主要用于传达资讯类信息，每天可群发一条资讯。对于要通过微信实现宣传、传播功能的营销者，可以申请订阅号，因为它相对于另外两种公众号而言，群发信息的频率较高。服务号的主要功能在于服务交互，每月可以群发 4 条信息，尽管信息传播性不强，但其服务功能较订阅号多，通过服务号可以实现支付功能。对于要通过微信实现服务、支付等功能的营销者，可以申请服务号。企业号主要用于实现组织内部沟通。对于要通过微信实现企业内部员工、团队管理、内部沟通功能的营销者，可以申请企业号。

2. 确定支付方式

通过微信展开营销活动，与其他营销形式一样，都必须备有一定的收款方式。根据当前顾客购买习惯，微信营销者一般要备有支付宝账号或者可以收付款的多个银行账户。另外，微信平台本身也包含两种收款方式，一是微信红包，二是微信转账。

为了使顾客的付款过程尽可能便捷，微信营销者应同时备有以上各类收款方式，以方便顾客从中选择。

3. 确定快递服务、售后服务内容

当线上营销流程完成之后，营销者需要通过某种方式将产品传递给顾客，所以在微信营销业务展开之前，营销者必须选定一种或几种产品递送方式。常见的可供选择的方式包括第三方物流、自送、顾客自取等。由于自送方式对销售区域有较大限制，而顾客自取往往不被接受，所以，一般应选择第三方物流。微信营销主体应在微信营销业务展开之前选定一家或几家第三方物流品牌签订协议，开展长期服务。

（二）产品的准备

选对产品种类并进行合理的包装、展示，对做好微信营销非常重要。无论是生产性企业，还是中间商或者个人经营者，在微信上选定何种产品种类进行销售都会直接影响销售业绩。这个过程一般应注意以下几点：

1. 符合受众需求

微信营销者通过对目标群体的研究，获得与其需求相契合的产品种类、品牌等信息，据此信息配备产品及服务。如果微信可达人群为小众群体，则可配备满足小众群体需求的产品，如微信朋友多为年轻母亲，则可销售减肥用品、婴幼儿产品等；若为大众群体，则可配备大众都愿意尝试的产品，如便捷食品。

2. 有质量保证

微信营销本质上是一种熟人营销，营销成交在很大程度上靠的是信任，一旦质量出了问题，微信营销很难再持续。

3. 重复购买率高

由于微信营销所面对的顾客数量相对较少，因此，为增加销量，应选择重复购买率较高的产品种类。

在正式上线销售之前，还要确定好产品包装，并对产品及细节进行拍照，以备线上展示。这需要根据受众的购买习惯、审美习惯来确定。

（三）公众号的运营

微信公众号应首先考虑通过运营吸引并留住好友，然后才能借助这个平台进行销售。

事实上，一个有某种价值的公众号才能吸引并留住好友，而价值主要体现在公众号提供的内容上。

一个微信公众号的正常运营，离不开科学、用心的维护，公众号的维护一般包含以下三项内容：一是公众号的名称及标识设计；二是发送内容的策划与设计；三是信息发送的时间设计。其中，公众号的名称及标识是在开始申请公众号前就确定了的，因此，公众号的运营主要是指后两项内容。

1. 内容设计

公众号的内容是一篇包含文字、图片、视频等内容的文章。公众号发送的内容取决于好友希望看到什么内容，什么内容对于他们会产生价值。一般而言，有以下三类信息可供选择：一是热点问题、事件；二是独创性内容；三是实用性内容。热点问题、事件容易引发好友注意，甚至转发、分享；独创性内容对于留住好友意义重大，一般而言，好友会关注多个类似的公众号，一旦发现某个公众号的信息多数为转发，就有取消关注的可能，所以，微信营销主体应选取部分内容进行高质量独创，以留住好友；实用性内容能够给好友提供实际价值，如某公众号，常常发送与日常息息相关的生活小窍门、健康小知识等信息，每次都会带来上万条的阅读量。除了以上提到的要求外，内容要尽量鲜活、有趣。当今的阅读者面对的内容太多，一些文章尽管也有价值，但如果过于学术、严肃、古板，反而会使他们放弃阅读，所以营销者在创建、选择内容时应设计其语言风格以吸引好友。

微信订阅号每天可以发布8篇文章，如果营销主体发布的文章较多，还要注意文章分类管理的问题。一种情形是，同一天发布的文章属于同一个专题，比如保健公众号同一天所发内容都是与健康饮食相关的，这种情况要注意文章前后最好有一定的逻辑、递进关系，文章之间不要有重叠。另一种情形是，同一天发布的文章不属于同一主题，这种情况最好在标题上进行注明，这样做的目的是让阅读者看起来比较清晰，降低阅读强度。

公众号的内容来源有原创、改编、转发三种类型。如果微信运营团队有专门的内容创作人员，可以针对客户群体进行创作，这也是提升公众号实力的一种重要方式。如果团队人手不足或创作精力不够，可以对从其他渠道（书籍、网站、其他公众号等）获得的文章进行拼接、删减、添加后进行发布，也可以直接转发。

2. 形式设计

除了内容外，信息的表现形式也是吸引好友点击阅读的关键因素。一是标题。如果标题不吸引人，就不会引起好友的注意，当然这条信息就会被忽略。标题除了反映文章内容之外，还要尽可能夺人眼球，体现人们最为关注的点，甚至是适度夸大、渲染，但不能作假。二是封面图片，同样应当有刺激力度，能够让人过目不忘，这需要营销主体备有足够多的图片素材并拥有一定的图片编辑能力。三是微信摘要的撰写。摘要是指微信首图下的引导性文字，只有图和标题，有时还不足以引发注意和点击，这时可以借助精彩的摘要来完成。四是充分利用原文链接，通过“阅读原文”方便阅读转发信息的顾客关注到该公众号，或者给企业手机网站增加浏览数量。五是签名档的设计。微信公众号签名档是对公众号的简单介绍，包含文字、图片、二维码等信息，可以放置在文章的开头或者底部位置，能够起到显著的广告、传播的作用，所以营销者要善于通过签名档来运营公众号。六是互动设计，要与好友养成互动的习惯。比如，某公众号的好友回复不同关键词可参与到不同的抽奖环节，还有的公众号仅将热点文章显示一部分，好友回复指定关键词后才能浏览到整篇文章。营销者应该从这个角度寻找适合自身公众号的独特互动方式。

3. 时间规划

发送微信信息的时间要根据好友的工作、生活习惯来确定。一般而言，多数手机使用者习惯在晚上入睡前、早晨起床前、午休前浏览微信，也有部分会在工作休息间隙、候车、候人等零碎时间浏览。营销者要在这些时段设计好内容进行发送，或与好友进行互动。

（四）沟通策略

传统营销理论认为，促销的本质是沟通，微信营销也是如此，它是通过与顾客在沟通中达成默契与信任，最终实现成交。所以，所有能够增进与顾客的互动、信任的方式都可以借鉴到微信营销中来。

1. 塑造自我

营销者应常发送与个人生活、日常行为有关的信息，以让顾客对营销者有更多的了解，了解是产生信任的第一步。不仅如此，营销者还应善于设计自身形象，不仅在外观上，而且在思想、价值观方面塑造、包装自己，体现出与顾客期待的特质，与顾客拉近心理上的距离。

2. 及时反馈

当微信好友产生购买行为之后，要及时将信息进行分享，一方面制造销售氛围，引导他人进行购买，另一方面也是继续介绍、宣传产品的机会。同时，要鼓励、引导已成交顾客晒一晒自己购物、用物的亲身体验，实现顾客转介绍。

3. 善于烘托

顾客的购买与其所处的社会环境、社会舆论以及参与群体的习惯、意见，都密切相关。微信营销者应常推送与以上方面相关、能够促使顾客产生购买欲望的信息，只要不是特别刻意，顾客还是会受到正向影响的。比如，销售鲜花、钻石等产品的微商在情人节前夕发送关于如何表达对恋人爱意方式的信息。

4. 充分互动

互联网的本质之一就是互动。通过互动了解彼此，加深信任，从而降低营销成本。作为微信营销者，应勤于与好友产生互动，一方面，勤于分享有价值的文章、观点、产品、活动，甚至是自己的某些爱好、特长，把真实的自己展现给好友；另一方面，对于对方所发的信息，要及时反馈、点赞、评论，通过与对方交流观点、思想，加深了解、增进情感，这样在推销产品时就不会显得过于突兀。

（五）微信营销的实现

在微信公众号运营成功的基础上，粉丝足够多，互动足够充分，微信营销主体就可以借助平台进行销售了。借助微信平台销售的方式主要有以下几种：

1. 朋友圈营销

朋友圈营销是指将产品信息以文字、图片、视频等方式在朋友圈进行展示，以达成销售目的。通过朋友圈进行销售的前提是营销主体已经在朋友圈建立了一定程度的信任和口碑，拥有了比较可靠的个人形象，与朋友圈的顾客有一定的情感。所以，营销主体营销成功的诀窍在于前期对于朋友圈成员的维护、感情与信任的维系。主流观点认为，在朋友圈里，应用99%的时间交流情感，1%的时间来销售产品，这是有一定道理的。

2. 微信群营销

微信群营销是指通过建立微信群，将顾客纳入群中，并在此进行交流、沟通并达成销售的过程。和朋友圈相比，微信群中的交流更加直接，这种方式往往用于产品宣传、回答异议，线下活动召集、组织等。

3. 活动营销

活动营销是指通过设计有特色的活动促进产品销售的方式。在组织产品促销活动时，微信平台可借此机会进行推广、吸粉、引流，这样既可以达成销售，又借此推广了微信平台，为后续微信营销打下了基础。常用的手段有转发有礼、关注有礼、集赞有礼、分享到朋友圈有礼等。

4. 功能营销

功能营销是从技术的角度借助微信的某些功能展开、促成销售。比如，借助“扫一扫”这个功能，可以帮助顾客获取产品简介、价格、销售渠道等信息，这意味着营销主体应在条形码、二维码的提供渠道、放置范围上做好前期工作；“搜一搜”这个功能可以让顾客在微信平台上完成搜索，因此营销者应保证顾客在需要产品信息时能搜得到自己产品的信息。

5. 服务营销

这里所讲的服务营销是指通过提供优质的售后服务，改善品牌口碑，促进后续销售的方式。目前产品提供者可以通过服务号接收到来自消费者的售后服务需求，这一信息在售后服务系统直接生成派工单，通过企业号及顾客定位将信息传递给相应区域的服务人员，服务人员就可以与顾客进行线上交流、协商服务提供的工作了，这大大提高了服务效率，降低了沟通成本，提升了顾客的满意度。

课堂思考

微信是近几年最受欢迎的社交媒体平台，除去其光鲜的一面，微信营销是否存在某些缺陷或者需要改进之处？

三、微博营销策划

近年来，微博作为一种传播媒介和社交工具，因其操作简单、传播及时而受到大众的欢迎，微博营销也应运而生。众多个人和企业将微博营销作为发展网络营销的基础战略，效果非常显著。掌握合理的微博营销技巧，巧妙利用微博传播企业文化、树立品牌形象，不仅能够促进微博运营商的发展，也能够促进我国网络营销的持续健康发展。

（一）微博个性化设计

俗话说：“人靠衣装马靠鞍。”微博也不例外，想要微博账号别具一格，就要先打造微博的门面，这要从微博用户名、微博头像、微博水印入手。

1. 微博用户名

在微博上，很多网友的用户名五花八门，难以给人留下深刻的印象。所以，选择一个合适的微博名称至关重要。

对于个人微博来说，如果用户熟人比较多，拥有丰富的人脉资源，建议直接用自己的真名当作微博昵称，这样方便被朋友找到；如果没有太多的人脉，但又想获得较多的关注，可以将微博昵称与明星、行业或其他知名博主相连，比如“遇见鹿晗”“淘宝超人”等，向微博大佬靠拢，可以提高微博的搜索频率。

企业在进行微博营销时，微博昵称建议使用自己的品牌名称。因为企业在线下已经积累了大量粉丝，用品牌名称当作微博昵称，再通过官方认证，方便客户搜索，也使微博账号具有说服力。

2. 微博头像

微博头像也是不可小觑的一部分，头像的清晰度决定着网友的识别度，拟人化、有特点的头像更容易让网友记住。

在日常生活中，用户通过接触各种产品，对产品的品牌标志较为熟悉。企业将自己的品牌标志作为头像，便于用户辨识和理解。如果企业想拉近与用户之间的距离，可以使用拟人化的头像。三只松鼠是当前中国销售规模最大的食品电商企业，其品牌标志分别是由小美、小酷和小贱三只松鼠组成，每一只松鼠象征着不同的寓意。三只松鼠企业还分别以每只松鼠的名义设立了微博，这就是一种拟人化的做法，将可爱的动物赋予了人的思想，使企业与用户之间有一种亲切感。

3. 微博水印

微博水印是微博平台为保护微博用户的信息安全而制定的，即在微博图片上印上属于自己的特殊标识，如同一个防伪标记，来防止他人盗用自己的资料。微博水印除了防盗之外，还能很好地起到装饰和宣传的作用。

微博水印可以是自己的微博昵称，这是微博用户最常采用的形式。在用户发布微博图片后，系统会自动为该图片加上水印，水印内容便是用户昵称，当其他用户进行转发时，也就间接地提高了该用户的曝光度。与微博昵称作用相同的是微博地址。微博地址同样可以作为微博水印，当某用户的微博内容受关注度较高时，其他感兴趣的用户会根据水印上提供的地址添加该用户的微博，从而使该用户获得更多的粉丝。如果不想将自己的昵称和地址当作水印，可以通过设置使微博水印仅显示微博图标，微博图标一般都是各个微博平台的 LOGO。

微博水印在图片上的位置有三种：底部居右设置；底部居中设置；图片中心设置。三种位置中，底部居右设置是微博水印的默认位置，对微博的完整度几乎不会造成任何影响，但由于位置过于隐蔽，水印的防盗和宣传效果并不显著，甚至会被人忽视；底部居中设置、图片中心设置是比较醒目的两种位置，如果微博运营者的水印是为了起到宣传作用，则选择这两种位置比较合适。

（二）微博的布局

企业微博运营不是靠“三天打鱼，两天晒网”就可以见到成效的，也不是单靠一个微博账号就可以成功的，它是一个长久性、团队性的工作。管理者应将微博营销纳入企业整体营销规划中，建立以企业官方微博为主，以员工微博、产品微博、粉丝微博和活动微博为辅的微博矩阵。通过宣传多个不同定位的微博，形成一个链式传播，实行多账号协同工作，以满足不同客户的不同需求，最大限度地利用企业内部和外部的资源，以达到全面塑造企业品牌的目的。

那么，企业应该如何着手建立微博矩阵呢？我们可以从以下几个方面入手：

1. 以企业负责人为依据建立个人化微博矩阵

建立个人化微博矩阵，是指以具影响力的企业创始人的名义创建微博。可以发现，一些知名企业的创办人，总是被社会各界人士所关注，他们对社会各界的影响也是不容小觑的，不外乎是企业最有力的品牌代言人。

以小米公司为例，当我们提到小米时，客户可能不会想到小米公司的明星代言人吴亦凡，但他一定会想到小米公司的创始人雷军，这就是企业创始人的魅力。通过翻阅“小米公司”官微和“雷军”个人微博这两个微博账号，我们可以发现，雷军的日常微博的受关注度（包括转发量、点赞数、评论数）明显高于小米公司的日常微博。小米公司的个人化微博矩阵以雷军为核心，以小米洪锋、林斌、黎万强等人为辅。每当小米发布新品或者举办某些活动时，他们都会积极响应，这就加大了企业产品的曝光度。

2. 以企业产品线为依据建立微博矩阵

产品线是指一群相关的产品，这类产品可能功能相似，销售给同一顾客群，经过相同的销售途径，或者在同一价格范围内。企业在生产运营中会制定不同的产品线，每一条产品线中会有不同的产品，不同产品在客户中的知名度也是不同的。企业可以通过选择最佳产品线中的最佳产品建立微博矩阵，从而加大企业宣传力度，提高企业知名度。

宝洁公司在这一方面无疑是较为成功的企业。在微博主页搜索“宝洁公司”一词，在用户一栏中，首先映入眼帘的并不是宝洁公司的官方微博“宝洁中国”，而是护舒宝、SK－II 等宝洁公司旗下的知名产品。可以发现，这些微博账号的粉丝数量明显多于宝洁官方微博的粉丝数量，这就说明客户更多地是关注自己熟悉的产品。或许一个人并不了解宝洁公司，但他一定知道海飞丝和飘柔。

3. 以企业具体业务为依据建立微博矩阵

企业业务是一个复杂的系统，它不仅仅限于生产和推销产品，而是包括营销规划、销售平台、销售进程管理、客户服务管理、客户关系管理、风险防范等企业分系统。微博运营商可以按照企业具体业务有针对性地注册微博账号，建立微博矩阵，明确每个微博账号的具体工作，更好地服务客户，获得关注。国内很多企业都是通过这种方式建立微博矩阵的，如阿里巴巴、OPPO 根据客服中心、用户社区、招聘等业务来划分不同的微博账号。

4. 以消费者地域特征为依据建立微博矩阵

企业的消费者遍布世界各地，若能从地域出发，根据地域特征，建立微博矩阵，或许能够吸引更多的消费者。

国内知名手机品牌 vivo 采取了这种方式建立微博矩阵，但是营销效果并不理想。从图 9－1 可以看到，“vivo 智能手机”是 vivo 手机的官方微博，粉丝数量有 3616 万，而相对比之下，“vivo××（地区）”微博账号的粉丝数只有很少的一部分，大家都更加关注 vivo 官方账号而忽略了地区账号。

是什么原因导致了这样的结果呢？通过翻阅相关账号的微博内容，我们可以总结出以下两条原因：一是 vivo 官方微博与地区微博相对独立，缺乏互动性；二是少数的微博互动并不走心。这就要求企业在开展地区性大型活动时，应由地区账号首发活动微博，有针对性地进行区域市场营销，同时官方账号进行转发，以此来加大活动营销力，引起当地消费者的关注，从而扩大营销力度。另外，地区账号要对官方账号的微博内容进行高质量的转发，增强区域账号的可用性。

图 9－1 vivo 微博矩阵

（三）微博的内容更新

微博用户数量非常大，每天更新的微博不计其数，要想让更多的网友看到自己的微博，就需要及时更新微博。更新微博，并不是随手一发，除了内容要有价值外，微博的发布时间、发布频率、内容的连载性都需要仔细斟酌。

1. 发布时间合理

每一个活跃的微博用户，都会在自己的微博上关注形形色色的人物，少则几百个，多则几千个。当他每天阅读微博内容时，他所关注的用户新发布的微博内容会按时间顺序排列起来，但大多数人是不会将这些新内容一一读完的，而是只关注微博主页上最新的一部分内容。这样一来，发布微博的时间就很关键。

根据微博数据中心所发布的《2017 微博用户发展报告》的数据显示，在微博月活跃账户中，30 岁以下的微博用户超过八成，其中 23—30 岁的用户占 38.6% 居于首位，其次是 18—22 岁的用户占 27.6%，这部分用户大多是学生党和上班族。通过了解这部分人的生活作息和上网规律，我们可以发现人们上网查看新闻的时间有三个比较集中的时间段：上午 9：30—12：00，下午 15：30—17：30，晚上 20：30—23：30，这也就是运营商发布微博的黄金时段。

当然，工作日和休息日发布微博的黄金时段是不同的。对于大部分人来说，不论学习还是工作，工作日需要朝九晚五，生活作息比较规律，以至于上网时间也比较规律。而到了休息日，大家可能会为了休息而睡懒觉、外出游玩，上网的时间会相对减少，尤其在周六，白天刷微博的人会很少，到了晚上才会多一些，所以，如果一个微博运营商想休息一天，选择周六再合适不过了。

2. 发布频率规律

微博的发布频率是很微妙的，发布频率是否合适，不是用频数的大小来衡量的。如果微博运营商发布微博过于频繁，会产生刷屏现象，引起粉丝的反感，但如果发布微博不够频繁，粉丝看不到运营商，便会慢慢将运营商遗忘。所以，掌握合理的发布频率对微博运营来说尤为重要。

发布频率要注意两点：①每天至少5条，一般10—20条为宜。微博运营商要始终确保微博账号处于活跃状态。②每条微博至少间隔半小时，可以根据发布最佳时间确定微博发布频率。

3. 发布内容连载

我们可以发现一些连载的网络小说总是备受关注，运用到微博中也不例外。如何让微博内容有“连载”？每天推荐一个小视频，每周发布一次活动，在结尾处给粉丝留下悬念，引起粉丝的好奇心，这将会使粉丝持续关注微博动态，增高粉丝活跃度。

（四）微博粉丝的互动

微博的魅力在于互动，而互动的根本在于粉丝。想要吸引更多的粉丝，首先要有优质的微博内容。有趣、有价值的内容才会得到粉丝的点赞和转发，而低俗无聊的内容只会受到网友的抨击。

1. 优质的微博内容

（1）微博内容不在于多而在于精。微博运营商在发布微博时，要有准确的微博定位。现在所有人都喜欢传递正能量的内容，微博运营商不妨以正能量为核心，开展微博营销。微博运营商可以转发一些心灵鸡汤，发布一些蕴含正能量的故事。对企业而言，几乎每一个成功的企业家背后都会有一段心酸的奋斗史，比如马云、俞敏洪等人，把这些经历变成文字发布到微博中，无疑是对落魄之人的鼓励。

（2）注重内容的真实性和可靠性。众所周知，微博是当下最流行的社交平台，也是网友获取新闻资讯的热门平台。然而，并不是每条微博内容都是真实的，每天都会出现大量虚假信息，不断挑战用户的信任度，有时候还会造成难以估量的影响。微博运营商在进行微博营销时，不能为了获取关注而盲目转发或胡编乱造，道德底线一定要有，要让用户看到真实可靠的信息，这样才能获取用户的信任。

（3）内容不仅限于企业产品信息和广告。运营商在运营微博时，要努力增近与用户之间的距离，若是只发布产品和广告，会让用户产生审美疲劳，缺乏新奇感。所以，可以在产品和广告之余，发布一些其他内容，比如养生小技巧、健身方法、电影推荐等，走进用户的生活，吸引其他有需求的用户，获得更多的关注。

（4）通过灵活运用“#”与“@”，可以增加被搜索的频率。在微博中，#表示话题，格式为：# 话题内容#；@代表“对某人说”或者“提醒某人看”，格式为：@微博昵称。简单地说，运营商使用#的话题内容，就是给自己的微博内容加上了一个标签，使用户在搜索话题关键字时，可以增加运营商微博的曝光度。而@可以向别人喊话，也可以是一个超链接，点击可以跳转到被@用户的微博主页。巧妙地运用#和@，会大大提高微博内容的浏览量和点击量。

2. 活跃的微博粉丝

微博运营商若是单枪匹马，仅靠内容获取关注，在运营初期是很难成功的，这就需要借助外界的力量——微博粉丝。每一个微博用户都是一个微博粉丝，粉丝会关注不同的博主，当博主更新内容时，第一时间点赞、评论的一般都是该博主的粉丝，同时粉丝还会对内容进行转发，扩大传播范围，提高博主的影响力。

微博粉丝是推动微博营销走向成功的主力军，所以增加粉丝数量是微博运营商不懈的目标。微博涨粉的途径有很多，比如：最简单的方法就是花钱买水军，但是这种方法并不提倡，因为水军的质量一般都很低，有时候还会误导大众；可以利用头条话题涨粉，在热门话题下留言与网友进行互粉，这是微博一开始最常用的方法；可以加入微博互粉大厅、互粉社区和 QQ 互粉群，这种方法获得的粉丝几乎没有僵尸粉，粉丝质量相对较高；还有一种方法是发布原创优质段子，原创优质的内容往往会引起大众的关注。以“办公室小野”为例，她凭借原创的“办公室花样美食作”系列视频而走红网络，号称美食界的泥石流，吸引了大量微博用户的关注，目前粉丝量已经达到443 万。其他方法还有利用微博大 V、注册微博会员、利用粉丝头条等，都可以为微博涨粉。

微博运营商要想长久地留住粉丝，就要定期与粉丝互动，让粉丝有存在感。对粉丝的评论有选择性地回复和点赞，可以优先回复网友点赞数较多的评论，转发网友的正面评价，对负面评论可以通过私信回复，企业对用户所反馈的内容要耐心回答。微博运营商还应定期举行抽奖活动，回馈粉丝，以获得更多的关注。

课堂思考

当前，许多企业都建立了自己的官方微博，请你查阅一些知名企业官微，考察其发布信息的特点，并思考微博的信息传递与其他社交平台有何不同。

四、QQ 营销策划

在这个互联网极速发展的时代，腾讯公司旗下的微信深受各个年龄段人们的喜爱，而比微信年长的 QQ 也是如日中天。据 2017 年最新数据报告显示，中国网民 QQ 使用者达 6.6 亿，它在带给人们便捷的沟通桥梁的同时又发放了娱乐的福利。近年来，QQ 正利用自己的社交功能努力实现自己的电商梦，打造了一个更加强大的企鹅帝国。

QQ 营销的内容，主要分为四个阶段进行：第一，营销平台的准备与管理；第二，明确产品特点并制定最优展示方案；第三，充分利用 QQ 的四大展示平台；第四，QQ 好友管理。

（一）平台事务的顺利进行是 QQ 营销活动开展的基石

1. 申请注册 QQ 账号

申请注册 QQ 账号十分简单，但申请注册后有许多细节需要注意。首先，要为之取一个好的昵称。何所谓“好”呢？大气而严肃能够彰显一种认真的态度，个性而风趣可以吸引别人的眼球，QQ 昵称也是 QQ 的定位，其风格要与产品保持一致，取名最好选用产品或者服务的关键词，便于他人搜索寻找。其次，填写个人资料。详细的个人资料能够让别人更好地了解自己，在无意之中多获得一份信任。当然还有照片墙，这里可以上传一些证书、产品、员工、车间等的照片，不仅要多还要清晰，最好使用高级单反拍摄的照片，保证放大后失真率达到最低，使顾客对产品情况一目了然。QQ 签名也不容小觑，它是一个永远的广告位，每一次修改新的签名都会给好友提示并显示新的签名内容，所以，应有效利用这个渠道简要介绍产品，也可以发布一些产品打折或降价的签名来刺激列表里面的潜在顾客。最后，开通 QQ 空间并充分利用。在空间里，营销者可以以写说说、写日志、建相册的形式做宣传。通过说说可以分享产品使用、车间生产等小视频，动态的视觉感受更加真实，加以文字描述，可以使浏览者对产品有初步的了解；写日志则可以更加详尽地叙述产品，日志有标题，可以方便好友记忆和再次查阅。空间可以建多个相册，根据相册内容设置相册名称，方便将照片分类和永久保存，供好友随时翻阅。最重要的一点，空间要设置成对所有人开放，浏览量增加才能保证客户数量的增加。

2. 简单便捷的支付方式

作为一个线上营销者，拥有至少一种的收付款方式是必不可少的。利用支付宝、微信付款是现在人们常用的付款方式，除此之外，最好还拥有多个可以收付款的银行账户。当然，QQ 本身也可以绑定银行卡，利用 QQ 转账和 QQ 红包付款更为直接。

多一种支付方式就为顾客多提供一分方便，不仅要有良好的产品，优质的服务更要到位，这才是完整且完美的交易过程。

3. 快递服务和售后服务

完整的线上营销过程需要与线下快递业务相结合。在线上营销流程完成过后，营销者需要将产品传递到客户手上，在一定范围的销售区域，可以亲自送货上门，但这种方式服务到的地区有限，所以要依靠第三方物流来递送产品。如今，物流品牌比比皆是，营销者可以选定一家或几家物流品牌进行长期合作。

线上营销还需要专业、贴心的售后服务，这不仅能为顾客提供便利，还可以提高企业信誉，扩大产品的市场占有率，同时使生产方更了解产品的缺点，力求精益求精。

（二）了解与选择产品比盲目销售更重要

作为一名合格的营销者，熟悉产品是分内之事，并且，营销者的了解也是对产品质量的检验。如果营销者自身不够了解产品，只记住官方介绍的只言片语，是不会被信服的，更不会产生交易。另外，一旦出现质量问题，就很难再进行后续销售了。所以，为了更有效地营销，做到以下几点是十分必要的：

（1）细心准确地分析产品用户群。营销者应找准产品的适用人群后，再进行针对性的宣传。比如化妆品，有的洁面乳是针对脸上有青春痘的女性而设计，这就要在年轻女性中做大力宣传。

（2）确定产品包装。产品的包装对消费者消费心理有较大影响，因此，进行线上营销时选用产品照片要十分谨慎，在保证真实的情况下尽量挑选包装精美的图片，遭受损坏、包装不全的图片不要上传。

（3）了解产品特点，提炼卖点。每类产品都有自己独特的地方，应将其特点尽可能多地展现在大众眼前，突出它的与众不同之处，让有此类需要的顾客尽快找到它。

（4）重复购买率高。QQ 营销所面对的顾客数量相对较少，因此，为增加销量，应选择重复购买率较高的产品种类。

（三）充分利用 QQ 的展示平台

1. 通过 QQ 群进行营销推广

QQ 群营销推广就是利用多个不同的 QQ 号分别加入不同的 QQ 群，在这些群内进行一系列宣传的过程。加入的群越多，宣传越广泛，效果越明显。使用 QQ 的网友都知道，每个群都有管理员，如果有管理员的身份就可以更好地在群里开展活动，而且可以增加推广深度。在 QQ 群中，尽可能使群内成员活跃，不一味地推广产品，应发布一些简单有趣的话题，可以给其他成员留下印象，增加信任。与此同时，要留意其他成员的对话，若涉及产品相关的话题，这时最好进行一对一推广，营销者可以先在群里与他们一同讨论或解答，然后转为私聊，逐渐发现对方的兴趣点，在聊天中向对方进行营销推广，就不会显得过于生硬，一般情况下不会引起对方的反感。当然，推广过程中要注意礼貌，有耐心，不急躁，不可过于直接或者强硬。

在 QQ 群中，一定有人提出各种与产品相关的问题，营销者可以利用自己知道的知识回答，但注意最好用专业术语，若难以理解就稍加解释使对方明白，如果看到自己不会回答或者答案较多较复杂的问题，可以给对方介绍相关站点或者提供答案的链接，尽量做到有问必答。

2. 通过 QQ 空间进行营销推广

（1）充分利用空间说说。说说又被称作 QQ 心情，方便网友随时随地地分享心情，表达感受。QQ 说说内容在字数上有所限制，所以营销者要利用几句话吸引别人的目光，产生想进一步了解的兴趣。发表 QQ 说说时，可以用一些有争议的话题，或者是可以引起别人共鸣的经典语言，这样不会终止浏览者继续互动的想法，使他们感到无趣。QQ 说说还可以发小视频，即拍即上传，更直观地宣传产品，增加真实度的同时又使浏览者产生兴趣。

（2）通过 QQ 日志推广。QQ 日志就是在空间里发表长篇文章，它的标题十分重要。日志标题要么具有一定的号召性，要么带些疑问，惹人注目，引人深思，这一块敲门砖必须好好利用。日志的内容也要具有一定的水准，并且，在文章最后最好留下争议性话题，使网友有话要说进而留言或者评论，否则一看而过，效果不佳。另外，还要定时发表日志，细心查看留言，回复评论，注意维护，使自己的 QQ 日志被网友所关注。

（3）建立 QQ 相册。为了更多地了解营销者和营销的产品，网友大都会选择去空间翻看相册满足好奇心，这时上传的照片就会起到关键作用。照片上可以加上微信或微博的水印，也可以在照片描述中加些文字介绍或者相关链接，使内容更加具体。

3. 通过 QQ 群群发邮件推广

QQ 群有邮件群发的功能，发送邮件到好友邮箱的效果比在群内发消息的效果好得多。群发邮件时要注意邮件主题，不要采用不相干的题目故弄玄虚，这样只会引起读者反感。邮件的内容也不宜过长，不超过 7K 字节为好。冗长而复杂的邮件会使收件人觉得要浪费大量时间阅读，一旦有这样的想法，这种邮件便会被收件人放弃阅读或者删除。发送邮件不要过于频繁，同内容的邮件一个月内不要超过 3 次发送，否则，很容易进入收件人的黑名单。

营销者所发送的邮件一定要参照普通商务信件的格式，使其规范美观。格式混乱不仅不方便收件人阅读，还会使他们觉得营销者专业素养低，不值得被信赖。

4. 通过 QQ 空间分享推广

在 QQ 空间可以与网友共享图片、视频、网站。想要和网友分享营销者推广的产品的相关内容，可以复制目标页面的链接发表到空间，或者有些内容支持分享到空间，一键解决问题。分享的内容一定要经过斟酌，没有质量的分享会使网友失去对营销者的关注。

（四）QQ 上的好友管理

1. QQ 加人技巧

做 QQ 营销，最基本的一点是有浏览量，毕竟有人看才有交易。所以，营销者需要多加好友，最简单的方法就是绑定微信号或手机号，自动获取好友验证提醒。但这是不够的，利用QQ群也可以加大量的好友，根据产品定位，搜索关键词，可以找到符合目标的群，进入圈子后再申请加为好友也是顺理成章的事情。腾讯QQ还有一个强大的功能，就是好友克隆，开通QQ会员后，可以将任意多个QQ号的好友名单复制到会员账号的好友列表中，这是既简单又快速的方法。

2. 加好友的注意事项

（1）应给好友一个恰当的备注，方便营销者记忆，尽可能记住他的特点、兴趣，记住与他之间聊了什么，以此提高成交率。

（2）应进行好友分组。如果有网友主动加营销者，那么很可能是潜在顾客，可以把他们单独放入一个分组，时常向他们发一些刺激性（如价格下降、推出新品）的消息。

（3）管理好友时，QQ的分组功能方便实用。营销者可以根据年龄段、性别等对自己产品有辨识的类别对好友进行分组，这对后期营销十分有帮助。

（4）聊天软件都有表情符号供网友使用，但作为营销者应谨慎添加发送，不同的年龄段或者性格的网友对同一个QQ表情会有不同的理解。为了避免给对方造成不舒服的心理感觉，最好选用意义明确的QQ表情，例如握手、鞠躬、感谢等。

（5）如果有事找客户需要发送QQ消息，不要只发“在吗”就等消息，有事请直接说明，然后等对方回复，减少时间差。

（6）不要忽略好友生日，QQ在有些方面是非常人性化的，它会提醒主人某位好友的生日就要到了。千万不要忽略这种提示，这是与好友建立良好关系的机会。如果是老客户，收到生日祝福会十分暖心；如果是陌生好友，也会对营销者留下一个好印象。

QQ作为中国网民日常使用的即时通信工具，对于商家而言必有较大的用武之地。QQ营销的即时效果等同于即时将营销信息传递到用户，是搜索、论坛营销做不到的；QQ营销不管在QQ群、QQ空间、QQ群群发邮件都可以做到及时互动，推广消息发布后，若有网友回复或评论，营销者都可以看见并及时做出解答；此外，QQ营销还有一个大的优势就是成本低，也可以说是零成本，不用花钱便可在这个平台推广，而且操作简单，不需要专业培训。鉴于QQ营销的这些优点，营销者应将其作为网络营销的有效补充方式。

【同步案例9－2】

圣罗兰星辰唇膏的微营销

2016年10月14日，人们的微信朋友圈突然被接连刷爆，内容不外乎是“给你买YSL星辰唇膏的男朋友才是好男朋友”，“你的男朋友得给你买一支”，“人家有男朋友买，但是单身也要爱自己，快去给自己买一支！”等标题。闪亮亮的外表和六色可选的色系完全把女孩子们的少女心调动了起来。看完帖子后她们心心念念明天要去看看哪里有售卖，幻想自己在补妆的时候，掏出一支耀眼如星辰一般的唇膏闪瞎别人的眼。

很明显，这是YSL圣罗兰官方的一次营销手段。当时这款唇膏火爆的程度一度到了众多网络段子手都以此为话题，在百度奢侈品品牌风云榜YSL荣登榜首。那么，YSL星辰唇膏为什么能这么成功呢？

首先，就是铺天盖地的宣传，在微信群、朋友圈里无差别轰炸，那种类似于“不转不是中国人”的标题，居然一夜之间在微信里迅速传播开来了。微博上由YSL星辰原贴转发的上千万的话题一搜就是一大片，引起了众多吃瓜群众的热烈讨论。虽然褒贬不一，但是成功成为热点话题，广为人知。

其次，2016 年 10 月 14 日，临近天猫“双 11”网购狂欢节。圣罗兰官方借着“双 11”的势，推出星辰唇膏。然后，在淘宝购物平台上大肆宣传。加上各种优惠券、预付金，可谓是吸足了眼球、吊足了胃口。多少姑娘就盼着“双 11”开卖呢，当然，还有很多要给女朋友买的好男朋友们。

YSL 星辰唇膏一开始销售，几乎瞬间断货，一度达到了一支难求的地步。

（资料来源：https：//wenku. baidu. com/view/fb13f07ece84b9d528ea81c758f5f61fb7362811. html，《圣罗兰网络营销案例分析》）

问题：

1. YSL 星辰唇膏的微营销选择了哪些途径？
2. 微营销为什么越来越受到营销者的青睐？

分析提示：

YSL 星辰唇膏的微营销同时采用了微信群、朋友圈、微博等方式，选择传播性较强的话题，成功引起了受众的关注与参与。

微营销较传统营销更有针对性，有更强的参与性，顾客在随身携带的手机终端上就能轻而易举地观看、参与。微营销在面向年轻人群体的营销中，具有其他营销方式不可比拟的优越性。

课堂思考

相对于微信营销、微博营销的方式，通过 QQ 进行营销的优势、劣势各表现在哪些方面？

任务五　网络营销组合策略

一、网络产品策略

（一）产品定位

在消费者定位上，网络营销的产品和服务的目标应与互联网用户一致。网络营销所销售产品和服务的消费者首先是互联网的用户，产品和服务要尽量符合互联网用户的特点。互联网用户的收入水平和教育水平都较高，喜欢创新，对计算机产品和高技术产品情有独钟。

（二）产品类型

根据互联网用户的特征和在线销售的特点，可以得出适合在线销售的实体产品的主要类型为：书刊、音像、IT 产品、电器、礼品、饰品、通信器材、摄影摄像器材、玩具、体育用品、保健品、化妆品等。适合在线销售的服务类型主要为：票务（如车、船、飞机、电影、音乐会等）、旅游产品、咨询培训服务、写作翻译服务、家政等。

（三）网络品牌

域名对于企业的作用相当于企业在网络上的“商标”，全球的用户都可以通过企业的网址访问企业网站。网络品牌是传统品牌在网络上的延伸，一个易于识别、朗朗上口的网络域名可以为企业带来更高的知名度。在明确企业的域名价值之后，就必须采取相应的措施保护企业的域名资源，加强其发展与规划，使域名这一营销资源和企业的发展战略保持一致。

（四）新产品开发

利用互联网方便快捷的信息查询途径，企业可以迅速把握市场动态，了解竞争者情况，找准自身的最佳切入点，实现产品市场定位。互联网降低了信息的不对称性，企业可以通过网络直接了解客户的需求，使生产出来的新产品更易于为用户所接受。网络推广可以大大降低市场的开拓成本，也是一种将产品快速推向市场的重要渠道。

二、网络价格策略

企业在进行网络营销决策时必须对各种因素进行综合考虑，从而采用相应的定价策略。很多传统营销的定价策略在网络营销中得到应用，同时也得以创新。根据影响价格因素的不同，网络定价策略可分为如下几种：

（一）低价策略

网上销售具有中间环节少的优势，这种优势主要应体现在价格上，将原来由分销商所获得的利润让给消费者，使消费者成为网络销售的受益者。在价格策略上，网上的价格明显低于传统有形市场上的价格。

（二）个性化定价策略

消费者往往对产品外观、颜色、样式等方面有具体的内在个性化需求，个性化定价策略就是利用网络互动性和消费者的需求特征，来确定商品价格的一种策略。这种个性化服务是网络产生后营销方式的一种创新。

（三）折扣定价策略

在实际营销过程中，网上商品可采用传统的折扣价格策略，例如数量折扣，即企业在网上确定商品价格时，可根据消费者购买商品所达到的数量标准，给予不同的折扣，购买量越多，折扣可越多。

（四）捆绑销售策略

麦当劳通过销售“套餐”的形式促进了食品的购买量，还使顾客对所购买的产品价格感觉更满意。这种传统策略已经被许多精明的网上企业所采用。

（五）品牌定价策略

如果产品具有良好的品牌形象，那么产品的价格将会产生很大的品牌增值效应。对于这种本身具有很大的品牌效应的产品，由于得到人们的认可，在网站产品的定价中，完全可以对品牌效应进行扩展和延伸，利用网络宣传与传统销售的结合，产生整合效应。

（六）新产品定价策略

在网络营销中，不同类别的新商品应采取不同的定价策略。如日常生活用品，对于这种购买率高、周转快的产品，适合采用渗透定价策略。而对于个性化产品、专利性产品，可以采用撇脂定价策略。

三、网络分销策略

企业建立网络分销渠道有两种基本思路：一是企业网站直销，指企业通过自己的互联网站点直接取得客户的订单；二是借助商务平台站点。两者各具优势。那么，如何找到它们的平衡点呢？

（一）根据产品性质

如果属于价值较小的产品，购买过程中消费者不需要慎重的比较，属于习惯性购买型产品，那么企业就应该更加看重商务平台站点的优势，反之亦然。

（二）根据市场性质

如果企业产品定位于对产品差异性要求不高的同质性消费群体，则商务平台站点在推动销量增加上的作用会更明显；如果消费者的个性化需求较强烈，热衷于产品的差异和独特性，那么，采用企业网站直销可以提高信息服务水平和产品服务水平，从而带来更理想的销售业绩。

（三）根据竞争对手策略

在很多情况下，行业龙头老大的做法具有一定的前瞻性和有效性。当然，要同时考虑企业的资源状况和竞争能力，采用相应的竞争策略。

四、网络广告策略

（一）网络广告的特征

（1）网络广告成本低廉且几乎没有时空限制。

（2）网络广告有非强迫性与即时互动的特点。

（3）网络广告的效果更易评估。

（二）网络广告的类型

（1）根据网络广告的表现形式可以划分为网幅广告、文本链接广告、浮标广告、弹出式广告、富媒体和流媒体等。

（2）根据网络广告实际受众与目标受众的切合度可以划分为定向显示广告和非定向显示广告。定向显示广告中最重要的三种类型是搜索结果广告、搜索排名广告、页面定向显示广告。

（3）利用网络推广工具投放广告。如邮件营销、微博营销、微信营销 QQ 营销、论坛发帖等。

（4）根据收费方式可以划分为固定收费和点击收费广告。

五、网络公共关系策略

在网络上开展公共关系活动有多种形式，主要的有以下几个方面：

（一）站点宣传

站点宣传也称网站推广，其目的是通过对企业网络销站点的宣传吸引用户访问，起到宣传和推广企业以及企业产品的效果。所以，网络营销站点是企业在网上市场进行营销活动的阵地，网站的访问量是实现网络营销目标的关键。

（二）网上新闻发布

网上新闻发布完全消除了传统新闻发布需要花费大量的人力、物力、财力进行筹划和安排的缺点，可以以较少的费用、最快的速度将新闻传播出去。在网上发布新闻可以通过以下几种方式实现：

（1）通过网络新闻服务在线发布新闻。许多记者和公众习惯于通过在线网络新闻服务获取信息，企业利用网络新闻服务在线发布新闻，可以确保企业新闻能够及时传播出去。大多数企业的网站都会设立单独的网页用来发布新闻。另外，在网站上应该设有联系信息，使记者和公众能够与企业快速地取得联系，增加新闻稿件的互动性。

（2）通过相应的新闻组或邮件列表发布新闻。一些简短新闻，如出版社的新书预告、计算机公司的软件升级及新产品的信息等，可以在符合主题的新闻组上发布或者通过企业掌握的邮件列表资源发布。

（三）栏目赞助

由企业对网站的某些栏目提供赞助，访问者可以通过赞助页面直接链接到企业的页面，从而扩大企业页面的知名度。企业赞助对象一般是一些会议、公共信息、政府或非盈利性的活动。如赞助一个电视剧的展出页面，以吸引观众对自己的企业、产品或服务的注意。

（四）参加或主持网上会议

各网络服务商的网络论坛经常举办一些专题讨论会。网络会议的参加者可以看到其他人提交给会议的发言，同时自己的发言也处于许多人的关注下。参加与企业有关的专题论坛并积极发表意见，可以提高本企业的形象和知名度。企业还可利用网络服务商提供的网络会议服务，自己组织网上会议，有可能的话，邀请一些著名的专家作为客串主持，利用专家的名气吸引公众，树立企业在公众心目中的良好形象。

六、网络销售促进策略

应用最多的网络销售促进策略有以下几种方式：

（一）网上折价促销

折价亦称打折、折扣，是目前网上最常用的一种促销方式。网上商品的价格一般都要比传统方式销售时要低，以吸引人们购买。幅度比较大的折扣可以促使消费者进行网上购物的尝试并做出购买决定。目前大部分网上销售商品都有不同程度的价格折扣。

（二）网上赠品促销

一般情况下，在新产品推出试用、产品更新、对抗竞争品牌、开辟新市场情况下利用赠品促销可以达到比较好的促销效果。赠品促销可以提升品牌和网站的知名度，鼓励人们经常访问网站以获得更多的优惠信息，能根据消费者索取赠品的热情程度总结分析营销效果等。

（三）网上抽奖促销

抽奖促销是网上应用较广泛的促销形式之一，是大部分网站乐意采用的促销方式。网上抽奖活动主要附加于调查、产品销售、扩大用户群、庆典、推广某项活动等。消费者或访问者通过填写问卷、注册、购买产品或参加网上活动等方式获得抽奖机会。

（四）积分促销

积分促销在网络上的应用比起传统营销方式要简单和易操作。网上积分活动很容易通过编程和数据库等来实现，并且结果可信度很高，操作起来相对较为简便。积分促销一般设置价值较高的奖品，消费者通过多次购买或多次参加某项活动来增加积分以获得奖品。积分促销可以增加上网者访问网站和参加某项活动的次数，增加上网者对网站的忠诚度，提高活动的知名度等。

【同步案例 9－3】

通用汽车互联网营销

通用汽车利用互联网展开关系营销，致力于建立和强化与公众的关系。通用汽车网站的设计始终体现了这一指导思想。

1. 通过页面顶部呈文档卡形式的标签，访问者可方便地在木页与“遍及世界的轿车和好车”栏目间切换。

2. 针对不同的顾客，通用汽车将产品分为新车和二手车。

3. 对欲购新车的顾客，公司推荐的流程是：虚拟展示厅——选择车型——选择支付方案——选择汽车供应商。

4. 对二手车，则有经公司认可的确保质量的二手车网站可查。

为了使顾客购车方便、手续简单，公司在“选择车型”栏目中设计了一系列简洁的问答，让顾客自己来决定适合自己需要的满意款式。顾客购车时，可先点击你所选中的车型，然后提交给导购系统，导购系统会以此为条件自动选出最适合的车型。为了付款的方便，通用汽车公司为购车者提供了各种购车方案。顾客可根据其实际能力选择付款额度和次数，这样一来，系统就能优化出最经济的方案。

问题：

1. 由案例可以看出，通用汽车利用网络进行营销的目的之一是什么？

2. 通用汽车的网站营销有无达到上述目的？

分析提示：

通用汽车利用网络进行营销的目的之一是通过互联网展开关系营销，拉近与顾客的距离，使网站成为顾客随时都可以接触的朋友。从网站建设来看，通用汽车实现了这一目标，顾客在网页能能够更便捷、迅速、清晰地获得所需要的信息，更方便地做出决策和进行购买，大大增强了购买体验。

【同步实训 9－2】

利用网站发布和搜索信息

［实训目标］

培养学生利用网站发布信息和搜索信息。

［实训内容］

在阿里巴巴商贸网站上注册企业会员，进一步搜索某类商品信息，并发布企业信息。

［实训操作］

（1）登录阿里巴巴商贸网站。

(2) 根据网站提示，注册企业会员。
(3) 以会员身份登录网站，搜索一类产品的信息。
(4) 在网站上发布自己的产品信息。

[**成果要求**]

(1) 班级每五人成立一个小组。
(2) 每个小组成员成立一个虚拟企业。
(3) 在阿里巴巴商贸网站上注册企业会员。
(4) 在阿里巴巴商贸网站上搜索一类产品的信息。
(5) 在阿里巴巴商贸网站上发布自己的产品信息。

任务六　网络营销策划的误区防范

一、网络营销易如反掌

有人认为，网络进入的门槛很低，每个企业都可以轻松开展网上营销。不错，网络营销可以有不同层次，建立一个商务营销网站不难，在网站上处理一些商业交易也很平常。但是，若要在网络营销的实战中进行有效的、成功的商务运作，就远非想象的那么简单。

在网络营销的过程中，商业的基本流程变了，同顾客和分销商的关系变了，获得数据的渠道和方法变了，定价的原则和策略变了。网络营销人员面对的是完全新奇而又陌生的课题，新技术和新思维所带来的碰撞和激荡是巨大的。事实上，网络营销是一项系统工程，它不仅仅因为在营销的过程中，将采用一种全新的技术和手段，进行商务运作，更是一种影响企业未来生存的选择，一种现代企业的经营能力和竞争实力的表现和反映。

二、网络营销就是网络推广

有人认为网络营销就是网络推广，这是极为片面的。网络推广重在推广，希望通过推广后，给企业带来更多的网站流量、网络排名、注册量等，目的是扩大被推广对象的知名度和影响力。而这项工作只是网络营销的一部分。企业更高层次的需求是利用网络提供良好服务，建立顾客关系，打造品牌形象。有的网站还可以实现在线销售。网络营销侧重于营销层面，更重视网络营销后是否产生实际的经济效益。

三、网络营销就是网上销售

有人将网络营销与网上销售混为一谈，这是不正确的。网上销售当然属于网上营销，但两者并不相同。网络营销的目的并不仅仅是为了促进网上销售，很多情况下，网络营销活动不一定能实现网上直接销售的目的，但是可以促进网下销售的增加，并且增加顾客的忠诚度。

网络营销的目的表现在多个方面，例如，提升企业品牌价值、加强与客户之间的沟通、拓展对外信息发布的渠道、改善对顾客服务等。从网络营销的内容来看，网上销售也只是其中的一个部分，并且不是必须具备的内容。

四、网络营销是虚拟营销

有人说网络营销是虚拟营销，其实，这种说法是值得研究的。人们常把网络的特点和网络营销的特点混淆起来。不错，我们在开展和进行网络营销的过程中，是在网络的虚拟空间进行的，但是营销活动的本身需要有形的信息、服务和实体活动的支持。

网站要有丰富的商品信息和营销服务功能作支撑。消费者只有切实感受到商品的价值，并对它们深信不疑，才能产生购买行为。企业还要提供快捷、方便、安全的货币支付手段和物流配送措施。因此，可以说网络营销是在虚拟空间进行的实在的商务活动，是陆地商务市场的网络化发展。只有夯实了网站建设和实体销售的基础，网络营销才能顺利开展。

【项目小结】

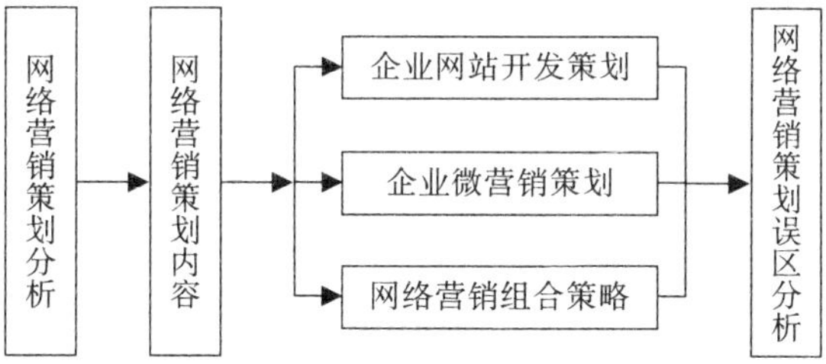

【项目考核】

1. 简答题

(1) 请解释网络营销的含义。

(2) 微营销与传统营销有哪些异同点?

(3) 微博的构建中有哪些方式?

(4) 网络推广的手段有哪些?

2. 案例分析题

案例资料:

某网站的推广计划

某公司生产和销售旅游纪念品，为此建立一个网站来宣传公司产品，并且具备了网上下订单的功能。

该网站制定的推广计划分为 4 个阶段，每个阶段 3 个月左右：网站策划建设阶段、网站发布初期、网站增长期、网站稳定期。主要包括下列内容：

1. 网站推广目标。计划在网站发布 1 年后达到每天独立访问用户 2000 人，注册用户 10000 人。

2. 网站策划建设阶段的推广。从网站正式发布前就开始推广的准备，在网站建设过程中从网站结构、内容等方面对 Google、百度等搜索引擎进行优化设计。

3. 网站发布初期的基本推广手段。登录10个主要搜索引擎和分类目录（列出计划登录网站的名单）、购买2—3个网络实名/通用网址、与部分合作伙伴建立网站链接。另外，配合公司其他营销活动，在部分媒体和行业网站发布企业新闻。

4. 网站增长期的推广。当网站有一定访问量之后，为继续保持网站访问量的增长和品牌提升，在相关行业网站投放网络广告（包括计划投放广告的网站及栏目选择、广告形式等），在若干相关专业电子刊物投放广告；与部分合作伙伴进行资源互换。

5. 网站稳定期的推广。结合公司新产品促销，不定期地发送在线优惠券；参与行业内的排行评比等活动，以期获得新闻价值；在条件成熟的情况下，建设一个中立的与企业核心产品相关的行业信息类网站来进行辅助推广。

6. 推广效果的评价。对主要网站推广措施的效果进行跟踪，定期进行网站流量统计分析，必要时与专业网络顾问机构合作进行网络营销诊断，改进或者取消效果不佳的推广手段，在效果明显的推广策略方面加大投入比例。

（资料来源：高凤荣．网络营销实务［M］．北京：机械工业出版社，2009）

思考题：

（1）你认为该网站的推广策划有何可取之处？

（2）你能否提出更好的网站推广方案？

3. 业务模拟训练

案例实务操作

训练目标：

整体上把握企业网站开发策划的内容与思路。

训练内容：

市场分析；企业网站开发策划；企业网站功能定位；企业网站结构与内容设计。

训练操作：

参照上面的案例分析题，利用刚学过的网络营销策划知识，为该公司网站进行更详细的功能定位，并为其设计网站内容和结构；提出该产品的网络营销策略。

成果要求：

针对生产型企业和旅游产品特征，建立企业营销型网站，明确网站的功能；提出完整的网站首页导航和相应的二级网页内容；提出可行的网络营销方案。

项目十
关注专题营销

◇了解主要概念：故事营销；服务营销；关系营销；文化营销。

◇掌握基本理论：故事营销策划理论；服务营销策划理论；关系营销策划理论；文化营销策划理论。

◇培养综合能力：掌握故事营销策划步骤；掌握服务营销策划策略；了解关系营销策划技巧；具备文化营销策划能力。

案例导入

江小白——用故事把文案做到你的心里

最近几年大火的白酒——江小白，是重庆江小白酒业有限公司旗下江记酒庄酿造生产的一种自然发酵并蒸馏的高粱酒品牌。好多人说江小白的酒很一般，但就是愿意喝，其实喝的就是情怀。它是用户在特定场景下对产品明确的消费诉求及认知，是用户某种特定情感的寄托。

我们来看看江小白是如何打造用户情感的。江小白这个品牌名就是人格化的，让人感到很亲切，也容易记住；江小白的所有文案和视频，都是在用第一人称“我是江小白”诉说着故事、表达着情感。其实江小白就是每个人那段惶恐、压力、奋斗的青春岁月，喝着江小白，就仿佛在喝自己的青春岁月，它满足了人们情绪的需求。例如：致亲爱的小倩，重庆的冬天到了，你在北京会冷吗？今天喝酒了，我很想你，一起喝酒的兄弟告诉我，喝酒后第一个会想到的人是自己的最爱，这叫酒后吐真言！已经吐了，收不回来了。

江小白就是通过一个个故事抓住人们的情感需要来进行营销。这里的故事，不再是产品本身的故事，而是能够吸引消费者的故事，是能够勾起消费者满满回忆的故事，这也是江小白与其他企业营销的不同之处。通过将消费者本身的故事和江小白联系起来，更能够打动消费者的心，喝的不仅仅是酒，更是情怀。

（资料来源：https：//www. sohu. com/a/192610818_ 487503，《从产品及运营角度，浅析白酒江小白的成功之道》）

江小白运用故事营销，有效地引起了市场的关注，快速地切入了市场，获得了大量的年轻顾客。近年来故事营销、服务营销、关系营销、文化营销等专题营销方式频频出现在营销的舞台上，这些营销方式贴近顾客、注重细节、便于传播，在实际的营销中扮演了重要的角色。

任务一 故事营销策划

一、故事营销概述

故事营销是在品牌塑造过程中采用故事的形式，通过给品牌注入情感并增加品牌核心文化，进而在产品营销工作中，通过释放品牌的核心情感能量，辅以产品的功能性及概念性需求，打动消费者的心灵，从而保持产品在稳定上升的过程中有爆发性的增长。简而言之就是营销者选择与企业或产品相关的事件、人物传奇经历、历史文化故事甚至是杜撰的故事激发消费者的兴趣，引起情感共鸣，加深消费者对企业或产品的印象，增加好感。

故事营销理论来源于现代营销学之父菲利普·科特勒提出的消费者行为的三个发展阶段：第一阶段，在产品短缺时，消费者追求数量上的满足；而当产品数量丰富时，消费行为进入第二阶段，着重追求高品质的产品；而当不同品牌所属的产品功能和品质相近时，消费行为进入第三阶段，消费者开始追求最能表现自我个性和价值的产品，这就是感性消费阶段。随着人们生活水平的不断提高、消费观念的日新月异，如今消费者买东西的时候已经不仅是为了满足自己最基本的需求，更多的时候是为了满足精神层面上的需求。

正是在这种消费行为的转变过程中，故事营销的价值越来越凸显。故事是进入消费者心理最有效、最直接的工具。故事营销赋予了品牌或产品更多的情感价值，它的最终目的就是要激发起消费者对品牌或产品的关注与共鸣，从而在内心深处彻底打动消费者。

二、品牌故事与品牌溢价

故事的商业价值正在于它能够通过情节演绎，更好地激发人们的情绪，与人产生情感共鸣。每一个成功的品牌都有许多动人的故事，故事为之创造财富，提供不竭的动力。故事对人类情感需求的满足能够实现品牌溢价，扩充市场容量，从而实现品牌资产收益的最大化。故事成就品牌价值，也传播品牌价值，它的魅力就在于故事里的人们能轻易实现他们的梦想，即便只是感觉。故事能为产品带来附加价值，使之身价飙升，其根本原因是在商品交换的过程中，故事是有价格的，它使用企业的脑力劳动，花费必要劳动时间，成为满足人们情感需求的无形商品。因此，故事的溢价模式是：产品的物理价值+故事情感价值=品牌价值。

将故事内化到产品，通过增加产品的精神价值，满足消费者的精神需求，从而扩大产品的市场容量，这是故事营销的重要作用之一。总之，品牌故事之于品牌溢价的意义主要体现在以下三个方面：

（一）品牌故事体现了品牌的商业价值

一个商品有了品牌故事，就被赋予了意义和价值，就有了内涵和精神，就变成了品牌。跟商品相比，只有品牌才是无可替代的，只有品牌才是企业真正拥有的，生意才能开始可持续地成长。那些成功讲述了品牌故事的品牌，才能长期成功占据消费者心智中的有利地位，因此，品牌故事体现了品牌的商业价值。

（二）品牌故事吸引了品牌的忠诚客户

一个产品若没有故事，就只能永远是一个商品。消费者不太可能对一个商品忠诚，但会为一个品牌而坠入爱河。从心理学研究视角看，品牌故事折射了认同品牌故事的消费者的自身故事和核心价值观。消费者对符合自身实际和理想自我概念与价值观的品牌产生认同、情感和行为上的依恋，成功产生品牌黏性，造就品牌的忠诚顾客。

（三）品牌故事提升了品牌的核心竞争力

品牌故事就是无形的财富，品牌故事是消费者能感知到的购买这个品牌产品的首要原因。品牌故事是品牌和消费者之间成功的情感链接，消费者购买的不仅仅是一件商品，而是消费以外的文化理念上和情感精神上的认同和满足。因此，品牌故事是形成品牌黏性之所在，是品牌的灵魂，是品牌的核心竞争力。

三、故事营销传播策划

（一）品牌故事核心诉求的确立

企业如何能梳理好品牌故事呢？参考品牌定位的思路，成功的品牌是能够进入顾客心智以赢得选择的品牌，据此选定品牌故事的核心诉求。因此，要塑造一个好故事至关重要。

1. 精准定位，锁定目标客户

要成功进入顾客心智，品牌必须要有成功的定位，要有鲜明和独特的形象。故事作为一种经典的信息传播方式，当我们将与品牌相关的一系列元素，如内涵、品牌历史、品牌典故、品牌价值与有逻辑框架的故事情节融合在一起时，消费者将感受到的、体会到的、看到的故事情节与品牌链接在一起形成深刻的记忆，从而和被宣传品牌形成牢固的情感链接。作为营销人员，花时间和精力找到一种好的方法，来展现动人的品牌故事是最有效、最理想的传播定位信息和打造品牌内涵形象的信息传播载体。

2. 品牌内涵和价值与公众主流价值观相一致

品牌成功进入消费者心智之后，进而能赢得选择。这就需要品牌内涵和价值具有公众认可和喜爱的优秀品质和属性，唤起消费者内心共鸣，进而产生品牌向往和迷恋。什么样的品质和属性是消费者认可和喜爱的呢？就是那些和公众主流价值观相符的品质，比如：诚信的、优质的、勇敢创新的、可靠的、负责任的、追求卓越的、严谨的、永远引领时尚的、美好的、环保健康的品质及古典的、时尚的、高雅的品位等。这些都是和主流价值观相符的，被消费者认可并欣赏的。

3. 品质组合完全符合消费者的兴趣

品牌应该根据目标消费者真正需要的、感兴趣的事情和文化品位，而不是企业自己感兴趣的事情，选定品质组合，作为品牌内涵核心诉求，再结合品牌自身典故和相关领域文化进行结合和升华，来形成无可替代的自身品牌故事，在消费者心智选择中占据优势地位。比如："博柏利（Burberry）"的核心诉求是生活中美好的事物永存，"路易·威登（Louis Vuitton）"强调在旅途中的发现和情感体验。

4. 符合时代精神和社会文化价值风尚

品牌内涵核心诉求一旦确立，在纵向时间上应该保持一致，使得品牌故事的讲述具有累积效应以产生最大化的效果。但随着时代的变迁，社会文化价值风尚会发生改变，品牌故事的核心诉求应该在保持一致的前提下，根据当时代社会文化价值风尚探讨微小调整的必要性，或者探讨在原有核心诉求基础上，添加新的符合当时代文化价值风尚和时代精神的元素。

【同步案例10-1】

淘宝的"故事营销"

近几年，在淘宝上我们经常会看到满脸皱纹、一副愁容的老农照片，大批水果蔬菜将烂在地里的描述，"求求支持，帮帮我们"的宣传词……这很可能唤起大家的恻隐之心，于是纷纷解囊以解人燃眉之急。但细心的顾客发现，从橙子、柠檬到辣椒、茶叶，甚至是镇尺、灯具，很多"滞销产品"的宣传页面，竟然用了同一个大爷的照片，有人戏称："产品全滞销，大爷不够用。"

山西临猗的滞销苹果，为何发货地是广东深圳？山西临猗县政府发布声明称，多个电商平台发布的"临猗苹果滞销"的营销策划，内容有诸多夸大失实之处，将给当地果农的整体利益造成影响。个别商家投机取巧、增加收益，不仅损害了行业、品牌形象，也侵犯了图中老人的肖像权和消费者的知情权，甚至涉嫌欺诈。当商家不吝笔墨描摹产品品质，甚至以溢美之词"浮夸"宣传时，有人却反其道而行，带疤痕、麻点的苹果，原本或是筛选后的残次品，却成了挂在树上、无人问津的证明，甚至让人产生了绿色无公害的联想。归根结底，不过是挖空心思把骗局做得更真实。有人说：这是一个情感经济的时代，走心才是王道，以情才能动人。姑且不提满是童年记忆的黑芝麻糊、等待用餐时提供零食和游戏的火锅店等商业案例，即便是88岁老人卖馄饨十年没涨价、"鞋垫婆婆"桥头手工缝鞋垫等新闻，虽不是主动打广告，但一经宣传总能引来好心人光顾，究其原因，那些货真价实的诚意、将要失传的工艺、引人怀旧的物件，甚至是略显悲情的人生故事，最能打动人心。搞"悲情故事营销"的人，看准人们的软肋，在策略上不可谓不高明，但他们的聪明用错了地方。

其实，讲好故事，顾客自然会记住你的创意；传播故事，更多人会青睐你的产品；但编造故事，上当的人绝不会信你"第三次"。也就是说，虽然故事营销能够打动消费者的心灵，但是虚假的故事会让消费者寒心。散户通过网店、网帖宣传滞销产品，本是情急之下的补救之策；消费者购买物美价廉的滞销产品，以善心扶危济困，一举两得。但如果故意营造弱势的假象，把卖惨当作幌子，以"贫困乡村""爱心义卖""为民代销""转发就是义举"等字样绑架爱心，那就逾越了经营的道德底线，此类现象屡屡出现，更会透支人们的同情心，"悲情营销"的边际效应也将逐渐递减。消费者一旦见怪不怪，或者看穿骗局，买卖之间的信任将岌岌可危，而那些真正寻求帮助的声音或将无人理睬。

（资料来源：《编故事的营销不会有回头客》，https://baijiahao.baidu.com/s?id=1600121312929820707&wfr=spider&for=pc）

问题：

1. 编造故事就是故事营销吗？

2. 虚假故事营销会对品牌造成什么影响？

分析提示：

一些商家通过编造故事、虚假信息进行销售，是进入了故事营销的误区。虚假的故事不仅会造成顾客的反感，使消费者丧失对品牌的信任，同时会严重损害品牌形象，甚至会毁掉整个品牌。

（二）品牌故事的讲述与传播

在市场营销领域，广告和促销占了极为重要的位置，而在当今品牌故事则占了最为重要的位置。现在的关键问题是，不是你有多好，因为大家都足够好，而应该是谁的故事讲得更好。

1. 品牌故事的讲述方式要强调体验和感受

品牌故事不单指传统讲述故事这么简单，也不单指社交网络文案、广告文案等。品牌故事的重点，不是指跟消费者讲了什么，而是消费者基于品牌展现出来的方方面面的信号，他们所理解和相信的内容。

品牌故事是要体验和感受的。当有人递给你一部苹果手机的时候，他不需要说一个字，但你就是知道。当你看到红毯上一位电影明星手提爱马仕经典手袋的时候，没人给你讲故事，但你就是知道。品牌故事，是一个由实施、理解、感受、体验所构成的完整的画面。

2. 品牌故事的讲述途径要全方位

企业做的每一件事情，从颜色、包装质地到聘请的员工，都是你所讲故事的一部分。企业做的每一件事情和品牌的每一个元素，无论企业外部的还是企业内部的，都是品牌故事的讲述途径，反射出这个品牌的精神和面貌（Who）、品牌的服务及产品的精神和面貌（What）、品牌和企业是如何为消费者服务的（How）、品牌和企业的理念和精神。消费者从能接触到的企业所做事情的信息，解读、感受和体验，构成消费者心目品牌故事的完整画面。

3. 品牌故事的讲述者可以是企业所有员工

谈到具体的部门，企业的市场部门一定是故事的讲述者，市场部负责制定核心诉求和品牌故事内容，同时又将品牌故事体现到消费者能感知到的4Ps上面。品牌故事的讲述是个系统的工作，因此，企业内部运作的其他部门也是品牌故事的讲述者，如销售部、IT部、生产部、培训部、客户服务部等都是不同程度上的品牌故事讲述者。品牌核心诉求和品牌故事应该为企业内部不同部门和全体员工所熟知，经过全方位的培训和沟通，不断强化，形成共识和聚合力，形成企业文化、品牌文化，最终做到整个企业都在讲述同一个故事。

4. 品牌故事的讲述是系统性工作

品牌故事的讲述是系统性工作，企业需要为此建立相关的研究机制和反应机制。企业需要建立品牌故事相关的研究机制，使企业能够敏锐捕捉品牌不同发展阶段在消费者心智中的地位的改变以及时代的变迁导致的社会文化价值风尚的变动、消费者需求的改变等；

企业还需要建立品牌故事反应机制，根据捕捉到的一系列变动，在坚持核诉求保持一致的前提下，调整品牌故事讲述的策略、内容和手段，形成纵向时间上的聚合力，形成系统的持续最优效应的品牌故事的讲述，使得企业和品牌保持持续性发展。

课堂思考

请你搜集一些企业成功的故事营销的案例，结合前面内容，分析其营销的合理之处及存在的缺陷。

【同步实训10－1】

为某品牌进行故事营销策划

［实训目标］

1. 巩固故事营销策划的基本知识；

2. 培养学生故事营销策划的初步能力。

［实训内容］

由教师事先选定一个学生熟知的品牌，指导学生通过分析品牌特征、品牌定位、目标市场，对品牌进行故事营销策划。

［实训操作］

（1）首先让学生复习故事营销的基本知识，了解故事营销的基本策略。

（2）将全班学生分为五组，并选出小组负责人。教师说明针对某品牌的故事营销策划的训练内容及成果要求。

（3）每个小组对教师指定的品牌进行分析，明确品牌定位，提炼品牌内涵。

（4）每组进行组内讨论，创作品牌故事内容，确定故事传播策略。

（5）每组代表进行成果汇报。

（6）老师对各组的策略给予点评。

［成果要求］

（1）每个小组成员都要参与讨论品牌的故事营销策略。

（2）每个小组选派代表在班里汇报小组确定的故事营销策略。

（3）每个小组将自己组的策略与其他组的策略进行对比，并讨论、思考其他组的可取之处。

（4）老师为每个小组打分。

任务二　服务营销策划

一、服务营销概述

20世纪60年代以来，服务业（顾客服务与服务产品的总称）在整个社会经济中飞速发展。据世界银行统计，发达国家服务业生产总值占国内生产总值的70%以上，中等发达水平国家的服务业产值平均为国内生产总值的50%左右。随着服务业重要性的日益凸显，服务营销及其策划活动成为人们关注的热点，成为企业竞争和提高核心竞争力的有效手段，也是营销策划活动的重要组成部分。

服务营销是企业在充分认识满足消费者需求的前提下，为充分满足消费者需求在营销过程中采取的一系列活动。其核心理念是顾客的满意和忠诚，通过取得顾客的满意和忠诚来促进相互有利的交换，最终获取适当的利润和企业的长远发展。服务营销的运用不仅丰富了市场营销的内涵，更提高了企业在知识经济中的竞争力，在企业营销策略中起着举足轻重的作用。

二、服务营销策划概述

（一）服务营销策划的特点

和一般实体产品相比，服务营销策划具有以下特点：一是以提供无形服务为目标；二是以顾客为核心；三是注重服务质量的整体控制；四是其时间因素具有非常的重要性。

服务的质量很难像有形产品那样用统一的质量标准来衡量，因而其缺点和不足就不易发现和改进。因此，全面意义上的服务质量需从两个方面来描述：一是技术质量，以服务操作规程来描述和控制；二是功能质量，以顾客感受和获得的满意度来描述。

（二）服务营销策划的内容

目前，学者们普遍认为，4P仍然是服务营销的基础，但它还不能完全体现服务业的特点，所以，应当再加入一个“P”，即“人（People）”，才能较为完整地体现服务营销的特点。

1. 服务产品策划

（1）服务项目策划。服务项目策划是指对企业以何种服务形式、服务方式和服务种类进入服务业的策划活动。

（2）服务产品开发策划。在制造业存在着新产品开发，同样，在服务业也有服务产品开发策划。开发新的服务产品，是企业生存和发展的有效途径。

（3）服务品牌策划。品牌是服务产品形象和文化的象征，好的服务品牌策划能够使企业保持长久而旺盛的生命力。

（4）服务质量策划。服务质量是判断一家服务业公司好坏的最主要依据。一个好的服务质量策划对于一项服务产品的设计具有十分重要的作用，它能有效地提高顾客的感知服务质量，增强满意度，从而成为忠诚顾客。

（5）服务的有形展示策划。服务是无形的，而服务设施、服务设备、服务人员、顾客、市场信息资料、定价目标等都是有形的，这些有形物都可为无形的服务提供有形的展示。

2. 服务价格策划

（1）服务价格的含义。有形产品的价格是产品价值的货币表现，那么，我们就可以认为服务的价格是服务价值的货币表现。有形产品是可见的，它的质量、外观是可感知的，其价值也是可衡量的，具有客观性。而服务是无形的，作为顾客的感知服务质量，它是人的主观能动感受，而这一感受又因人而异。所以，作为服务的定价，不仅要考虑成本、需求和竞争因素，更要注重顾客的感知服务质量，这就要求做好服务的有形化，使顾客的感知服务质量趋于一致。

（2）服务价格策划的内容。

产品的价格策划主要包括产品价格的制定策划和产品价格的调整策划。那么，作为服务价格策划的内容，也主要包括这两方面的内容。①服务定价策划，主要是指对服务产品价格制定的策划活动，这与有形产品的定价相似，有高价策略、中价策略和低价策略。②服务价格调整策划，主要指的是对现有服务产品的价格进行调整的策划活动。

（3）服务特征对服务定价的影响。服务业有如下特征：无形性、不可存储性、需求的不稳定性、服务的同质性、不可分性，这些特征对服务产品的定价有着很大的影响。在不同的服务形态和市场状况中，这些特征所造成的影响也不同。因此，制定服务产品的价格，除了考虑成本、需求、竞争因素之外，还必须考虑服务业的特征。

3. 服务渠道策划

由于服务的不可分离性，所以服务渠道的策划和产品渠道的策划有较大区别。服务渠道的策划较少考虑渠道结构，而主要着手服务渠道和服务位置的选择。

（1）服务渠道的选择。①直销渠道。直销是最适合服务产品的配送形式。当服务企业选择直销时，经营者的目的往往是为了获得某些特殊的营销优势：对服务的供应与表现，可以保持较好的控制，若经由中介机构处理，往往造成失去控制的问题；以真正个人化方式服务，能在其他标准化、一致化以外的市场，产生有特色服务产品的差异化；可以通过与顾客接触直接反馈回关于目前需要、这些需要的变化及其对竞争对手产品内容的意见等信息。

②经由中介机构的分销渠道。服务业公司最常使用的渠道是通过中介机构，它们的结构各不相同，而且有些还相当复杂。服务业市场的中介机构型态很多，常见的有下列五种：a. 代理。一般是在观光、旅游、旅馆、运输、保险、信用、雇佣和工商业服务业市场出现。b. 代销。专门执行或提供一项服务，然后以特许权的方式销售该服务。c. 经纪。在某些市场，服务因传统惯例的要求必须经由中介机构提供才行，如股票市场和广告服务。d. 批发商。在批发市场的中间商有“商人银行（Merchant Banks）”等。e. 零售商。包括照相馆和提供干洗服务的商店等。

③创新服务分销渠道。a. 租赁服务。服务业经济的一个有趣现象是租赁服务业的增长，也就是说许多个人和公司都已经而且正在从拥有产品转向产品的租用或租赁。b. 特许经营。在可能标准化的服务业中，特许经营是一种持续增长的现象。c. 综合服务。综合服务是服务业增长的另一个现象，即综合公司体系（Integrated Corporate Systems）与综合性合同体系（Integrated Contractual Systems）的持续发展，并已经开始主宰某些服务业领域。d. 准零售化（Quasi - retailing）。服务业最重要的中介机构之一便是零售业者。最近几年来，服务业经济发展上的一大特色就是“准零售出口”的崛起，这些“准零售出口”主要是销售服务而不是销售产品。

（2）渠道位置的选择。位置的重要性根据所要营销的服务性质不同而有所差异。一般来说，服务业可依其所在位置分为以下三类：①与位置无关的服务业；②集中的服务业；③分散的服务业。

4. 服务促销策划

服务业的促销活动与产品的促销活动大致相同，用于产品促销的工具、策略和策划步骤也适用于服务促销。但由于受服务业本身特征的影响，产品促销与服务促销具有许多不同特点。这些差异大致可分为两类：一类是由于服务行业特征的影响，另一类是服务本身特征的影响。

（1）服务行业特征造成的差异。①营销导向不同。有些服务业是产品导向的，因而不十分清楚营销措施对业务有多大程度的帮助，只把自己当作服务的生产者，而不是提供顾客需要的公司。②专业和道德限制。在采取某些营销和促销方法时，可能会遇到专业上和道德上的限制。③许多服务业务规模很小。他们不认为自己有足够实力在营销或在特别的促销方面花钱。④竞争的性质和市场条件。许多服务业公司，并不需要扩展其服务范围，因为现有范围内的业务已经用尽了生产能力。⑤对于可用促销方式所知有限。服务业公司对于可利用的广泛多样的促销方式所知有限。⑥服务本身的性质，可能会限制大规模使用某些促销工具。在某些服务种类中，对某些促销方法的限制，使得许多促销方法不能自由发挥。

（2）服务本身特征造成的差异。从顾客的观点来看，消费者对产品营销和服务营销两种营销的反应，有着很大的差异。①消费者态度。消费者态度是影响购买决策的关键。②采购的需要和动机。在采购的需要和动机上，制造业和服务业大致相同。不论是通过购买实体性产品或非实体性产品，同类型的需要都可以获得满足。③购买过程。在购买过程上，制造业和服务业的差异较为显著。有些服务的采购被视为有较大的风险，部分原因是买主不易评估服务的质量和价值。

5. 服务人员策划

在提供服务产品的过程中，人（服务企业的员工）是一个不可或缺的因素，尽管有些服务产品是由机器设备来提供的，如自动售货服务、自动提款服务等，但零售企业和银行的员工在这些服务的提供过程中仍起着十分重要的作用。

服务人员策划的内容主要包括对人员的招聘、培训、激励和管理。其实，服务人员策划的内容就是服务人员策划的流程。

（1）服务人员招聘。在选择前线员工时，不能像招聘普通员工那样只看重经验和技能，而更应考察态度、资质和个性等能为服务人员带来成功的因素。

（2）员工培训。员工招聘只是企业人力资源管理的开始，如何使新员工成为符合企业要求的服务提供者，这是企业内部培训要解决的问题。对员工的培训主要有技能培训和交往培训。

（3）员工激励。对员工在工作中取得的成绩，管理人员应及时予以表扬，这将对员工和服务都产生积极的影响。但作为管理人员也不能滥用表扬，应把对员工的表扬用在较为关键的方面：①当员工的行为超过企业所要求的行为标准时；②当员工的行为一直都符合标准时；③当员工取得进步时（无论进步的大小）；④当员工面对挑剔的顾客保持冷静时；⑤当员工采取灵活措施帮助顾客时。

（4）员工管理。管理人员所要面对的员工各不相同，并非每个员工都能很好地完成自己的工作。在这种情况下，管理人员应学会帮助员工改变工作方法，做好工作。而对于员工来说，为了更好地服务顾客，他们往往需要知道自己做得怎样，需要来自管理人员的反馈信息，无论这种信息是正面的还是负面的。因此，管理人员应及时评价员工的工作并帮助他们改正错误。

（三）服务营销策划的策略与方法

由于服务本身的无形性、不可分性、易变形和不可存储性，这就导致了我们在开展服务营销策划时，就要避免其对服务营销产生的不利影响，尽量地使服务有形化、可分化、规范化和可调化，又要应用其灵活性的特点，做到服务的技巧化、差异化和效率化，从而提高顾客的感知服务质量，实现顾客满意。

1. 服务的有形化营销策划策略——服务承诺化和包装化

服务的有形化是指服务机构有策略地提供服务的有形线索，以帮助顾客识别和了解服务，并由此促进服务营销。服务有形化策略包括服务承诺化策略与服务包装化策略。

（1）服务承诺化策略。服务承诺，是指公布服务质量或效果的标准，并对顾客加以利益上的保证或担保。服务承诺化，是指服务机构通过对服务过程的各个环节的质量予以承诺，以促进服务营销。对服务做出承诺，可以降低消费者因服务的无形性而需承担的认知风险，因而可以降低顾客由此产生的心理压力，增强顾客对服务的信任，从而促进服务营销，有利于激发和扩大顾客需求。

例如：美国强生公司所属BBBK公司，就其提供的灭虫服务，向饭店、旅馆等用户做出如下承诺：如果你那里的虫害没有被全部消灭，BBBK将分文不收；如果你对BBBK的服务不满意，BBBK将赔偿你12个月的服务费，外加一次免费灭虫，时间由你在来年任意选择；如果你的顾客在你那里哪怕发现一只虫，BBBK将替他（她）付食宿费和向他（她）致信道歉，另外再包他（她）一次食宿费；如果你的生意因虫害而做不成，BBBK将赔偿你损失的盈利，外加5000美金。

BBBK灭虫公司的服务承诺给它带来巨大的成功。BBBK推出承诺营销第一年的营业额达3300万美元，同期兑现的承诺费用是12万美元，只占营业额的0.36%，效益之佳是令人羡慕的。

（2）服务包装化策略。服务包装，是指服务环境。服务包装或环境，作为服务的有形线索，能够提示它所包装的服务信息。服务包装或环境是有价值的，它可以使服务增值。服务包装化，在某种意义上，是指服务环境的“营销”，即有策略地设计和提供服务环境，让顾客通过接触环境来识别和了解服务的理念、质量和水平等信息，从而促进服务的购买或交易。简单地说，服务包装化就是让顾客接受服务前先接受服务的包装或环境。

2. 服务的技巧化营销策划策略——服务技能化

服务无形性的背后是服务的技巧。一切服务业归根结底都是靠自身的、其他行业难以替代的服务技巧生存和发展的。服务的技巧化，是指培养和增强服务技巧，利用服务技巧来吸引和满足顾客，充分发挥技巧在服务营销中的作用。服务技巧化，主要体现为服务的技能化。

服务技能，是指服务人员服务的熟巧程度、技艺、能力等。服务技能化，就是培养和增强服务人员的技能，利用服务技能来吸引和满足顾客，充分发挥技能在服务营销中的作用。服务技能是服务产品价值的核心来源。技能是技巧的主要组成部分，服务技能的增强从根本上增强服务营销的吸引力。

3. 服务的可分化营销策划策略——服务自助化

服务的可分化是指在服务过程中让服务生产者与服务消费者之间实行部分的分离。服务的可分化主要体现为服务的自助化。

服务自助化，是指服务生产者向顾客提供某些服务设施、工具或用品，让部分服务由顾客自行完成，以便服务生产者与消费者之间实现一定程度上的分离。

服务的自助化有利于增强服务消费者在服务过程中的自主体验和责任。顾客的自主体验经历增强，会加深对服务过程的兴趣和激情，从而有助于服务再次购买；顾客对服务的自我责任增强，对服务提供者的责任期望会相对降低，这对服务营销是有利的。

4. 服务的关系化营销策划策略——服务细微化

服务的不可分性对服务营销存在有利的一面，主要表现为：服务生产与消费不可分，在客观上成为服务业的一种要求，使服务业比制造业更需要关心顾客的需求，改善与顾客的关系等。为了利用这有利的一面，服务营销可以采取关系化策略，即在服务营销中通过强调关系营销、内部营销、口碑沟通、公共关系、与顾客接触“真实瞬间”的服务质量等来实现顾客的优质服务，而服务细微化实现是关系化营销的重要策略。

服务细微化是指服务机构或人员从细微处来关心顾客和贴近顾客，使服务关系进入更深的层次。“见微知著”是古人对服务细节精辟的提炼，服务机构只有通过对细微处的观察，才能满足顾客真实需要或偏好，从而使服务营销有效。

服务的细微化有利于顾客对服务质量的感知。服务质量较强的主观性会影响服务过程的每一个具体细节，因而会对整个服务过程的质量产生根本性影响。服务的细微化可使顾客提升对服务者的主观感受而产生优质服务的印象。

5. 服务的规范化营销策划策略——服务理念化和标准化

服务的规范化是指在服务过程中建立规范并用规范引导、约束服务人员的心态和行为，以保持服务的稳定性。服务规范化主要包括服务理念化和服务标准化两个环节。

（1）服务理念化。服务理念化是指服务机构建立自己的理念并用理念来规范服务人员的心态和行为。公司理念（Mind）是指公司用语言文字向社会公布和传达的自身的经营思想、管理哲学和企业文化，主要包含企业宗旨、使命、目标、方针等内容。服务机构的理念通常借助于文字的有形形式向消费者公布和传达的服务的有形信息。如：汉堡王公司的“任你称心享用”、联合航空公司的“你就是主人”等，都生动、形象地表达了各自的营销理念，促使消费者对其服务产品产生信任，有利于体现服务特色和企业的内部营销。

（2）服务标准化。服务标准化是指服务机构系统地建立服务质量标准并用服务质量标准来规范服务人员的行为。

服务标准化是服务理念化的实现形式，二者之间有内在联系。有的实施性较强的服务理念与服务标准区别不大。在实行规范化营销时，应避免重标准而轻理念的现象。因为，服务理念是服务标准的灵魂，缺乏理念的服务标准不管制定得如何全面细致，也是冰冷呆板的，而让服务人员执行缺乏灵魂的服务标准，难以取得理想的效果。所以，服务营销的开展，既要重视标准化，也要重视理念化以及二者间的内在关联。

服务标准，为顾客提供客观依据，便于服务质量管理收集有效的反馈信息，从而有利于改进服务质量的管理。服务标准与服务品牌化、服务承诺化密切相关，从而使服务更便于识别。

6. 服务的差异化营销策划策略——服务多样化和服务特色化

服务的易变性对服务营销具备有利的一面。服务（产品）作为人的活动具有易变性，这要求服务业应比制造业具备更强的“以变应变”能力，即适应市场环境和顾客需求变化的能力，以适应市场营销需要。为利用服务易变性的有利一面，服务营销应采取差异化策略，其具体表现为服务多样化和特色化。

（1）服务多样化。服务多样化是指服务机构或服务人员针对不同的顾客或不同的需要提供不同的服务。不同顾客或顾客群（细分市场）对服务的不同需求，是采取服务多样化策略的一个成因。此外，市场需要的多层次化是采取服务多样化策略的另一个原因，因为同一顾客对一家服务机构的服务也有多种不同层次的需要。

（2）服务特色化。服务特色化是指服务机构或人员向顾客提供独特的、体现自己个性的服务。服务特色化可以包括以下内容：专业特色；交叉特色；传统特色；环境特色；顾客特色；人员特色；活动特色；地域特色。其中地域特色的优点在于特色鲜明，且具一定的历史文化内涵，易于表现，常与传统特色联系紧密。

【同步案例 10－2】

宁波供电公司服务智慧——一站式服务让客户最多跑一次

在互联网高速发展的今天，供电企业电力营销服务已经进入一个新的阶段，电力营销服务的好坏直接影响到企业自身的经济效益和市场份额。在消费不断升级的趋势下，电力服务业也需要全面升级和创新。

2017 年，宁波供电营业厅主动求变，在进行智能型、市场型、体验型和线上线下一体化的“三型一化”升级改造的基础上，探索实践“服务＋营销”双融合模式，从传统办电窗口转型成一站式业务办理、一体化用电服务中心。

为迎合新时期电力市场需求，宁波供电公司通过推出“一站式”用电办理服务、“移动式”专业营销服务和“社群式”用户增值服务三大招，让营销服务更接地气。

1. “一站式”用电办理，打通线上线下一体化服务渠道。线上渠道包括掌上电力、电 e 宝、微信公众号等服务途径，线下渠道包括自助服务、业务柜台、大宗业务和 VIP 洽谈等服务途径。

2. “移动式”专业营销，即业务受理员流动于营业厅的各个区域，为客户提供咨询、自助办理、营销推广等全程服务；同时在商城、社区等地方驻点设立“流动式”营业点，与社区、台区和大客户经理等形成联动，为客户提供“零距离”上门服务。

3. “社群式”增值服务也是依托营业厅，对于普通客户群，通过电力积分优惠、主题场景体验、电力小课堂等服务，吸引客户参观体验，促进产品和服务营销；针对 VIP 客户社群，开展各类线下沙龙，为 VIP 用电客户创造商业交流、合作、供应的机会，并结合客户标签提供差异化的增值体验服务，增加客户黏度。

2017 年 10 月下旬，一位客户王先生到营业厅办理高压新装业务，按以往用户要在用电申请、服务预约、工程设计等环节多次往返营业厅办理手续，而自从全新的营业厅开业以来，这些流程跑一次就够了。“这么好的环境，现在想多来体验几次都找不到理由了。”王先生开玩笑地说。“我们办业务最怕手续多、重复跑，有时甚至还卡壳，影响企业的正常规划运营，这下好了，跑一次解决所有问题，真的省心省力。”

此外，营业厅实行生态智联，打破营业厅作为用电业务办理窗口的单一定位，利用平台资源与电动汽车以及方太、新胜等本土优质电器生产商开展跨界合作，探索“客户+营业厅+供应商”发展模式，将营业厅建设成为服务体验中心、方案定制端口和产品推荐平台，逐步形成以营业厅为核心的电力生态圈。

宁波供电营业厅是国内首家探索“服务+营销双模式”的A级智能旗舰供电营业厅，实现了“客户+营业厅+供应商”的三方生态融合。

（资料来源：《“服务营销”生态融合，“绿色便捷”智享未来》，www.cnki.net）

问题：

1. 宁波供电公司的服务营销有何特色？
2. 为什么服务营销要具备自身特色？

分析提示：

宁波供电公司构建了智能型、市场型、体验型和线上线下一体化的“三型一化”服务营销体系，其营业厅是国内首家探索“服务+营销双模式”的A级智能旗舰供电营业厅，实现了“客户+营业厅+供应商”的三方生态融合。

和所有营销方式类似，当越来越多的企业实施服务营销，这种方式也会变得雷同，使品牌形象区隔不明显，所以为了区别于竞争对手，在设计服务营销时，应尽可能依据自身特点，彰显品牌特色，给顾客留下不同的影响。

7. 服务的可调化营销策划策略——服务时间可调化和服务地点可调化

服务具有不可储存性，这使服务业难以通过产品的库存方式来协调供求矛盾。解决的方法，就是对服务时间、服务地点加以调整和对服务供求加以调节，以解决供求矛盾，也就是实行服务的可调化。

服务的可调化，是指服务机构通过对服务时间、服务地点的调整和对服务供求的调节来克服不能用服务储存来平衡供求矛盾的困难。

（1）服务时间可调化。服务时间可调化，是指服务机构通过对服务时间的调整来满足服务需求和平衡服务供求的矛盾。服务时间可调化策略常表现为延长和调整服务营业时间、提供预约服务等。

（2）服务地点可调化。服务地点可调化，是指服务机构通过对服务地点的调整来满足服务需求和平衡服务供求的矛盾。服务地点的调整，主要包含多地点服务、流动服务、跨区布点和服务品牌输出等种类或方式。

8. 服务的效率化营销策划策略——服务时效化和服务多功能化

服务效率化，主要表现为服务的时效化、服务的多功能化。服务的时效化，是提高服务的时间效率，而服务的多功能化是提高服务的空间效率。

（1）服务时效化。服务时效化，是指服务机构充分利用服务的时间资源和提高服务的时间效率。它有利于捕捉服务机会和实现服务增值，从而提高服务质量。

（2）服务多功能化。服务多功能化，是指同一家服务机构对同一个（同一群）顾客提供多种不同但相互关联的服务，以便提高机构的服务效率或顾客服务消费的效率。顾客在同一服务机构得到多种不同功能的服务，不仅可以提高服务消费的效率，而且可减少顾客往返于多家服务机构的时间和金钱成本。

9. 顾客满意营销策划策略

顾客满意是指顾客对一件产品或服务满足其需要的绩效与其期望进行比较所形成的感觉状态，实现顾客满意的重点在于提高顾客满意度。服务营销的最终目标就是要提高顾客满意度，追求顾客忠诚营销。要做到提高顾客满意度，就要做到以下几点：

（1）塑造“以客为尊”的经营理念。“以客为尊”的企业服务经营理念，是服务顾客最基本的动力，同时它又可引导决策，联结公司所有的部门共同为顾客满意目标奋斗。麦当劳成功的要素就是它始终重视顾客，千方百计地让顾客满意，它的整体价值观念是质量、服务、卫生和价值。

（2）开发令顾客满意的产品。顾客满意策略要求企业的全部经营活动都要以满足顾客的需要为出发点，把顾客需求作为企业开发产品的源头。所以企业必须熟悉顾客，了解用户，即要调查他们现实和潜在的要求，分析他们购买的动机和行为、能力、水平，研究他们的消费传统和习惯、兴趣和爱好。

（3）提供令顾客满意的服务。热情、真诚地为顾客着想的服务能带来顾客的满意，所以企业要不断完善服务系统，以便利顾客为原则，用产品具有的魅力和一切为顾客着想的体贴去感动顾客。售后服务是生产者接近消费者最直接的途径。

（4）科学地倾听顾客的意见。顾客是企业的生存之本，只有耐心倾听顾客的意见，最大限度地满足顾客的需求，才能让顾客满意。这是改善服务、提高顾客满意度的一条捷径。

课堂思考

服务是一个永恒的营销话题，然而新时期随着顾客需求的多元化、个性化变化，服务被提到了前所未有的高度，请结合消费者市场的需求发展趋势，分析未来服务内容的发展趋势。

任务三　关系营销策划

一、关系营销的客户框架

关系营销产生于20世纪80年代，是从“大市场营销”概念衍生、发展而来的。1984年，营销大师科特勒提出了所谓的“大市场营销”概念，目的在于解决国际市场的进入壁垒问题，指出企业除了需要运用产品、价格、分销及促销四大营销策略外，还必须有效运用公共关系和政治权力这两种营销工具，来打开封闭的市场。

所谓“关系营销”，就是建立、维护和巩固企业与用户及其他利益相关人员关系的活动。因此，关系营销的客户框架相对宽泛，既包括企业自身，也包括企业外部相关部门和单位，它与传统营销存在以下几个方面的不同：

（1）营销对象。传统营销的营销对象只是顾客；关系营销的营销对象则包括顾客、供应商、员工、分销商等与企业利益相关的多重市场。

（2）营销部门。传统的营销部门职责就是完成企业的营销任务，其他部门很少直接参与企业营销活动；奉行关系营销思想的企业，其营销任务不仅由营销部门完成，许多部门都积极参与和各方建立良好关系，营销部门成了关系营销的协调中心。

（3）营销核心。传统营销的核心是交易，关心如何实现交易和吸引新顾客；关系营销的核心是关系，强调如何保持与客户友好关系，获取忠诚客户。

二、关系营销的基本原则

关系营销的实质是在市场营销中与各关系方建立长期稳定的相互依存的营销关系，以求彼此协调发展，因而必须遵循以下原则：

（一）主动沟通原则

在关系营销中，各关系方都应主动与其他关系方接触和联系，相互沟通信息，了解情况，形成制度或以合同形式定期或不定期碰头，相互交流各关系方需求变化情况，主动为关系方服务或为关系方解决困难和问题，增强伙伴合作关系。

（二）承诺信任原则

在关系营销中各关系方相互之间都应做出一系列书面或口头承诺，并以自己的行为履行诺言，才能赢得关系方的信任。承诺的实质是一种自信的表现，履行承诺就是将誓言变成行动，是维护和尊重关系方利益的体现，也是获得关系方信任的关键，是公司（企业）与关系方保持融洽伙伴关系的基础。

（三）互惠原则

在与关系方交往过程中必须做到相互满足关系方的经济利益，并通过在公平、公正、公开的条件下进行成熟、高质量的产品或价值交换使关系方都能得到实惠。

三、关系营销的实施步骤

（一）筛选合作伙伴

企业首先从所有的客户中筛选出值得和必须建立关系的合作伙伴，并进一步确认要建立关系营销的重要客户。选择重要客户的原则不仅是当前的盈利能力，而且包括未来的发展前景。企业可以首先选择 5 个或 10 个最大的客户进行关系营销，如果其他客户的业务有意外增长也可入选。

（二）指派关系经理

对筛选出的合作伙伴指派关系经理专人负责，这是建立关系营销的关键。企业要为每个重要客户选派干练的关系经理，每个关系经理一般只管理一家或少数几家客户，并派一名总经理管理关系经理。关系经理对客户负责，是有关客户所有信息的汇集点，是公司为客户服务的动员者，对服务客户的销售人员应当进行关系营销的训练。总经理负责制定关系经理的工作职责、评价标准、资源支持，以提高关系经理的工作质量和工作效率。

（三）制订工作计划

为了能够经常地与关系对象进行联络和沟通，企业必须分别制订长期的和年度的工作计划。计划中要确定关系经理的职责，明确他们的报告关系、目标、责任和评价标准。每个关系经理也必须制订长期和年度的客户关系管理计划，年度计划要确定目标、策略、具体行动方案和所需要的资源。

（四）了解关系变化

企业要通过建立专门的部门，用以跟踪顾客、分销商、供应商及营销系统中其他参与者的态度，由此了解关系的动态变化。同时，企业通过客户关系的信息反馈和追踪，测定他们的长期需求，密切关注合作伙伴的变化，了解他们的兴趣。企业在此基础上，一方面要调整和改善关系营销策略，进一步巩固相互依赖的伙伴关系；另一方面要及时采取措施，消除关系中的不稳定因素和有利于关系各方利益共同增长的因素。此外，通过有效的信息反馈，企业将会改进产品和服务，更好地满足市场的需要。

四、实现关系营销的途径

（一）设立顾客关系管理机构

建立专门从事顾客关系管理机构，选派业务能力强的人任该部门总经理，下设若干关系经理。总经理负责确定关系经理的职责、工作内容、行为规范和评价标准，考核工作绩效。关系经理负责一个或若干个主要客户，是客户所有信息的集中点，是协调公司各部门做好顾客服务的沟通者。关系经理要经过专业训练，具有专业水准，对客户负责，其职责是制定长期和年度的客户关系营销计划，制定沟通策略，定期提交报告，落实公司向客户提供的各项利益，处理可能发生的问题，维持同客户的良好业务关系。建立高效的管理机构是关系营销取得成效的组织保证。

（二）通过个人联系

个人联系即通过营销人员与顾客的密切交流增进友情，强化关系。比如，有的市场营销经理经常邀请客户的主管经理参加各种娱乐活动，如滑冰、野炊、打保龄球、观赏歌舞等，双方关系逐步密切；有的营销人员记住主要顾客及其夫人、孩子的生日，并在生日当天赠送鲜花或礼品以示祝贺；有的营销人员设法为爱养花的顾客弄来优良花种和花肥；有的营销人员利用自己的社会关系帮助顾客解决孩子入托、升学、就业等问题。通过个人联系开展关系营销的缺陷是，易于造成企业过分依赖长期接触顾客的营销人员，增加管理的难度。

（三）频繁营销规划

频繁营销规划也称为老主顾营销规划，指设计规划向经常购买或大量购买的顾客提供奖励。奖励的形式有折扣、赠送商品、奖品等。通过长期的、相互影响的、增加价值的关系，确定、保持和增加来自最佳顾客的产出。频繁营销规划的缺陷是：第一，竞争者容易模仿。频繁营销规划只具有先动优势，尤其是竞争者反应迟钝时，如果多数竞争者加以仿效，就会成为所有实施者的负担。第二，顾客容易转移。由于只是单纯价格折扣的吸引，顾客易于受到竞争者类似促销方式的影响而转移购买。第三，可能降低服务水平。单纯价格竞争容易忽视顾客的其他需求。

（四）俱乐部营销规划

俱乐部营销规划指建立顾客俱乐部，吸收购买一定数量产品或支付会费的顾客成为会员。比如，日本的任天堂电子游戏机公司建立了任天堂俱乐部，吸引了200万会员，会员每年付16美元会费，可以每月得到一本任天堂杂志，先睹或回顾任天堂游戏，赢者有奖，还可以打“游戏专线”电话询问各种问题。

（五）顾客化营销

顾客化营销也称为定制营销，是根据每个顾客的不同需求制造产品并开展相应的营销活动。其优越性是通过提供特色产品、优异质量和超值服务满足顾客需求，提高顾客忠诚度。比如，日本有些服装店采用高新技术为顾客定制服装，由电子测量仪量体，电脑显示顾客穿上不同颜色、不同风格服装的形象并将顾客选定的款式传送到生产车间，激光仪控制裁剪和缝制，顾客稍等片刻就可穿上定做的新衣。

（六）数据库营销顾客

数据库指与顾客有关的各种数据资料。数据库营销是指建立、维持和使用顾客数据库以进行交流和交易的过程。数据库营销具有极强的针对性，是一种借助先进技术实现的“一对一”营销，可看作顾客化营销的特殊形式。数据库中的数据包括以下几个方面：现实顾客和潜在顾客的一般信息，如姓名、地址、电话、传真、电子邮件、个性特点和一般行为方式；交易信息，如订单、退货、投诉、服务咨询等；促销信息，即企业开展了哪些活动，做了哪些事，回答了哪些问题，最终效果如何等；产品信息，顾客购买何种产品、购买频率和购买量等。数据库维护是数据库营销的关键要素，企业必须经常检查数据的有效性并及时更新。美国通用电器公司就成功地运用了数据库营销，建有资料详尽的数据库，可以清楚地知道哪些用户应该更换电器，并时常赠送一些礼品以吸引他们继续购买公司的产品。

【同步案例 10 -3】

海尔官微的关系营销策略

在社交媒体时代，谁能抓住群众的眼球，谁就可能完成营销的成功。越来越多的企业认识到社交媒体尤其是微博的影响力，纷纷创建自己的官方微博。蓝 V 是认证为公司或企业官方微博的标志，在这群蓝 V 大军中，海尔官微在运营的过程中就非常重视社交媒体营销，通过关系、关联、反应和回报的策略实施关系营销，及时回应用户的需求，为用户带来福利，促进用户对企业和品牌的信任，从而使企业的利润持续增长。

1. 海尔魔镜二代

第一个最具代表性的事件，就是产品魔镜的生产。魔镜是一款用户站在面前就可以得知体重、脂肪含量的产品，海尔新媒体在发布魔镜消息后，征集用户意见，发现在此之前工程师给出的定价是 2 万元，而大部分用户能接受的价格在 1500—2000 元，且部分用户认为这款产品不适合在家里使用，而是适合在商场、酒店、药店等地使用。海尔官微征集了用户的信息，进行了市场调研，将收集到的信息放到二代产品的研发和推广中，最终这次营销的成功使得魔镜的销量大增。在社交媒体上，企业与用户不再仅仅是简单的产品交易关系，它会承担更多的角色，如一个服务者，一个倾听者，甚至陪伴者。海尔就是在倾听用户的建议、积极回答他们的疑问、提供个性化产品的过程中，最终实现了企业的盈利，顾客对企业的忠诚度也得以提升。

2. 冷宫冰箱

除了征集顾客对于产品的相关信息，海尔官微还在不断满足顾客的需求，能根据用户的需求做出令他们满意的产品，以此赢得用户的信任，增强用户的粘性。一个微博用户@

海尔，问海尔能不能生产一款冰箱叫“冷宫”，我吃的剩饭剩菜都可以说“给朕打入冷宫”，海尔转发并评论“容我考虑看看”后，一石激起千层浪，后台收到7万多条私信，并收到了上千幅设计，其中有十几幅甚至达到了专业水平。紧接着海尔新媒体迅速将网友的反应反馈给生产部，最后生产部研发出了一款特制的“冷宫”冰箱。海尔新媒体的市场反应速度快，能根据用户的个性化需求生产让他们满意的产品，提高了顾客的忠诚度。海尔官微非常重视与用户的互动，对于用户提出的问题，也会积极给予回应，它的快速应答机制要求在一分钟之内回应用户提出的问题，良好的互动也促进了用户对它的信任。

3. 砍粉行动

海尔认为关系营销的核心是重视与顾客建立起强关系。社交网络上的弱关系是我偶尔看看你发的信息，或关注了却从没有跟你互动过，也没有什么转发点赞的行为等；而强关系是我很信任你，会经常跟你互动，为你的发展出谋划策，在别人贬低你的时候也会去维护。海尔官微通过与用户的交互沟通，能获取很多深度数据和信息，从而精准定位目标群体和用户特质，提升营销活动的效果和变现能力，并将这些数据和用户特点反馈给企业，能促使企业根据目标客户的特质和需求痛点，不断升级完善产品和服务，优化用户体验。经过持久的交互沟通，借助多种策略和途径，海尔官微力图与消费者建立起相互信任的强关系，从而将普通用户转化为粉丝用户，增强用户的品牌忠诚度。在许多官微大量购买僵尸粉扩充粉丝基数时，海尔却反其道而行，联合新浪微博大规模砍掉僵尸粉，只留下了经常与官微互动的活跃粉。这一行为让海尔官微的粉丝数从100多万直降到6万多。海尔的这一行为目的非常明确，就是促活留存，提纯真正有潜力发展为客户的粉丝。

4. 与其他官微互动，进一步扩大影响力

海尔不仅只保持于粉丝的强关系，也与其他官微一直保持良好的关系。因此，一旦海尔要联合其他官微搞些大动作时，往往能达到非常好的效果。海尔官微发布的520微博联合众官微给用户送福利：“520要来了，想想能送你的最好的东西就是爱，那就从转发里抽一个人，让100家官微关注你并一起发私信向你表白，让你感受一下这前所未有的爱吧。”很多企业积极参与这一活动，纷纷在评论底下留言，除了表白，还为抽中的粉丝送礼物，最终海尔520的表白微博，以零成本的投入、转发量最高达到45万的成绩，取得了轰动的效果，当天的表白微博也上了微博热搜。新媒体时代已经不是单打独斗的时代，跨界合作、IP联动已经成为一种必然趋势，与企业建立长期友好的关系，抱团营销，会更有利于企业制造现象级事件，从而取得营销的成功。

在社交媒体时代，海尔官微认识到关系的重要性，利用关系营销的策略创造出很多有影响力的营销事件，受到用户和其他企业的广泛关注。它在社交媒体上营销时非常擅长与用户和其他企业经营良好的关系，并以相互信任的强关系为基础，创造了一个个热门事件，扩大了品牌的影响力，也为企业带来了效益。

（资料来源：张慧雯．海尔企业官方微博在网络口碑传播过程中的议题创新［J］．科技传播，2018（1））

问题：

海尔是怎样通过官微做好关系营销的？

分析提示：

海尔官微重视通过社交媒体进行营销，通过关系、关联、反应和回报的策略实施关系营销，及时回应用户的需求，为用户传递价值，促进用户对企业和品牌的信任。海尔官微利用关系营销的策略创造出很多有影响力的营销事件，受到用户和其他企业的广泛关注。

课堂思考

关系营销注重建立和维持有效的客户关系，请结合互联网技术等新兴技术手段，讨论当前利用新技术手段展开关系营销的必要性。

任务四　文化营销策划

一、文化营销的对象——文化产品与文化服务

随着经济社会的发展和市场竞争的加剧，营销方式在不断发生变革，文化营销顺势而生。文化营销就是把文化理念贯穿于营销的所有环节，以实现产品的价值和满足消费者文化需求。文化营销的对象是文化产品与文化服务。

文化产品和文化服务往往属于信息产品，如电影、电视、图书、报刊、光盘等。虽然上该产品在现实中表现为一定的外在形式，如电影、电视节目都可以光盘的形式出现，图书和报刊则以印刷品的形式出现，但是不管其外在形式如何，文化产品之所以能够满足消费者的需求，是由于其所传递的信息。文化产品市场营销的实际标的物是信息本身。正是由于文化产品多属于信息产品，它才具备了以下特点。

（一）主观差异性

文化产品的制造和消费都是高度个性化的行为。制作者、消费者的主观因素不可避免地会加到文化产品中去。如艺术家作为文化产品的制作者在作品中表达的不是客观生活本身，而是他们对客观生活的感受，即不同人对同一生活的感受不同。因此，文化产品很难标准化，差异性是其本质特点。从消费者的角度看，文化产品是高度个性化的加工产品。消费者主体由于审美兴趣、思想感情、生活经验的差异，对同一文化产品做出的补充和再创造，具有不同的感官反应，造成了消费的主观差异性。

（二）需求弹性大

文化产品的需求价格弹性一般较高。首先，文化产品更多的是满足人们的娱乐和信息等精神层面的需要。而对精神生活需要的满足是人们较高层次的需要。马斯洛需求层次理论强调，当人们较低层次的需要还未得到满足之前，较高层次的需要就不会成为人们行为的动机。从这个意义上讲，文化产品并不属于必需品，因此对文化产品的需求量会受到价格变化的巨大影响。其次，一些文化产品当中许多涉及服务，如电影、现场演出，使其价格很难像实体产品那样随劳动生产率的提高而降低，当其价格维持较高的水平时，其需求弹性较大。

（三）质量判断较难

许多文化产品在消费过程结束之前，消费者很难判断其真实质量。比如图书，只有读

者将书读完了，才能真正知道这本书给他带来多少价值；再如电影，在没有将电影全部看完之前，观众很难给出自己对电影的客观评价。这点与实体产品很不同，实体产品总是可以为消费者呈现各种信息，使质量判断在消费之前就可以做出。因此，消费者对于实体产品质量的把握能力远远超过其对文化产品质量的把握程度。

（四）提前支付的激励不足

一方面，文化产品和服务的质量判断比较难，消费者就没有足够的激励提前支付，当消费者对文化产品和服务的消费过程已经结束时，即使消费者已给有足够的信息了解它们的质量，消费者也已经没有激励去付款了。另一方面，文化产品和服务具备的信息产品性质决定了其复制成本极低，这使消费者比较容易用更低的成本获得文化产品和服务，支付激励也因此降低。

（五）二次售卖性质

许多文化产品和服务与其他产品和服务最大的不同在于其具备二次售卖性质。文化产品的营销者面对的客户有两个群体：一是最终消费者，二是广告商。一方面，文化产品本身要卖给消费者，另一方面，文化产品吸引特定的目标顾客之后，又以此作为向广告商销售广告的依据，从而把目标顾客“卖”给广告商。这种二次售卖的性质是许多文化产品的盈利模式。如电影目前也越来越多地出现植入广告现象，现场演出和体育比赛有时则需要吸引赞助商的赞助。

文化产品的上述特点，决定了文化产品的细分市场营销不仅要考虑其内容目标受众的需要，还要考虑广告商的需要。前者往往是文化市场营销的基础，但后者对于文化企业而言却具备更为直接和现实的意义。由于广告商对于文化产品营销的重要性，在一些新的文化产品形式中，广告商已经不仅是文化产品生产过程中的旁观者，而是成为主动推进文化产品营销的合作伙伴。

二、文化市场营销策略构建

从文化营销的内涵和文化产品的特征可以看出，要实施文化营销，必须以目标市场的准确定位为基础，追求产品的差异化、个性化和特色化，从而提高产品的竞争力。

（一）找准市场定位

文化营销强调在消费者消费产品时，不仅要满足消费者的一般需求，更要满足消费者的文化需求和心理满足。因此，通过市场调查，找准市场定位和消费者的文化需求是文化营销的前提。随着经济的发展、生活水平的提高，消费者的文化需求也在不断变化。首先，文化需求具有区域性。不同国家由于生活习俗、生活观念、道德风尚、生活方式以及生活习惯等不同，文化需求的差异比较大，同一国家不同地区文化的差异性也比较明显。其次，文化需求具有层次性。不同层次的消费者对产品和文化的需求也不一样。因此，作为企业，首要的任务是通过市场的调研和研判，了解和掌握市场结构、消费者、购买者行为以及对市场营销环境进行监测、研究，以识别、评价和选择市场机会。

（二）提升品牌文化

随着经济的发展，科学技术的不断创新，面对激烈的市场竞争，品牌文化已经成为影响企业竞争力强弱的一个最重要的因素。完整品牌是由属性、利益、价值、文化、个性、消费者所构成，文化是品牌的核心，品牌的价值主要来自品牌文化，是品牌文化创造了品牌巨大价值。品牌文化就是结晶在品牌中的理念经营、价值观、审美观、道德观等观念形态以及经营行为的总和。它体现出产品的文化情愫、情感氛围、人际亲和、敬业向上等人文精神，展示出产品的质量意识和服务艺术。但是，品牌文化又是不断变化的，随着消费时尚和消费潮流的变化，消费者的文化需求也在不断变化，因此，任何一个品牌其文化内涵也在不断变化。这就要求企业必须依据市场和消费者需求的变化，不断提升和丰富品牌的文化内涵，以适应消费者的审美偏好，价值观念。

（三）构建文化营销体系

文化营销是一个系统工程，要求企业在分析消费者文化需求的基础上，构建完善，具有自身特色、个性化的文化体系，并把这些文化体系或者文化营销理念贯穿到企业营销的全过程。因此，企业在选择目标市场的基础上，不仅要从产品设计、生产上体现企业文化理念，而且在产品的包装、渠道策略、广告策略、促销服务等方方面面都要体现企业的文化理念和文化特色。文化营销是物质文化与精神文化的统一。一方面，物质文化表现在企业的产品、品牌、包装等方面，通过有形的东西表现出来；另一方面，营销文化又是无形的，它表现为精神文化、制度文化、行为文化。特别是企业精神文化是企业的核心价值理念，它是一整套能让全体员工共同遵守的价值观和理念，成为全体员工共同遵守的规范和准则，并且把这些观念内化于心，外化于行，贯穿到整个营销的各个环节。世界上许多成功的大企业，正是通过不断地积淀、培育和创新，形成自己独特的文化体系，使之成为企业长久不衰的动力，促进了企业的可持续发展。

【同步案例 10－4】

“水井坊”品牌文化创新

2017 年 9 月起，水井坊先后占领地标性建筑北京“太庙”、广州“小蛮腰”，独家冠名央视《国家宝藏》IP，成立业内首支关于非遗“活”化的公益基金，并落地首个扶持成都大漆的非遗项目……这一系列巧妙的操作有效诠释了品牌文化内核，助力营销沟通，不仅为行业同仁所乐道，甚至被央视授予“CCTV 中国白酒文化传承品牌”称号，得到官方背书。2018 年 9 月 12 日，水井坊再次绑定文化地标太庙举办“传世盛典”，现场展示古老的“秋酿”习俗，集“水井坊酒传统酿造技艺”“漆线雕技艺”“成都漆艺”三大非遗技艺于一台，并举行水井坊第九代传承人的拜师传承仪式，生动演绎品牌“600 年传承的酒坊、技艺、匠心”三大核心内涵。这场盛典一方面继续高举文化大旗，另一方面亦尝试将品牌活动 IP 化，形成更强大的品牌影响力。

传世盛典之上，水井坊以超高端产品彰显品牌传承与积淀。其推出的“博物馆壹号”以“非遗产地＋非遗工艺＋非遗班组”的组合，将国宝级产品呈现于世人面前，其中蕴含的历史积淀与古老的太庙相得益彰，更加凸显出水井坊品牌的文化底蕴，传达出品牌的高端定位。在活动现场，演绎白酒的“秋酿”传统，展示“漆线雕技艺”“成都漆艺”两大非遗技艺，并通过水井坊第九代传承人的拜师传承仪式表达水井坊“传世”之信念。传统技艺的现代化展示与传承，在为传统技艺赋予全新生命活力、推动国潮复兴的同时，也更加有效提升了品牌的文化价值与美学价值。值得一提的是，水井坊在古老的太庙中设置了大量现代科技装置，通过声光电技术的综合应用，赋予太庙全新的活力，大大提升现场的体验感受，也展示出品牌与时俱进，融入现代科技环境，以最新技术加持经典文化的姿态。会场之外，水井坊博物馆亦在白露节气期间举办秋酿体验周活动，与北京的“传世盛典”双城联动，遥相呼应，号召消费者走进水井坊博物馆，以多种体验方式体验中国白酒文化的起源与技艺。同时，水井坊在北京、上海、苏州等6大城市的地标建筑物上投放户外广告，为600年传承的品牌文化与技艺披上现代化传播的外衣，以恢宏的气势吸引大众眼球，助力传统品牌现代化表达。

回顾水井坊“传世盛典”IP的打造，既有“正统中国文化牌”，也实践着数字时代所主张的线上线下融合。品牌用线上事件营销与IP热点汇集流量，不断打破“传统”与“前沿”之间的界限，传达出中国文化元素在现代商业生活中的新升级。水井坊方面表示，将会持续对“传世盛典”这一IP进行系列化运作。不难看出，水井坊手握“双遗产”，在将品牌与传统文化进行深度结合的过程中，探寻出了一条与传统文化和谐共生、共创共赢的发展之路。目前，这一策略已为其带来商业上的成功，数据显示，2017年水井坊营收突破20亿元，同比增长74.13%，净利同比增长49.24%，纷纷创下历史最好成绩。

（资料来源：http：//dy.163.com/v2/article/detail/DS5KNAVR05149Q24.html，《品牌文化IP正当红，太庙传世盛典后水井坊再放大招!》）

问题：

1. 水井坊的文化营销有何特点?
2. 水井坊的文化营销在同类产品营销中值得借鉴吗?

分析提示：

水井坊的文化营销注重回归传统，通过自身历史、传统技艺、经典表达，向顾客传达了深厚的文化信息，让消费者重新认识品牌的经典之美。中国有很多经典品牌，经历了长期的积淀，在与顾客的沟通过程中，也应当借鉴水井坊，挖掘合适的文化信息，结合自身品牌资源，将厚重、丰富的品牌内容传达给顾客。

课堂思考

请结合当前国家推行的消费升级的倡议，分别选择三个不同行业的企业或品牌，讨论其展开文化营销应采取的大体思路。

任务五　专题营销策划的误区防范

一、故事营销的误区防范

对当今企业故事营销进行梳理和分析后，企业在开展故事营销工作过程中仍存在如下认识和操作误区，营销工作者需提高鉴别能力。

（一）品牌内涵建设缺失

有的企业品牌内涵建设缺失，完全没有品牌故事营销的理念。品牌定位不清晰，品牌形象不突出，价值理念不清楚，品牌的文化内涵建设完全缺失。有的企业没有考虑消费者真正的需求和渴望去制定品牌故事，有的企业制定出来的品牌故事并不完全符合主流价值观，这样的品牌故事还不如没有。

（二）品牌故事讲述低效

有的企业虽有品牌故事的意识，但未能有效讲好品牌故事，从而使消费者无法有效接收到品牌故事，或者无法使消费者对品牌故事传达出的价值理念和文化内涵形成有效的认同和迷恋。之所以出现这样的问题，在于企业对品牌故事营销的认识还停留在品牌故事就是大量投广告的认识上，在现今人们越来越依赖网络 SNS 媒介的时代，讲述手段低效；同时，也由于这样的认识，员工认为品牌故事讲述是市场部门的事情，和其他部门无关，企业内部管理层和全体员工没有认同和内化价值理念形成合力。若出现一次生产质量问题事件，就会使消费者对企业产生怀疑，降低前期累积的效应，在负面事件上产生消耗，使得品牌故事讲述收效甚微。

（三）未形成系统性、持续性管理

不少企业没有认识到品牌故事的讲述是一个需要持续性的系统管理工作。若没有系统性，没有持续性，没有建立品牌故事相关的研究机制和反应机制，企业就没有办法在社会风尚和市场环境发生改变时保证品牌故事讲述的效率，保证企业长期稳定地发展。

二、服务营销的误区防范

（一）提供的服务存在趋同性

服务的趋同性是指未对服务市场细分，对不同顾客群体只提供同一种服务。服务的趋同性大大降低了消费者的满意度，是企业发展的一大障碍，因此选择差异化的服务才能在市场上占据份额。

（二）服务部门才是“主力军”

在很多企业的意识里，认为服务就是销售部门或服务部门的事情，而与其他部门无关，结果导致企业销售部门或服务部门单兵种作战，这不但导致服务效率低下，更容易导致很多大问题出现。比如，本来只需要一二百元赔偿就能“搞掂”的客户投诉，结果销售服务人员在向公司请款时遭遇财务部门的不理解，于是拖了几天，结果就在这几天被媒体曝光了。再如，客户因一个小小的技术问题，向购物的商场退了货，经销售服务人员反馈给技术或生产部门，结果没引起重视，也就没有及时改进，退货的人越来越多。这两个例子告诉我们，企业内部各部门乃至各个岗位人员，都能在为客户服务的过程中找到自己的位置，都是价值的创造者和贡献者。

（三）战略调整忽略服务联动

服务战略是企业发展战略的重要组成部分，一旦企业发展战略进行调整，服务也要随之而动，包括服务理念、组织机构、服务模式、服务流程等方面都可能要调整。无论是在服务战略方面还是策略方面，企业已经不能再以产品为中心，而是以客户为中心。尤其企业进行战略调整时，服务对象、政策、策略等都有可能发生变化。这就需要企业能够把握战局，做到服务随需而变。

三、关系营销的误区防范

（一）认识错位，把关系营销当成“门路”

不少企业所谓的关系营销还没有完全走出自发营销的状态，部分关系营销以烟酒开道、吃喝玩乐以及用回扣或是一些交换为代价，很容易把人们的情感与交往也作为商品来交换，从而使关系营销变成一次性营销或是交换营销。其实，关系营销建立的是长期的、有效的、科学的关系网，而非一次性“消费品”，企业应在日常的营销实践中摸索出一种长效的，依靠品牌形象、产品质量、优良服务来维系的关系营销网，坚决破除落后关系网和庸俗关系网。

（二）营销方式不当引起员工之间的不良竞争

由于企业发展的需要，全方位营销在目前企业的日常营销中还占据相当的位置。尤其在大客户营销中，由于企业服务的地域相对较窄，消费群体、消费范围相对固定，有限的客户资源成为员工们关注的焦点，往往一个大客户很可能与多位员工有着这样或那样的交往，存在着这样或那样的关系。此时，企业就应该引导员工进行良性竞争，并且尽量采取内部竞争的形式，如对一些企业和专业部门开拓不了的客户，实行招标制，避免多个员工多频次上门营销引发用户反感导致营销的失败。尤其应该警惕的是，要防止员工之间发生恶性竞争，以免给客户提出不当要求以可乘之机，导致后继营销更加艰难，破坏企业规范的和既定的营销策略。良好的员工关系是一个企业营销关系的基础。内部的竞争处理不好，企业就无法搞好其他的各项关系，更无法参与市场竞争。

（三）服务不规范易导致客户流失

当一个企业内部服务水平参差不齐时，企业常常会陷入关系服务的误区，即有关系就提供良好的服务，没有则冷淡对之，敷衍对之。然而，每一个顾客可能只是一次性客户，但也有可能成为企业的长期客户，关键就看提供的服务是否能够令客户满意。基层的一些营销员常常有这样的感觉，自己辛苦在外“跑”来的客户在使用企业业务时，由于这样或那样的原因，受到其他服务人员有意无意地冷漠对待，结果使最终的营销效果大打折扣，有些客户甚至因此离开，使营销功亏一篑、客户流失。因此，企业应加大员工培训力度，帮助员工树立以客户为中心的服务观念和提高服务水平，最低程度也应该确保对普通客户与关系客户同等规范地对待。

（四）多个产品多次上门引起客户反感

有些企业因产品和服务较多，在利用关系营销时，应避免多个产品多次上门，以免引发客户反感。在这种情况下，企业可打“组合拳”，开展系统营销和组合营销，将单一的产品进行合理组合，尽量用合理的组合来打动客户。

（五）关系营销维系部门流于形式

企业往往是有营销任务才到相关单位进行公关，没有营销任务则易忽略，这在很大程度上降低了客户成为长期客户的可能性。因此，部分企业建立起了大客户服务中心和营销客户经理制度。可在实际中，却容易流于形式，空有架子。产品的质量、功能、价格等固然是吸引客户使用企业服务的重要因素，但情感在客户购买决策中的影响作用也不容忽视。据统计，一个满意的顾客会引发8笔潜在的生意，其中一笔成交；一个不满意的顾客会影响25个人的购买意愿，而争取一位新顾客所花费的成本是保住一位老顾客的6倍。

因此，企业领导和营销人员要重视大客户服务中心和营销客户经理的工作，切实发挥两者的作用，加强与客户的联系，密切与客户的感情，实现企业和客户的双赢。

四、文化营销的误区防范

（一）缺乏企业个性化的营销文化

现代文化营销一个突出的误区是众多企业营销文化卖点雷同，创意疲软，相互抄袭，缺乏特色，不但内容单薄，也缺乏个性，没有自己的特色文化。超越误区的途径在于要重视个性化的文化营销，突出个性特色。要看到市场是有文化性的，市场文化就是适应市场经济发展的需要，通过经济和文化的结合或融合产生的，既能推动经济发展又能够丰富文化生活的文化形态。每一种特殊的商品，每个营利性服务都应该有自己的特点，有自己独特的文化内涵，并以此来区别于其他商品和服务。将商品和服务的特色进行文化建设，并结合到营销中去，以文促销，这是文化营销的一项上乘策略。企业为了吸引消费者，必须为产品或品牌注入更多的文化性因素，以显示和竞争对手的不同。

（二）企业文化的发掘和提炼以自我利益观为中心

综观一些企业商品文化的发掘和提炼，除了少部分企业真正寻找到了产品的文化基因外，大部分产品的文化塑造都是以企业自我利益观为中心的文化堆砌。有的只是想到一个好听的名字就如获至宝，马上就开发产品，进行主观的文化臆造，想当然认为这个产品一定不错。这种以自我价值观代替消费者的价值感受从一开始就是错误的，注定是盲动和肤浅的“文化”，这也充分证明了文化营销的主观和短视是市场上一些商品出现“各领风骚二三年”怪圈的真正原因。摆脱这种误区的出路在于企业文化的发掘和提炼不能以自我利益观为中心，必须重视消费者的价值感受，要真正把文化营销作为企业与消费者寻求价值认同的过程。

（三）忽视消费者的人文情怀

现代企业文化营销一个不容忽视的误区是：忽视情感表达的文化营销。产品的文化营销不应该是冷冰冰的，文化营销的本质在于是一种情感的表达和交流，具有生命力和情感表达的文化塑造才是成功的文化营销。但是很多产品恰恰忽视了这个重要的方面，在文化的塑造和表达上生硬而苍白，无疑也拉开了与消费者的沟通距离。企业营销倡导的“文化”，首先应该是一种“商品文化”，一种“主题包装文化”，一种可以和消费者产生共鸣、促进销售，培养忠诚度的“文化”；而非孤芳自赏、不食人间烟火的“纯文化”。要走出误区，要求现代企业必须明确文化营销的实质是人性化营销，必须高度重视情感的表达和文化的营造。商品的历史文化营销时代已逐步拓展到情感文化营销时代，要更加注重情感文化的塑造和表达，提升和丰富营销的内涵。

（四）缺少与现代文化相融合

文化营销不是单一的传统历史文化塑造，而且必须在深层次的文化塑造基础上与现代营销文化紧密结合。一些企业有一种错误认识，认为文化必定是历史的，而且越久远越好，否则就不是产品的文化营销，于是就努力在几千年的历史中去寻找寄托。主要表现为一方面以“寻根”为借口“造文化”，寻找独特的文化归属，以便打造品牌的高端高档形象，以便卖得更贵，给品牌以超乎寻常的附加值；另一方面以寻史为借口“找文化”，试图给产品打上历史悠久的印记。但是，单一的缺乏深层次的文化塑造绝对是一个误区。这种单一的文化构建方式同时也阻碍了产品深层次的文化塑造。例如，近几年兴起的年份酒虽然以明确的数字传达了产品的历史，但是大多千篇一律，缺乏深层次的文化发掘，虽有历史的悠久感但缺乏历史的厚重感。所以，真正的出路在于企业不能盲目借用史文化，尤其是借用史文化的同时，要有延续与创新，以适应今天的消费者。尤其是在打造品牌的同时，要不断地将新的内涵充实到文化当中，这样才能赢得新时代消费者的认可。

【项目小结】

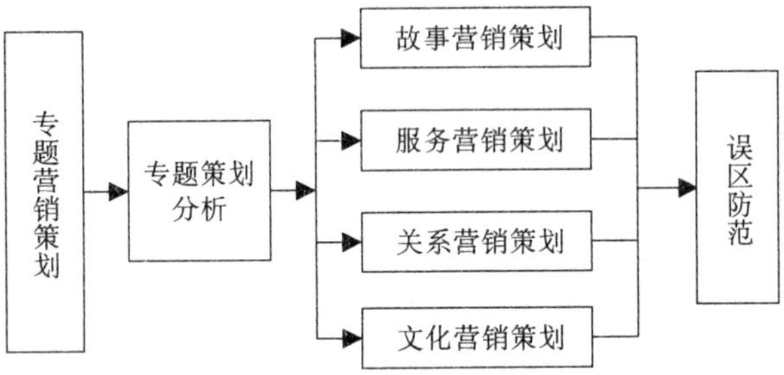

【项目考核】

1. 简答题

（1）品牌故事的核心诉求如何确定？

（2）服务的可调化主要表现在哪些方面？请举例说明。

（3）请简述关系营销的实施步骤。

（4）文化营销的误区有哪些？如何防范？

2. 案例分析题

案例资料：

拼多多的关系营销

近年来谈到国内关系营销的典范，拼多多可谓稳坐第一把交椅。拼多多是怎样从各大电商手中抢下一片市场的呢？

一、充分利用社交关系网的巨大能量和人们追求低价的消费心理

淘宝、京东、当当等电商巨头已经将网购环境和模式推动到极致，但并不是每个人都会网购，会有便利的渠道体验网购的便捷。不同于主流电商的商业模式，拼多多主打“拼团＋低价”的社交电商模式。具体来看，拼多多平台为消费者提供了“单独购买”和“拼团购买”两种购物方式。虽说“单独购买”方式可以享受更快速的购买服务，但大多数人还是更倾向于选择价格更低的“拼团购买”。用户可以通过“加入已有拼团”来实现低价购买，也可以“发起新的拼团”。借助微信这个平台，拼多多利用超低价吸引对价格更加敏感的三四线城市消费者，再通过一起团购更低价、砍价这样的营销方式拉拢消费者的亲朋好友下载拼多多。拼多多对中国人爱面子的心理有深刻的洞察，借助微信、QQ等社交软件的社交关系链，使熟人碍于情面而相互拼团，在无形之中就完成了拉新、获客和推广。

二、巧妙解决信任问题，利用人际关系推动传播

完成下载之后，拼多多是怎样推动消费者进行进一步的传播的呢？

第一，解决信任问题。在传统的认知里，“无事献殷勤，非奸即盗”，“你推荐给我东西是不是收了好处？”等这种会加重人际关系的不信任感，但是在团购、砍价等玩法的过程中，用户本人是传播的发起者，是主动参与者，而不是传统关系链销售行为里的被动的信息接收者。同时被邀请来的人享受同等优惠（同样的拼团价）或者是仅仅提供助力（砍一刀就走，对参与者不产生任何影响），避免了购买者对信息发起者的不信任。从拼多多的产品分类来看，拼多多上一年成交额排名前三的是食品、母婴和女装，其次是烟酒、速食产品和运动装等，这几类商品都具有便宜、更换频率高、生活必需品、品牌忠诚度低的特点。因为都是生活必需品，消费者在现实中对于这些商品的性价比非常了解，所以即便商品价格很低，也不会让消费者产生“便宜没好货”的不信任感。

第二，寻求传播动力。解决信任问题之后，就是传播的动力问题。传播的人际关系动力分两种，一种是我给你分享信息，拉你和我一起，这样我们都能享受到优惠；另一种是人情捆绑半胁迫式的“咱们关系亲近，你动动手指，就能帮我省一笔钱，下次我也帮你。”这样属于没办法拒绝的。为了留住用户和吸引更多的人参与，拼多多还采取了分享互惠的玩法。拼多多会利用微信定期给消费者发放红包，点开红包后需分享给好友，一定数量好友共同打开后才能获得红包，获得抵扣金，以此吸引更多的微信用户下载 App，起到让用户主动拉新的作用。比如，成功邀请 1 位好友下载 App 并使用微信登陆便可获得 5 元可提现的微信红包、2 人得 12 元、3 人得 17 元。在分享互惠的玩法中，拼多多还开发了签到红包、答题红包等玩法。其中签到红包，只要用户每日签到分享即可获得红包；答题红包，答对即可领取，答错也可通过分享给好友，好友答对用户也可获得红包，起到促活留存的作用。

三、与腾讯强强联合，加强对微信流量的开发和利用

除了利用消费者自己的人际关系进行关系营销，拼多多的营销与微信的流量传播也密不可分。早在 2016 年 B 轮融资时，拼多多就已经获得了腾讯产业投资基金的参投；而到了 2018 年 2 月，拼多多与腾讯进一步达成了为期 5 年的战略合作框架协议。待到拼多多赴美上市后，腾讯持有约 17.8% 的股份，已然成为拼多多第二大股东。拥有这样的背景，拼多多依靠背后微信流量力量的加持，通过进行与腾讯互惠互利的关系营销，获客成本始终大大低于传统电商的获客成本。除了提供平台，两家公司还在云服务和用户交互等多个领域探索合作机会，并拟分享技术和行政资源，这些都将进一步提升拼多多对微信流量的开发与应用。

（资料来源：https：//blog. csdn. net/k7jz78gejj/article/details/80214102 ，《拼多多是如何做用户增长的?》）

思考题：

（1）关系营销的原则有哪些？

（2）拼多多是如何成功地进行关系营销的？

（3）拼多多的关系营销给我们哪些启示？

3. 业务模拟训练

专题营销策划实务操作

训练目标：

明确文化营销策划的内容；熟练掌握文化市场细分战略策划、目标市场选择战略和文化产品定位与传播策划的方法和技巧。

训练内容：

SWOT分析；STP战略策划；4Ps营销组合策划。

训练操作：

选择一种你喜爱的家乡文化产品，为该产品上市或重新开拓市场设计营销策划方案，进行营销环境分析、STP战略策划，设计适合该产品特色的4P策略组合。

成果要求：

提交文化营销策划方案一份。

项目十一
管理营销过程

◇了解主要概念：营销管理；营销计划；营销控制；营销评估。

◇掌握基本理论：营销组织策划的理论；营销控制策划的理论；营销评估策划的理论。

◇培养综合能力：对营销管理策划有整体的把握；能够对企业进行组织的策划；能够对企业进行控制的策划；能够对企业进行评估的策划。

案例导入

TCL家电营销网络组织与管理

从1981年组建以来，TCL集团的发展，特别是彩电为代表的家电产品的营销，是与其营销网络的建设和不断完善密切相关的。

TCL有一套完善的网络营销组织体系。早在1991年TCL公司就在上海建立了第一个以销售音像设备为主的销售分公司，随后在哈尔滨、武汉、成都建立了销售分支机构。为配合彩电产品的全国市场销售，1993年正式开始组建了TCL电器销售公司，成为全国最早建立和拥有自己独立营销网络的电子企业之一。销售公司成立后，按照大区—分公司—经营部—分销商的组织机构，步步为营，精耕细作，把网络一直建立到了农村的城乡结合部。TCL把全国分为七个大区，建立了32家分公司、200家经营部、400家分销点、200多个专营连锁店和800多个特约维修专营店，并拥有数千家授权经销商，直属用户服务网遍及全国。在整个中国，从南到北，从东到西，每隔100千米就至少有一家TCL公司直接投资的营销机构，因此，TCL网络已经成为中国家电最为庞大、最为细腻的营销服务网络，七个大区中最大区的人口为2.6亿，最小区西北区的人口为8000万；分公司按省建立，独立核算；经营部位于地区及以上城市或100万人口以上县级地区；400家分销点中独立核算的就占200多家。在巩固、完善和拓展国内市场，保持国内网络同行业领先地位的基础上，TCL目前还正计划有步骤地开拓海外市场。

TCL公司对营销网络的管理主要是从以下几个方面展开的：

1. 对营销人员的管理。TCL公司强调员工要有一个共同的企业核心价值观，并且切实把“为员工创造机会”这一口号深植于网络人员的管理中。TCL强调人性化的管理，以顺应人性的方法进行管理，注重调动人性中积极的一面。信任员工，在网络组织结构中权力下放，产品价格在一定范围内的变化完全由营销人员决定，充分让网络营销人员当家做主，确立以员工成长为中心；TCL不仅仅依靠企业文化实现网络的目标，还在激励机制上重视精神和物质的有机结合，激励网络人员自发的工作激情和创造能力。TCL激励机制主要包括教育计划、福利和奖励三部分。

2. 对经销商的管理。TCL认为在营销网络中，厂、商是一个利益共同体，一损俱损，一荣俱荣。因此，管理好经销商的关键在于建立“双赢”的目标和稳定的合作。首先加强理念上的沟通，力求经销商能够理解和接受TCL理念，要有共创品牌的意识。

3. 对营销结构的管理和调整。TCL的家电营销网络通过多年的发展已逐步成形，为适应市场的变化，2000年开始推行营销网络扁平化，实行“管理重心下沉”，网络管理从集权走向分权，在销售公司已分解为七个大区进行管理的基础上，又将分公司由原来的销售平台转变为管理平台；“销售重心下移”，销售中心下放到各基层经营部，经营部主权增加。加之实施“精耕细作”的战略，减少了网络的环节，节约了销售成本，使营销网络竞争力大大增强。同时也真正体现了“网络制胜”的优势。2000年TCL还着手加强“航空港”营销平台的改造，充分发挥企业营销网络的兼容力和扩张力。

4. TCL家电营销的销售服务是网络体系中的重要一环。秉承为顾客创造价值的理念，TCL全面落实完善售后服务网络，建立售后服务基金；推进“千店工程”的建设，将服务网络延伸到每一个乡镇。与经销商合作推出“送货上门，上门调试”的服务。提出“以速度战胜规模”的方针，产品从出厂到用户手中，最快可在五天之内实现。TCL三年免修报修，终身维护，一律免收服务费；24小时内城内服务到位；24小时全天候电话服务，节假日照常服务。

企业的业绩最终是由销售部门来实现的，所有的策划都要由营销人员，特别是销售人员来实现。离开销售，企业的营销就会成为空中楼阁。而营销工作的核心在于营销管理。如何使自己的营销管理工作更加出色和有效，是每个营销管理人员关注的问题。本项目的学习目的是使学生能够对营销管理的整体策划有全面的认识，很好地掌握营销组织策划、营销控制策划和营销评估策划的内容和方法，为企业营销提供保障。

任务一　营销管理分析

一、营销管理的内涵

菲利普科特勒在他的《市场营销管理》一书中这样定义了营销管理：为实现组织目标而对旨在建立加深和维持与目标购买者之间有益的交换关系的设计方案所做的分析、设计、实施和控制[①]。即：营销管理是一个过程，是企业为了实现经营目标对其营销活动进

---

① 菲利普·科特勒．市场营销管理［M］．北京：中国人民大学出版社，1998：17－20.

行的计划、执行和控制，是企业为实现企业任务和目标而发现、分析、选择和利用市场机会的管理过程。

从微观角度来看，市场营销管理是一个企业通过市场的媒介，获取最大效益的各种活动，是一种有序的管理过程，即：市场分析→营销计划的制订→计划的组织与实施→营销控制。

承担营销管理策划的部门对企业营销活动的成败与否具有举足轻重的作用。因为企业从分析市场营销机会开始，到选定自己的目标市场，确定具体的营销战略战术以及实施整个营销计划和落实将采取的各种保证措施等，整个有序的活动过程源于科学的营销管理策划。营销管理策划对过程的管理必须谨慎。

根据营销管理与管理的共通性，我们可以将营销管理的职能理解为以下几个方面：计划，就是为企业探索未来，制订行动计划；组织，就是企业建立组织的物资的和社会的双重结构；指挥，就是使企业的人员发挥其应有的作用；协调，就是为企业连接、联合、调和所有的活动及力量；控制，就是使企业注意是否一切都按已制定的规章和下达的命令进行。

营销管理的实质是需求管理①。需求管理是指企业在开展市场营销的过程中，一般情况下要设定一个在目标市场上预期要实现的交易水平，而实际需求水平可能高于、等于或低于这个预期的需求水平。换言之，在目标市场上，可能会出现超量需求、微量需求或没有需求的情况，也可能出现负的需求或有害需求的情况，营销需求管理就是针对不同的需求类型，设计和采取相应的营销管理策略，以达到最好的营销效果。

二、营销管理的创新

熊彼特说："创新就是实现生产要素和生产条件的一种新组合。"当企业步入竞争时代后，一个最为重要的问题就是通过创新来提高企业的竞争力和竞争地位。营销管理同样也是如此，这是企业内部的需求，也是竞争环境的需求。一般来说，营销管理创新包括多方面，如营销思维、营销观念、营销管理方法等，主要包括以下三个方面：

（一）由个人管理向团队管理转变

个人管理市场是过去许多企业通用的做法，一般由营销部门派出业务代表来管理某个地区的销售市场，业务代表负责这个地区的产品宣传、销售、与客户关系的沟通。但是随着市场经济竞争的发展，市场的复杂性逐渐显露出来，单纯依靠个人对某个市场区域的管理出现了很多不可控制和不可预期的因素。这些因素可能会使企业多年建立的网络和市场毁于一旦。因此，在营销管理的逐步发展中建立团队管理是如今的一个发展趋势，也是一种管理创新。届时，企业将通过完善的营销人员和组织的搭配，在组织的统一调度下，组成具有一个整体的团队，并为企业进行产品推广。

（二）建立完善的市场营销信息管理系统

21世纪是信息发达的时代，在新的时代，企业要想保持竞争力，就要在营销管理上走向成熟，并着手建立市场信息系统。这是企业进行市场营销管理的一个必要举措，也是获取市场信息的一次创新。企业市场营销信息管理系统主要包括：企业经营环境信息系统

---

① 菲利普·科特勒. 市场营销［M］. 北京：华夏出版社，2005：18－19.

的建立和完善；总体市场环境信息系统的建立；企业内部信息系统的建立。建立完善的市场营销信息管理系统可以使企业更快、更方便、更全面地了解并运用企业内外的各种信息，从而使企业及时做出有效可行的管理决策。

（三）注重顾客关系和客户数据库管理

在现代营销发展中，客户已经成为企业宝贵的财富和重要的战略资源。在团队管理的基础上建立客户资料管理数据库，对企业了解客户的需求，掌握客户资料，创造出更为适合客户需求的服务具有重大意义。一般来说，客户关系管理的基本内容有三个方面，即客户分析、客户忠诚度管理、客户投诉管理。

三、营销管理策划的内容

在国内企业中有这样一种现象：几乎每一个企业都在他们的营销报告中强调营销管理的重要性，然而多数企业的营销部门却一次又一次地出现纰漏，比如营销员团队意识差、做出的策划方案执行不力、新旧营销人员的矛盾难以处理等。怎样才能避免出现这些纰漏呢？营销管理又有什么“秘诀”呢？通过现实中对企业营销管理的分析我们可以发现，企业通过加强对营销组织的策划、营销控制的策划、营销评估的策划的管理，可以提高营销管理的水平，有效改善企业的营销状况。

由此，营销管理策划的内容可以概括为：营销组织的策划，建立完善的营销组织机构，对市场营销进行切合实际、富有实效的组织领导；营销控制的策划，营销管理者要确定应对哪些营销活动进行控制，分析影响营销控制的各种因素，找到有效的营销控制的方法；营销评估的策划，营销管理者要确定营销评估指标与营销评估的方法，在此基础上进一步改善市场营销的管理活动。

任务二　营销组织的策划

营销组织是企业市场营销计划的执行部门，是企业实现经营目标的核心职能部分。没有高效运行的营销组织作为保证，再好的计划也不可能达到预期的目标。因此，企业必须设计一套适合自身发展的有效的营销组织结构，建立市场营销部门与其他职能部门的有效沟通机制，同时，在市场营销部门的内部，企业也必须建立一种能够进行市场营销计划、实施和控制的有效机制。

一、企业营销组织的类型

营销部门是一个企业营销活动的主体，必须具有对企业营销总体战略的策划、实施、控制能力和具体业务管理能力，这样才能使企业以市场为导向，在与企业的其他部门共同努力下，顺利实现企业的营销目标。营销部门的结构要根据企业营销目标、企业所处环境及企业自身条件而定。

（一）按功能设置的营销组织

这是一种常见的营销组织结构，企业按各种功能进行组织安排，各司其职，一般由企业负责营销的副总经理统一领导，协调各部门的活动，如图 11 -1 所示。

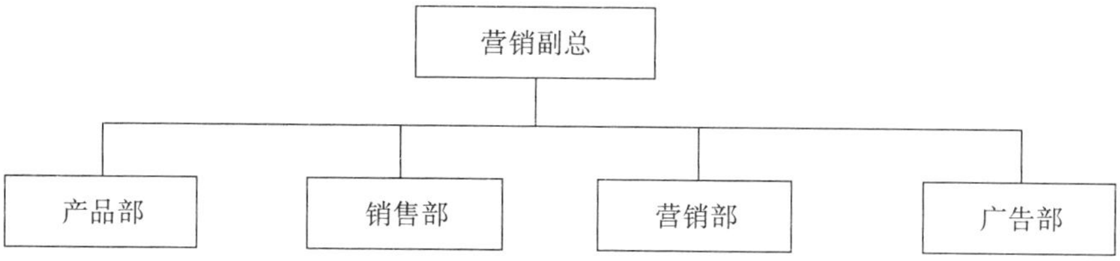

图 11 -1 功能设置的营销组织结构

产品部：其职能范围是使企业的产品的构成顺应消费者的需求及市场的动态变化，从而提高营销效益，实现营销目标。

销售部：其职能范围是与其他职能部门积极配合，在不断满足市场要求的服务过程中，实现企业的销售收入。

营销部：其职能范围是组织、分析、控制、改善其他营销职能部门的活动，同时对企业营销活动实行日常性管理。

广告部：其职能范围是负责整个营销过程中的广告制作和投放。

（二）按任务导向的营销组织

这是按不同性质的营销目标和任务进行组织安排的一种方法，企业根据不同类别的地区、产品或者不同的顾客群体来设置营销组织，如图 11 -2 所示。这个组织中的每个分支部门相对独立，因此每个分组织都有自己的营销功能专家，如调研人员、广告人员、促销人员、营销服务人员和销售人员等。

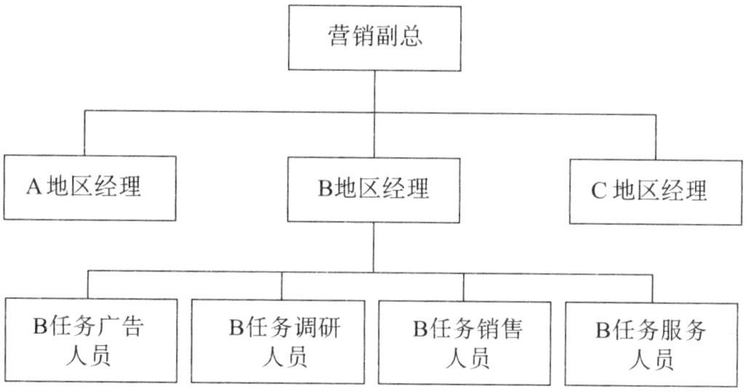

图 11 -2 任务导向的营销组织结构

任务导向的营销组织通常细分为地区导向、产品导向和顾客导向这三种具体的营销组织。一般而言，地区导向的营销组织适合那些目标顾客相对集中的企业；产品导向的营销组织适合那些具有多条产品线的企业；顾客导向的营销组织适合那些目标顾客价值大、数量不多且分散在各地的企业。

在导入案例中，可以看出，TCL 集团的分公司制就是任务导向型的营销组织。

（三）营销矩阵型结构

这种结构就是在职能分工管理的基础上，同时根据企业的实际具体情况，设置各产品项目主管。虽然各职能部门仍各司其职，但由负责营销的副总经理统一领导协调各部门的活动，如图11－3所示。

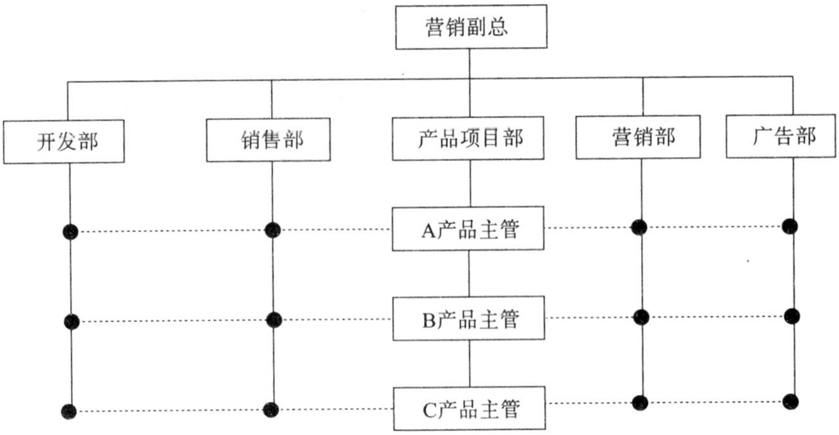

图11－3 矩阵型营销组织结构

在这种营销矩阵型结构中，特设的产品项目部将会对其所有产品项目负有完全责任，而其他职能部门则必须为各具体的产品项目配备必要的执行人员，以协助该产品主管的工作。职能部门配备的产品项目执行人员则受双重领导，各职能部门和产品项目部都直接接受负责营销的副总经理领导，即在执行产品项目方面受产品项目部领导，而在执行其他日常工作方面，仍受其原职能部门领导。

矩阵组织将组织内各有关部门有机地联系在一起，从而加强了组织内部各职能部门之间、产品项目之间与职能部门之间的协作。

课堂思考

根据对矩阵组织结构的分析，想一想：哪些企业比较适合矩阵式的组织结构？请举例说明。

二、影响企业营销组织形式选择的因素分析

营销组织的选择与运行往往受众多因素的影响，这些因素一般可分为外部因素和内部因素两大类。

（一）外部因素

首先是环境因素，主要有产业、供应商、政府政策、顾客等。环境的变化是引起企业组织变化的重要因素之一，企业只有正确把握住环境的变化以及这种变化对企业的影响，才能更好地提高企业的组织效率；其次是竞争者，竞争者营销组织选择及运行的示范效应对企业的影响最大。在新经济形式下，竞争的双方可以同时获益，这往往使企业模仿或者借鉴竞争者的营销组织模式；最后是供需关系。供需变化直接影响企业生产经营的规模和产品结构，因此，需要按供需变化对组织进行调整。

在导入案例中，TCL集团为了适应市场需要，于1993年建立了覆盖全国的网络营销组织。1998年，随着竞争的激烈和管理水平的提高，公司又将重心下放，将分公司的职

能转变为管理平台，减少了流通环节，提高了竞争能力。

（二）内部因素

1. 组织目标

实现组织目标是设计营销组织时必须首先要考虑的问题。例如，当企业旨在完成某项任务而不注重日常管理时，任务导向的结构较为有效。

2. 战略

企业营销组织系统应当适应企业战略的需要，战略决定组织，而组织又会随着战略的变化而进行调整。例如，具有多条产品线的企业，一般都会选择产品导向的组织形式，但是，当企业进行战略调整，把多样化产品调整为成熟的标准化产品，并且战略定位为开拓更多的区域市场时，企业的营销组织结构也应该相应地调整为地区导向的组织形式。

3. 规模

规模越大，分工越细，专业化要求越高，协调关系越复杂，那么功能导向和矩阵组织形式将是优先考虑的对象。

在导入案例中，随着经营规模的扩大，为了发挥规模优势，改变各自为战的局面，TCL 公司于 2000 年着手加强“航空港”营销平台的改造，充分发挥企业营销网络的兼容力和扩张力。

4. 企业的发展阶段

一般而言，企业的创办初期，规模较小，经营的产品种类单一，专业人员有限，工作任务较轻，一个人可以同时扮演几种不同的角色。因此，在这时组织结构较为简单，通常由营销经理一个人承担了调研、销售、广告等工作。随着企业规模的扩大，专业化程度越来越高，营销经理无法同时执行多种任务，这时，企业必然转向功能型组织结构。当一个企业生产的产品数量增加到多种，产品差异化较大时，就可以采用产品经理组织结构。

5. 技术

当今科技发达，信息技术的采用可以使企业管理控制更加优化，具有不同技术特点的企业，其营销组织也不相同。

三、营销组织设计的基本步骤

营销组织设计的基本步骤，我们可以通过图表的形式来表示，如图 11－4 所示。

四、营销组织系统的优化

由于企业的发展、企业内部条件的变化和企业外部环境的变迁，企业营销组织的优化成为营销组织策划的一个重点。营销组织的优化是一项涉及面广、影响深远、时间较长的系统工程。

（一）责任、权利、利益、分配明确，相互统一

在一个企业里，权利和责任、利益是否分配明确，权利责任是否相互统一，对企业组织系统的影响是深远并且重大的。企业里如果出现有权无责的情况，那么权利运用就会无意义；如果出现有责无权的状况，那么责任就会无法落实；如果有权有责、无利可享，则工作就会缺乏动力。所以，只有责任、权力和利益的对等统一，以责定利，以责授权，员工才能明白自己的角色，才会有工作主动性，从而提高营销组织的效率。

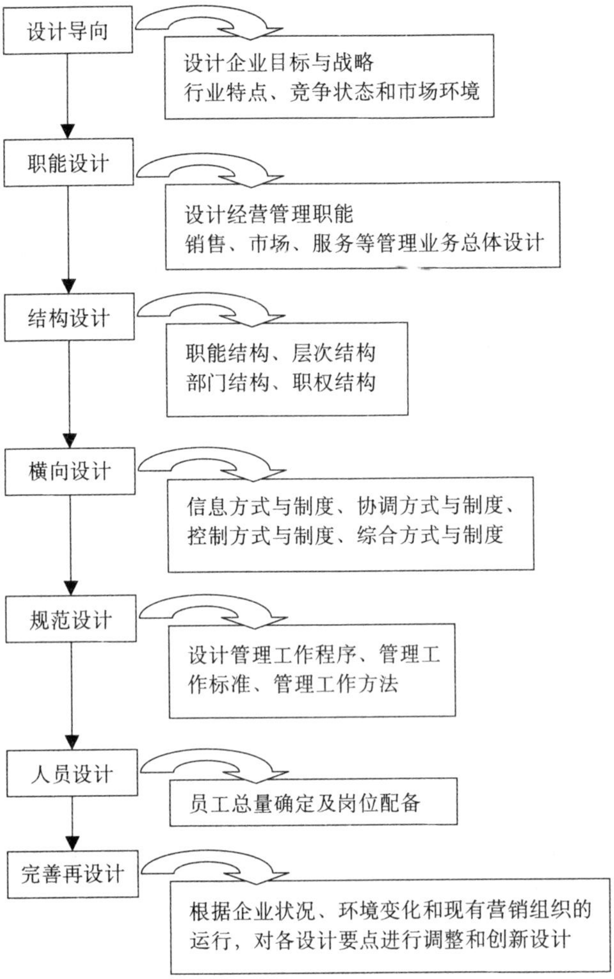

图 11－4　组织设计步骤图

（二）健全各种管理制度

营销活动的开展具有较强的个性和独立性，尤其在我国，受文化传统的影响，这种个性与独立性更加明显。而过度的个性与独立性很有可能导致营销组织运行的失控。一种好的方法是：规范员工行为，健全企业管理制度。企业在设计营销组织时，必定会制定相关的管理制度，这种管理制度是否健全，那就要看各种管理制度的建立是否简单易行、有效合理，是否能保证企业营销活动以及信息沟通科学化、标准化、规范化。

（三）人和岗位合理配置

营销工作人员在知识、品质、心理等方面肯定会存在个体差异，这就需要根据岗位及其各项工作需要去安排相应人员上岗，同时使人和岗位工作量平衡。如果人和岗位不能合理配置，比如低能力者居高位、营销人员对所在岗位业务不通等，将会导致营销组织内人员心理不平衡，营销组织运行不畅，使营销组织难以长久维持。所以说，以岗选人，知人善任，使人和岗位合理配置，是优化营销组织系统的基本要求。

（四）塑造良好的组织文化

营销工作有大量的对外联系和对内沟通任务，而且面对客户需求，往往不是一位员工、一个部门就能单独应付的任务，这需要营销组织内外各部门的相互配合支持。也就是说，要培养营销人员的合作意识，通过多种方式逐步塑造有利于提高营销组织运行效率的组织文化。营销组织在进行文化建设时，增加一些情感性、自我约束性和差别对待性等内容，有利于增强营销人员对组织的感情投入和归属意识。如此一来，便能强化组织的凝聚力。

【同步案例 11 -1】

海底捞的组织架构

“来自四川的火锅……好火锅自己会说话。”这就是海底捞的 Slogan。海底捞这么出名，却极少有人知道它的 Slogan，因为海底捞一般不打广告。众所周知，海底捞出名的是服务，是好火锅。

2016 年年中，海底捞重组了内部组织，实行扁平化管理，共设总部、教练、抱团小组及餐厅四个组成部分。

总部控制门店管理的核心环节，包括拓展策略、食品安全、信息技术、采购、供应链管理以及门店考核等，以保障标准化、规模化增长。

教练团队为店长提供指导、建议及评估，目前共有 13 名教练，直接向首席运营官杨利娟报告。

门店自主选择教练，教练的薪酬与整体利润的增长量挂钩，从而保证教练给予门店充分的指导和支持。

餐厅直接向总部管理层汇报，店长负责餐厅的日常营运管理，包括人力资源管理、食品安全、现金管理、培养新店长和开发新餐厅等，店长在经营餐厅方面有高度的自主及决策权。

店长薪酬与餐厅的业绩、培养新店长及开设新餐厅的能力挂钩。

邻近的餐厅组成抱团小组，一般由 5 至 18 家餐厅组成，通常以存在师徒关系的门店为主，并以有能力的店长担任组长。

抱团小组内餐厅互助，共享信息和资源，共同解决区域问题，拓展及经营新店，并进行落后店辅导，通过自我管理，提高整体管理效率。

目前已成立 37 个抱团小组，涵盖超过 300 家餐厅。

（资料来源：《海底捞的股权架构和人力资源体系》，http：//news. hexun. com/2018 - 08 - 06/193698909. html）

问题：

1. 海底捞采用的是什么管理模式？
2. 从组织角度讲，海底捞是如何实现高效运作的？

分析提示：

海底捞根据发展需要在常规营销组织结构基础上实施了扁平化处理，按各种功能进行组织安排，各司其职。其中，教练团队相当于营销部，餐厅即是销售部，而总部则兼职产品部以及担任营销经理。

众所周知，海底捞的运营没有广告，但仍能实现高效运作。这不仅是因为海底捞的服务和质量，还因为海底捞结合了按任务导向的营销组织结构。海底捞按照不同地区、顾客群体来设置营销组织，每个门店可选择一位教练来指导营销工作，并在各地区成立抱团小组，实现信息和资源共享。

任务三 营销控制的策划

所谓的营销控制，就是指市场营销管理者检查市场营销计划的执行情况，如果计划与执行结果不一致，则要找出原因，并采取措施，以保证计划的完成[①]。

一、营销控制的基本过程

营销控制过程较为复杂，涉及的要素也比较多，一般情况下，在营销控制基本过程中，必须做好以下三个方面的工作：

（一）制订计划，建立标准

计划是建立控制的依据，因此控制过程的第一步就是要制订计划。由于计划的详细程度和复杂程度不一样，营销主管人员也不可能观察每一件事情的进展情况，因此，就需要建立标准。标准的制定，应当具体、尽可能量化。同时，标准的制定应当切合企业实际，并有激励作用。

（二）衡量绩效

衡量绩效就是将控制标准与实际结果进行比较。经过衡量之后，如果结果与标准相符，或好于标准，则应总结经验，继续工作；若结果未能超过承受范围，则应找出原因。

（三）采取管理行动来纠正偏差或不足

如果偏差是由于工作的不足所产生的，管理者就应该采取纠正行动。这种纠正行动的具体方式包括管理策略、组织结构、补救措施或者培训计划上的调整，也可以是重新分配员工的工作或解雇员工；工作中的偏差也有可能来自不现实的标准，也就是说指标定得太高或太低，在这种情况下，就要根据实际情况修订标准。

二、营销控制的基本内容与方法

概括来说，营销控制就是企业用于跟踪营销活动过程的每一个环节，确保能够按照计划目标运行，而实施的一套完整的工作程序。营销控制主要包括营销战略控制、年度计划控制、盈利能力控制和效率控制。

（一）营销战略控制

战略控制是高层次的市场营销控制，其内容是审计企业的战略、计划是否有效地抓住了市场机会，是否同市场营销环境相适应；其控制对象是否控制营销环境、营销系统、营销战略、营销效益、营销组织、营销功能。

---

① 乔瑞中，刘艳梅．管理控制系统研究［J］．技术经济与管理研究，2004（1）：55－56.

（二）年度计划控制

年度计划控制是指在本年度内采取调整和纠正措施，检查市场营销活动的结果是否达到了年度计划的要求。其内容有市场占有率分析、销售分析、营销费用率分析、财务分析、客户态度分析和预算分析。

相对应的方法分别是分析决定不同因素对销售的不同影响和具体地区的销售差异分析；分析全部市场占有率、服务市场占有率和相对市场占有率；分析营销费用与销售额之比；分析销售利润率、资产收益率、资本报酬率、资产周转率；分析固定客户样本、客户调查以及客户建议和投诉；分析营销预算日进度控制、每周评估、月度检查、季度评估。

（三）盈利能力控制

盈利能力控制是分析年度计划控制以外的企业各产品在各地区，运用各种营销渠道的实际获利能力，从而指导企业扩大、缩小或者取消某些产品和营销活动①。盈利能力控制包括三项内容，即渠道费用控制：控制工资、奖金等直接推销费用，控制广告成本、销售促进费用等促销费用，还要控制运输费用、仓储费用和其他营销费用以及生产的材料费、人工费和制造费；损益表控制：把工资、租金等各种性质的费用分解给推销、广告、包装、运输、开单、收款等各项功能性营销活动，将各项功能性费用分配给批发、零售等营销渠道，综合收入、生产成本和营销费用；重要盈利能力指标控制：控制销售利润率、净资产收益率、资产周转率、存货周转率、现金周转率和应收账款周转率。

（四）效率控制

盈利能力分析显示出企业关于某一产品、地区或市场所得的利润差，那么紧接着下一个问题便是有没有高效率的方式来管理销售人员、广告、销售促进及分销。由此我们可以找到其控制的内容及方法，即销售人员效率控制：明确每位销售人员平均每天推销访问的次数，每次销售的平均时间，每次推销的平均收入与成本，每一时间段的新顾客数，每一时间段丧失的顾客数以及销售成本占总销售额的百分比；广告效率控制：明确每种媒介的广告成本，客户对每一媒介注意、联想和阅读的百分比，客户对广告内容与效果的评价，广告前后客户态度的变化以及受广告刺激引起的访问或购买次数等；促销效率控制：明确优惠销售所占百分比，每一销售的陈列成本，示范引起的访问次数等；配送效率控制：明确存货水平、仓储位置、分装、配货重组与运输效率等。

课堂思考

回想一下前面各章节所讲的营销策划的内容。根据上面所讲的营销控制的内容，谈一谈企业对整个营销策划工作过程应该如何实施控制。

三、有效营销控制的原则

所有机敏的营销主管人员都希望有一个有效的、适宜的控制系统协助他们的工作，使一切活动能按照计划进行，从而有效地实现其预定目标。为此，有效的营销控制应当遵循以下原则：

---

① 戴亦一. 营销管理［M］. 北京：朝华出版社，2004：227.

（一）适度控制原则

适度控制是指控制的范围、程度和频度要恰到好处。这种恰到好处的控制要注意以下几点：

首先，防止控制过多或控制不足。有效的控制应该既能满足对企业的营销活动监督和检查的需要，又要防止与营销组织成员发生强烈的冲突。

其次，要处理好全面控制与重点控制的关系。任何营销组织都不可能对每一个部门、每一个环节的每一个人在每一时刻的工作情况进行全面控制，要找出影响企业营销成果的关键环节和关键因素，并据此在相关环节上进行重点控制。

最后，使花费一定费用的控制得到足够的控制收益。一项控制，只有当它带来的收益超出其所需成本时，才是值得的。

（二）适时控制原则

企业营销活动中产生的偏差只有及时采取措施加以纠正，才能避免偏差的扩大，防止偏差对企业不利影响的扩散。这就要求营销管理者及时掌握能够反映偏差产生及其严重程度的信息。如果等到偏差已经非常明显，而且对企业造成了不可挽回的影响后，反映偏差的信息才姗姗来迟，那么，即使这种信息非常系统、客观，也不可能对纠正偏差带来任何作用。

（三）弹性控制原则

许多企业在营销活动中可能会遇到某种突发的、无力抗拒的变化，这些变化使企业营销计划与现实条件严重背离。有效的营销控制应该有灵活性或弹性，弹性控制通常与控制的标准有关，一般来说，弹性控制要求企业制定弹性的营销计划和衡量标准。

（四）客观控制原则

营销控制应该针对企业及其营销的实际情况，采取必要的措施，促进企业的营销活动有序、有效的进行。因此，有效的控制必须是客观的，符合企业实际的，它源于对企业营销活动状况及其变化的客观了解和评价。

四、营销评估

营销评估是营销管理策划的一个重要组成部分。市场营销涉及许多评估问题，如广告效果评估、促销效果评估、策划效果评估等。评估的方法也多种多样，在此，仅对一般情况下的营销管理策划评估指标和评估方法做出简要分析。

（一）营销策划效果评估

营销管理策划效果直接关系到被策划企业的经济效益。检验和评估营销管理策划整体效果的指标很多，归纳起来主要有以下三个重要指标：

1. 盈亏状况

企业进行营销管理策划的目的是为了提高经济效益，实现效益最大化的营销战略目标。这也是营销管理策划的出发点和归宿点。因此，盈亏状况是策划企业最先关注的。

2. 销售增长率

销售增长率是指企业产品的现销售额或销售量（报告期）占原销售额或销售量（基期）的比率。一般来说，衡量企业的月售增长率通常以10%为临界，当销售增长率大于10%时，其效果可观，属于高增长率；如小于10%，则属于低增长率。

3. 相对市场占有率

相对市场占有率又称市场占有份额。指某企业产品市场占有率与同一市场、同行业最大竞争对手的市场占有率之比值（倍数）。相对市场占有率通常是用1倍作为衡量标准的临界，大于1倍为高占有率，小于1倍为低占有率。

（二）营销评估方法

1. 德尔菲技巧法

这是一种集预测和研究为一体的专家评估方法，是一种涉及衡量和控制有关将来情况的判断，中心作业是收集一些专家对将来可能发生的情况或事实的判断，这些资讯收集后，再回发给专家经过几次的评估，不断地修正其假设和判断，从而确保各项决策的准确性。通常企业在对某个项目决策或实施前作预测时才选用这一方法。

2. 利益相关分析法

利益相关分析是针对企业产品而言的一种分析评估方法。是最近发展的较为复杂的观念测试形式，使营销人员能自行分析评估各种观念。其具体步骤：列出产品特性→列出各种特性的情况定义→选择实验设计以提供情况组织给消费者→各属性的联合组合选择排列次序→个人次序选择的统计应用以发展其效用函数→在其效用函数和现有的产品和各种属性情况下，发展市场模拟以预测消费者的市场选择。

3. 投资回报衡量法

销售额和收入可以用这样的方法计算评估：决定过去和目前产品的销售额和假定销售额是类似产品类型的目标市场占有数额的某一百分比；决定推荐产品的市场潜势和假定计划的配额强势、促销、价格策略等实行之下的市场的某一百分比；决定类似产品的销售额；至于成本的决定包括：计算人工、制造费用、原料、营销费用的成本；使用类似产品的成本数额。

4. 聘请专家评估法

由专家、学者和企业负责人共同对企业各项政策的落实情况及最终效果与预测或预定的企业战略计划进行分析评估。

【同步案例11-2】

名创优品的营销控制策划

一、品牌简介

MINISO名创优品是国际著名的休闲百货品牌，总部位于日本东京，由著名设计师日本“自然使者”三宅顺也（Miyake Jyunya）先生创办，是全球“生活优品消费”领域的开拓者和领导者。MINISO名创优品提倡简约、自然、富质感的生活学，提供消费者简约、自然且品质优良、价格合理的生活相关商品，不浪费制作材料并注重商品环保问题，持续不断地满足消费者具有生活质感及丰富的产品选择。2018年9月30日，名创优品与腾讯、高瓴资本签署战略投资协议，获得10亿元投资。

二、营销战略控制

（一）基于产品策略的控制

1. 回归自然，还原生活本质的产品设计

使产品自然而然地融入简约无华的设计风格，不强调奢侈浮夸、流行时尚，而是使产品回归自然，还原产品本真。这种回归自然、还原生活本质的产品设计体现出企业受利于民的观念，真正做到把实惠带给当代消费者，也把美好的自然的留给后世的消费者。

2. 以休闲百货产品为主打品牌

产品囊括了日常生活的各个方面，且都是设计感、流行感、实用性和功能性兼具的基础商品，做到每七天上一次新货，消费者所要购买的日常生活用品一般都能在一家门店买齐，大大节省了顾客的时间和精力。另外，奉行“优质、创意、低价”，让消费者用“很亲民的价格”就能买到与自己生活品质和定位相当的商品，从而让品牌自然受到热捧。

3. 深入了解消费者需求，以质取胜

首先，供应商的选择都是为欧美、日本、韩国等几个国外市场供货的供应商，这些供应商长期以国际标准要求自己，它们的制造标准一般高于国内的内销工厂。同时，产品一旦设计完毕进厂生产，便派人进厂专门对生产环节进行现场跟踪管理，在生产过程加强对原材料及产品质量的把控。其次是深入调研，只卖畅销品。在产品生产之前，用大量的时间和精力做市场调研和设计。

（二）基于价格策略的控制

1. 自主品牌设计省中间环节

名创优品是自营品牌，设计师均是日本设计师团队，当设计完成后在全球各地招标，选择性价比较高的厂家合作，省去代理及批发商的开支，降低价格。

2. 降低物流团队成本

名创优品组建自己的物流团队及在全球各大核心区均布局货仓，本来一辆货车的货物由日本运到香港加上报关费非常高昂，但其自家运营的团队可压低物流成本3到4成，从而可以控制售价不受影响。

3. 薄利多销

名创优品以量制价，创造规模经济，放大边际效益。

（三）基于渠道策略的控制

线下名创优品砍掉传统模式中的中间环节，一方面规模采购降低成本，另一方面是产品直接到店，省略了中间商的环节，不经过分销层级。线上社交时代，粉丝从“被动接受者”转变为掌握传播主导权的“主动参与者”。名创优品创新性地在业内首创“扫码送袋”活动，用一个小小的购物袋引发了粉丝量的爆发式增长，缔造了“互联网+”自媒体运营奇迹，并且通过公众号，向年轻消费者推送很多日韩、欧美的流行和生活资讯，同时普及相关的产品知识，使营销达到从线下到线上的效果。

（四）基于促销策略的控制

1. 用积极的情绪来感染顾客

在实际工作中销售人员决不能把不好的情绪带给顾客。因为这样做的结果只会：一使销售流产；二给顾客一个不好的印象。所以每天上班就要保持良好愉悦的心情，记得微笑服务、彩妆上岗，给每位到店的顾客留下美好深刻的印象。

2. 寻找准客户

在他们看来，大街上所有的人都有可能成为他们的顾客，即顾客总是存在的，所以要求先求质后求量。

3. 了解顾客的需求

顾客只要来逛商场绝大部分都是有需求的，要通过察言观色以及语言沟通来了解顾客的真实想法，然后用产品独一无二的特点、无微不至的服务让顾客产生购买的欲望，从而成交。第一要素就是要勤快，经常打个电话联络一下感情，增加顾客的印象。第二要脸皮够厚。遭到顾客拒绝是正常的，也是每天都可能在发生的，因此要想让顾客认可你和你所销售的产品，脸皮就要厚一点，要有很强的承受力，即使遭到顾客的拒绝，切勿灰心丧气，精神不振。但是不要一味地死缠烂打，要讲究策略和技巧。

（五）基于售后服务的控制

“用户第一，服务至上”是名创优品公司始终坚持的经营宗旨。名创优品规范售后服务流程，不断提高公司的服务水平和服务意识，制订完善的售后服务体系。用户在使用产品的过程中，遇到问题将产品返回公司时，将安排专门的售后维修服务人员，在收到客户送修产品的当天进行测试并在24小时内予以回复。

（资料来源：杨玲雅．名创优品的市场营销组合策略［J］．市场营销与技术，2017（6））

问题：

1. 名创优品的营销控制是通过什么思路展开的？
2. 这种思路有何优点？

分析提示：

名创优品依据营销4P的构成展开营销控制工作，分别从产品、价格、渠道、促销、售后服务等层面实施控制。这种控制的思路，有效地保证了控制的全面性、系统性、针对性，减少了管理风险。

任务四　营销管理策划的误区防范

在激烈的市场竞争当中，企业非常需要正确的营销管理策划方案，来帮助解决营销中出现的问题，夺取市场竞争的胜利。但是，由于过去一些策划公司和策划人员为了自己的短期利益，不负责任地推销一些所谓的“高超方案”，使不少企业耽误了营销机会。综合众多学者和专家的见解，营销管理策划的误区主要表现在以下几个方面：

一、策划教条主义化

有些人在企业营销一线的实践经历时间比较长，有丰富的行业营销管理经验，甚至对自己所从事的行业市场营销还有一定的研究，因此就认为自己可以做好策划了。实践证明，有实践经验是做好策划的必要条件，但不是充分条件。也就是说，要做好策划，做一个优秀的策划者，一定要有市场营销的实践经验，没有实践经验，不了解企业的营销运作，不了解行业动态的策划人，可能会凭空编造，很难做好策划。但是，策划人不仅要有实践经验，还要具有丰富的专业知识。

二、策划能力“神话”化

随着市场竞争的激烈，企业在经营与管理中遇到的难题也越来越多，一些管理者就把解决问题的希望几乎完全寄托在某些策划者的策划上，这是极其错误和危险的。首先，企业自身能力是最重要的。任何一个企业在市场竞争中，首要任务是苦练本身内功，企业的综合素质和领导者的综合素质是决定企业成败的关键因素。因此，企业应该是首先围绕自己本身，想方设法地加强企业的市场应变能力和核心竞争能力。

三、策划方案大肆造势化

有些人认为一个好的策划就是要把方案写得好。而与此同时，不少策划人时刻想制造轰动效应，以求得媒介的免费宣传与消费者的关注。然而，营销管理策划关于传播部分的要求是有效传播，即将正确的信息传达给潜在消费群。所谓“造势”也好，“轰动效应”也好，绝大部分只能是帮助提高知名度，而追求此效应的企业，为了一时的新闻价值，往往不能将正确的产品或项目信息传递给有效的购买人群，最终导致营销管理策划工作只能停留在追求热闹的表面上。

四、策划方案模仿化

一些企业为了节省策划时间与成本，喜欢模仿成功企业的策划方案，这实际上是对策划核心的误解。策划的核心是创意，也就是说，每一个策划方案都是一种新思维的表现，是赢得竞争胜利的先决条件。在市场竞争中，市场的形势复杂多变，一个企业要获得竞争的优势，就必需对自己的竞争手段进行创新，这样才能战胜对手。如果策划方案可以模仿，这样的方案不能叫策划方案，也没有力量去战胜对手，甚至还可能贻误商机，给企业造成不必要的损失。因而，策划方案是不能模仿的，一定要从创新基点出发来构思符合自己企业的策划方案，这样才能体现策划方案的价值。

【项目小结】

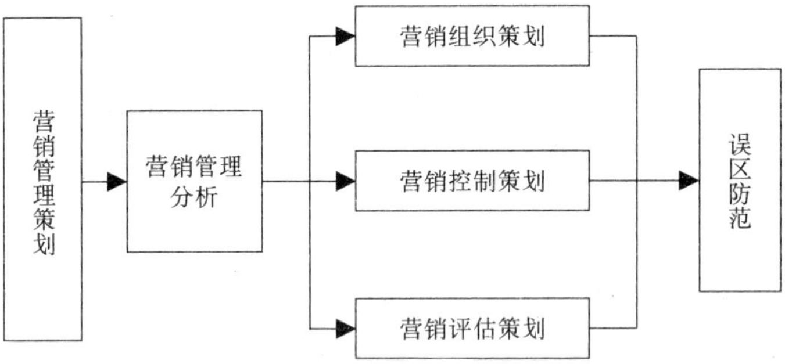

【项目考核】

1. 简答题

（1）简述营销组织设计的步骤。

（2）营销控制的内容包括哪几个方面？企业进行营销控制应坚持怎样的原则？

（3）企业进行营销评估的方法有哪些？

2. 案例分析题

案例资料：

饿了么的营销管理战役

饿了么是2008年创立的本地生活平台，主营在线外卖、新零售、即时配送和餐饮供应链等业务。创业10年，饿了么以“Everything 30min”为使命，致力于用科技打造全球本地生活平台，推动了中国餐饮行业的数字化进程。截至2018年8月份，饿了么在线外卖平台覆盖全国670个城市和逾千个县，在线餐厅340万家，用户量达2.6亿，服务于饿了么配送员达300万。业绩持续高速增长的同时，公司员工也超过15000人。2018年4月，阿里巴巴联合蚂蚁金服对饿了么完成全资收购，饿了么全面汇入阿里巴巴推进的新零售战略，拓展本地生活服务新零售的全新升级。

饿了么的营销管理主要从以下几个方面展开：

1. 投入30亿元，夺回市场份额。饿了么CEO誓言把市场份额提升到50%以上，一旦如此，饿了么曾在用户心智中建立的认识，就能从沉睡中被唤醒，并在阿里的强力背书和生态加持下得到进一步强化。30亿元的投入，在大家的印象里，就是给用户发红包、免运费、做满减活动，事实上这些优惠，饿了么每年都会做，然而这一次并不在于用户端，而是投在对行业的升级上，包括市场投放、物流体系升级、商家服务体系升级等。

2. 改造前端运营，进行组织升级。饿了么非常强调供应链能力、商户用户的承接能力、线上线下的协同能力，而之前交易和物流分开的运营架构明显影响了市场和运营的效率。此番建立了城市经理制和大中台，在每个城市，饿了么设立一个城市经理，把交易和物流两条线合并起来，由城市经理统一管理和调度，城市前端出现任何问题都可以找到唯一的负责人，加快解决问题的效率。在城市经理上面有大区经理，他们分别管理所在大区里的所有城市，也是交易和物流一把抓，所有大区经理再向两个分管几个大区的运营高管汇报，后者直接面向总部大中心的首席运营官康嘉。

3. 通过赋能商家，服务好用户。饿了么专门出了一本书，教商家怎么专业地做外卖，给商家提供了十几种营销玩法，以此服务好商家，再让商家去服务好客户。此外，对餐饮商家进行分层，然后针对不同层级的商家，给出不同的政策，同时对需要管控的地方进行严格管控，例如食品安全问题。下一步，饿了么打算组织大量的商家大会和商家培训，邀请优质的代运营商、餐饮地产商、技术供应商等加入饿了么平台，第三方的入驻，可以让饿了么构建起良好的生态圈，更好地给商家提供全方位的服务，例如跟星巴克的合作。

4. 接入新零售，完善业务结构。饿了么进入阿里生态之后，开始接入盒马、天猫超市、大润发、天猫小店、阿里健康等非餐饮外卖的业务资源，但承担这些业务的不是饿了么外卖，而是蜂鸟配送。饿了么现在很关键的一点是调整业务结构，餐饮外卖的即时配送有明显的峰值，就是中午和晚上，除此之外，配送运力都是闲置的。接入非外卖的业务资源，利用错时配送让骑手在闲散时间发挥价值，不仅可以增加骑手收入，也能大大摊薄饿了么的成本。此外，饿了么和蜂鸟将会作为两个独立品牌的趋势越来越明显。今年，公司设定了一个KPI，就是蜂鸟独立配送的订单，公司希望独立打造蜂鸟品牌。

5. 依靠生态协同，打造竞争优势。如今饿了么正在逐步融入阿里生态中，在不同层面、不同形式上跟生态成员进行深度协同。比如，手淘的“外卖”频道切换成了“饿了么外卖”，饿了么成为手淘首页10个默认入口之一；两个月后，水果、生鲜、药品、鲜花等非餐饮品类纳入到饿了么的配送范围；全面升级天猫淘宝88会员体系，使饿了么与阿里生态各成员在会员、数据、流量上互通等等。

与此同时，在2018年10月12日，阿里集团CEO张勇正式发布内部信，宣布饿了么与口碑合并，成立本地生活服务公司。

（资料来源：http://www.ebusinessreview.cn/dissertations/dissertation594.html，《饿了么：打赢超级入口争夺战》）

思考题：

（1）营销管理的目的是什么？

（2）饿了么为了达成营销目的，采取了哪些营销管理措施？

3. 业务模拟训练

营销管理实务操作

训练目标：

熟练掌握营销管理策划的各个环节。

训练内容：

营销组织策划；营销控制策划；营销评估策划。

训练操作：

学生每6人组成一个小组，就近调查一个大中型企业的销售公司，了解其销售队伍的规模，画出组织结构图；了解其某一年的销售计划、销售目标体系；了解销售人员的工作制度、过程管理规定、考核目标、奖惩制度；了解员工对公司考核制度的看法；分析该公司销售管理模式的优缺点。

成果要求：

提交完整的调查报告，内容包括销售人员组织分工；各类考核制度；各团队和员工的销售目标及其完成情况；公司的激励机制等内容，并对该管理模式进行分析，提出改进建议。

参考文献

[1] 李文义．汽车市场营销 [M]. 北京：人民交通出版社，2004.

[2] 菲利普·科特勒．市场营销 [M]. 俞利军，译．北京：华夏出版社，2003.

[3] 刘进，李文义．顾客凭什么购买 [M]. 北京：北京大学出版社，2012.

[4] 艾·里斯，杰克·特劳特．定位 [M]. 北京：中国财政经济出版社，2003.

[5] 朱华锋．营销策划理论与实践 [M]. 安徽：中国科学技术大学出版社，2008.

[6] 刘进，李文义．让产品自动畅销的7Q营销方案 [M]. 北京：清华大学出版社，2012.

[7] 李文义，曹云升．创新理论与创新思维训练教程 [M]. 北京：中国财政经济出版社，2004.

[8] 李文义．企业文化的多维视角 [M]. 济南：黄河出版社，2010.

[9] 卢泰宏，高辉．品牌老化与品牌激活述评 [J]. 外国经济与管理，2007 (2).

[10] 孟韬，毕克贵．营销策划——方法技巧与文案 [M]. 北京：机械工业出版社，2016.

[11] 望月正吾．制作打动人心的策划案 [M]. 周素，译．北京：人民邮电出版社，2017.

[12] 乔辉．营销策划 [M]. 上海：上海财经大学出版社，2015.

[13] 崔恒华．玩转微商 [M]. 北京：电子工业出版社，2016.

[14] 凌教头．微商创业者手册 [M]. 北京：机械工业出版社，2015.

[15] 熊友君．微商3.0移动电商实战 [M]. 北京：机械工业出版社，2016.

[16] 丛文卓．深度微商 [M]. 北京：清华大学出版社，2016.

[17] 杨赵进．微商之道 [M]. 上海：上海交通大学出版社，2015.

[18] 黄睿．网络营销基础与创业实践 [M]. 北京：人民邮电出版社，2016.

[19] 王玮，梁新弘．网络营销 [M]. 北京：中国人民大学出版社，2016.

[20] 赵宏霞．关系营销、消费者体验与网购信任的建立及维系 [M]. 北京：中国社会科学出版社，2015.

[21] 张艳芳．关系营销 [M]. 成都：西南财经大学出版社，2007.

[22] 于强．服务营销策划与推广 [M]. 北京：科学出版社，2009.

[23] 罗立彬，梁瑞．文化市场营销学 [M]. 北京：高等教育出版社，2013.

[24] 侯东阳．文化营销攻心术 [M]. 北京：经济日报出版社，2016.

[25] 李光斗．故事营销 [M]. 北京：电子工业出版社，2015.

作者简介

李文义，管理哲学教授。国家653项目管理领域专家委员会委员，齐鲁大讲堂宣讲专家，山东省委组织部山东干部培训名师，山东省委讲师团宣讲名师，山东省创建学习型组织专业委员会委员，山东省学习型组织推进中心首席营销专家。曾在企业担任过销售经理、总经理等职务，任山东真得利管理咨询有限公司、山东泉林纸业集团、辽宁华福集团、山东省学校文化研究院、山东福胶集团等51家企事业单位的管理营销顾问。

曾为联想集团、北京挑战集团、山东卢堡啤酒集团、得益乳业公司、青岛华金集团、辽宁吕氏胶业集团、菏泽市公共汽车公司、北京资源集团、辽宁华福集团、山东福胶集团、淄博博纳科技公司、济南市水利局、利津县地税局、山东工业职业学院、山东省费县第一中学等120余家政府部门及企事业单位设计品牌形象、市场营销策划方案。为山东省委组织部、山东省委讲师团、山东省地税局、胜利油田、联想公司、青岛啤酒、中国重汽集团、山东省邮政总局、德州电力局、宁津县政府、济南中小企业局、山东烟草局、江苏康柏集团（波司登）、青岛啤酒、青州卷烟厂、河南正龙集团、河南金星集团、兰陵集团、银麦啤酒、浏阳河酒业、小鸭集团、内蒙古草原兴发集团、吉林卓越集团等政府及企事业单位进行过1600多场管理及营销培训。